pascaline_bilou@hotmail.com

lonely planet

Amsterdam

- internet → cite lonely
- librairie
- gare

Mer → Anne Frank coure
Jeu → Van Goh Fête demus
Ven → Historique
Sam → Henneiken
Dim → Mush St-Jean

Rob van Driesum
Nikki Hall

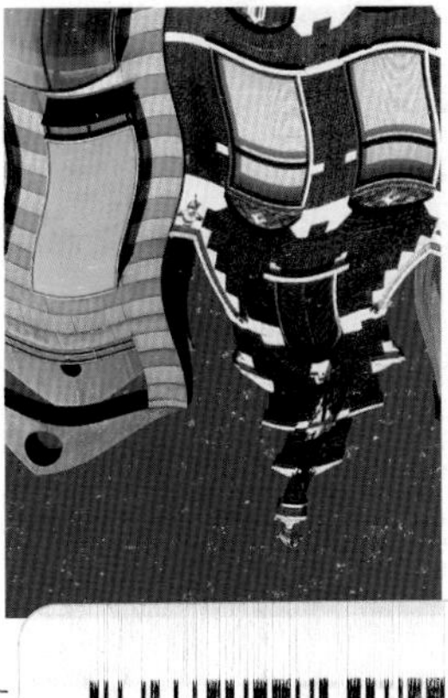

Resto à
Aquarel ... plein 2

LONELY PLANET PUBLICATIONS
Melbourne • Oakland • London • Paris

Amsterdam
2e édition française – Septembre 2000
Traduit de l'ouvrage *Amsterdam* (2nd edition)

Publié par
Lonely Planet Publications 1, rue du Dahomey, 75011 Paris

Autres bureaux Lonely Planet
Australie PO Box 617, Hawthorn, Victoria 3122
États-Unis 150 Linden St, Oakland, CA 94607
Grande-Bretagne 10a Spring Place, London NW5 3BH

Photographies
De nombreuses photos publiées dans ce guide sont disponibles auprès
de notre agence photographique Lonely Planet Images
(e-mail : lpi@lonelyplanet.com.au).

Photo de couverture
Façades le long du Rokin, Amsterdam, Richard Nebesky,
photo modifiée par Lonely Planet Images

Traduction de
Cécile Bousquet, Sophie Dubail et Florence Vuarnesson

Dépôt légal
Septembre 2000

ISBN 2-84070-179-0
ISSN 1242-9244

Texte et cartes © Lonely Planet 2000
Photos © photographes comme indiqués 2000

Imprimé par The Bookmaker International Ltd
Imprimé en Chine

Table des matières

2 Table des matières

Table des matières – Cartes

Les auteurs

Rob van Driesum

Rob, auteur du premier guide d'Amsterdam, a coordonné cette deuxième édition. Il a grandi dans divers pays d'Asie et d'Afrique avant de s'installer aux Pays-Bas, à La Haye puis de rejoindre l'université d'Amsterdam. Pendant les onze années où il a étudié puis enseigné l'histoire, il habitait une maison avec vue sur le canal de Reguliersgracht.

Rob a également été barman et journaliste indépendant pour financer ses voyages à moto, et c'est au cours de l'un d'entre eux qu'il a atterri en Australie. Là, il a été mis à contribution comme laboureur, fleuriste, routier et enfin rédacteur dans un journal de motos avant de rejoindre l'équipe éditoriale de Lonely Planet où il est aujourd'hui Associate Publisher. Bien qu'enraciné sur le Mont Macedon du côté de Melbourne, qu'il considère comme un lieu idéal à vivre, il reste attaché à Amsterdam comme on l'est à sa ville d'origine et à un lieu idéal à visiter.

Nikki Hall

Nikki a actualisé les chapitres *Où se restaurer*, *Où sortir* et *Achats*. Attirée très tôt par les possibilités de shopping illimitées à travers le monde, la jeune femme de Melbourne a parcouru de nombreux pays à la recherche du sac unique, du rouge à lèvres parfait ou de la meilleure vodka-martini. Nikki est co-auteur de plusieurs guides (en anglais) sur Sydney et Melbourne. Elle s'occupe également de merchandising et met sa plume au service de magazines.

A propos de cet ouvrage

Un mot de l'éditeur

Sophie Hofnung a assuré la coordination éditoriale de cet ouvrage. Karine Ioannou-Sophoclis en a réalisé la maquette et la mise en page.

Un grand merci à Chantal Boos et à Elisabeth Paulhac pour leur précieuse contribution au texte.

Les cartes originellement conçues par Ann Jeffree et Chris Lee Ack ont été adaptées en français par Jean-Noël Doan. La couverture a été créée par David Kemp et Maria Vallianos et réalisée pour l'édition française par Sophie Rivoire. Quentin Frayne a, quant à lui, rassemblé tous les éléments du chapitre *Langue*. Nous exprimons notre gratitude à l'Amsterdams Historisch Museum pour son aimable autorisation de reproduction d'illustrations à caractère historique.

Tous nos remerciement vont au bureau australien, en particulier à Helen Papadimitriou et à Graham Imeson ainsi qu'à toute l'équipe de la LPI. Merci enfin à Ann Mulvaney pour la préparation du manuscrit.

Un mot des auteurs

Rob. Il m'aurait été très difficile de faire les recherches et d'écrire ce guide tout en travaillant par ailleurs sans l'aide précieuse d'autres personnes. Je remercie donc chaleureusement Jeremy Gray pour ses contrôles de dernière minute ; Doekes Lulofs, Reinier van den Hout and Wendy Bloemheuvel pour leurs tuyaux et conseils ; Jules Marshall pour ses informations sur l'Amsterdam informatique ; Marleen Slob, éditrice du COC magazine, *XL*, pour ses renseignements sur la communauté homosexuelle ; Peter van Brummelen, critique musical à *Het Parool* ; Els Wamsteeker du bureau du tourisme ; les gens sympathiques de l'Unica ; Gerard Pieters du Département de développement économique d'Amsterdam ; et, enfin, Imogen Franks, Jen Loy et Leonie Mugavin des bureaux de Londres, d'Oakland et de Melbourne pour les rènseignements sur les transports.

Le chapitre *Excursions* a été en partie adapté à partir du chapitre consacré aux Pays-Bas dans le guide *Western Europe*, écrit par Leanne Logan et Geert Cole.

Toute ma gratitude va également à mes collègues du bureau Lonely Planet à Melbourne qui ont fait le relais durant mon absence, en particulier à Shelley Muir et à Ann Jeffree. Un grand merci à mon co-auteur, Nikki, qui a apporté beaucoup de dynamisme à ce livre. Et enfin, une pensée toute particulière à Liesbeth Blomberg.

Nikki. Je remercie Alan Lazer, Neil Finaughty et Kelly McConville pour leur contribution aux informations sur la communauté gay, et Heleen d'Oliveira, Dia Roozemond, Anita et Daan Smeelen pour leurs lumières sur la scène lesbienne d'Amsterdam. Un grand merci également à Roel de Boer pour ses connaissances hors pair de la vie nocturne.

Avant-propos

LES GUIDES LONELY PLANET

Tout commence par un long voyage : en 1972, Tony et Maureen Wheeler rallient l'Australie après avoir traversé l'Europe et l'Asie. A cette époque, on ne disposait d'aucune information pratique pour mener à bien ce type d'aventure. Pour répondre à une demande croissante, ils rédigent le premier guide Lonely Planet, un fascicule écrit sur le coin d'une table.

Depuis, Lonely Planet est devenu le plus grand éditeur indépendant de guides de voyage dans le monde, et dispose de bureaux à Melbourne (Australie), Oakland (États-Unis), Londres (Royaume-Uni) et Paris (France).

La collection couvre désormais le monde entier, et ne cesse de s'étoffer. L'information est aujourd'hui présentée sur différents supports, mais notre objectif reste constant : donner des clés au voyageur pour qu'il comprenne mieux les pays qu'il visite.

L'équipe de Lonely Planet est convaincue que les voyageurs peuvent avoir un impact positif sur les pays qu'ils visitent, pour peu qu'ils fassent preuve d'une attitude responsable. Depuis 1986, nous reversons un pourcentage de nos bénéfices à des actions humanitaires.

Remises à jour. Lonely Planet remet régulièrement à jour ses guides, dans leur totalité. Il s'écoule généralement deux ans entre deux éditions, parfois plus pour certaines destinations moins sujettes au changement. Pour connaître l'année de publication, reportez-vous à la page qui suit la carte couleur, au début du livre.

Entre deux éditions, consultez notre journal gratuit d'informations trimestrielles *Le Journal de Lonely Planet*, où vous trouverez des informations de dernière minute sur le monde entier. Sur notre nouveau site Internet www.lonelyplanet.fr, vous aurez accès à des fiches pays régulièrement remises à jour. D'autres informations (en anglais) sont disponibles sur notre site anglais www.lonelyplanet.com.

Courrier des lecteurs. La réalisation d'un livre commence avec le courrier que nous recevons de nos lecteurs. Nous traitons chaque semaine des centaines de lettres, de cartes postales et d'e-mails, qui sont ajoutés à notre base de données, publiés dans notre journal d'information ou intégrés à notre site Internet. Aucune information n'est publiée dans un guide sans avoir été scrupuleusement vérifiée sur place par nos auteurs.

Recherches sur le terrain. Nos auteurs recueillent des informations pratiques et donnent des éclairages historiques et culturels pour mieux appréhender le contexte culturel ou écologique d'un pays.

Lonely Planet s'adresse en priorité aux voyageurs indépendants qui font la démarche de partir à la découverte d'un pays. Nous disposons de multiples outils pour aider tous ceux qui adhèrent à cet esprit : guides de voyage, guides de conversation, guides thématiques, cartes, littérature de voyage, journaux d'information, banque d'images, séries télévisées et site Internet

Les auteurs ne séjournent pas dans chaque hôtel mentionné. Il leur faudrait en effet passer plusieurs mois chacune des villes ; ils ne déjeunent pas non plus dans tous les restaurants. En revanche, ils inspectent systématiquement ces établissements pour s'assurer de la qualité de leurs prestations et de leurs tarifs. Nous lisons également avec grand intérêt les commentaires des lecteurs.

La plupart de nos auteurs travaillent sous le sceau du secret, bien que certains déclinent leur identité. Tous s'engagent formellement à ne percevoir aucune gratification, sous quelque forme que ce soit, en échange de leurs commentaires. Par ailleurs, aucun de nos ouvrages ne contient de publicité, pour préserver notre indépendance.

Production. Les auteurs soumettent leur texte et leurs cartes à l'un de nos bureaux en Australie, aux États-Unis, au Royaume-Uni ou en France. Les secrétaires d'édition et les cartographes, eux-mêmes voyageurs expérimentés, traitent alors le manuscrit. Trois à six mois plus tard, celui-ci est envoyé à l'imprimeur. Lorsque le livre sort en librairie, certaines informations sont déjà caduques et le processus se remet en marche…

ATTENTION !

Un guide de voyage ressemble un peu à un instantané. A peine a-t-on imprimé le livre que la situation a déjà évolué. Les prix augmentent, les horaires changent, les bonnes adresses se déprécient et les mauvaises font faillite. Gardez toujours à l'esprit que cet ouvrage n'a d'autre ambition que celle d'être un guide, pas un bréviaire. Il a pour but de vous faciliter la tâche le plus souvent possible au cours de votre voyage.

N'hésitez pas à prendre la plume pour nous faire part de vos expériences.

Toutes les personnes qui nous écrivent sont gratuitement abonnées à notre revue d'information trimestrielle le *Journal de Lonely Planet*. Des extraits de votre courrier pourront y être publiés. Les auteurs de ces lettres sélectionnées recevront un guide Lonely Planet de leur choix. Si vous ne souhaitez pas que votre courrier soit repris dans le *Journal* ou que votre nom apparaisse, merci de nous le préciser.

Envoyez vos courriers à Lonely Planet, 1 rue du Dahomey, Paris 75011

ou vos e-mails à : bip@lonelyplanet.fr

Informations de dernières minutes :
www.lonelyplanet.fr et www.lonelyplanet.com

COMMENT UTILISER VOTRE GUIDE LONELY PLANET

Les guides de voyage Lonely Planet n'ont pour seule ambition que d'être des guides, pas des bibles synonymes d'infaillibilité. Nos ouvrages visent à donner des clés au voyageur afin qu'il s'épargne d'inutiles contraintes et qu'il tire le meilleur parti de son périple.

Contenu des ouvrages. La conception des guides Lonely Planet est identique, quelle que soit la destination. Le chapitre *Présentation* met en lumière les divers facettes de la culture du pays, qu'il s'agisse de l'histoire, du climat ou des institutions politiques. Le chapitre *Renseignements pratiques* comporte des informations plus spécifiques pour préparer son voyage, telles que les formalités d'obtention des visas ou les précautions sanitaires. Le chapitre *Comment s'y rendre* détaille toutes les possibilités pour se rendre dans le pays. Le chapitre *Comment circuler* porte sur les moyens de transport sur place.

Le découpage du reste du guide est organisé selon les caractéristiques géographiques de la destination. Vous retrouverez toutefois systématiquement la même trame, à savoir : centres d'intérêt, possibilités d'hébergement et de restauration, où sortir, comment s'y rendre, comment circuler.

Présentation des rubriques. Une rigoureuse structure hiérarchique régit la présentation de l'information. Chaque chapitre est respectivement découpé en sections, rubriques et paragraphes.

Accès à l'information. Pour faciliter vos recherches, consultez le sommaire en début d'ouvrage et l'index détaillé à la fin de celui-ci. Vous trouverez en fin d'ouvrage un cahier de cartes couleur, dans lesquelles nous faisons ressortir les centres d'intérêt incontournables. Ceux-ci sont décrits plus en détails dans le chapitre *Renseignements pratiques*, où nous indiquons les meilleures périodes pour les visiter et où nous suggérons des itinéraires. Les chapitres régionaux ouvrent sur une carte de situation, accompagnée d'une liste de sites ou d'activités à ne pas manquer. Consultez ensuite l'index, qui vous renverra aux pages *ad hoc*.

Cartes. Les cartes recèlent une quantité impressionnante d'informations. La légende des symboles employés figure en fin d'ouvrage. Nous avons le souci constant d'assurer la cohérence entre le texte et les cartes, en mentionnant sur la carte chaque donnée importante présente dans le texte. Les numéros désignant un établissement ou un site se lisent de haut en bas et de gauche à droite.

Remerciements
Nous exprimons toute notre gratitude aux lecteurs qui nous ont fait part de leurs remarques, expériences et anecdotes. Leurs noms apparaissent à la fin de l'ouvrage.

Introduction

Amsterdam est un monument vivant dans lequel on peut admirer certaines des plus belles réalisations architecturales de l'Europe des XVIIe et XVIIIe siècles. C'est également une ville à la pointe de l'évolution sociale, culturelle et économique, dont la tolérance notoire rassemble les gens, les idées et leur permet de se développer.

La ville offre une vie artistique très animée, des cafés de caractère, des restaurants abordables où l'on peut goûter toutes les cuisines du monde. Les marchés en plein air vendent de tout, de la nourriture et des fleurs aux vêtements à la mode, meubles d'occasion et disques 78 tours. Et une multitude de boutiques proposant les produits originaux bordent ruelles et venelles. Il faut par ailleurs souligner que, malgré une grande facilité d'accès aux drogues et au monde de l'érotisme, il règne étonnamment peu de violence dans les rues.

On a souvent attribué à Amsterdam le surnom de Venise du Nord. En effet, il a fallu lutter contre les éléments marins pour survivre car, si la capitale de la Vénétie occupe un lagon, Amsterdam a été fondée dans une région marécageuse au bord de la mer et d'une rivière. Les chiffres parlent : Venise compte 117 îles, 150 canaux et 400 ponts, quand Amsterdam réunit 90 îles, 160 canaux et 1 281 ponts ! Ces deux anciennes cité-États, au-delà des similitudes géologiques, ont bâti d'immenses empires commerciaux, dirigés par une classe de marchands républicains dont la fortune reposait non pas sur des terres héritées mais sur l'argent issu du commerce et des finances. Si toutes deux ont laissé un fabuleux patrimoine artistique, elles présentent néanmoins des différences, dont l'une des plus marquées est la circulation : Venise est interdite aux voitures – on s'y déplace à pied ou en bateau – tandis qu'Amsterdam compte 550 000 bicyclettes, un trafic automobile intense et, hormis les bateaux pour les touristes, il n'existe aucun transport fluvial digne de ce nom.

L'expression "creuset cosmopolite" s'applique parfaitement à Amsterdam, qui a toujours attiré les migrants et les non-conformistes. Malgré (ou grâce à) ce flux

Le Herengracht à l'angle du Leidsegracht, peint en 1783 par Isaak Ouwater

mouvant, les gens s'acceptent tels qu'ils sont et s'efforcent de se montrer *gezellig* – terme signifiant "sociable" ou "convivial" –, ce qui se traduit souvent par de chaleureux bavardages autour d'un verre dans un confortable "café brun".

La ville entière peut être qualifiée de gezellig : tout semble conçu à échelle humaine. Compacte et facile à découvrir à pied, la ville ne manque cependant pas de transports en commun réguliers et efficaces.

En moins d'une heure, vous pouvez aller faire un tour à la plage, explorer d'anciens villages de pêcheurs le long de l'IJsselmeer, visiter Haarlem, Leyde ou Delft, admirer le plus beau jardin de sculptures d'Europe dans le parc national forestier de Hoge Veluwe, faire des achats à La Haye, visiter Rotterdam, le plus grand port du monde, ou parcourir à bicyclette les interminables champs de fleurs multicolores.

Ces excursions permettent aussi de prendre pleinement conscience du caractère unique d'Amsterdam, qui mêle l'ancien et le moderne, la morale et la licence, les cultures traditionnelle et alternative, à la plus grande surprise et pour le plus grand plaisir des visiteurs.

Présentation de la ville

HISTOIRE
La fondation de la ville

Les plus anciens vestiges archéologiques d'Amsterdam datent de l'époque romaine. L'IJ (prononcez "eille"), bras de l'étroit Zuiderzee ou "mer du Sud", formait alors une partie des frontières septentrionales de l'Empire romain. Des pièces et quelques objets artisanaux révèlent la présence de l'homme, mais il ne reste aucune trace de peuplement.

Cette absence ne surprend pas, car la région baptisée par la suite Hollande (dans l'ouest des actuels Pays-Bas) se composait en majeure partie de terres détrempées par des marécages, des tourbières spongieuses et des lacs situés à hauteur ou au-dessous du niveau de la mer. En perpétuel changement, ses contours variaient au fil des tempêtes et des crues d'automne. C'était certainement le cas à l'endroit où l'Amstel se déversait dans l'IJ, à l'emplacement de la future Amsterdam.

Des communautés agricoles isolées maîtrisèrent peu à peu les marais grâce à l'édification de fossés et de digues. Entre 1150 et 1300, la rive sud de l'IJ fut endiguée tout du long jusqu'au nord de Haarlem. Des barrages furent construits sur les rivières se jetant dans l'IJ, ainsi que des écluses pour le passage des bateaux. Vers 1200, une communauté de pêcheurs bâtit une digue sur l'Amstel (d'où le nom d'"Amstelredamme") sur le site de l'actuelle place du Dam.

Les lointaines autorités féodales (l'évêque d'Utrecht, puis le saint empereur romain germanique) se souciaient peu de ces exploits techniques et de la menace permanente représentée par la rupture des digues. Sous la tutelle du comte de Hollande, les habitants de la région organisèrent donc un réseau de groupes de travail et d'entretien afin de lutter ensemble contre l'ennemi commun. Cette tradition d'entraide et de démocratie favorisa le développement de l'autonomie locale, le respect des opinions et la participation de chacun.

Le 27 octobre 1275, le comte de Hollande supprima la taxe pour les habitants des environs de la digue sur l'Amstel, leur permettant ainsi d'emprunter gratuitement les écluses et les ponts de Hollande. Cet événement marqua la fondation officielle d'Amsterdam. Manifestement devenue un enjeu dans la lutte pour le pouvoir entre le comte et l'évêque d'Utrecht, la ville ne tarda pas à obtenir son autonomie. Désormais, elle jouissait du droit de former son propre gouvernement et d'établir ses propres lois fiscales. Peu après 1300, le comte réunit les régions voisines à la Hollande, coupant définitivement les liens entre Amsterdam et l'évêché d'Utrecht.

Les premiers échanges commerciaux

La ville prospéra rapidement. Dans ces marécages, l'agriculture étant au pire difficilement praticable, la pêche demeurait primordiale, mais le commerce commença à offrir de nouvelles opportunités de croissance. Les villes puissantes de l'époque, telles Dordrecht, Utrecht, Haarlem, Delft et Leyde, se concentrèrent sur le négoce par voie de terre avec les Flandres et le Nord de l'Italie, alors en pleine expansion économique. Amsterdam en revanche s'orienta vers le commerce maritime, dominé par la Ligue hanséatique, dans la mer du Nord et la Baltique.

Grâce au bois de construction bon marché fourni par l'Allemagne et les régions de la Baltique, les chantiers navals d'Amsterdam construisirent des cogues, larges navires marchands d'une capacité de cent tonnes, soit cinq fois supérieure à celle de leurs prédécesseurs. Ces vaisseaux révolutionnèrent le commerce maritime et permirent à la ville de jouer un rôle prépondérant dans le négoce de transit entre les villes de la Ligue hanséatique et l'Europe du Sud, renforcé encore par la gratuité des installations à péage.

Au lieu de s'affilier à la Ligue, les flibustiers (du mot hollandais *vrijbuiters*, "ceux qui pourchassent le butin") d'Am-

Les croix de Saint-André et les cogues

Le blason d'Amsterdam se compose de trois croix de Saint-André alignées à la verticale, motif d'une magnifique simplicité que l'on retrouve partout, des brochures touristiques du VVV au millier de bornes ou poteaux bruns (les fameux *Amsterdammertjes*) qui empêchent les voitures de se garer sur les trottoirs. Son origine demeure incertaine bien que la croix de Saint-André ait été un symbole populaire dans cette région du monde avant même la naissance de la ville.

Croix de Saint-André surmontées par la couronne de Maximilien Ier, souverain du Saint-Empire romain germanique

Si l'on en croit la légende, un prince norvégien en fuite aurait dérivé pendant des jours, en compagnie d'un pêcheur frison et de son chien, dans un bateau endommagé qui aurait fini par venir s'échouer dans les roseaux de l'IJ, où ils fondèrent Amsterdam. Lorsqu'elle se lança dans le commerce maritime sur la mer Baltique, la ville eut recours aux cogues, navires de la fin du Moyen Age utilisés dans toute l'Europe. Ces vaisseaux bordés à clins étaient dotés d'un mât unique, d'une proue et d'une poupe arrondies, de gaillards d'avant et d'arrière et d'une largeur de travers très importante. Ils contribuèrent fortement à réduire le coût des transports, réalisés précédemment par de plus petits navires moins robustes.

Les autorités municipales rendirent hommage aux cogues en adoptant un blason (à gauche) représentant l'un de ces bateaux accompagné de deux hommes (un soldat et un marchand) et d'un chien (symbolisant la fidélité). Ce dernier perdura pendant plusieurs siècles, souvent en association avec les croix de Saint-André. Les croix sont encore utilisées aujourd'hui.

---

sterdam contournaient les principales villes-comptoirs comme Hambourg et Lübeck pour rejoindre directement la mer Baltique avec leurs pleines cargaisons d'étoffes et de sel qu'ils échangeaient contre des céréales et du bois. Leur efficacité et leur sens aigu des affaires leur permirent de surpasser les marchands de la Ligue hanséatique, liés par des contrats et des accords complexes.

Les Amstellodamois coopérèrent de la même manière que leurs ancêtres avaient construit les digues. Ils groupèrent leurs ressources dans des sociétés qui finançaient les navires et répartirent les risques en divisant les inestimables cargaisons sur plusieurs bateaux, ce qui leur permettait d'entreprendre d'audacieux voyages sans avoir à craindre de tout perdre en un seul

naufrage. Cette nouvelle forme de coopération connut une réussite remarquable : à la fin du XVe siècle, 60% des bâtiments naviguant dans la mer Baltique venaient de Hollande, la grande majorité d'entre eux basée à Amsterdam.

Le port d'origine, installé dans le Damrak et le Rokin, avait été étendu à l'IJ le long de l'actuelle Centraal Station. De nouveaux canaux furent creusés afin d'assurer la desserte du nombre croissant d'entrepôts marchands : dans les années 1380, l'Oudezijds Voorburgwal et l'Oudezijds Achterburgwal, ainsi que le Nieuwezijds Voorburgwal et le Nieuwezijds Achterburgwal (actuel Spuistraat), puis le Geldersekade, le Kloveniersburgwal et, vers 1500, le Singel ("canal de ceinture" ou douve). La population comptait alors 10 000 habitants.

En 1452, un grand incendie détruisit les trois quarts de la ville, mais la reconstruction s'opéra rapidement, suivant les nouvelles réglementations préconisant l'emploi de la brique au lieu du bois.

Amsterdam devint une ville "moderne", où les capitaines, les marins, les marchands, les artisans et les opportunistes des Pays-Bas (réunissant à peu près les actuels Pays-Bas, Belgique et Luxembourg) gagnaient leur vie en entretenant des contacts avec le monde extérieur. La région ne connaissait aucune tradition de relations féodales stables approuvées par l'Église, ni de distinction entre la noblesse et les serfs, et peu ou pas de levées d'impôts par quelque lointain monarque. Avec le temps, bien sûr, une conscience de classes se développa sur la base de la fortune de chacun, les fameux patriciens dominant la pyramide, mais il faut dire que la société d'Amsterdam comptait parmi les plus individualistes et proto-capitalistes d'Europe, dépassant même dans ce domaine les cités-États italiennes.

Paradoxalement, Amsterdam était également une ville de pèlerinage, grâce à un

Les anabaptistes

Certes les autorités municipales d'Amsterdam encourageaient la tolérance et la diversité au nom du commerce, mais elles persécutaient les anabaptistes, membres d'une secte protestante révolutionnaire du début du XVIe siècle. Sous l'influence des préceptes d'Ulrich Zwingli, de Zurich, ce mouvement fortement implanté en Allemagne et aux Pays-Bas croyait qu'il ne fallait pas baptiser les gens avant qu'ils ne soient en mesure de distinguer le bien et le mal ; il se rapprochait d'une forme de communisme, favorisant en outre la polygamie et incitant ses adeptes à se promener nus pour des raisons d'égalité. Épouvanté, Martin Luther conseilla à ses partisans de s'allier s'il le fallait aux catholiques pour éradiquer ce mouvement.

De nombreux anabaptistes fuirent d'Allemagne à Amsterdam, où leurs idées trouvèrent un accueil favorable auprès des artisans qui souffraient de la hausse des prix et de la stagnation des salaires. Leurs objectifs politiques – un État communiste, dirigé par des fidèles – furent brièvement mis en application dans la ville allemande de Munster en 1534-1535, sous la dictature d'un tailleur néerlandais du nom de Jean de Leyde. Néanmoins, la révolution mondiale s'arrêta là. A Amsterdam, un groupe d'anabaptistes occupa l'hôtel de ville avant de se voir chassé par la garde municipale à l'issue de sanglants combats. On arracha le

Jean de Leyde

cœur des survivants pour le leur jeter au visage – traitement inhabituellement cruel pour une ville qui punissait les autres hérétiques, tels les luthériens, en les obligeant à prendre part aux processions catholiques. Mais les anabaptistes prônaient l'abolition de la propriété et appelaient au renversement de l'État ; c'était aller trop loin, même pour les tolérantes autorités d'Amsterdam.

Le dernier anabaptiste mourut sur un bûcher place du Dam, en 1576, marquant la fin symbolique de l'aile protestante radicale. Plus modérés, les baptistes retinrent le principe du baptisme, mais abandonnèrent la politique révolutionnaire anabaptiste.

événement religieux lucratif : en 1345, un homme à l'agonie régurgita une hostie qui, jetée dans le feu, refusa de se consumer. Le fait fut proclamé miraculeux et bientôt vingt monastères surgirent dans l'espace confiné de la cité. Celle-ci eut ainsi l'honneur de recevoir la visite des empereurs Maximilien Ier et Charles Quint. En 1489, Maximilien remercia la ville pour sa guérison en lui accordant le droit d'apposer la couronne impériale sur ses documents, bâtiments et navires.

Bien que la Réforme mît un terme à ce privilège, Amsterdam n'appliqua jamais le protestantisme à la lettre, comme les autres villes de Hollande, diversité et tolérance étant bien trop nécessaires au commerce.

La république indépendante

Le mouvement de réforme protestante qui déferla sur l'Europe du Nord ne relevait pas uniquement de la question religieuse : c'était l'instrument d'une lutte pour le pouvoir entre la classe émergente des marchands et des artisans, d'une part, et l'ordre aristocratique approuvé par l'Église "universelle", ou "catholique", de l'autre ; autrement dit entre l'"argent nouveau" issu du commerce et de la manufacture et l'"argent ancien" ancré dans la propriété terrienne.

Aux Pays-Bas s'imposa le calvinisme, forme de protestantisme la plus radicalement moraliste. Soulignant le pouvoir de Dieu tel qu'il est révélé dans la Bible, ce mouvement considérait l'homme comme un pécheur dont l'unique devoir dans la vie consistait à travailler dur en restant sobre. Au mépris de la hiérarchie de l'Église, l'organisation de la vie religieuse reposait, à l'instar du presbytérianisme écossais, sur des communautés locales gouvernées par des conseils laïcs.

Le calvinisme fit partie intégrante de la lutte pour l'indépendance menée contre le fervent catholique Philippe II d'Espagne qui, grâce à la politique d'héritage de l'époque, avait reçu les dix-sept provinces composant les Pays-Bas. Les troubles débutèrent en 1566 lorsqu'une coalition des noblesses catholique et calviniste adressa

une pétition au roi pour lui demander de ne pas introduire l'Inquisition aux Pays-Bas. Le refus du monarque déclencha une guerre d'indépendance qui dura plus de quatre-vingts ans.

De fanatiques brigands calvinistes, au surnom peu flatteur de *geuzen* ("gueux"), erraient de ville en ville, assassinant prêtres, religieuses et sympathisants catholiques, et détruisant l'"idolâtrie papiste" dans les églises. Certains, les fameux *watergeuzen* ("gueux de mer"), prirent la mer pour harceler les navires espagnols et autres vaisseaux catholiques. Amsterdam se retrouva prise entre deux feux : le pragmatisme catholique de ses marchands au pouvoir et le calvinisme adopté par les autres marchands, alors qu'une grande partie de la population pliait sous le poids des impôts espagnols imposés par Bruxelles. En 1578, les geuzen prirent la ville sans effusion de sang et instaurèrent le Changement.

L'année suivante, comptant désormais la puissante Amsterdam à leurs côtés, les sept provinces septentrionales fondèrent l'Union d'Utrecht, sous la férule de la Hollande et de la Zélande, et se déclarèrent république indépendante. Cette union était placée sous la direction d'un *stadhouder* (représentant des seigneurs des provinces), fonction remplie par Guillaume d'Orange dit le Taciturne (en raison de son refus de participer au débat religieux), ancêtre de l'actuelle famille royale. Les provinces étaient représentées par un parlement, les états généraux, siégeant à La Haye. Les Provinces-Unies (nom officiel de la république) devinrent connues dans le reste du monde sous le nom de République hollandaise, ou simplement Hollande, en raison de la prééminence de cette province. Au sein de la Hollande, Amsterdam dominait toutes les autres villes réunies.

Le siècle d'or (1580-1700)

La fortune d'Amsterdam ne cessait de croître lorsque sa principale rivale commerciale au sein des Pays-Bas, la ville protestante d'Anvers, fut reprise par les Espagnols. Par mesure de rétorsion, les "gueux de mer" de Zélande installèrent un blocus sur l'Escaut, voie d'accès d'Anvers vers la mer et le négoce. La moitié de la population s'enfuit, y compris les marchands, les capitaines et les artisans, qui se réfugièrent à Amsterdam avec leurs contacts commerciaux, leurs soieries et leurs imprimeries. Le premier vrai journal du monde, rempli de nouvelles commerciales en provenance de toute l'Europe, fut imprimé à Amsterdam en 1618.

La ville accueillit également des juifs persécutés au Portugal et en Espagne (certains *via* Anvers), qui connaissaient les routes commerciales vers les Indes occidentales et orientales. De plus, ils introduisirent l'industrie du diamant (alimentée par les diamants du Brésil) et firent d'Amsterdam un centre du tabac. Dans les années suivantes, des Allemands constituèrent une main-d'œuvre de marins et d'ouvriers, une nouvelle vague de juifs arriva d'Europe centrale et orientale, rejointe par de nombreux calvinistes français persécutés dans leur pays natal, les entreprenants huguenots. Désormais, Amsterdam était une ville cosmopolite où l'argent et le pragmatisme entraînaient de nouveaux développements économiques.

L'argent régnait en maître, et la ville ne s'opposait pas aux échanges commerciaux avec l'ennemi. Les armées espagnoles étaient payées avec de l'argent emprunté aux banques amstellodamoises et nourries avec les céréales de la Baltique importées *via* Amsterdam ; les flottes naufragées d'Espagne (telle l'Invicible Armada) étaient reconstruites avec le bois fourni par les marchands de la ville. Évitant habilement les batailles à terre, Amsterdam ne fut jamais pillée par les troupes espagnoles, contrairement à tant d'autres villes hollandaises.

Pendant ce temps, la ville poursuivait sa croissance. En 1600, sa population s'élevait à 50 000 habitants ; en 1650, elle atteignait 150 000 ; puis, à partir de 1700, elle se stabilisa à environ 220 000. Dans les années 1580, des terres furent gagnées sur l'IJ et l'Amstel à l'est (l'actuel quartier du Nieuwmarkt). Vingt ans plus tard, les travaux débutèrent dans le quartier des canaux, triplant la superficie de la ville.

Marchands et bourgmestres

A l'époque de son âge d'or, Amsterdam était gouvernée par quatre bourgmestres, ou maires, élus pour un an. Ils jouissaient d'un pouvoir quasi illimité, même si les problèmes juridiques étaient réglés par un *schout* (shérif) et neuf *schepenen* (magistrats), également élus pour un an. L'élection était organisée par un *vroedschap* (conseil) de 36 *burgers* (citoyens) qui devaient être consultés pour les questions importantes.

Ces représentants officiels et "citoyens" étaient pratiquement toujours issus des familles de marchands les plus riches, la fameuse classe des patriciens. Ils s'assuraient le contrôle de la ville par le biais de la cooptation et du népotisme, et constituaient ainsi une nouvelle aristocratie qui n'en avait pas le nom. Néanmoins, la séparation des pouvoirs et les élections annuelles engendraient d'innombrables tractations politiques, faisant et défaisant coalitions et factions. Finalement, le gouvernement était sans doute aussi démocratique que possible pour l'époque. Il faisait preuve par ailleurs d'une remarquable efficacité et d'une grande compétence, du moins jusqu'aux environs de 1700, où la léthargie intéressée reprit le dessus.

L'ordre était maintenu par plusieurs *schutterijen* (milices citoyennes), également dominées par des patriciens. Dans sa fameuse *Ronde de nuit* (nom donné par la suite à la peinture elle-même en raison de son mauvais état de conservation), Rembrandt présente l'une de ces milices dans ses plus beaux atours.

En 1600, les navires hollandais dominaient le commerce maritime entre (et souvent le long des côtes de) l'Angleterre, la France, l'Espagne et la Baltique, exerçant virtuellement un monopole sur la pêche en mer du Nord et la chasse à la baleine dans l'Arctique.

De leur côté, le Portugal et l'Espagne bâtissaient des empires commerciaux au-

PRÉSENTATION DE LA VILLE

La banque d'Amsterdam

Au XVIe siècle, un formidable chaos régnait parmi les monnaies européennes. Les États, les villes et même certains individus frappaient des centaines de pièces différentes, falsifiant parfois la quantité d'argent ou d'or utilisée. Après avoir fondé la première Bourse dans le monde en 1602 afin de commercialiser les actions de la Compagnie des Indes orientales, les autorités d'Amsterdam, convaincues de la nécessité d'une monnaie stable et fiable pour le développement du négoce, créèrent en 1609 la banque d'Amsterdam, dans les caves de l'hôtel de ville.

La banque acceptait toutes les pièces sans se préoccuper de leur provenance, évaluait leur contenu d'or ou d'argent et autorisait le déposant à retirer l'équivalent en florins d'or frappés par ses soins. Le *gulden florijn* – d'où *gulden*, ou florin, et l'abréviation *fl* –, qui présentait un poids et une pureté fixes, fut rapidement recherché dans toute l'Europe et dans certaines régions d'Asie, d'Afrique et des Amériques. C'était en effet le "véritable" argent.

Les déposants tiraient également sur leur compte des chèques garantis par le gouvernement et empruntaient à des taux d'intérêt réglementés. Amsterdam attira ainsi des capitaux de toutes parts et demeura le centre financier de l'Europe jusqu'à l'occupation napoléonienne, date à laquelle Londres prit le relais.

TAMSIN WILSON

Le *gulden florijn*, ou florin d'or, était une pièce de grande valeur en Europe

delà de l'Europe. Une partie de ces échanges aboutit à Amsterdam par le biais du port de

Lisbonne, jusqu'à la conquête du Portugal par l'Espagne en 1580, qui entraîna la fermeture du port aux navires hollandais. Grâce aux réfugiés juifs, les marins hollandais découvrirent néanmoins les routes commerciales lointaines et se mirent rapidement à parcourir les océans du monde, acquérant ainsi leur propre sens de la navigation.

Ils cherchèrent en vain un passage entre l'Arctique et le Pacifique, mais doublèrent finalement la pointe de l'Amérique du Sud, baptisée cap Horn du nom de la ville de Hoorn au nord d'Amsterdam. En 1619, des marchands hollandais chassèrent les Portugais des Moluques (les fameuses "îles aux Épices"), dans l'actuelle Indonésie, et fondèrent la ville de Batavia (nom latin de la Hollande, actuelle Jakarta), centre administratif des futures Indes orientales. Cinq ans plus tard, ils établirent un comptoir sur l'île de Manhattan, baptisé la Nouvelle-Amsterdam, future New York. Ils créèrent d'autres comptoirs le long des côtes d'Afrique de l'Ouest, des plantations en Amérique du Sud et aux Antilles, et s'intéressèrent de près au commerce des esclaves.

Dans la lutte qui les opposa aux Espagnols pour le contrôle de Formose (Taiwan), les Hollandais eurent le dessus en 1641. Cette année-là, le Japon expulsa tous les étrangers de ses terres, à l'exception des Hollandais auxquels il concéda le droit de commercer sur une île au large de Nagasaki, peut-être parce que leurs ambitions semblaient plus mercantiles que territoriales ou religieuses. En 1652, les Hollandais prirent le cap de Bonne-Espérance aux Portugais, relais vital pour le négoce avec les Indes orientales, et y établirent l'une des rares colonies qui attira les colons hollandais en nombre (les Indes orientales se rattrapèrent par la suite) et la seule, avec le Suriname et les Antilles, où perdurent encore la langue et la culture néerlandaises. Peu après, ils chassèrent les Portugais de Ceylan (Sri Lanka). Ils explorèrent également les côtes de la Nouvelle-Zélande et de la Nouvelle-Hollande (rebaptisée Australie dans les années 1850), mais n'y trouvèrent aucune ressource de valeur et concentrèrent leurs efforts ailleurs.

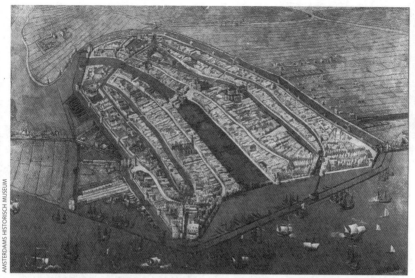

AMSTERDAMS HISTORISCH MUSEUM

Vue aérienne d'Amsterdam, orientée vers le sud, peinte en 1538 par Cornelis Anthonisz. C'est la plus ancienne carte de la ville que l'on peut voir aujourd'hui.

Les Hollandais, marchands avant tout, ne disposaient pas des réserves de population nécessaires à la mise en application de la colonisation telle que l'entendaient les autres puissances européennes. Leur arrivée était souvent accueillie avec chaleur par les dirigeants locaux, qui avaient souffert du zèle des missionnaires et de l'impérialisme des colonisateurs précédents. Les marchands hollandais consolidaient leur implantation en observant la règle du "diviser pour mieux régner" et en recourant à la corruption, au canon et, le cas échéant, aux mercenaires locaux. Ils prirent également part à la piraterie, notamment contre les Espagnols, avec lesquels ils furent théoriquement en guerre jusqu'à la paix de Münster, l'un des traités de Westphalie signés en 1648.

Ces aventures lointaines furent financées par des marchands et autres investisseurs qui placèrent leurs mises dans des sociétés de commerce communes : la Compagnie hollandaise des Indes orientales (Vereenigde Oostindische Compagnie, ou VOC), fondée en 1602, chargée des échanges avec les Indes et l'Extrême-Orient, et la Compagnie hollandaise des Indes occidentales (WIC, 1621), qui exploita les plantations des Amériques et finit rapidement par contrôler la moitié du commerce mondial des esclaves.

Malgré le prestige de ces expéditions et les produits exotiques (café, thé, épices, tabac, coton, soie, porcelaine) rapportés au pays, Amsterdam tirait encore la majeure partie de ses richesses de la classique industrie de la pêche et du commerce avec l'Europe. Dans les années 1590, les constructeurs de navires lancèrent la flûte (du néerlandais *fluyt*), petit bâtiment de guerre servant au transport de matériel et capable de naviguer avec un équipage de dix personnes au lieu des trente habituellement nécessaires pour des navires de cette taille, donc parfait pour le cabotage. Vers 1650, les Hollandais disposaient de plus de navires marchands que l'Angleterre et la France réunies, et la moitié de toutes les flottes naviguant entre l'Europe et l'Asie.

Il semble encore un peu mystérieux que la minuscule Amsterdam ait joué un tel rôle

PRÉSENTATION DE LA VILLE

Les premières multinationales

La Compagnie hollandaise des Indes orientales (VOC) et la Compagnie hollandaise des Indes occidentales (WIC) furent les premières multinationales du monde. Leurs comptoirs, disséminés sur l'ensemble du globe, disposaient d'une grande marge de manœuvre. Ils pouvaient négocier avec les dirigeants locaux pour le compte de la République hollandaise, donner suite à des opportunités commerciales leur paraissant intéressantes, construire des forts et lever des milices locales. Plus de mille actionnaires – des marchands, mais aussi des artisans, des membres du clergé, des commerçants et même des domestiques – apportaient les capitaux nécessaires au financement des navires et des risques commerciaux, permettant ainsi de répartir ces derniers. Lorsqu'il y avait des

Emblème de la Compagnie hollandaise des Indes orientales

bénéfices, ils étaient également redistribués sous forme de généreux dividendes annuels.

La VOC fut fondée pour coordonner les efforts souvent concurrents des villes de Hollande et de Zélande. Elle se composait de six "chambres" représentant Amsterdam, Middelburg, Delft, Rotterdam, Hoorn et Enkhuizen, supervisées par dix-sept directeurs (les Heeren XVII ou "dix-sept gentilshommes") pour le compte des actionnaires. En raison des risques élevés et des longs délais nécessaires aux échanges avec les Indes et l'Extrême-Orient, les actionnaires de la VOC étaient souvent des gens en mesure d'investir à long terme – généralement de riches marchands installés à Amsterdam, qui détenaient plus de la moitié des capitaux de la compagnie.

La WIC comportait cinq "chambres", supervisées par 19 directeurs. Le commerce en Atlantique était moins risqué et impliquait des délais moins longs, mais était aussi moins rentable. La WIC attirait les petits investisseurs, notamment en Zélande. Compte tenu de la rude concurrence de l'Espagne et du Portugal (et plus tard de la Grande-Bretagne et de la France), les frais de la compagnie dépassaient souvent ses recettes. La WIC s'en remettait donc aux subventions de l'État pour conquérir et défendre ses plantations de sucre et ses ports d'esclavage, ce qui en faisait une institution plus coloniale que la VOC. Comme cette dernière, plus de la moitié de ses capitaux étaient détenus à Amsterdam, mais elle souffrait davantage des dissensions et de la jalousie entre la Hollande et la Zélande.

Les marchands préférant le confort de leurs bureaux aux dangers des comptoirs tropicaux, les employés de la VOC et de la WIC étaient généralement issus de la classe la plus pauvre, et presque toujours sous-payés. Laissés seuls avec un minimum de surveillance (aucun ministère colonial ne les supervisait ni ne les coordonnait), ils étaient souvent tentés de chercher fortune pour leur propre compte. Les punitions étant certes sévères mais rarement appliquées, les plus habiles parvenaient à amasser de grandes richesses au cours de fabuleuses carrières.

à l'échelle mondiale (même à son apogée, Venise n'a jamais exercé une telle influence), mais plusieurs facteurs ont contribué à ce phénomène. D'une part l'Angleterre et la France étaient aux prises avec des luttes intestines, d'autre part l'Espagne était beaucoup trop occupée à gérer son immense empire colonial. Grâce à toute une combinaison d'éléments – le chanvre et le bois de construction bon marché de la Baltique, les plus grands chantiers navals d'Europe, les importants capitaux investis par des milliers d'actionnaires et les faibles salaires versés aux marins, dont la plupart cultivaient de petits lopins de terre au nord d'Amsterdam –, le transport offert par les

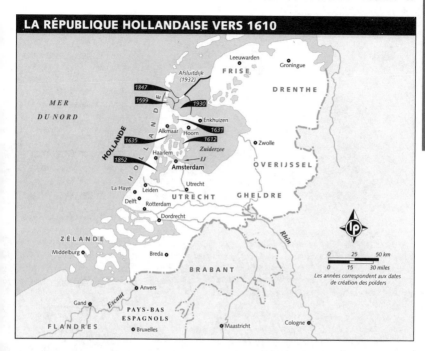

LA RÉPUBLIQUE HOLLANDAISE VERS 1610

Les années correspondent aux dates de création des polders

Hollandais ne connaissait aucun rival en termes de coût et d'efficacité.

L'Angleterre commença toutefois à taper du poing sur la table, et, en 1651, vota plusieurs lois pour réglementer la navigation : les marchandises importées en Angleterre et dans ses colonies devaient être transportées par des navires anglais ou des bâtiments appartenant au pays de provenance des marchandises. Ces dispositions menaçant sérieusement le commerce de transit hollandais, les deux pays se livrèrent plusieurs batailles navales, à l'issue généralement indécise, mais les Hollandais perdirent ainsi la Nouvelle-Amsterdam. Louis XIV en profita pour marcher sur les Pays-Bas, où il occupa les provinces espagnoles du Sud ainsi que trois des sept provinces républicaines du Nord durant l'année dite du "désastre", en 1672.

Les Hollandais se rallièrent à leur stadhouder, Guillaume III d'Orange, qui repoussa les Français avec l'aide de l'Autriche, de l'Espagne et du Brandebourg (Prusse). Fin politicien, Guillaume apporta ensuite son soutien aux factions protestantes d'Angleterre contre le roi catholique Jacques II, virtuellement sous la coupe de Louis XIV. En 1688, Guillaume envahit l'Angleterre et se fit proclamer roi en compagnie de son épouse Marie II Stuart (fille protestante de Jacques II).

Dès lors, l'Angleterre joua un rôle clé dans la mise en échec de la France et de ses velléités d'expansion sur le continent. Ironie de l'histoire, le chef militaire de la République hollandaise, auquel l'opposition d'Amsterdam avait refusé le trône, fut couronné roi d'un pays étranger et assura ainsi la pérennité de la république.

Le déclin (1700-1814)

Les événements dramatiques qui marquèrent la seconde moitié du XVIIe siècle

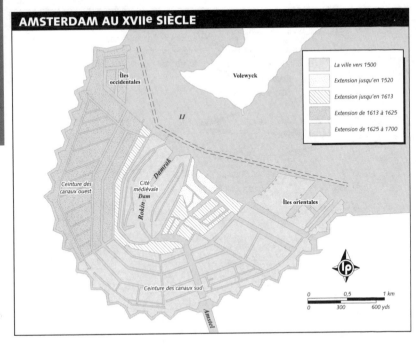

AMSTERDAM AU XVIIe SIÈCLE

Îles occidentales

Volewyck

IJ

Damrak

Ceinture des canaux ouest

Cité médiévale
Dam

Rokin

Îles orientales

Ceinture des canaux sud

Amstel

La ville vers 1500
Extension jusqu'en 1520
Extension jusqu'en 1613
Extension de 1613 à 1625
Extension de 1625 à 1700

0   0,5   1 km
0   300   600 yds

mirent les ressources de la République à rude épreuve, tandis que son héroïsme naval cédait la place à une volonté de paix à tout prix, jouant à la fois sur la neutralité et la corruption. La République ne disposait pas de ressources humaines suffisantes pour s'attaquer de front à la France et à l'Angleterre, mais elle bénéficiait de l'argent d'Amsterdam pour les tenir à distance et assurer la liberté sur les mers. L'argent devint plus important que le commerce et les marchands se mirent à investir leurs fortunes dans des placements plus sûrs, souvent sous forme de prêts aux gouvernements étrangers.

Ces pratiques se traduisirent au XVIIIe siècle par la stagnation. Finis les beaux jours de l'aventure en mer vers les terres inconnues, de la création de comptoirs et des expéditions navales contre l'Espagne, des réalisations artistiques, scientifiques et technologiques monumentales, des expériences de nouvelles formes de gouvernement et de gestion des finances. Le creuset de nationalités représenté par Amsterdam, où tout ce qui générait un profit était réalisable, tomba dans la léthargie. La création de richesses devint une simple question de taux d'intérêt. Certes, la ville demeura la plus riche et le fret hollandais le moins cher d'Europe, mais l'envie de conquérir le monde qui avait marqué le XVIIe siècle disparut complètement. Les ports de Londres et de Hambourg devinrent de puissants rivaux.

Le déclin du commerce apporta la pauvreté à tous ceux qui ne disposaient pas d'argent à la banque, notamment les nombreux juifs ayant fui les pogroms d'Allemagne et de Pologne – entre 1700 et 1800, la proportion de juifs dans la population locale passa de 3 à 10%. De plus, le XVIIIe siècle s'accompagna d'un refroidissement, avec des hivers exceptionnellement rudes qui inspirèrent de splendides scènes de patinage aux peintres, mais gênèrent fortement les transports et entraînèrent de graves pénuries de vivres. Les hivers 1740 et 1763 furent si rigoureux que certains Amstellodamois moururent de froid ; d'autres, nombreux, souffrirent de la soif, car les canaux servaient d'égout et l'approvisionnement en eau potable était suspendue.

La classe patricienne dirigeante céda de plus en plus à la corruption et à l'égocentrisme. De multiples luttes politiciennes opposèrent les patriciens, les orangistes (monarchistes) et une nouvelle classe moyenne aux idées éclairées, les fameux patriotes.

Les dirigeants d'Amsterdam soutinrent naïvement la guerre de l'Indépendance américaine, ce qui déclencha le blocus des côtes puis la conquête des comptoirs hollandais par les Britanniques. La Compagnie des Indes occidentales ferma ses portes en 1791, tandis que la puissante Compagnie des Indes orientales, qui avait dominé le commerce entre l'Europe et l'Asie, fit banqueroute en 1800.

Les patriciens d'Amsterdam finirent par s'allier aux orangistes contre les patriotes, enhardis par l'exemple américain et plus revendicatifs en matière de droits démocratiques. Un coup d'État organisé par ces derniers à Amsterdam en 1787 fut réprimé par les troupes prussiennes venues en aide à Guillaume V d'Orange. Désormais, Amsterdam ne dirigeait plus la République hollandaise.

En 1794, les troupes révolutionnaires françaises envahirent les Pays-Bas, traversant les rivières gelées qui auraient dû former une barrière naturelle. Accompagnés et aidés par les patriotes exilés, les Français installèrent une République batave, transformant les Provinces-Unies fragmentées en un État centralisé avec Amsterdam pour capitale.

En 1806, cette république devint une monarchie dirigée par Louis Bonaparte, frère de Napoléon Ier. En 1808, la ville s'autoflagella en offrant le grand hôtel de ville du Dam, symbole des richesses et du pouvoir de la république marchande, au nouveau roi afin qu'il y installe son palais.

Deux ans plus tard, Napoléon démit son frère de ses fonctions pour manque de coopération et annexa les Pays-Bas à l'Empire français.

En réaction aux conquêtes napoléoniennes, la Grande-Bretagne organisa un blocus maritime au large du continent et occupa les colonies hollandaises pour le compte de Guillaume V. Napoléon interdit à son tour tout commerce avec la Grande-Bretagne et tenta d'assurer l'autosuffisance du continent en déclarant le fameux Blocus continental. Le commerce amstellodamois, déjà sur le déclin, prit ainsi fin, de même que l'industrie de la pêche. La société néerlandaise se tourna vers l'agriculture et Amsterdam devint une ville de marché.

Après la défaite de Napoléon en 1813 à Leipzig, les troupes françaises quittèrent paisiblement la ville. Guillaume V étant mort en exil, son fils rentra en Hollande pour y être couronné roi des Pays-Bas en 1814 à la Nieuwe Kerk. L'hôtel de ville devint le palais du nouveau roi et demeura à jamais la demeure de la maison d'Orange. Les Britanniques rendirent les Indes orientales, mais conservèrent le cap de Bonne-Espérance et Ceylan. L'économie maritime d'Amsterdam se remit très lentement des désastreuses mesures du Blocus continental prises par Napoléon, et la Grande-Bretagne put jouir en toute quiétude de sa domination sur les océans.

La nouvelle infrastructure (1814-1918)

Le nouveau royaume comprenait l'actuelle Belgique, qui lutta pour son indépendance en 1831. Hormis cet événement, Amsterdam vécut paisiblement pendant la première moitié du XIXe siècle. Son port avait été négligé et les bancs de sable de l'IJ, qui avaient toujours constitué un obstacle, se révélèrent une barrière infranchissable pour les navires modernes ; Rotterdam fut fondée pour devenir le plus grand port du pays.

L'horizon s'éclaircit à nouveau avec la mise en place du réseau ferroviaire. La première ligne, reliant Amsterdam à Haarlem, fut ouverte en 1839. De vastes projets d'infrastructure, financés par le célèbre "sys-

Les républicains et les monarchistes

TAMSIN WILSON

Guillaume le Taciturne

Contrairement à la plupart des autres pays d'Europe, les Pays-Bas connurent d'abord l'institution républicaine avant de devenir une monarchie. La République hollandaise était une fédération libre de provinces autonomes dominées par des villes, la toute-puissante Amsterdam déterminant la politique étrangère et influençant la plupart des autres domaines régis par un faible gouvernement central.

Amsterdam jouait un rôle similaire à celui d'Athènes parmi les cités-États de l'Antiquité, mais aucune ville ne tenait celui de Sparte pour rétablir l'équilibre. En revanche, le stadhouder, représentant des seigneurs des provinces, dirigea la révolte armée contre l'Espagne. Après l'assassinat de Guillaume le Taciturne, son fils prit la relève, posant ainsi les bases de la maison d'Orange, ce qui ne fut pas du goût des patriciens d'Amsterdam. Ayant établi leur propre oligarchie sur la base de fortunes commerciales, ces derniers n'étaient pas prêts à se laisser taxer par un quelconque monarque.

Entre 1580 et 1800, la politique hollandaise oscilla entre les sentiments républicains ("pacifistes", procommerciaux) de l'élite dirigeante d'Amsterdam et les aspirations monarchistes et militaires de la maison d'Orange. Cette dernière faction bénéficiait souvent du soutien des classes les plus pauvres et des nombreuses villes souhaitant voir l'"arrogante" Amsterdam remise à sa place. En 1673, en pleine guerre contre la France, les provinces (à l'exception de la Hollande) votèrent en faveur de la transmission héréditaire du titre de stadhouder au sein de la maison d'Orange, mais l'influence d'Amsterdam suffit à maintenir la république jusqu'à l'intronisation par Napoléon de son frère en 1806. Sous l'occupation française, les provinces se constituèrent en État unifié, avec Amsterdam pour capitale. En 1813, les Français se retirèrent et, en 1814, Guillaume VI d'Orange fut proclamé Guillaume Ier, roi des Pays-Bas, à la Nieuwe Kerk d'Amsterdam.

---

tème de culture" des Indes orientales, entraînèrent la production à grande échelle de produits tropicaux destinés à l'exportation sous la supervision du successeur des VOC et WIC, la Société de commerce des Pays-Bas. Le commerce avec les Indes orientales constituait désormais l'épine dorsale de l'économie amstellodamoise. De plus, le canal de la mer du Nord entre Amsterdam et IJmuiden, construit entre 1865 et 1876, et plus tard le canal Merwede vers le Rhin (prolongé jusqu'au canal Amsterdam-Rhin après la Seconde Guerre mondiale) permirent à la ville de bénéficier des révolutions industrielles nationale et allemande.

Le port fut élargi à l'est. L'industrie diamantaire fleurit après la découverte de mines en Afrique du Sud. Amsterdam attira de nouveau les immigrants et sa population, qui avait décliné durant l'ère napoléonienne, doubla dans la seconde moitié du XIXe siècle, passant la barre du demi-million en 1900. Les spéculateurs bâtirent en toute hâte de nouveaux logements au-delà du quartier des canaux – de lugubres immeubles mal construits et dotés d'équipements rudimentaires.

En 1889, la ville se retrouva littéralement coupée de son port par l'énorme Centraal Station, érigée sur une série d'îles artificielles sur l'IJ. A l'époque, les observateurs y virent une rupture symbolique entre Amsterdam et la mer. Il ne semblait plus vital pour la survie de la ville de disposer d'un front de mer ouvert et la fin du XIXe siècle vit le comblement de ses principaux canaux (Damrak, Rokin, Nieuwezijds Voorburgwal), ainsi que de quelques autres plus petits, à la fois pour des raisons d'hygiène (à la suite de plusieurs épidémies de choléra) et pour faciliter la circulation routière qui s'accroissait. D'autres projets du même type furent suspendus à la suite de critiques émises à l'égard de ces futurs "boulevards ostentatoires".

Les Pays-Bas restèrent neutres durant la Première Guerre mondiale, mais le commerce amstellodamois avec les Indes orientales pâtit des blocus maritimes. Les pénuries de vivres, exacerbées par l'arrivée de réfugiés belges, déclenchèrent des émeutes mais, dans l'ensemble, le pire fut évité. Il y eut une tentative d'importation des révolutions russe et allemande aux Pays-Bas, mouvement qui fut rapidement écrasé par les troupes loyalistes.

L'expansion économique et la récession (1918-1940)

Après la guerre, Amsterdam demeura le centre industriel du pays, avec un vaste éventail d'entreprises s'alimentant les unes les autres. Ses chantiers navals n'occupaient plus le premier rang mondial, mais la Dutch Shipbuilding Company (Société de construction navale hollandaise), qui possédait encore le deuxième plus grand quai du monde, contribua au maintien d'une importante industrie de l'acier et des moteurs Diesel.

Le port accueillait les produits tropicaux dont la transformation était assurée localement (le tabac en cigares, le coprah en margarine, le cacao en chocolat – Amsterdam demeure le principal centre de distribution du cacao dans le monde).

En 1920, la KLM (Koninklijke Luchtvaart Maatschappij, Compagnie royale d'aviation) ouvrit la première ligne aérienne régulière du monde, entre Amsterdam et Londres. Disposant d'une piste au sud de la ville, elle acheta la plupart de ses appareils à l'usine d'Anthony Fokker, au nord de l'IJ. Deux grandes brasseries côtoyaient une importante industrie de prêt-à-porter et même une usine automobile d'où sortit la vénérable Spijker. Les années 20 furent prospères pour Amsterdam, qui accueillit les jeux Olympiques en 1928.

La population ne cessa d'augmenter jusqu'à atteindre vers 1925 les 700 000 habitants qu'elle compte encore aujourd'hui. La ville avait déjà commencé à s'étendre au nord de l'IJ, avec des lotissements pour les ouvriers et les dockers du port dans la nouvelle banlieue d'Amsterdam Nord. Puis, elle poursuivit son expansion vers le sud, comblant le vide entre l'Amstel et le futur stade olympique.

Malheureusement, la récession mondiale des années 1930 frappa durement. Le chômage, qui atteignit 25%, aurait pu grimper plus haut si les Indes orientales n'avaient supporté le plus gros de la misère. Les membres du parti socialiste, qui prédominaient au conseil municipal, donnèrent leur démission en signe de protestation contre les réductions de salaire des fonctionnaires, laissant le champ libre au gouvernement conservateur de Hendrik Colijn.

Les projets de travaux publics, tels l'Amsterdamse Bos (aire de loisirs au sud-ouest de la ville), ne contribuèrent pas à désamorcer les tensions croissantes entre les socialistes, les communistes et le petit mais bruyant parti fasciste. Ce dernier n'exerçait qu'une influence négligeable sur la politique nationale, mais il recueillit quelques sièges aux élections municipales d'Amsterdam en 1939 et trouva un puissant soutien auprès des colonialistes des Indes orientales. Amsterdam accueillit près de 25 000 réfugiés juifs allemands, mais refusa néanmoins l'entrée à un grand nombre d'entre eux sous prétexte de neutralité.

La Seconde Guerre mondiale (1940-1945)

Les Pays-Bas tentèrent de rester neutres durant la Seconde Guerre mondiale, mais l'Allemagne avait d'autres projets. L'invasion eut lieu en mai 1940. Pour la première fois en près de quatre siècles, la population d'Amsterdam éprouva la dure réalité de la guerre. L'occupant allemand commença à introduire des mesures antisémites par petites étapes soigneusement échelonnées, appuyé par la police et les fonctionnaires. En février 1941, la classe ouvrière d'Amsterdam se souleva et organisa une grève générale des dockers en soutien à leurs compatriotes juifs, mais la grève fut rapidement réprimée.

Seul un juif sur sept survécut à la guerre aux Pays-Bas ; à Amsterdam, ce chiffre était de seulement un sur seize, soit la proportion la plus faible d'Europe de l'Ouest. La découverte après la guerre du *Journal* d'Anne Frank invita à penser, à tort, qu'Amsterdam avait caché "ses" juifs. L'antisémitisme n'était pas particulièrement fort chez les Néerlandais, pas plus que le fascisme, mais leur éthique "calviniste", diront certains, ancrée dans l'ordre et la propriété, les incitait à fuir les grandes actions, à se retirer dans l'intimité de leurs foyers et à s'occuper de leurs propres affaires.

Les Allemands cultivèrent ce trait en faisant d'abord preuve d'une certaine indulgence à l'égard du pays, puis en renforçant les espoirs de ses habitants, persuadés que la situation s'améliorerait s'ils évitaient de faire des remous et de se préoccuper du sort des juifs. La résistance, organisée par une surprenante alliance entre calvinistes et communistes, ne se développa que lorsque les Allemands commencèrent à envoyer des hommes valides travailler en Allemagne.

Le rude hiver 1944-1945 fut "l'hiver de la faim", au cours duquel les Amstellodamois moururent par milliers. Après avoir libéré le Sud du pays, les Alliés furent mis en échec à Arnhem. Décidant alors de concentrer leur attaque sur l'Allemagne, ils isolèrent Amsterdam et le Nord-Ouest. Les arrivages de charbon cessèrent, les hommes dispensés du travail obligatoire en Allemagne prirent le maquis, les entreprises du service public furent arrêtées et les Allemands se mirent à piller tout ce qui pouvait contribuer à l'effort de guerre. En mai 1945, les troupes canadiennes libérèrent enfin la ville.

La croissance de l'après-guerre (1945-1962)

La ville retrouva sa croissance après la guerre grâce aux subventions américaines (plan Marshall) et aux gisements de gaz naturel alors récemment découverts qui compensèrent la perte des Indes orientales, devenues indépendantes après quatre années de lutte. L'activité portuaire se déplaça à l'ouest vers le canal de la mer du Nord. Celui-ci donnait accès à la mer depuis l'achèvement en 1932 de l'Afsluitdijk, une digue de 30 kilomètres de long séparant le nord de la Hollande et la Frise qui ferma le Zuiderzee, le transformant en polder de l'IJsselmeer. Le canal Amsterdam-Rhin, tant attendu, fut enfin inauguré en 1952.

D'énormes cités surgirent dans les quartiers annexés à l'ouest de la ville – Bos en Lommer, Osdorp, Geuzenveld, Slotermeer et Slotervaart – pour satisfaire la demande croissante de logements, accentuée par l'abandon du principe de l'habitat partagé par la famille étendue. Le gigantesque projet de lotissement de Bijlmermeer (actuel Bijlmer), au sud-est de la ville, débuté au milieu des années 60 et achevé au début des années 70, fut construit selon les même principes.

La révolution culturelle (1962-1982)

Au début des années 60, Amsterdam entama une révolution culturelle qui allait durer vingt ans et servir de modèle à d'autres mouvements similaires à l'étranger. Elle était alimentée par l'interaction entre un ordre établi conservateur et une tolérance pour les points de vue alternatifs, ainsi que par la tradition d'une société qui avait l'habitude d'intégrer ces points de vue dans sa structure.

Au cours des quatre-vingts années précédentes, la société néerlandaise s'était empreinte de *verzuiling* ("sectorisation"), ordre social entériné par le compromis de "pacification" de 1917 dans lequel chaque mouvement religieux et/ou politique avait acquis le droit de faire ce qu'il voulait, d'avoir ses propres écoles, partis politiques, syndicats, institutions culturelles, clubs de sport, etc. Chacun de ces groupes représentait un pilier distinct soutenant le statu quo fondé sur l'"accord général pour ne pas être d'accord". Cette solution, qui semblait élégante à la société divisée du XIXe siècle et du début du XXe siècle, devint étouffante pour la société moderne, dans laquelle les anciennes divisions disparaissaient de plus en plus. Dans les années 60, les gens commencèrent à remettre en cause le statu quo, et les piliers s'effondrèrent.

Les provos et le "centre magique". Le premier groupe à ébranler l'ordre de la société néerlandaise fut celui des *provos*, successeurs des beatniks, dont le noyau dur se composait d'un petit groupe d'anarchistes. Ils organisèrent dans les rues de joyeux "happenings", ou provocations (d'où leur nom) espiègles et imaginatives, que la police réprima avec une violence absurde et disproportionnée. La réaction policière incita même la génération précédente à se demander si c'était pour en arriver là qu'elle s'était battue pendant la guerre.

Les provos gagnèrent un siège aux élections municipales de 1966, au grand dam de certains anarchistes qui étaient au cœur du mouvement. Pendant l'été 1967, ils enterrèrent le mouvement provo au Vondelpark, dans un cercueil et en grande cérémonie. Leur représentant à l'hôtel de ville, Roel van Duijn, resta pourtant le porte-parole de leurs préoccupations concernant la pollution et les embouteillages urbains.

Tandis que la société sortait de son carcan d'avant-guerre, Amsterdam devenait le "centre magique" de l'Europe, ville fascinante où tout était possible. La fin des années 60 vit l'arrivée massive de hippies, qui fumaient des joints devant le monument national sur le Dam et déroulaient leurs sacs de couchage au Vondelpark.

Ce fut aussi une période de révolte estudiantine. Exigeant davantage de participation à la vie universitaire, les étudiants occupèrent en 1969 la Maagdenhuis, sur la place de Spui, centre administratif de l'université d'Amsterdam. Le mouvement féministe s'affirma également : les Dolle Minas ("folles Minas", d'après le nom de la féministe radicale du XIXe siècle Wilhelmina Drucker) lancèrent la campagne *Baas in eigen Buik* ("maîtresse de mon propre ventre"), qui alimenta les débats sur l'avortement tout au long des années 70.

Les kabouters. Aux provos succédèrent les *kabouters* (gnomes), qui prirent le nom des gentils lutins du folklore hollandais. En 1970, ils proclamèrent un État libre d'Orange sur la place du Dam, cité alternative peuplée de citoyens bienveillants préoccupés par l'environnement. Cette année-là, les élections leur valurent cinq sièges au conseil municipal d'Amsterdam et plusieurs autres ailleurs. Si l'idéalisme des kabouters fut rapidement victime des dures réalités de la politique urbaine, nombre de leurs idées, telle l'interdiction des voitures dans le centre-ville furent largement acceptées.

Au début des années 70, tandis que les urbanistes s'occupaient de vastes programmes de logements dans les banlieues peuplées de salariés employés dans les bureaux et les banques du centre-ville, l'opinion publique se mit à bouger. Un projet d'autoroute reliant Centraal Station au sud-est par un tunnel sous l'IJ – en témoignent les hideuses Weesperstraat et Wibautstraat – fut stoppé par les mouvements de protestation publics.

Le métro et le Nieuwmarkt. Le projet de création d'une ligne de métro traversant le quartier du Nieuwmarkt provoqua le conflit le plus violent entre les urbanistes et la population. La construction de blocs d'appartements à Bijlmermeer, au sud-est de la ville, nécessitait la mise en place d'un réseau de quatre lignes de métro. Celui-ci fut néanmoins réduit à une seule ligne, entre Bijlmermeer et Centraal Station. La technologie de l'époque ne permettait en effet pas de creuser des tunnels en terrain marécageux, et une vaste portion du quartier du Nieuwmarkt, en mauvais état, devait être rasée afin d'abaisser les caissons. Refusant de partir, les habitants, d'anciens provos et kabouters, *krakers* (squatteurs) pour la plupart, transformèrent le quartier en forteresse. Le Nieuwmarkt fut finalement évacué dans la violence le "lundi bleu" 24 mars 1975, et une trentaine de personnes furent blessées.

Les provos

Avec leurs "happenings" dans les rues, les provos secouèrent la société néerlandaise endormie des années 1960. En 1962, Robert Jasper Grootveld, laveur de carreaux se déclarant sorcier, commença à défigurer les panneaux de publicité pour des cigarettes en les marquant d'un énorme "K" (pour *kanker*, cancer), afin de mettre en valeur le rôle de la publicité dans la consommation à tout crin du *klootjesvolk* ("peuple à l'esprit étroit"). Vêtu comme un chaman et psalmodiant des mantras antitabac après avoir fumé de l'herbe, il organisait des réunions dans son garage, qui attirant des personnages aussi curieux que le poète Johnny van Doorn, alias Johnny le Selfkicker, qui bombardait son audience de récitals frénétiques et fumeux sur la conscience, Bart Huges, qui se perça un trou – soidisant "troisième œil" – dans le front pour soulager son cerveau de la pression et atteindre une conscience "étendue" permanente, et enfin Rob Stolk, imprimeur rebelle dont les adeptes appliquaient les judicieuses tactiques lorsqu'ils descendaient dans la rue.

TAMSIN WILSON

Le Lieverdje ("petit chéri"), sur la place de Spui, point de ralliement des campagnes des provos contre la consommation à tout crin

L'été 1965, leur point de rassemblement de prédilection fut le *Lieverdje* ("petit chéri"), statuette d'un môme des rues d'Amsterdam dont un producteur de cigarettes avait fait don à la ville sur la place de Spui. Ne sachant trop comment gérer les "obstructions publiques" de ces jeunes excités psalmodiant d'inintelligibles slogans (souvent sans aucune signification) autour du "chaman" Grootveld, la police réagit de la seule façon qu'elle connaissait : en distribuant des coups de matraques et en procédant à des arrestations arbitraires. Les terrasses des pubs de la place étant le lieu favori des journalistes, l'absurde brutalité de la police à l'encontre de ces jeunes qui s'amusaient fut immédiatement rapportée dans la presse. Rapidement, l'ensemble du pays s'engagea dans un débat houleux pour ou contre les autorités. Le fossé des générations n'était pas seul en cause : de nombreux membres de la génération précédente, mal à l'aise de constater que les choses avaient si peu changé depuis la guerre, manifestèrent leur soutien aux provos, sans comprendre comment les autorités avaient pu en arriver là.

Tout au long de 1965 et 1966, les provos maintinrent la pression avec une série de "plans blancs" pour protéger l'environnement, dont le fameux plan contre les embouteillages de la ville, avec sa flotte de bicyclettes blanches gratuites. Ils distribuaient à chacun un vélo blanc symbolique que la police s'empressait de confisquer.

Les provos se retrouvèrent au cœur des protestations publiques contre le mariage, le 10 mars 1966, de la princesse Beatrix avec le diplomate allemand Claus von Amsberg, qui avait servi dans l'armée de Hitler. La princesse insista pour se marier à Amsterdam, contre l'avis du maire. En dépit des importantes mesures de sécurité déployées pour l'occasion, un poulet vivant fut jeté sur le carrosse royal, des bombes lacrymogènes explosèrent alors que le défilé empruntait Raadhuisstraat et des spectateurs entonnèrent "Rendez-moi mon vélo", en référence aux nombreuses bicyclettes réquisitionnées par les soldats allemands au cours des derniers mois de la guerre. Les échauffourées et les charges de la police furent retransmises en direct à la télévision.

En juin de la même année, les provos apportèrent leur soutien à la violente grève organisée par les ouvriers du bâtiment durant laquelle un des ouvriers mourut d'une crise cardiaque. Les répercussions politiques incitèrent le gouvernement national de La Haye à démettre le chef de la police d'Amsterdam et, par la suite, le maire lui-même.

L'épisode du Nieuwmarkt fut décisif : dans les années qui suivirent, la municipalité entreprit la rénovation des quartiers du centre-ville et bâtit de nouveaux logements au cœur de la ville. Le Nieuwmarkt lui-même fut reconstruit sans les complexes de bureaux et les appartements de luxe prévus, mais avec des logements sociaux abordables. Le métro fut inauguré en 1980, avec des peintures murales dans la station du Nieuwmarkt commémorant les événements qui s'étaient déroulés cinq ans plus tôt.

Les squatteurs. Pendant ce temps, les familles continuaient à déserter la ville, l'abandonnant à une population de personnes âgées et de jeunes. Les efforts de la municipalité ne parvenaient pas à satisfaire les besoins en logement de ces petits foyers aux revenus modestes. Le manque d'appartements déclencha une vague de spéculation, notamment dans le séduisant quartier des canaux, qui fit grimper les loyers, sans parler des prix d'achat, bien au-delà des possibilités du citoyen moyen.

La plupart des jeunes virent dans le squat l'unique solution ; les immeubles vidés par les spéculateurs (ou présumés tels) constituaient une cible parfaite. La législation en cours rendant les expulsions difficiles, les propriétaires se mirent à employer des *knokploegen* (groupes de combat) formés de gros durs en tenue de sport, qui chassaient les squatteurs de force. La fin des années 70 vit néanmoins apparaître une nouvelle génération de squatteurs, moins motivés sur les plans idéologique et politique que leurs prédécesseurs, mais davantage prêts à défendre leurs besoins personnels derrière des barricades et à l'aide d'un réseau de soutien bien organisé.

En février 1980, la police expulsa les squatteurs d'un immeuble de bureaux vide situé Vondelstraat 72. Des centaines d'autres squatteurs réinvestirent les lieux et érigèrent des barricades dans la rue, que des tanks munis de pales de bulldozer finirent par déblayer. Quelques mois plus tard, lors du couronnement de la reine Beatrix à la Nieuwe Kerk le 30 avril, le mouvement des squatteurs donna libre cours à sa colère en organisant une énorme manifestation qui dégénéra rapidement. Pratiquement tous ceux qui se trouvaient dans les rues ce jour-là eurent les larmes aux yeux, non pas à cause de l'émotion suscitée par le couronnement, mais en raison des gaz lacrymogènes qui flottaient dans les airs. Le vocabulaire national se vit par ailleurs enrichi d'une nouvelle expression : le "shopping prolétaire", euphémisme pour le pillage. Jamais Amsterdam n'avait – et n'a depuis – connu de telles émeutes.

Dans les mois et les années qui suivirent, les squats les plus célèbres firent la une des journaux du monde entier, mais le mouvement, affaibli par des luttes intestines, se retrouva de plus en plus isolé. Les Amstellodamois "ordinaires", initialement compatissants au sort des mal-logés, finirent par ne plus supporter les accès de violence tel le déchaînement (accompagné de l'incendie d'un tramway) qui suivit l'éviction de la villa "Lucky Luyck" dans Jan Luyckenstraat en octobre 1982. Les citoyens respectueux des lois, qui patientaient des années pour obtenir un logement social, voyaient les squatteurs leur passer devant et s'attribuer les appartements de premier choix. Ces derniers parvenaient souvent à un accord de location avec les propriétaires ou recevaient de l'argent pour partir sans heurts ; parfois, la municipalité rachetait les immeubles afin que les squatteurs puissent y rester moyennant un loyer subventionné. Vers 1985, le mouvement, ne bénéficiant pratiquement plus d'aucun soutien, agonisa. Le squat se pratique toujours, mais les règles du jeu sont claires et les confrontations beaucoup plus rares.

Le nouveau consensus

Vingt ans après les premiers happenings provos sur la place de Spui, la révolution culturelle d'Amsterdam avait vécu. Finis la croissance pour la croissance, l'autocratie, l'urbanisme méprisant et les gigantesques programmes de logement dans les banlieues éloignées, les autoroutes et les parcs de stationnement en plein cœur de la ville et la démolition des vieux quartiers. Un nouveau consensus se fit jour en la personne du maire travailliste Ed van Thijn. Les idéaux tournèrent désormais autour de la décentralisation et des conseils de quartier, de la proximité des lieux de travail, des écoles et des commerces, du désengorgement de la circulation, de la rénovation plutôt que la démolition, des sympathiques îlotiers sur leurs bicyclettes hybrides, d'une approche pratique mais non moralisatrice des drogues, et enfin de la reconnaissance légale des couples homosexuels.

Grâce à ce consensus, l'inauguration du complexe de l'hôtel de ville et de l'opéra se déroula dans un calme relatif comparé aux mouvements d'opposition soulevés par le projet et sa construction. Cette curiosité édifiée en surplomb de l'Amstel sur Waterlooplein, dans l'ancien quartier juif, s'était attiré de nombreuses critiques en raison de sa taille et de sa conception hybride. Son surnom de Stopera, contraction de *stadhuis* (hôtel de ville), d'opéra et de "Stoppez l'opéra", donné par les opposants, lui est resté.

En entrant dans la quiétude des années 90, la ville est devenue méconnaissable. Les industries familiales et les petites manufactures, qui prédominaient dans les quartiers du centre-ville au début des années 60, ont cédé la place aux professionnels du secteur tertiaire et à une industrie de services fondée sur les pubs, les "coffee shops", les restaurants et les hôtels. La composition ethnique a également changé : les Surinamiens, les Marocains, les Turcs et les Antillais, qui formaient autrefois une petite communauté, représentent aujourd'hui 25% de la population, et l'ensemble des ressortissants étrangers atteint 45%.

Le port, qui occupe le cinquième rang européen, revit grâce à l'industrie pétrochimique et au transbordement des conteneurs et s'étend rapidement vers l'est. L'aéroport de Schiphol connaît un formidable essor et commence à manquer d'espace pour s'agrandir. Ce problème d'espace vaut pour Amsterdam en général, où le nouveau mot à la mode est *inbreiding*, soit la transformation des anciens complexes industriels et des quartiers des docks en logements, souvent très onéreux. Les alentours est du port connaissent la même métamorphose, tout

comme les anciens quartiers situés à l'ouest du port, tel celui des silos à grain, au nord de Prinseneiland.

De nouvelles tours de bureaux s'élèvent au sud-est, au sud et à l'ouest de la ville autour du périphérique maintenant terminé. Au sud, on trouve le nouveau siège social de la banque ABN-AMRO, qui défie toute logique architecturale avec ses étages supérieurs plus larges que le rez-de-chaussée. Construit à la fin des années 90 le long de l'Amstel, près de l'Amstelstation, le premier gratte-ciel d'Amsterdam, le Rembrandttoren (tour Rembrandt), propriété de la compagnie d'assurances Nedlloyd, abrite (temporairement) le siège social de Philips. Sa flèche, qui tel un phare est surmontée d'une lumière vive, peut être aperçue depuis presque partout et personne ne semble s'émouvoir de sa présence. Étonnant si l'on imagine ce qu'aurait été la réaction de l'opinion publique il y a seulement quinze ans !

Même le réseau du métro figure de nouveau à l'ordre du jour, car les progrès technologiques permettent désormais de creuser des tunnels en terrain marécageux. Une ligne traversant la ville, reliant le nord d'Amsterdam au World Trade Center au sud, devrait être achevée en 2006.

Les touristes affluent – seules Londres, Paris et Rome en attirent davantage en Europe. Le manque d'hébergements abordables montre bien que le principal problème d'Amsterdam reste le logement.

GÉOGRAPHIE

Les environs d'Amsterdam reposent en grande partie sur des *polders*, autrefois recouverts par des lacs ou la mer. Ces terres ont été récupérées par la construction de digues sur les bras de mer ou sur les rivières qui alimentaient les lacs. L'eau a ensuite été pompée par les moulins à vent ou, plus tard, des pompes à vapeur et à moteur Diesel. Ces polders ont été créés sur de vastes étendues : depuis le début du siècle, par exemple, d'énormes portions de l'ancien Zuiderzee (aujourd'hui IJsselmeer, un lac séparé de la mer par l'Afsluitdijk) ont été endiguées puis asséchées, pour devenir de vastes terres agricoles fertiles. La province du Flevoland, au nord-est d'Amsterdam, a été entièrement gagnée sur la mer.

Pour plus de renseignements sur la gestion de l'eau, reportez-vous plus loin au paragraphe *Le nettoyage des canaux* dans la rubrique *Environnement et écologie*.

Niveau de la mer et NAP

On dit que la majeure partie d'Amsterdam (et même la moitié du pays) s'étend à quelques mètres au-dessous du niveau de la mer. Mais qu'est-ce que le niveau de la mer ? Il varie en fonction des régions du monde. Le niveau moyen de l'ancien Zuiderzee, à l'abri de la Hollande, était même légèrement inférieur à celui de la mer du Nord le long des côtes exposées de l'ouest. Une exposition du Stopera, sous l'arcade entre le Muziektheater et l'hôtel de ville (près de la sortie du métro Waterlooplein), illustre les tenants et les aboutissants du NAP (Normaal Amsterdams Peil, niveau normal d'Amsterdam), établi au XVIIe siècle par la plus haute marque de crue du Zuiderzee. Cette référence constitue toujours le niveau zéro dans le pays, ainsi qu'en Allemagne et dans plusieurs autres pays d'Europe.

L'eau des canaux est maintenue à 40 centimètres au-dessous du NAP, mais de nombreuses parties de la ville sont situées encore plus bas. Si vous manipulez les boutons de bronze en descendant les escaliers, vous vous rendrez compte de l'importance de toutes ces digues. Trois colonnes d'eau représentent les niveaux de la mer à IJmuiden et Flushing (Vlissingen), ainsi que le plus haut niveau atteint par les crues catastrophiques de 1953 (4,55 m au-dessus du NAP), qui ont donné lieu aux grands travaux du delta dans la province de Zélande. Des brochures en néerlandais, anglais, français, allemand, italien et espagnol exposent tous les détails.

Les canaux sont profonds d'environ 3 mètres, mais les Amstellodamois pensent qu'il y a probablement un mètre de boue et un autre mètre de bicyclettes au rebut. En effet, les personnes qui sont tombées dedans ont souvent été victimes de graves coupures.

Les tourbières et les pilotis

Amsterdam, cette grande ville, est construite sur pilotis/Et que se passerait-il si la ville s'effondrait, qui paierait les pots cassés ?

comptine hollandaise

Amsterdam est bâtie sur un mélange de tourbières spongieuses et d'argile posé sur un lit de sable stable à plus de 12 mètres de profondeur. Les premières maisons en bois, simplement installées sur la tourbe, devaient être de temps à autre relevées car elles s'enfonçaient. Lorsque la brique et la pierre, plus lourdes, remplacèrent le bois, les ingénieurs perfectionnèrent la pose des pilotis en bois. Ils les enfoncèrent dans la couche de sable, scièrent les parties qui dépassaient pour égaliser la hauteur et, une fois les fondations stabilisées, érigèrent les immeubles. La place du Dam ne compte pas moins de 13 659 piles de soutien !

Tant que les pilotis étaient entièrement submergés par les eaux souterraines et que l'air ne pouvait les atteindre, ils ne pourrissaient pas mais, compte tenu des variations du niveau des eaux, les problèmes étaient inévitables. En outre, des constructeurs moins scrupuleux n'ont pas toujours utilisé un nombre suffisant de pilotis, ne les ont pas suffisamment enfoncés ou ne se sont pas préoccupés de ceux qui s'étaient rompus lors de leur mise en place ; c'est pourquoi les immeubles anciens ne se sont pas tous affaissés dans les mêmes proportions – le coût des réparations s'avère prohibitif. Depuis la Seconde Guerre mondiale, on utilise des pilotis en béton : ils ne pourrissent pas et s'enfoncent plus profondément – à 20 mètres dans la seconde couche de sable, voire à 60 mètres dans la troisième.

CLIMAT

Amsterdam jouit d'un climat maritime tempéré caractérisé par des hivers froids et des étés doux. Les précipitations sont assez régulièrement réparties tout au long de l'année, souvent sous forme d'une interminable bruine qui se transforme en averses brèves mais intenses au printemps, de mars à mai. Le mois de mai se prête très bien à la visite de la ville : les ormes qui bordent les canaux

PRÉSENTATION DE LA VILLE

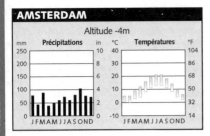

AMSTERDAM

Altitude -4m

sont en fleurs et il règne une fraîcheur agréable.

Les mois les plus ensoleillés s'étalent de mai à août, les plus chauds de juin à septembre. L'été peut être humide et certains trouveront cela désagréable. Le mois de septembre et le début du mois d'octobre bénéficient souvent d'un été indien, fort plaisant pour le visiteur. Les tempêtes d'automne surviennent en octobre et en novembre.

De décembre à février, le froid s'accompagne parfois de chutes de neige fondue. Les températures tournent autour de zéro. Le gel n'est souvent pas assez intense pour permettre la patinage sur les canaux mais, lorsque cela se produit, la ville s'anime de patineurs aux vêtements colorés. Si le manteau neigeux est au rendez-vous, les amateurs de photo se régalent.

ÉCOLOGIE ET ENVIRONNEMENT

Autrefois, les étrangers étaient frappés par l'obsession des Amstellodamois pour la propreté. Les immeubles impeccables contrastaient fortement avec l'eau sale et malodorante des canaux et l'air empesté par la fumée des feux de charbon et de tourbe.

Dans un pays très préoccupé par l'environnement, les jeunes habitants d'aujourd'hui sont moins obsédés par le nettoyage de leur maison que par le tri sélectif de leurs poubelles. Les canaux sont plus propres que jamais (voir le paragraphe suivant), et l'utilisation du gaz naturel a amélioré la qualité de l'air. La pollution industrielle fait l'objet de contrôles minutieux dans le cadre de l'une des réglementations les plus strictes du monde. Même la pollution visuelle des milliers d'antennes de télévision a disparu dans les années 80, lorsque tous les foyers se sont câblés.

Le centre-ville est également devenu beaucoup plus agréable pour les piétons depuis le milieu des années 80 grâce à l'*autoluw* (réduction des voitures) votée par la municipalité. La réduction drastique des places de stationnement a fortement découragé les automobilistes. Amsterdam est devenue une ville très résidentielle où les voitures et les voies rapides n'ont qu'une place restreinte.

Les partisans de Greenpeace seront intéressés d'apprendre que le siège international de l'organisation (☎ 523 62 22) se situe Keizersgracht 176 ; la branche néerlandaise (☎ 626 18 77, renseignements ☎ 422 33 44) occupe le même immeuble, Keizersgracht 174.

Le nettoyage des canaux

Jusque dans les années 80, les canaux, qui servaient d'égout, devaient être nettoyés tous les jours. Avant le XVIIe siècle, l'opération était relativement simple : le niveau de l'eau était régulé par les écluses menant à l'IJ, et ses allées et venues correspondaient aux marées. Mais l'eau saumâtre finit par accumuler des dépôts dans l'Amstel. A partir de 1674, l'Amstelsluizen, située devant le Théâtre carré, permit de nettoyer les canaux avec l'eau douce de l'Amstel.

Avec l'inauguration du canal de la mer du Nord au XIXe siècle et l'achèvement des écluses à Schellingwoude, à l'embouchure de l'IJ, l'IJ fut coupé de l'influence des marées. La solution, qui a toujours cours aujourd'hui, consistait à pomper l'eau du Zuiderzee (puis de l'IJsselmeer) dans les canaux. Depuis la Seconde Guerre mondiale, l'opération est effectuée par une énorme station de pompage installée sur l'île artificielle de Zeeburg, en face de Schellingwoude. Les écluses à l'ouest de la ville demeuraient ouvertes afin de laisser l'eau s'écouler dans le canal de la mer du Nord en emportant les déchets. Pour compléter ce système hydraulique, ces derniers étaient relâchés dans la mer du Nord à marée basse (ou pompés le cas échéant).

Jusque vers 1985, la station de Zeeburg pompait 600 000 mètres cubes d'eau chaque nuit, soit l'équivalent de 300 piscines. Maintenant que tous les foyers sont connectés au système d'évacuation (à l'exception des 2 500 péniches), les pompes tournent deux fois par semaine l'hiver et quatre fois par semaine l'été. Lorsque l'Amstel est en crue, ou que les orages font monter le niveau des eaux dans le canal de la mer du Nord, les pompes sont inversées pour déverser le surplus des canaux dans l'IJsselmeer.

Aujourd'hui, en dépit de son apparence et des algues, l'eau des canaux est relativement propre mais non potable.

La municipalité emploie sept bateaux pour récupérer tout ce qui flotte, des vieux réfrigérateurs aux poupées en passant par les sacs à main, les morceaux de bois et les bicyclettes mises au rebut (environ 10 000 par an). Trois dragueurs parcourent lentement les 100 kilomètres de canaux, bouclant la boucle une fois tous les dix ans.

ESPACES VERTS

Si vous regardez une vue aérienne d'Amsterdam l'été, vous aurez l'impression de voir un immense parc. Effectivement, si l'on inclut les jardins que l'on aperçoit rarement de la rue, le centre d'Amsterdam compte plus d'arbres au kilomètre carré que n'importe quelle autre capitale européenne. Les tilleuls qui bordaient autrefois les canaux ont été remplacés par des ormes, au XVIIIe siècle, en raison de leur feuillage qui laisse pénétrer la lumière dans les maisons. C'est ici que le champignon parasite de l'orme a été découvert par des chercheurs locaux à son apparition dans les années 1920.

La ville possède de nombreux et agréables parcs offrant une étonnante variété d'essences. Le Hortus botanicus de Plantage Middenlaan mérite sa célébrité, mais le Vondelpark, le zoo d'Artis et l'Amsterdamse Bos sont également très intéressants, de même que les plus petits espaces verts tels que le Sarphatipark et l'Oosterpark. Quant aux fleurs ? Venez en mars ou en avril, lorsque les bulbes (tulipes, jacinthes et jonquilles) fleurissent un peu partout.

FAUNE

Les moineaux, les martinets, les grives et les corbeaux sont aussi communs ici que dans le reste de l'Europe mais, dans certains quartiers de la ville, on se demande s'il existe d'autres oiseaux que les pigeons bisets. Les canaux accueillent des colverts, des foulques et parfois des hérons cendrés, des cygnes ou des grèbes, tandis que les étendues d'eau entourant la ville attirent des hérons, des cormorans et des foulques. Bien adaptées à cet habitat balayé par les vents, les mouettes rieuses sont omniprésentes.

Les amphibiens les plus courants sont le triton, le crapaud, la grenouille brune, ainsi que diverses variétés de grenouilles vertes.

Les eaux d'Amsterdam ne comptent pas moins d'une soixantaine d'espèces de poissons. Leur habitat varie des eaux douces des canaux aux eaux salées des profondeurs du canal de la mer du Nord, de la zone du port occidental et de certaines parties de l'IJ, avec quelques secteurs intermédiaires. De nombreux poissons de mer pénètrent dans le canal de la mer du Nord par les énormes écluses d'IJmuiden. L'une des espèces les plus intéressantes est l'anguille, capable de vivre à la fois dans l'eau douce et l'eau salée. Très présente dans les canaux, elle naît pourtant au fond de la mer des Sargasses, au large des Bermudes ! La brème est encore plus répandue dans les canaux, où elle n'est surpassée en nombre que par le gardon. La brème blanche, le rotengle, le brochet, la perche, l'épinoche et la carpe apprécient aussi cet habitat.

INSTITUTIONS POLITIQUES

L'agglomération d'Amsterdam (1,3 million d'habitants) recouvre la ville d'Amsterdam (731 000 habitants), Almere, Amstelveen, Haarlemmermeer (Schiphol), Purmerend et Zaanstad. Ces municipalités ont instauré une coopération administrative officielle en 1992 et mettent actuellement en place un conseil unique.

Le conseil et le bureau (le maire et les conseillers) de la ville d'Amsterdam supervisent les 16 districts de la ville – chacun possédant ses propres conseil et bureau – et gèrent le centre-ville, au sein de la ceinture des canaux, ainsi que le quartier du port occidental. Les 45 membres du conseil sont élus tous les quatre ans par tous les habitants de plus de 18 ans, y compris les étrangers résidant depuis au moins cinq ans dans la ville. Ils élisent les conseillers en leur sein (actuellement au nombre de 7), mais le maire est nommé par la Couronne (la reine plus le gouvernement national) pour une période de six ans.

Les conseils de district sont au service des habitants dans leur vie quotidienne, au sein d'un cadre fixé par le conseil et le bureau de la municipalité. L'électricité, le gaz, l'eau, la collecte des eaux usées, la gestion de l'eau, la santé et les transports publics sont gérés par l'administration centrale de la ville.

Amsterdam est une commune de gauche depuis que le droit de vote existe. Aux dernières élections municipales de 1998, le parti travailliste (PvdA) a remporté 15 sièges, suivi par les libéraux conservateurs (VVD) avec 9 sièges, les socialistes écologistes (gauche verte) avec 7 sièges, les libéraux progressistes (D66) avec 4 sièges, les démocrates-chrétiens, les radicaux-socialistes (SP) et les Verts avec 3 sièges chacun, et par le Mokum Mobiel 99 (défenseurs de l'automobile) avec 1 siège. Le bureau municipal actuel, qui comprend le maire nommé (traditionnellement travailliste), est constitué d'une coalition de 4 travaillistes, 2 libéraux conservateurs, 2 socialistes écologistes et 1 libéral progressiste.

La municipalité mène une politique vivante, souvent médiatisée. Les Amstellodamois ont de fortes opinions sur leur ville, qu'ils n'hésitent pas à exprimer. Parmi les sujets brûlants, citons IJburg, un projet de construction de 15 000 résidences sur les îles artificielles des eaux basses de l'IJ oriental, qui éliminerait la faune et la flore de ce secteur particulièrement sensible sur le plan écologique ; et le manque persistant de logements, avec 50 000 mal-logés.

Les politiques concernant la terre et le logement

Environ 80% des terrains situés en ville appartiennent à l'État, qui les loue pour cin-

quante ans à des propriétaires privés (il existe également des baux de cent ans depuis 1991). La plupart des terrains du quartier des canaux sont néanmoins en propriété libre (privée à perpétuité), mais tout terrain libre acquis par l'État est transformé en location à bail. Afin d'éviter la spéculation et de s'assurer que l'offre réponde à la demande, le bail n'est accordé que si le promoteur dispose déjà d'un utilisateur final.

La municipalité possède 40% des biens immobiliers de la ville, qu'elle loue ou utilise à des fins administratives ; sur les 60% privés restants, seul un dixième est occupé par les propriétaires. Le reste est loué. Les loyers sont strictement contrôlés, sauf pour les propriétés haut de gamme, qui relèvent de la catégorie du marché libre. Un contrôle très strict s'exerce également sur le nombre de pièces dont peut disposer un ménage, que le logement soit en location ou occupé par ses propriétaires.

Environ 2 500 péniches, hébergeant 6 000 personnes, sont amarrées le long des canaux. Ce type d'habitat a commencé à proliférer lors de la première pénurie de logements, dans les années 50, mais la réglementation s'est renforcée, et le seul moyen désormais d'habiter sur une péniche consiste à en louer ou racheter une. Dans les vieux quartiers, il en coûte jusqu'à 300 000 fl, dont 50 000 fl pour l'emplacement (un deux-pièces similaire coûte 350 000 fl minimum). Les propriétaires paient un impôt annuel de 500 à 1 000 fl, qui comprend le ramassage des ordures ménagères et les raccordements aux réseaux de gaz, d'électricité et d'eau. Il peut sembler romantique de vivre sur un bateau, mais les hivers peuvent être froids et humides, et les factures d'entretien élevées.

ÉCONOMIE

Jusqu'à il y a vingt-cinq ans environ, Amsterdam était le centre industriel des Pays-Bas, rôle que la ville jouait depuis la révolution industrielle du milieu du XIXe siècle. Dans les années 60 et 70, les encombrements et les contraintes d'environnement contraignirent les industries à déménager vers des régions offrant des conditions

ELLIOT DANIEL

Un petit noir et un pétard.

JEREMY GRAY

Enseigne surmontant le centre culturel espagnol.

RICHARD NEBESKY

Le Tuschinskitheater, un somptueux cinéma.

KIM GRANT

Pause détente le long des canaux.

RICHARD NEBESKY

Pignon décoré d'une maison.

ELLIOT DANIEL

Enseigne d'un coffee shop.

ROB VAN DRIESUM

Immense et doté d'une impressionnante hauteur de plafond, le Café-Restaurant Amsterdam est un lieu branché.

plus souples. La situation fut très difficile à vivre pour les salariés, trop âgés pour se recycler ou se reconvertir, mais la ville rebondit en réinventant son rôle historique de centre commercial, financier et tertiaire.

Les principales activités économiques du secteur du Grand Amsterdam peuvent désormais se diviser en quatre catégories, employant un nombre de personnes à peu près équivalent : la manufacture et l'artisanat ; le commerce, le tourisme et les finances ; l'administration ; les sciences et les arts. Le tourisme génère un chiffre d'affaires de 2 milliards de florins par an et emploie 6% de la population active.

Le port occupe toujours le cinquième rang européen, et l'aéroport de Schiphol présente le plus fort taux de croissance, au troisième rang européen en termes de fret et au quatrième en termes de passagers. On sait moins que les Pays-Bas contrôlent environ 45% du transport routier européen et que la plupart des entreprises de transport néerlandaises sont basées à Amsterdam. Le gouvernement a accordé d'importantes subventions pour des complexes de bureaux à l'ouest, au sud et au sud-est de la ville. Couplée à une main-d'œuvre hautement qualifiée et polyglotte, cette pratique a incité de nombreuses multinationales à venir installer leur siège européen à Amsterdam et à profiter ainsi du marché unique.

La ville demeure la capitale financière incontestée du pays et un grand centre monétaire européen. Elle accueille le siège du puissant groupe bancaire ABN-AMRO, l'ING (banque postale) et la Nederlandsche Bank (banque centrale), ainsi que de nombreuses autres banques privées et les bureaux d'une soixantaine d'établissements bancaires étrangers. La Bourse européenne et la Bourse nationale ont fusionné pour devenir la Bourse d'Amsterdam, qui contribue aussi au poids financier de la ville – 15% de la population active est employée dans le domaine des finances et les secteurs connexes.

L'industrie demeure importante dans le couloir qui sépare Amsterdam et IJmuiden, notamment celle des produits chimiques, pétrochimiques, alimentaires et sidérurgiques. Parmi les autres secteurs importants, il faut noter l'automobile, la construction de moteurs, le prêt-à-porter, le papier et, bien sûr, le diamant (à l'échelle industrielle). Les principales imprimeries du pays, dont celles des journaux nationaux, sont installées au sud-est et au nord-ouest de la ville. Amsterdam est également l'un des centres mondiaux pour le développement des médias électroniques.

En dépit d'un fort ancrage dans l'économie des services et d'une monnaie solide comme un roc, l'économie d'Amsterdam subit la pression des contributions sociales. Celles-ci comprennent une importante allocation aux retraités dans une population vieillissante, ainsi qu'un versement d'un peu plus de 1 000 fl nets par mois à tous les résidents en âge de travailler qui ne trouvent pas d'emploi (somme qui n'a d'ailleurs pas changé depuis quinze ans). Si ce problème se retrouve à l'échelle nationale, Amsterdam en souffre particulièrement, car la majorité de sa population est soit très jeune, soit âgée. La proportion des personnes bénéficiant de l'aide sociale atteint 10%. Bien qu'en diminution de 10% depuis 1985, elle n'en demeure pas moins le double de la moyenne nationale.

Le taux officiel du chômage s'élève à 12,8%, soit plus du double de la moyenne nationale. Certains affirment que le taux réel avoisine les 30% mais qu'il est masqué par la forte proportion d'emplois à temps partiel ; en effet, ces salariés ne sont pas considérés comme demandeurs d'emploi. Un enquête menée par le journal *The Economist* montre que seulement 11% des Néerlandais et 5% des Néerlandaises travaillent plus de 40 heures par semaine. Ce taux est le plus bas des pays développés, sachant qu'il est de 80% pour les hommes et de 60% pour les femmes aux États-Unis, et respectivement de plus de 90% et de 80% en République tchèque.

POPULATION

Amsterdam compte une population officielle de 731 000 habitants, auxquels viendraient s'ajouter, selon les estimations,

PRÉSENTATION DE LA VILLE

20 000 clandestins. Environ 30% de la population est âgée de 20 à 35 ans ; la proportion de personnes âgées (60 ans et plus) est également relativement élevée. Les enfants et les personnes d'âge moyen sont sous-représentés par rapport aux autres villes néerlandaises. Quelque 54% des ménages sont monoparentaux, et ce pourcentage va croissant. Les couples sans enfants sont bien plus nombreux que ceux avec enfants.

Les minorités ethniques représentent environ 45% de la population et la majorité des enfants qui fréquentent actuellement l'école primaire n'est pas d'origine néerlandaise. En 1975, l'indépendance accordée à la colonie hollandaise du Suriname, en Amérique du Sud, entraîna un important afflux de Surinamiens, dont le nombre s'élève aujourd'hui à 72 000 et qui forment la grande majorité de la population noire. Dans les années 60, les "ouvriers invités" du Maroc et de Turquie sont venus occuper les emplois dédaignés par les Néerlandais ; avec leur descendance, ils sont aujourd'hui respectivement au nombre de 54 000 et de 34 000. La ville compte également 24 000 Indonésiens, 19 000 Allemands et 11 000 ressortissants des Antilles néerlandaises.

ARTS
Grâce à sa tolérance et à son esprit cosmopolite, Amsterdam a toujours été un centre artistique international. S'il lui manquait une cour puissante et une Église riche, traditionnels mécènes ailleurs en Europe, la ville disposait d'une importante classe moyenne qui n'hésitait pas à dépenser un peu de sa fortune pour l'art. Amsterdam s'est acquis une renommée internationale en peinture et en architecture, et ses milieux musicaux ne sont certes pas à la traîne aujourd'hui. Malheureusement, son impressionnante tradition littéraire et théâtrale reste moins accessible aux étrangers.

Peinture
La différence entre les peintures hollandaise et flamande date de la fin du XVIᵉ siècle, lorsque les provinces du Nord des Pays-Bas, nouvellement protestantes, chassèrent

les Espagnols, sans pour autant parvenir à les déloger au Sud. Jusqu'alors, la plupart des tableaux des Pays-Bas étaient produits au Sud, dans les centres "flamands" de Gand, de Bruges et d'Anvers, et traitaient de sujets bibliques et allégoriques appréciés des mécènes de l'époque – l'Église, la cour et, dans une moindre mesure, la noblesse.

Parmi les noms célèbres, citons **Jan van Eyck** (mort en 1441), fondateur de l'école flamande, qui perfectionna la technique de la peinture à l'huile ; **Rogier van der Weyden** (1400-1464), dont les portraits religieux dévoilaient la personnalité de ses sujets ; **Hieronymus (Jérôme) Bosch** (1450-1516), avec ses toiles aux allégories macabres remplies de sujets religieux ; et **Pieter Bruegel l'Ancien** (1525-1569), qui représentait des scènes de la vie paysanne et des paysages flamands dans ses peintures allégoriques.

Dans le Nord des Pays-Bas, les artistes commencèrent à élaborer leur propre style. A Haarlem, les peintres offraient des compositions plus libres et plus dynamiques, dans lesquelles les personnages prenaient vie. **Jan Mostaert** (1475-1555), **Lucas van Leyden** (1494-1533) et **Jan van Scorel** (1494-1562) introduisirent le réalisme dans leurs œuvres, modifiant l'idéal maniériste de la beauté exagérée. Vers 1600, le professeur d'art Karel van Mander proclama que Haarlem créait un style de peinture propre à la Hollande.

A Utrecht, cependant, les disciples du Caravage, tels **Hendrick ter Bruggen** (1588-1629) et **Gerrit van Honthorst** (1590-1656), rompirent de manière plus fondamentale avec le maniérisme. Optant pour le réalisme, ils se mirent à jouer avec l'ombre et la lumière, dans des scènes de nuit où l'unique source de lumière créait des effets de contrastes dramatiques – une approche du clair-obscur utilisé par le Caravage à Rome.

L'âge d'or (XVIIᵉ siècle). Ces deux écoles influencèrent l'âge d'or de la peinture hollandaise du XVIIᵉ siècle, aux noms célèbres tels que Rembrandt, Vermeer et Frans Hals. Contrairement à leurs prédécesseurs et autres contemporains, aucun de ces trois peintres ne fit le pèlerinage obligatoire en Italie pour étudier les maîtres. Leur œuvre montre qu'ils n'étaient plus de simples disciples, mais des maîtres de leur temps – à l'instar de la jeune république sortie, semblait-il, de nulle part.

Les artistes durent brutalement survivre sur un marché libéré. Fini le patronage de l'Église et de la cour. Désormais, il fallait compter avec la nouvelle société bourgeoise de marchands, d'artisans et de commerçants, qui n'hésitaient pas à consacrer des sommes "raisonnables" à l'achat de toiles à la portée de leur entendement pour décorer leur maison et leur lieu de travail. Les peintres sautèrent sur l'occasion en devenant eux-mêmes des entrepreneurs, produisant à la chaîne des œuvres banales, des copies et des chefs-d'œuvre dans des ateliers dirigés comme des usines. Les toiles devinrent des produits de grande consommation vendus sur les marchés aux côtés des meubles et des poulets. Rapidement, les maisonnées les plus fortunées furent couvertes de peintures du sol au plafond. Les étrangers en visite s'étonnaient de l'omniprésence des tableaux, y compris dans les boulangeries et les boucheries.

Les artistes se spécialisèrent dans des catégories différentes. Il existait toujours un marché pour l'art religieux, mais ce dernier se devait plutôt d'être "historiquement correct" que maniériste, dans la lignée de l'accent mis par les calvinistes sur les événements tels qu'ils étaient décrits dans la Bible. Les scènes historiques grecques et romaines constituaient le prolongement de cette catégorie. Le portrait, genre dans lequel les peintres flamands et hollandais commençaient déjà à exceller, connaissait un énorme succès auprès des parvenus pleins d'assurance de la classe moyenne, même si les portraits collectifs coûtaient moins cher par personne et convenaient à une république dirigée par des comités et des clubs. Les marines et les paysages urbains se vendaient bien auprès de l'administration, tandis que les paysages, les scènes d'hiver et les natures mortes (notamment les fleurs exotiques et les mets déli-

cats) trônaient dans de nombreux salons. Les ménages appréciaient aussi la peinture de genre, qui illustrait la vie domestique et la vie quotidienne à l'extérieur.

Ces différentes catégories seront peut-être utiles aux visiteurs du Rijksmuseum, mais certains peintres défient cette classification quelque peu simpliste. **Rembrandt van Rijn** (1606-1669), le plus grand et le plus doué des artistes du XVIIe siècle, qui excellait dans toutes ces catégories, ouvrit de nouvelles voies dans chacune d'entre elles. Parfois, il avait des siècles d'avance sur son époque, comme dans les touches empreintes d'émotion de ses dernières œuvres (pour plus de détails, reportez-vous à l'encadré qui lui est consacré).

Autre grand peintre de cette période, **Frans Hals** (1581/1585-1666) naquit à Anvers, mais vécut à Amsterdam. Il consacra la majeure partie de sa carrière au portrait, s'adonnant ponctuellement aux scènes de genre en clair-obscur. Son habileté à rendre les expressions de ses sujets égalait le talent de Rembrandt, mais il ne fouillait pas autant ses personnages. Ces deux maîtres, qui usaient des mêmes touches expressives et sans glacis, semblent avoir connu la même exubérance au début de leur carrière, avant d'adopter une approche plus sombre et solennelle.

Un bon exemple de la technique "sans glacis" de Hals nous est fourni par le tableau *Les Joyeux Buveurs* (1630), présenté au Rijksmuseum, qui semble peint par un des impressionnistes du XIXe siècle, fervents admirateurs de son œuvre. Ses célèbres portraits d'enfants sont similaires. Hals était également un expert en portraits collectifs. Ses groupes semblaient presque naturels, contrairement aux alignements rigides peints par ses contemporains, mais il faisait preuve de moins de désinvolture que Rembrandt lorsque les visages devaient être subordonnés à la composition. *Les Régents* et *Les Régentes de l'hospice des vieillards* (1664), exposés au Frans Hals Museum de Haarlem, qu'il peignit vers la fin de sa longue vie, illustrent parfaitement son talent.

Le grand trio des maîtres du XVIIe siècle ne serait pas complet sans **Jan Vermeer**

Rembrandt : de la prospérité à la banqueroute

MARTIN MOOS

Au Rembrandthuis Museum, vous verrez comment vécut et travailla le maître

Fils de meunier, Rembrandt van Rijn, le plus grand artiste du XVIIe siècle, grandit à Leyde, où il perfectionna sa technique du clair-obscur avant de venir à Amsterdam en 1631 pour diriger l'atelier de peinture de Hendrick van Uylenburgh. Le portrait étant l'activité la plus lucrative, Rembrandt et son équipe (autrement dit ses "élèves") en produisirent à la chaîne, y compris des portraits collectifs, telle *La Leçon d'anatomie du docteur Tulp* (1632). En 1634, il épousa Saskia, la nièce frisonne de van Uylenburgh, qui posa souvent pour lui.

Par la suite, Rembrandt se fâcha avec son maître, mais le capital de son épouse l'aida à acheter la somptueuse demeure voisine (l'actuelle Rembrandthuis), où il monta son propre atelier avec le personnel d'un entrepôt du Jordaan. Ce furent des années de bonheur : ses toiles avaient du succès et son atelier devint le plus grand de toute la Hollande. Mais ses manières grossières et son agnosticisme notoire lui coûtèrent de nombreuses invitations au sein de l'élite de la société.

Rembrandt devint l'un des principaux collectionneurs d'art de la ville. Souvent, il dessinait et peignait pour son plaisir, incitant son personnel à faire de même. Les habitants du quartier juif environnant offraient de magnifiques modèles à ses spectaculaires scènes bibliques.

En 1642, un an après la naissance de leur fils Titus, Saskia décéda et les affaires se mirent à péricliter. Le majestueux portrait collectif de *La Ronde de nuit* (1642) fut reçu comme une œuvre novatrice par les critiques de l'époque (c'est aujourd'hui le joyau du Rijksmuseum). Néanmoins, parmi les personnes qui avaient payé 100 fl chacune pour figurer sur le tableau, certaines ne cachèrent pas leur mécontentement de se voir repoussées dans le fond. Rembrandt se fâcha avec elles et le nombre de commandes chuta. Il eut une liaison avec la gouvernante de son fils, puis la chassa lorsqu'il tomba amoureux de la nouvelle bonne, Hendrickje Stoffels, qui lui donna une fille, Cornelia. Le public n'appréciant pas beaucoup son mode de vie et encore moins ses dettes abyssales, l'artiste fit définitivement faillite en 1656. Sa maison et sa riche collection de tableaux vendues, il déménagea au Rozengracht, dans le Jordaan.

Ayant perdu son statut de favori auprès de la riche société, il continua néanmoins la peinture, le dessin et la gravure – ses eaux-fortes exposées à la Rembrandthuis comptent parmi les plus belles du genre – et reçut quelques commandes. Son disciple Govert Flinck ayant été chargé de la décoration du nouvel hôtel de ville, Rembrandt reprit le flambeau à la mort de celui-ci et réalisa la monumentale *Conjuration de Claudius Civilis* (1661). Les autorités ne l'apprécièrent cependant pas et la firent enlever moins d'un an plus tard. En 1662, il acheva *Les Syndics des drapiers*, après s'être assuré que chacun y était clairement visible, mais ce fut son dernier portrait collectif.

Les œuvres de sa dernière période montrent que le maître n'a jamais rien perdu de son talent. Libéré désormais des contraintes liées aux vœux de ses riches clients, il jouit d'une liberté toute neuve et son travail perdit son caractère conventionnel tout en témoignant une plus forte empathie à l'égard du sujet, comme par exemple dans *La Fiancée juive* (1665). Les nombreux portraits de Titus et de Hendrickje, ainsi que ses autoportraits de plus en plus sombres, comptent parmi les œuvres les plus émouvantes de l'histoire de l'art.

L'épidémie de peste de 1663-1664, qui tua un Amstellodamois sur sept, emporta sa fidèle compagne. Titus mourut en 1668 à l'âge de 27 ans, alors qu'il venait de se marier, et Rembrandt, brisé, le suivit un an plus tard.

(1632-1675). Ce natif de Delft ne produisit au cours de sa carrière que trente-cinq toiles méticuleuses avant de mourir pauvre en laissant dix enfants – son boulanger accepta de son épouse deux toiles en règlement d'une dette de plus de 600 fl. Son œuvre est presque entièrement dédiée à la peinture de genre, qu'il maîtrisait comme aucun autre. A titre d'exception, citons quelques scènes historiques et bibliques du début de sa carrière, sa fameuse *Vue de Delft* (1661), exposée à la Mauritshuis de La Haye, et quelques tendres portraits de femmes inconnues, telle la superbe *Jeune fille au turban* (1666), également présentée à la Mauritshuis. Son catholicisme et son maniérisme latent expliquent peut-être la préférence qu'il accorde à la beauté par rapport au caractère des personnages représentés.

La Ruelle (1658), exposée au Rijksmuseum, est l'unique scène de rue réalisée par Vermeer ; ses autres tableaux représentent tous des intérieurs baignés par la lumière sereine déversée par de hautes fenêtres. L'atmosphère calme et spirituelle qui s'en dégage est renforcée par les bleus sombres, les rouges profonds et les jaunes chaleureux, ainsi que par le remarquable équilibre des compositions, qui respectent les règles de la perspective. Le Rijksmuseum possède de magnifiques œuvres de Vermeer : *La Laitière* (1666) et la *Femme lisant une lettre* (1666) ou, pour son recours à la perspective, *La Lettre d'amour* (1666). Dans la *Femme lisant une lettre*, notez la carte accrochée au mur, une toile de fond qui revient dans plusieurs autres œuvres, phénomène fréquent chez les artistes de cette époque. La société du XVIIe siècle appréciaient les cartes au même titre que les œuvres d'art, ce qui en dit long sur la relation qu'entretiennent les Néerlandais vis-à-vis de l'espace (qui a peut-être à voir avec le plat pays et la conquête des terres sur la mer ?).

Vers le milieu du siècle, l'unité de la peinture hollandaise, concentrée sur l'atmosphère, l'humeur et les subtils jeux de lumière, commença à céder la place à la splendeur baroque. **Jacob van Ruysdael** s'adonna aux cieux spectaculaires, et **Albert Cuyp** aux paysages italianisants, tandis que l'élève de Ruysdael, **Meindert Hobbema**, préférait les scènes bucoliques pleines de jolis détails, moins héroïques mais plus joyeuses.

Cet aspect presque frivole du baroque s'annonce également dans les tableaux de genre de **Jan Steen** (1626-1679), fils de brasseur, dont les descriptions du chaos domestique ont donné l'expression néerlandaise "un intérieur Jan Steen" pour désigner une maison en désordre. En témoignent les festivités animées de *La Joyeuse maisonnée* (1668), exposée au Rijksmuseum. On y voit des adultes qui s'amusent autour de la table du repas, oubliant les enfants au premier plan qui se versent à boire. L'ensemble offre une belle harmonie, qui reste toutefois un peu chargée, comme souvent dans l'art baroque.

XVIIIe et XIXe siècles. L'âge d'or de la peinture hollandaise prit fin de manière presque aussi brutale qu'il avait commencé lors de l'invasion des Pays-Bas par les Français en 1672, l'"année du désastre". L'économie s'effondra et, avec elle, le marché de l'art. La prudence remplaça l'optimisme insouciant des années où la République tenait le monde à ses pieds. Les peintres qui n'abandonnèrent pas leur activité réalisèrent des œuvres "sûres" en reprenant les succès du passé et, au XVIIIe siècle, copièrent le style français, se pliant à tout ce qui venait de France.

Les œuvres de cette période sont certes pleines de talent, mais sans aucun génie. **Cornelis Troost** (1697-1750), l'un des meilleurs peintres de genre, fut parfois comparé à Hogarth pour avoir introduit un humour des plus anticalvinistes dans ses pastels de festivités domestiques, qui rappellent Jan Steen.

Gérard de Lairesse (1640-1711) et **Jacob de Wit** (1695-1754) se spécialisèrent dans la décoration des murs et des plafonds ; les ornements en trompe l'œil de De Wit des actuels Theatermuseum et Bijbels Museum méritent le détour.

La fin du XVIIIe siècle et la majeure partie du XIXe siècle produisirent peu d'œuvres d'intérêt ; les paysages et les marines de

Johan Barthold Jongkind (1819-1891) et les scènes presque photographiques d'Amsterdam de **George Hendrik Breitner** (1857-1923) font toutefois exception. Ils semblent avoir inspiré les impressionnistes français, dont beaucoup visitèrent Amsterdam à l'époque.

Les travaux de ces deux peintres ont également réinventé le réalisme du XVIIᵉ siècle et influencé l'école de La Haye au cours des dernières décennies du XIXᵉ siècle, marquées par des peintres comme **Hendrik Mesdag** (1831-1915), **Jozef Israels** (1824-1911) et les trois **frères Maris** (Jacob, Matthijs et Willem). Les paysages, les marines et les scènes de genre de cette école sont exposés au Mesdag Museum de La Haye, dont la principale attraction est le *Panorama Mesdag* (1881), gigantesque vue à 360°, depuis une dune, de la station balnéaire de Scheveningen – très impressionnant.

Le plus grand peintre du XIXᵉ siècle fut incontestablement **Vincent van Gogh** (1853-1890), dont les vibrants motifs et le déchaînement des couleurs constituent un monde à part et continuent de défier toute classification. Était-ce un post-impressionniste ? Un précurseur de l'expressionnisme ? Pour plus de renseignements concernant sa vie et son œuvre, reportez-vous aux descriptions du musée Van Gogh, dans le chapitre *A voir et à faire*.

XXᵉ siècle. Au début de sa carrière, **Piet Mondriaan** (1872-1944) – il abandonna le second "a" de son nom lorsqu'il déménagea à Paris en 1910 – peignait dans la tradition de l'école de La Haye mais, après avoir découvert la théosophie, il commença à réduire les formes à leurs lignes horizontales (femelles) et verticales (mâles) essentielles. Après avoir flirté avec le cubisme, il se mit à peindre de simples motifs rectangulaires en utilisant seulement les trois couleurs primaires (le jaune, le bleu et le rouge), auxquelles s'ajoutaient trois "non-couleurs" (le blanc, le gris et le noir). Ainsi naquit le "néoplasticisme", qui restreignait l'expression de la réalité aux formes et aux couleurs pures. Sa *Composition en rouge, noir, bleu, jaune et gris* (1920),

exposée au Stedelijk Museum, en offre un magnifique exemple. Par la suite, ses travaux, plus austères (ou plus "purs"), retrouvèrent leur dynamisme lorsqu'il partit s'installer à New York en 1940. La plus grande collection au monde de ses toiles est présentée au Gemeentemuseum (musée municipal) de La Haye.

Mondrian fut l'un des leaders du mouvement hollandais De Stijl (Le Style), visant à l'harmonie de tous les arts par le retour de l'expression artistique à son essence. La revue du même nom fut publiée pour la première fois en 1917 par **Theo van Doesburg** (1883-1931). Celui-ci produisit des œuvres similaires à celles de Mondriaan, mais en se dispensant des épaisses lignes noires et en inclinant par la suite ses rectangles à 45°, ce qui amena Mondrian à rompre leur amitié.

Tout au long des années 20 et 30, De Stijl attira les peintres, mais aussi les sculpteurs, les poètes, les architectes et les designers. L'un d'eux, **Gerrit Rietveld** (1888-1964), conçut le musée Van Gogh ainsi que plusieurs autres édifices, mais il doit avant tout sa renommée à son mobilier, dont la mondrianesque *Chaise rouge et bleu* (1918), présentée au Stedelijk Museum, et sa série de chaises inconfortables en zigzag qui, vues de côté, ne sont que des "Z" munis de dossiers.

Parmi les autres mouvements de la période d'avant-guerre, citons l'école de Bergen, avec le réalisme expressif d'**Annie "Charley" Toorop** (1891-1955), fille du peintre symboliste Jan Toorop, et le groupe De Ploeg (La Charrue), dirigé par **Jan Wiegers** (1893-1959), à Groningen, et influencé par les travaux de van Gogh et des expressionnistes allemands. Dans ses dernières œuvres, Charley Toorop devint également l'une des représentantes du surréalisme néerlandais, plus connu sous le nom de Réalisme magique. Les principaux artistes de cette mouvance, qui exprimait l'interaction magique entre les hommes et leur environnement, furent Carel Willink (1900-1983) et le peintre autodidacte, presque naïf, Pyke Koch (1901-1991).

L'un des graphistes les plus marquants du siècle fut **Maurits Cornelis Escher**

(1902-1972). Ses dessins, lithographies et gravures sur bois figurant d'impossibles images continuent de fasciner les mathématiciens. Nombre de ses œuvres présentent d'étranges boucles défiant les lois euclidiennes de la géométrie : une cascade qui s'autoalimente, des personnages qui montent ou descendent un escalier se terminant à son point de départ, une paire de mains qui se dessinent elles-mêmes, etc. Il possédait également un don étonnant pour la mosaïque – l'art d'assembler des formes complexes, de préférence "organiques", pour obtenir des motifs récurrents présentant néanmoins de subtils changements. Bien que parfois décriées pour leur caractère mécanique, ces œuvres méticuleuses révèlent un artiste de talent qui eut au moins le mérite de défier notre vision de la réalité.

Après la Seconde Guerre mondiale, les artistes se rebellèrent contre les conventions artistiques et donnèrent libre cours à leur colère dans l'expressionnisme abstrait. A Amsterdam, **Karel Appel** (1921) et **Constant** (Constant Nieuwenhuis, 1920) encouragèrent les styles introduits par Paul Klee et Joan Miró, exploitant les couleurs vives et l'art "non corrompu" des enfants pour produire des œuvres incroyablement vivantes sortant littéralement de la toile. A Paris, ils rencontrèrent en 1945 le Danois Asger Jorn (1914-1973) et le Belge Corneille (Cornelis van Beverloo, 1922), ainsi que plusieurs autres artistes et écrivains avec lesquels ils fondèrent le groupe Cobra (Copenhague, Bruxelles, Amsterdam).

Leur première grande exposition, au Stedelijk Museum en 1949, souleva un tollé général marqué par des commentaires tels que "mon fils en fait autant". Bien que séparés à partir de 1951, les artistes du Cobra continuèrent à exercer une forte influence dans leurs pays respectifs. Le Stedelijk Museum possède une bonne collection de leurs œuvres, mais c'est au Cobra Museum d'Amstelveen que l'on peut en admirer le plus grand nombre, dont les céramiques les plus chatoyantes que vous verrez jamais.

Il est probablement trop tôt pour parler de l'importance de l'art hollandais à partir des années 60 ; mieux vaut vous faire votre propre opinion au Stedelijk Museum. La collection comprend des œuvres d'op'art de Jan Schoonhoven, influencées par le mouvement allemand Zero, des abstractions d'Ad Dekkers et d'Edgar Fernhout, et les collages de photos de Jan Dibbets.

Architecture

Malgré l'absence de grands monuments et le faible nombre de bâtiments de taille imposante, Amsterdam est bien une merveille architecturale. La ville tire sa beauté, notamment dans le quartier des canaux, de ses innombrables immeubles privés aux caractéristiques chaque fois différentes. Aucune autre ville d'Europe ne possède une telle richesse d'architecture résidentielle, construite par des individus et des entreprises, et non par une quelconque autorité centrale.

Le Moyen-Age. Le plus ancien édifice, la gothique Oude Kerk (ancienne église), date du début du XIVe siècle. Ensuite vient la Nieuwe Kerk, de la fin de la période gothique, autrement dit du début du XVe siècle. Dans ces deux églises, vous remarquerez les voûtes en bois (l'humidité du terrain interdisait l'emploi de pierres lourdes) et le recours à la brique plutôt qu'à la pierre pour les murs. La pierre était lourde, mais également rare, tandis que l'argile et le sable abondaient pour la production des briques. Vous noterez aussi la plus grande importance accordée à la chaire (protestante) qu'au chœur et à l'autel (catholiques). La chaire occupe la place centrale dans toutes les églises édifiées après la prise du pouvoir par les protestants en 1578, comme en témoigne la Noorderkerk dans le Jordaan.

Les premières maisons, aux toits de chaume, furent construites en bois et en argile. Au XVe siècle, les murs en bois cédèrent la place à la brique en raison des incendies puis, au XVIe siècle, le chaume fut remplacé par des tuiles. Le bois servit encore pour les façades et les pignons jusqu'au XVIIe siècle, mais la brique et le grès finirent là encore par triompher. Il ne reste que deux maisons à façade en bois : Begijnhof 34 (milieu du XVe siècle) et Zeedijk 1 (milieu du XVIe siècle). Le bois demeura toutefois le matériau employé pour les planchers et la charpente.

La Renaissance hollandaise. Vers le milieu du XVIe siècle, la Renaissance italienne commença à pénétrer aux Pays-Bas, où les architectes élaborèrent un style particulier, richement orné, mêlant des éléments classiques et traditionnels. Sur les façades, ils ajoutèrent de fausses colonnes, les fameux pilastres, et remplacèrent les traditionnels pignons à monte-charge par des pignons à redents, décorés de sculptures, de colonnes et d'obélisques. Le jeu des briques rouges (ou plutôt orange) et des bandes horizontales de grès blanc ou jaune reposait sur des formules mathématiques appliquées à la lettre pour le plus grand plaisir des yeux.

Le charpentier de la ville Hendrick Staets (concepteur du quartier des canaux), le maçon Cornelis Danckerts et le sculpteur **Hendrick de Keyser** (1565-1621) furent chargés des bâtiments municipaux. Les contributions de ce dernier artiste, né à Utrecht, furent les plus visibles. C'est lui par ailleurs qui perfectionna l'architecture de la Renaissance hollandaise. Sa maison Bartolotti, Herengracht 170-172, est l'un des plus beaux exemples de son œuvre. Il a également dessiné la Zuiderkerk et la Westerkerk, dans lesquelles il a conservé certains éléments gothiques, puis a ouvert une nouvelle voie avec la construction de l'église protestante de Noorderkerk, dont le plan au sol rappelle la croix grecque avec la chaire au centre.

Le classicisme hollandais. Durant l'âge d'or du XVIIe siècle, des architectes comme **Jacob van Campen** (1595-1657), **Philips Vingboons** (1607-1678) et son frère Justus respectèrent davantage le classicisme grec et romain, abandonnant la plupart des ornementations de De Keyser. Sous l'influence des architectes italiens tels que Palladio et Scamozzi, ils conçurent des façades semblables à des temples. Les pilastres se mirent à ressembler davantage à des colonnes, avec des piédestaux et des fron-

tons. Pour accentuer les lignes verticales, le pignon à redents céda la place au pignon en cou, dont les volutes étaient surmontées d'un fronton triangulaire ou arrondi pour imiter le toit d'un temple. Les tendres briques rouges furent renforcées par une couche de peinture brune. L'hôtel de ville (actuel Palais royal), réalisé par van Campen sur la place du Dam, offre le plus impressionnant exemple de ce style.

Les travaux des frères Vingboons, qui se spécialisèrent dans l'architecture résidentielle, peuvent s'admirer dans la partie ouest du quartier des canaux, avec notamment l'actuel Bijbels Museum, Herengracht 364-370, la Maison blanche (actuel Theatermuseum), à côté de la maison Bartolotti, ou encore le bel immeuble du Keizersgracht 319.

Les éléments classiques se firent plus retenus au fil du XVIIe siècle. Les fausses colonnes perdirent leur aspect ornemental, quand elles ne disparurent pas totalement, au moment où les décorations extérieures cédèrent la place aux somptueux intérieurs. Ce fut la période du sud du quartier des canaux, où les riches Amstellodamois se mirent à acheter deux parcelles adjacentes pour construire des maisons à cinq travées au lieu des trois traditionnelles. En témoigne la Trippenhuis, Kloveniersburgwal 29, réalisée par Justus Vingboons.

Ce classicisme austère est surtout illustré par les travaux d'**Adriaan Dortsman** (1625-1682), dont les réalisations comprennent l'église ronde luthérienne et l'actuel Museum Van Loon, Keizersgracht 672-674. Mathématicien de formation, il favorisa la rigoureuse simplicité géométrique – et plus particulièrement les façades planes en grès – pour accentuer la grandeur de ses bâtiments.

Les "styles Louis" du XVIIIe siècle. La classe riche commença à jouir de la fortune amassée par ses prédécesseurs. Beaucoup se lancèrent dans la finance, menant leurs affaires depuis leurs confortables et opulentes demeures. Les membres de la société plus activement engagés dans le commerce ne conservaient plus les marchandises dans leur grenier, mais dans des entrepôts situés à l'écart.

Le goût prononcé de l'époque pour tout ce qui était français favorisa l'accueil des réfugiés huguenots, tels **Daniel Marot** (1661-1752) et ses assistants **Jean et Antoine Coulon**, qui introduisirent une décoration intérieure française harmonisée à l'architecture extérieure. Les intérieurs baignaient dans la lumière grâce aux plafonds ornés de stuc et aux hautes fenêtres à guillotine (une innovation française). Tout le reste s'accordait, des escaliers au mobilier. Les élégants pignons en cloche, apparus vers 1660, se répandirent, mais de nombreux architectes supprimèrent totalement cet élément au profit de corniches horizontales richement décorées.

Le style Louis XIV, avec sa symétrie pleine de dignité et ses façades ornées de statues et de feuillages, prédomina jusque vers 1750. Vers 1740, le style Louis XV mit en avant des formes rococo asymétriques rappelant vagues et rochers. Les pilastres et piliers firent leur retour vers 1770, avec des motifs Louis XVI renouant avec le classicisme. La maison Felix Meritis, Keizersgracht 324, conçue par **Jacob Otten Husly** (1738-1797), en offre l'exemple le plus marquant ; ses énormes demi-colonnes corinthiennes semblent porter la structure. La Maagdenhuis, sur la place de Spui, réalisée par l'architecte de la ville **Abraham van der Hart** (1747-1820), présente une interprétation beaucoup plus sobre du néoclassicisme.

Les néostyles du XIXe siècle. Durant la première moitié du XIXe siècle, l'architecture stagna, tandis qu'Amsterdam se remettait péniblement des désastres économiques de l'ère napoléonienne. Le néoclassicisme domina jusque dans les années 1860, lorsque les architectes d'Europe commencèrent à revisiter les styles du passé. Les principaux styles d'Amsterdam dans la seconde moitié du siècle furent le néogothique, qui revint aux grandes cathédrales sans aucun élément de décor superflu, et le néoRenaissance, qui remit au goût du jour l'architecture de De Keyser. Le premier correspondait à l'épanouissement des bâtisseurs d'églises catholiques. En effet, les

catholiques étaient désormais libres d'édifier de nouveaux lieux de culte dans les régions protestantes du pays. Le second plaisait aux architectes qui voyaient rapidement disparaître les anciennes maisons de ce style.

L'un des grands architectes de cette période fut **Pierre Cuypers** (1827-1921). Il construisit plusieurs églises néo-gothiques, mais mêla souvent les deux styles, comme en témoignent Centraal Station et le Rijksmuseum, aux structures gothiques et à la brique Renaissance hollandaise. Autre bel exemple de ce mélange, le bureau de poste principal (actuelle Magna Plaza) de C.H. Peters, Nieuwezijds Voorburgwal 182. L'église Krijtberg, réalisée par Alfred Tepe, Singel 448, est plus marquée par le gothique (mais notez l'emploi de la brique), tandis que la laiterie d'Eduard Cuypers (neveu de Pierre), Prinsengracht 739-741, s'affirme dans la tradition de la Renaissance hollandaise.

D'autres architectes firent preuve de plus d'éclectisme en incorporant des motifs de l'époque médiévale hollandaise et allemande. Les maisons d'Isaac Gosschalk, Reguliersgracht 57-59 et 63, et le magasin P.C. Hooft d'A.C. Bleijs, à l'angle de Keizersgracht et de Leidsestraat, en sont de bons exemples. En dépit de son néo-classicisme manifeste, le Concertgebouw d'A.L. van Gendt présente un jeu de briques rouges et de grès blanc marqué par la Renaissance hollandaise.

Au tournant du siècle, le style le plus populaire en Europe fut indubitablement l'Art nouveau. A Amsterdam, l'abondant recours à l'acier et au verre, caractéristiques de ce style aux motifs curvilignes et végétaux, apparut essentiellement dans les devantures. Il en existe néanmoins quelques magnifiques illustrations, dont l'actuel siège de Greenpeace, Keizersgracht 174-176, l'American Hotel, sur Leidseplein, et l'exubérant Tuschinskitheater, Reguliersbreestraat 26-28.

Berlage et l'école d'Amsterdam. Les néo-styles et leurs références au passé furent fortement décriés par **Hendrik Petrus**

Pignons et monte-charges

Le pignon ne servait pas uniquement à cacher le toit, mais aussi à identifier la maison, jusqu'au jour où le gouvernement français introduisit les numéros de rue en 1795 (le système actuel de numéros pairs et impairs date de 1875). Plus le pignon était orné, plus il était facile à reconnaître. Les maisons se distinguaient également par d'autres caractéristiques, dont les décorations de façade, les signes ou les plaques murales (cartouches).

Il existe quatre grands types de pignons. Le simple **pignon à monte-charge**, aux fenêtres ou volets arrondis, copie des premiers pignons en bois, coiffa essentiellement les entrepôts des années 1580 au début du XVIIIᵉ siècle. Le **pignon à redents** fut un modèle de la fin de la période gothique, favorisé par les architectes de la Renaissance hollandaise de 1580 à 1660. Le **pignon en cou**, introduit dans les années 1640, se révéla le plus durable puisqu'on le retrouve dans des réalisations du début du XIXᵉ siècle ; certains comportaient également un redent. Le **pignon en cloche** apparut pour la première fois dans les années 1660, mais ne devint courant qu'au XVIIIᵉ siècle.

De nombreuses maisons construites à partir du XVIIIᵉ siècle abandonnèrent le pignon au profit de corniches droites et horizontales présentant de riches ornementations, souvent agrémentées de fausses balustrades.

Au bord des canaux, les maisons penchent souvent un peu en avant. Ce phénomène n'a rien à voir avec leur enfoncement progressif dans le sol, mais permettait simplement de faciliter la montée des marchandises au grenier et du mobilier par les fenêtres (amovibles). Le grenier de certaines maisons est équipé d'un énorme treuil muni d'une corde et d'un crochet suspendus à une poutre. Pratiquement toutes les autres maisons, même celles construites aujourd'hui, possèdent une poutre avec un crochet destiné à recevoir un palan. L'inclinaison vers l'avant permet par ailleurs à la façade et au pignon d'être admirés de la rue – une heureuse coïncidence.

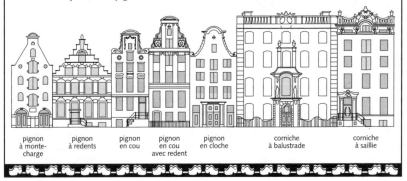

| pignon à monte-charge | pignon à redents | pignon en cou | pignon en cou avec redent | pignon en cloche | corniche à balustrade | corniche à saillie |

Berlage (1856-1934), père de l'architecture hollandaise moderne. Au lieu de constructions coûteuses et de décorations excessives, celui-ci préconisait la simplicité et l'utilisation rationnelle des matériaux. Sa Beurs (Bourse), dans Damrak, exposait pleinement ses idéaux. Il travailla en collaboration avec des sculpteurs, des peintres et des mosaïstes afin de s'assurer que l'ornementation soit parfaitement intégrée dans l'ensemble et serve plutôt à soutenir qu'à embellir la structure.

Dans son approche de l'architecture résidentielle, Berlage considérait les blocs d'immeubles dans leur ensemble sans y voir un groupe de maisons individuelles. En cela, il influença les jeunes architectes de la future école d'Amsterdam, même si ces derniers rejetèrent son rationalisme austère pour lui préférer des concepts plus créatifs.

Les principaux représentants de cette école furent **Michel de Klerk** (1884-1923), **Piet Kramer** (1881-1961) et **Johan van der Mey** (1878-1949). Ce dernier annonça les débuts de l'école d'Amsterdam avec sa Scheepvaarthuis, dans Prins Hendrikkade.

Ces architectes, qui construisaient en brique, traitaient les blocs d'immeubles comme des sculptures, en les dotant d'angles arrondis, de fenêtres aux emplacements curieux et de tours ornementales en forme de fusées. Leurs lotissements, tels le "Navire" de De Klerk dans Oostzaanstraat et le Cooperatiehof de Kramer dans le quartier De Pijp, ont été décrits comme des forteresses de contes de fées version Art déco hollandais. Compte tenu de leur préférence pour la forme au détriment de la fonction, leurs réalisations étaient intéressantes pour l'œil, mais les petites fenêtres et le manque de fonctionnalité ne se révélaient pas toujours très agréables à vivre.

Beaucoup d'architectes de cette école travaillèrent pour la municipalité et conçurent les immeubles de l'ambitieux Plan Sud. Ce vaste projet de logements de qualité, aux larges boulevards et aux places tranquilles, devait voir le jour entre l'Amstel et le futur stade olympique. Les plans furent tracés par Berlage à l'initiative du conseiller travailliste F.M. Wibaut. Néanmoins, l'architecte n'eut pas l'occasion d'en concevoir les immeubles, en raison des pressions exercées par les architectes de la ville. Dans les années 20 en effet, frénétique période de construction de logements au-delà du quartier des canaux, le financement des projets était assuré par des organismes municipaux.

Le fonctionnalisme. Tandis que les immeubles de l'école d'Amsterdam envahissaient la ville, une nouvelle génération d'architectes commença à se rebeller contre ces structures peu pratiques (et onéreuses). Ils formèrent le groupe De 8 (Les 8) en 1927, influencés par l'école du Bauhaus en Allemagne, Frank Lloyd Wright aux États-Unis et Le Corbusier en France.

Des architectes comme B. Merkelbach et Gerrit Rietveld, pensant que la forme devait être subordonnée à la fonction, vantaient les mérites de l'acier, du verre et du béton. Selon eux, les immeubles devaient être de spacieuses structures pratiques, baignées par le soleil, et non d'inertes masses de briques traitées comme des œuvres d'art à la gloire des architectes.

Le très influent Comité de contrôle de l'esthétisme ne partageait cependant pas cet avis et tint les fonctionnalistes à l'écart de la ceinture des canaux, les reléguant aux nouveaux lotissements en périphérie de la ville. Rietveld construisit cependant sa galerie de verre au-dessus du grand magasin Metz, situé Keizersgracht 455.

Le fonctionnalisme finit par accéder au devant de la scène après la Seconde Guerre mondiale, laissant sa marque sur les nouvelles banlieues à l'ouest et au sud de la ville, grâce au plan général d'extension adopté en 1935 mais interrompu par la guerre. Le terrible manque de logements entraîna la réalisation d'un programme de construction nettement plus important que prévu, et pourtant insuffisant puisqu'il fallut y ajouter le quartier de Bijlmermeer, au sud-est de la ville, dans les années 60. A cette époque, l'opposition à ces monstrueux ensembles commença néanmoins à se faire entendre.

Depuis, les banlieues font l'objet de programmes à échelle plus humaine, avec des immeubles bas ou moyens dans lesquels sont intégrés des commerces, écoles et des bureaux. Les quartiers orientaux des docks, dans le port, offrent un bon exemple de ce qui se fait actuellement. Le fonctionnalisme pur et dur a cédé la place à des réalisations plus imaginatives, telle l'ING Bank d'A. Alberts et M. van Huut (1987), dans Bijlmermeer ; construit selon les principes anthroposophiques, ce complexe en forme de "S", composé de tours reliées entre elles, présente peu d'angles droits.

Dans le centre-ville, on a mis l'accent sur la rénovation urbaine, avec des réalisations novatrices respectant l'échelle de leur environnement. En cela, les architectes ont suivi les exemples d'Aldo van Eyck (1918) et de son disciple Theo Bosch (1940). Parmi les œuvres de van Eyck, citons la Moederhuis, Plantage Middenlaan 33 ; parmi celles de

Bosch, le complexe de logements Pentagon, à l'angle de St Anthoniesbreestraat et de Zwanenburgwal. Les opinions à leur égard sont néanmoins mitigées, les critiques les considérant comme des éléments d'"architecture parasite" – des projets de logements modernes un peu déplacés, dotés d'immenses fenêtres permettant aux habitants d'admirer depuis leur aquarium les magnifiques immeubles voisins des XVIIe et XVIIIe siècles.

L'urbanisme fait l'objet d'une excellente exposition permanente à la Zuiderkerk (reportez-vous au chapitre *A voir et à faire*). L'Architectuur Centrum Amsterdam (ARCAM, ☎ 620 48 78), Waterlooplein 213, organise des expositions temporaires sur des thèmes architecturaux.

Musique

Dans le passé, les austères chefs de l'Église considéraient la musique comme pure frivolité. Il fallut donc attendre le XVIIe siècle pour qu'ils commencent à accepter l'orgue dans les églises, et ce, parce que cela permettait de tenir le peuple à l'écart des pubs. Amsterdam contribua par conséquent assez peu au patrimoine musical mondial, ce qui rend d'autant plus remarquable l'actuelle vitalité de sa scène musicale.

Les plus grands artistes du monde se produisent désormais à Amsterdam et les musiciens locaux excellent dans la musique classique (moderne), le jazz et la techno/dance. En juillet et août, des concerts gratuits de jazz, de musique classique et de world-music sont organisés dans le Vondelpark, et des déjeuners-concerts gratuits ont lieu tout au long de l'année dans diverses salles de spectacle. Le festival Uitmarkt, fin août (reportez-vous à la rubrique *Jours fériés et manifestations culturelles* du chapitre *Renseignements pratiques*), offre également de nombreuses occasions de concert gratuit. Pour plus de renseignements sur les salles de concert, reportez-vous à la rubrique *Musique* du chapitre *Où sortir*, mais consultez aussi le journal gratuit des spectacles *Uitkrant*.

Classique. Les meilleurs orchestres symphoniques et musiciens classiques du pays se produisent au Concertgebouw. Vous ne serez pas déçu si vous prenez des billets pour écouter le Concertgebouw Orkest, dirigé par Riccardo Chailly, un chef de renommée mondiale. Outre les "grands" compositeurs, il interprète des œuvres d'artistes modernes et inconnus.

Si le pianiste Ronald Brautigam est à l'affiche, ne le manquez pas. Il joue souvent en compagnie de la violoniste Isabelle van Keulen. Parmi les violoncellistes de renom, citons Quirine Viersen et Pieter Wispelwey. Le jeune pianiste Wibi Soerjadi est l'un des plus grands virtuoses classiques aux Pays-Bas. Avec ses allures de prince javanais, ce spécialiste des œuvres romantiques est devenu la coqueluche d'Amsterdam. La soprano Charlotte Margiono et la mezzo-soprano Jard van Nes méritent également votre attention.

En matière de musique classique, vous ne pouvez pas manquer le Combattimento Consort Amsterdam (Bach, Vivaldi et Haendel) ou l'Amsterdam Baroque Orchestra, dirigé par Ton Koopman. Ce dernier dirige également le Radio Chamber Orchestra, avec Frans Bruggen, plus connu pour sa collaboration avec le 18th Century Orchestra. Les concerts du Radio Philharmonic Orchestra, dirigé par Edo de Waart, du Sydney Symphony Orchestra (généralement au Concertgebouw), font souvent l'objet d'enregistrements radiophoniques et télévisés.

Le Nederlandse Opera, installé au Stopera (officiellement appelé Muziektheater), offre des représentations de classe internationale, mais tout le monde n'apprécie pas toujours son approche quelque peu expérimentale.

Classique moderne et expérimentale. Ce type de musique, qui semble prospérer à Amsterdam, se joue essentiellement à l'IJsbreker. Les compositeurs néerlandais modernes sont Louis Andriessen, Theo Loevendie, Klaas de Vries, ainsi que le regretté Ton de Leeuw. Parmi les groupes à entendre, citons The Trio, Asko Ensemble, Nieuw Ensemble et le Schönberg Ensemble dirigé par Reinbert de Leeuw.

Jazz. La distinction entre le moderne classique et l'improvisation est souvent vague.

Les leaders de groupes de jazz comme Willem Breuker et Willem van Manen, de Contraband, ont, depuis longtemps, la réputation de ménager la chèvre et le chou.

Depuis quelque temps, la scène du jazz néerlandais s'adresse davantage au grand public par le biais de jeunes chanteuses talentueuses comme Fleurine et surtout la Surinamienne Denise Jannah, reconnue internationalement comme la meilleure chanteuse de jazz du pays. Elle est la première chanteuse du Suriname à avoir signé avec la légendaire maison de disques Blue Note, qui vient de sortir son troisième CD. Les standards américains, auxquels elle ajoute sur scène des accents de musique surinamienne, composent son répertoire.

Avec Astrid Seriese et Carmen Gomez, le jazz côtoie la pop ou s'y mêle. Hans et Candy Dulfer, père et fille, respectivement saxophonistes ténor et alto, vont un peu plus loin. Le père, notamment, repousse constamment ses limites en expérimentant les techniques du sampling caractéristiques du hip-hop. Candy est plus connue au niveau international, grâce à ses duos avec Prince, Van Morisson, Dave Stewart, Pink Floyd et Maceo Parker, entre autres.

La trompettiste Saskia Laroo, qui mélange le jazz et la dance, est également respectée par des milieux plus traditionnels. En ce qui concerne le jazz instrumental, ne manquez pas le pianiste Michiel Borstlap et son âme sœur, le bassiste Hein van de Geyn.

La plus grande salle de jazz de la ville est la Bimhuis, dans l'Oude Schans. Si les autres vont et viennent, la Bimhuis demeure une institution. Elle déménagera dans les îles orientales (près de l'embarcadère des passagers) en 2002.

Pop et dance. Amsterdam a peut-être été un "centre magique" dans les années 60 mais sa scène pop a mis longtemps à se développer (le centre de la musique pop était à l'époque La Haye avec des groupes comme Shocking Blue et Golden Earring qui furent tous deux numéro un aux États-Unis). Les groupes célèbres d'Amsterdam dans les années 60 étaient les Outsiders (un groupe déchaîné dont le chanteur principal,

Wally Tax, était connu pour avoir les plus longs cheveux de tout le pays) et les Hunters, un groupe de guitare instrumentale dans lequel jouait Jan Akkerman, qui connut ensuite une renommée internationale dans le groupe de rock progressif Focus et qui fut proclamé meilleur guitariste du monde par les lecteurs du magazine anglais *Melody Maker* en 1973.

A la fin des années 70, le mouvement des squatters fut un terreau fertile pour la musique punk, puis la new wave dominée par les synthétiseurs. Au milieu des années 80, Amsterdam était le centre des groupes de guitare rock, comme le groupe des Claw Boys Claw, toujours actif.

Depuis, la ville est devenue la capitale de la dance, en passant par la house, la techno et le rythm & blues, autour du club Roxy qui a brûlé de façon spectaculaire en 1999. La variante néerlandaise la plus connue de la dance est sans doute le "gabber", un style dans lequel le nombre de battements par minute et le bourdonnement des synthétiseurs dépassent l'entendement. Amsterdam se targue également d'une excellente scène hip-hop, avec comme fer de lance le groupe Osdorp Posse, qui rappe dans sa langue maternelle.

Des raves sont organisées dans les clubs dance comme Mazzo, Seymour Likely, iT, et particulièrement Escape avec ses soirées "Saturday Chemistry". La Westergasfabriek accueille des soirées "Speedfreax", au cours desquelles la jeunesse dorée sirote du champagne en écoutant du speed garage anglais.

Parmi les DJ de renom qui se produisent dans les clubs, citons le grand maître belge, qui vit à Amsterdam, Eddy de Clerq, ainsi que Dimitri, Marcello et 100% Isis. Quazar est le nom de l'excellent programme dance mis au point par Geert van Veen, critique musical pour le journal *De Volkskrant*.

Claw Boys Claw, groupe de rock alternatif, Wally Tax, légende de la pop des années 60, et les groupes qui chantent en néerlandais, The Scene, De Dijk et Tockener Keks, ont survécu à toutes les nouveautés. Certains font leur come-back, tandis que de nouveaux groupes prometteurs apparaissent – consultez les affiches du Para-diso, du Melkweg et de l'Arena, ou mêlez-vous aux musiciens de rock d'Amsterdam au café concert De Koe. Le label Excelsior Records produit Daryll Ann ainsi que des nouveaux venus tels Caesar, Johan, Benja-min B et Scram C Baby.

Son âge d'or terminé, la pop expérimentale semble être redevenue underground. Cepen-dant, la musique de Det Whiel étant utilisée par les plus grands chorégraphes de la scène internationale pour les ballets de danse moderne du Muziektheater, la "musique dif-ficile" a peut-être de beaux jours devant elle. La musique New Age gagne du terrain – Coen Bais est l'un des grands noms locaux – tandis que Human Alert représente le renou-veau du mouvement punk.

World music. Amsterdam la cosmopolite offre un large éventail de world music. Le grand flûtiste de jazz Ronald Snijders, d'origine surinamienne, participe souvent aux projets de world music. Autre flûtiste de jazz branché "world", l'éternel Chris Hinze a notamment sorti un album intitulé *Tibet Impressions*.

Fra-Fra-Sound joue du "paramaribop", un mélange de kaseko surinamien tradition-nel et de jazz (le nom provenant d'une contraction de Paramaribo, capitale du Suriname, et du bebop), mais la plus grande partie du répertoire world d'Amsterdam vient d'Amérique latine, de la salsa cubaine au merengue dominicain, en passant par le tango argentin. Pour un bref aperçu, écoutez Nueva Manteca (salsa), Sexteto Canyengue (tango) et Eric Vaarzon Morel (flamenco).

Pour plus de renseignements sur ces artistes et leurs concerts, au Melkweg (en par-ticulier), au Paradiso, à l'Akhnaton et dans les bars latinos, consultez l'excellent mensuel de salsa *Oye Listen*. Publié en néerlandais et en espagnol, il coûte 5 fl et se vend dans les bou-tiques spécialisées de world music comme South Miami Plaza (☎ 662 28 17), Albert Cuypstraat 182, ou Concerto (☎ 623 52 28), Utrechtsestraat 52-60. Les CD de ces groupes sont édités par Lucho, Munich et M&W.

Le festival de world musique, The Roots, se tient en différents lieux au mois de juin.

Son programme est disponible au Uitburo ou au VVV. Le théâtre du Tropenmuseum (musée des Tropiques) organise souvent des concerts de musiques non occidentales ; appelez le ☎ 568 85 00 pour plus de ren-seignements.

Littérature

La littérature néerlandaise est mal connue du monde francophone, ce qui est regret-table. Le manque de traductions est en par-tie responsable de cette faible diffusion.

Le Shakespeare hollandais, Joost van den Vondel, dans sa tragédie intitulée *Gijsbrecht van Amstel* (1637), retrace l'agonie d'un comte exilé après avoir perdu la lutte contre le comte de Hollande, ainsi que ses privilèges de péage. La meilleure tragédie de l'auteur, *Lucifer* (1654), décrit la rébellion du démon contre Dieu. Parmi les autres grands auteurs de cette période, citons Bredero (comédies) et Hooft (poèmes, pièces, histoire, philosophie).

L'auteur le plus intéressant du XIXe siècle fut Eduard Douwes Dekker, administrateur colonial natif d'Amsterdam qui écrivait sous le pseudonyme de Multatuli (mot latin signi-fiant "j'ai beaucoup souffert"). Son *Max Havelaar, ou les ventes de la compagnie commerciale des Pays-Bas* (1860) dénonçait l'étroitesse d'esprit coloniale dont faisait preuve un marchand de café pharisaïque dans ses transactions. Cette œuvre choqua la société néerlandaise et entraîna une révision du "système de culture" aux Indes orientales (production forcée de produits tropicaux réservés à l'exportation). Louis Couperus (*La Force de ténèbres*, 1900), écrivain de La Haye, explora les mystères des Indes orien-tales sous l'angle colonialiste.

L'occupation, durant la Seconde Guerre mondiale, fut une période qui inspira de nombreux et profonds ouvrages. Le *Journal d'Anne Frank* présente les réflexions et aspirations d'une jeune fille juive cachée. Ce livre est d'autant plus poignant que l'on a toujours présent à l'esprit le fait que son jeune auteur n'a pas échappé à la déporta-tion et à la mort. *Une vie bouleversée : jour-nal 1941-1943* d'Etty Hillesum consigne également les dernières expériences de la vie d'une jeune femme juive à Amsterdam.

Harry Mulisch, écrivain d'Amsterdam, a dénoncé l'apathie néerlandaise durant la Seconde Guerre mondiale (*L'Attentat*, dont a été tiré un film récompensé aux Oscars). Il est l'auteur de nombreux autres ouvrages *Noces de pierre*, *La Découverte du ciel*, *Lettres néerlandaises*... et compte comme l'un des grands noms de la littérature néerlandaise.

Le puissant *Turkish Delight* de Jan Wolkers, qui choquait ses lecteurs dans les années 60 par sa misogynie provocatrice, a également été porté à l'écran par Paul Verhoeven avec Rutger Hauer. Xaviera Hollander (Vera de Vries) est l'auteur fort remarqué de mémoires de call-girl et romans érotiques (*Madam'*, *L'Île de tous les plaisirs*).

Nicolas Freeling (*Psychanalyse d'un crime*, *L'Amour à Amsterdam*, *A cause de chats*) a créé la série du détective van der Valk dont les intrigues ont pour cadre Amsterdam. Robert van Gulik, érudit et polyglotte, est également auteur de romans policiers qui ont la particularité de se dérouler dans la Chine ancienne et mettent en scène le sagace juge Ti (*Le Fantôme du temple*, *Meurtre à Canton*, *Le Pavillon rouge*...).

Cees Nooteboom (*Dans les montagnes des Pays-Bas*, *Philippe et les autres*, *Le Chevalier est mort...*) est un écrivain-poète-voyageur-humaniste de tout premier plan, dont l'œuvre prolixe est particulièrement séduisante. Lieve Joris, Flamande vivant à Amsterdam, écrit sur les cultures en transition d'Afrique, du Moyen-Orient et d'Europe de l'Est (*Les Portes de Damas*).

Jeroen Brouwers, né en 1940 en Indonésie dans une famille de colons hollandais, a écrit une superbe trilogie autobiographique, dont le deuxième volet, *Rouge décanté* (Gallimard, 1995) lui valut le prix Fémina étranger en 1995. Il y relate, avec une infinie tendresse non exempte d'humour, les deux années passées dans un camp japonais, en compagnie de sa mère, de sa grand-mère et de sa sœur, puis évoque les difficultés affrontées à l'adolescence et à l'âge adulte. *L'Éden englouti* (Gallimard, 1998), premier titre de cette trilogie, évoque

son enfance merveilleuse à Jakarta, protégée par une mère toute-puissante et un fabuleux grand-père musicien.

Pour plus de renseignements concernant les librairies, reportez-vous aux paragraphes *Librairies* et des chapitres *Renseignements pratiques* et *Achats*.

Cinéma

L'un des réalisateurs néerlandais les plus connus est Joris Ivens (1898-1989), qui sut jouer de son propre lyrisme impressionniste sans cacher son attirance pour les cinéastes russes. Ses documentaires sur des problèmes sociaux et politiques – la guerre d'Espagne, la misère des mineurs belges, le Vietnam – lui valurent de nombreux prix, mais il réalisa également des œuvres artistiques, tel son court métrage de quinze minutes intitulé *Rain* (1929), dont le thème est une averse à Amsterdam et qu'il mit quatre mois à tourner.

Les réalisateurs, acteurs et metteurs en scène qui ont adopté l'anglais ont fait de belles carrières. Paul Verhoeven (*Robocop*, *Total Recall*, *Basic Instinct*, *Starship Troopers*) est sans doute le cinéaste le plus connu à l'étranger, même si sa réputation a souffert de son désastreux *Showgirls*. George Sluizer (*La Disparue*), Dick Maas (*Les Gravos*, *Amsterdamned*), Fons Rademakers (*The Assault*) et Marleen Gorris (*Antonia et ses filles*, qui a remporté l'Oscar du meilleur film étranger en 1996) se sont également acquis une renommée mondiale, même s'ils ne sont pas toujours connus du grand public. Le film de M. Gorris est une adaptation cinématographique en anglais, avec Vanessa Redgrave, de *Mrs Dalloway* de Virginia Woolf. Jan de Bont salué pour la photographie du *Diamant du Nil* et de *Black Rain*, a réalisé les films à grand succès *Speed* et *Twister*.

Rutger Hauer a commencé sa carrière d'acteur aux Pays-Bas dans le rôle principal du film de Paul Verhoeven *Turks Fruit*, mais c'est à Hollywood qu'il a connu la gloire en interprétant les méchants dans des films comme *The Hitcher* et *Blade Runner*. Jeroen Krabbé (*Le Fugitif*, *Tuer n'est pas jouer*) est également devenu un acteur célèbre d'Hollywood.

Le musée national du Cinéma du Vondel-park mérite une visite. Il ne présente pas d'expositions mais propose des films intéressants provenant de ses archives. Pour plus d'informations sur le sujet, reportez-vous à la rubrique *Cinémas* du chapitre *Où sortir*.

Théâtre

La ville possède une riche tradition théâtrale, datant de l'époque médiévale. Durant le siècle d'or, lorsque le néerlandais était la langue du commerce, les compagnies locales tournaient dans les théâtres de toute l'Europe pour présenter les tragédies de Vondel, les comédies de Bredero et la poésie de Hooft. Ces œuvres sont toujours interprétées à Amsterdam dans des versions modernisées.

Le théâtre connaissait un immense succès dans toutes les couches de la société, peut-être parce que la ville manquait d'une scène digne de ce nom et que les pièces se jouaient souvent en plein air. Progressivement, le goût pour la culture française développé dans la classe patricienne fit du théâtre une discipline beaucoup plus élitiste et, vers la fin du XIXᵉ siècle, il devint si snob qu'il n'évolua quasiment plus.

Cette attitude persista jusqu'à la fin des années 60, lorsque des acteurs mécontents se mirent à lancer des tomates à leurs collègues plus âgés et incitèrent le public à engager un débat sur l'essence du théâtre. Les troupes avant-gardistes comme Mickery et Shaffy firent d'Amsterdam un centre de théâtre expérimental, et de nombreuses petites compagnies virent le jour dans les années 70 et 80.

La plupart d'entre elles ont maintenant fusionné ou disparu en raison de la réduction des subventions accordées par l'État, tandis que les comédies musicales et le cabaret connaissent un renouveau. Néanmoins, les survivants et les nouveaux venus continuent d'offrir d'excellentes productions : somptueux décors, formidables jeux de lumière et costumes créatifs. La barrière de la langue pose évidemment problème pour apprécier les spectacles mais, pour certaines productions, cela n'a pas grande importance.

Pour plus de renseignements concernant les salles de théâtre, reportez-vous à la rubrique *Théâtre* du chapitre *Où sortir*. Le Festival de Hollande, qui a lieu en juin, et l'Uitmarkt, qui se déroule le dernier week-end d'août, sont d'importantes manifestations théâtrales (reportez-vous à la rubrique *Jours fériés et manifestations culturelles* du chapitre *Renseignements pratiques*). Le Festival international des écoles de théâtre mérite également le détour ; il se tient fin juin dans les salles des environs du Nes (Frascati, Brakke Grond, etc.).

RÈGLES DE CONDUITE
Stéréotypes

Les Pays-Bas en général, et Amsterdam en particulier, peuvent avoir des années d'avance sur le reste du monde dans certains domaines d'ordre moral et social (la drogue, l'avortement, l'euthanasie, l'homosexualité). Dans d'autres, ils semblent avoir quinze ans de retard, notamment en ce qui concerne les médias, puisque n'importe quel groupe religieux ou idéologique a le droit de s'exprimer librement, mais que tout ce qui a une vocation commerciale est toujours désapprouvé. Parfois, les Néerlandais ont également tendance à jouer aux moralisateurs et à vouloir imposer au monde leurs vues du bien et du mal.

Selon les spécialistes, ce phénomène serait dû à la tradition calviniste. Ce sens aigu du bien et du mal s'exprime notamment dans la plus grande importance accordée au contenu qu'à la forme, qui vaut aux Néerlandais une réputation de gens au franc-parler.

Ils ont également la réputation de manquer d'humour. Pourtant, ils savent se moquer d'eux-mêmes et de tous ceux qui se prennent un peu trop au sérieux.

Le chauvinisme est assez peu présent, sauf sur les terrains de football. Les Amstellodamois, qui adorent se plaindre de leur ville et de leur pays, sont très ouverts à tout ce qui vient de l'étranger. L'anglais, qui s'immisce dans le vocabulaire courant et les journaux, semble plutôt répondre à une sorte de complexe d'infériorité national.

La ville compte peu d'édifices ou de projets monumentaux. La plupart de ces tentatives de grandeur se sont vues critiquées, ridiculisées et sabotées, mais la frugalité calviniste n'est pas non plus totalement étrangère à ce phénomène. Chaque maison individuelle et chaque édifice possède un charme unique et les habitants trouvent que les constructions imposantes manquent de raffinement. Les Amstellodamois sont presque fiers de ne pas être fiers, sauf dans leurs opinions.

On dit que les calvinistes hollandais, comme les presbytériens écossais, manient l'argent avec prudence. Il est vrai qu'ils se sont montrés d'habiles marchands au cours des siècles. Les Pays-Bas, et plus particulièrement Amsterdam, ont une longue culture de l'argent : l'aristocratie des grands propriétaires terriens n'a pour ainsi dire jamais eu sa place dans le pays. Ceux qui dominaient la société avaient amassé leur fortune eux-mêmes, et celle-ci reposait entièrement sur l'argent, signe de prospérité, donc de vertu.

Comme nous l'avons vu précédemment dans la rubrique *Histoire* au paragraphe sur la *révolution culturelle*, le phénomène de "sectorisation" (*verzuiling*) a permis à différentes idéologies d'avoir leur place dans la société. Tout était permis tant que cela ne remettait pas en cause le statu quo, fondement d'un pays surpeuplé où la liberté d'opinion était prise très au sérieux. Bien que la segmentation sociale et culturelle liée à la verzuiling soit désormais dépassée, les Néerlandais lui doivent une tolérance peu conventionnelle et le respect d'une kyrielle de petites règles qui permettent aux choses de fonctionner sans heurt. Les Néerlandais discutent souvent sans fin avant d'établir un programme ou de former un nouveau gouvernement. Chacun peut avoir une opinion et l'exprimer, mais se mêler des affaires des autres ne se fait pas, tout du moins sans suivre la procédure idoine.

De nombreux étrangers ont fait remarquer que la densité de la fumée dans les pubs venait en contradiction avec la forte implication des Néerlandais en matière d'écologie. Cela découle pourtant du commandement hollandais d'être "raisonnable" en laissant à chacun une place et la possibilité de vivre comme il l'entend, même si

cela pèse sur la société. L'interdiction de fumer dans les lieux publics gagne du terrain, mais ce changement prend du temps.

Pas d'impair !

Dans les queues, on prend généralement un ticket numéroté à un distributeur, puis on attend patiemment son tour. Dans les bureaux de poste, les administrations, à la boulangerie ou aux rayons à la coupe des supermarchés, vérifiez d'abord s'il n'y a pas un distributeur.

Si vous êtes invité à manger chez quelqu'un, apportez un petit cadeau : un bouquet de fleurs ou une plante, une bouteille de vin ou des pâtisseries. La politesse veut que l'on arrive avec cinq à quinze minutes de retard (jamais en avance). En revanche, les réunions d'affaires commencent toujours à l'heure.

Sur le plan vestimentaire, on s'habille simplement pour la plupart des concerts et des dîners au restaurant, un peu plus pour le théâtre, l'opéra, les restaurants chics et certaines réunions d'affaires, de manière soignée pour la plupart des réunions d'affaires.

Un avertissement particulier à l'attention des touristes de la drogue : il n'est pas bien vu de fumer de la drogue en public. Dans les coffee shops et autres endroits spécifiques, cela est toléré, mais même les Néerlandais les plus décontractés détestent que les étrangers pensent qu'ils peuvent se droguer où ils veulent. Cette règle vaut pour la boisson dans la rue : le fait que cela ne soit pas interdit ne signifie pas que cela soit bien accepté.

RELIGION

Amsterdam fut d'abord une ville catholique, sans pour autant se montrer frénétiquement antiprotestante – l'argent dictait la tolérance. Même après le Changement de 1578, lorsque Amsterdam prit le parti des protestants et que le calvinisme s'imposa dans le Nord des Pays-Bas, les autorités municipales continuèrent à prôner la tolérance religieuse (mais pas la liberté), même à l'égard de ceux qui n'appartenaient à aucune Église. Le mariage civil (sanctionné par des représentants de l'administration et non plus par le clergé) fut légalement reconnu dès le début du XVIIe siècle, une première en Europe.

La Protestant Hervormde Kerk (Église réformée protestante) se montra également relativement tolérante à l'encontre de ses dissidents mais, à la fin du XIXe siècle, une majorité croissante de rebelles à faibles revenus, en désaccord avec cette tolérance, finit par faire sécession et forma la Gereformeerde Kerk (Église re-réformée), d'obédience calviniste orthodoxe. Le schisme perdure aujourd'hui, mais compte de moins en moins d'adeptes.

L'agnostisme et l'athéisme règnent en maîtres : près de 60% des Amstellodamois n'appartiennent à aucune communauté religieuse. Les catholiques représentent le groupe le plus important, avec 19% de la population, pour une moyenne nationale de 32% ; de nombreux catholiques néerlandais sont en désaccord avec le pape sur des sujets comme la hiérarchie de l'Église, la contraception et l'avortement. Viennent ensuite les musulmans avec 8,3% (moyenne nationale de 3,7%), suivis par la Hervormd avec 5,5% (moyenne nationale de 15%), puis la Gereformeerd avec 3% (moyenne nationale de 7%) et les autres religions (principalement hindouisme et bouddhisme) avec 5,2% (moyenne nationale de 3%).

LANGUE

Presque tous les Amstellodamois de plus de huit ans semblent parler anglais, souvent très bien, et en tout cas toujours mieux que vous ne parlerez jamais néerlandais. Alors, pourquoi se donner cette peine ? Vos amis néerlandais se mettront spontanément à parler anglais, peut-être pour montrer qu'ils le parlent bien mais surtout parce que ce sont souvent de grands voyageurs, curieux de faire des rencontres, et qu'ils connaissent bien les problèmes causés par l'ignorance de la langue locale. La connaissance de quelques mots est cependant toujours appréciée, comme par exemple la phrase *Spreekt u Engels ?* (Parlez-vous anglais ?) avant d'entamer une conversation dans la langue de Shakespeare. En outre, cela vous permettra de mieux comprendre ce qui se passe autour de vous.

Un bref lexique néerlandais ainsi que quelques mots et phrases utiles figurent dans le chapitre *Langue* à la fin de cet ouvrage.

Renseignements pratiques

QUAND PARTIR

Amsterdam se visite en tout temps et en toute saison. Les mois d'été sont merveilleux : toute la ville semble vivre dehors et les animations ne se comptent pas. C'est également la pleine saison touristique, durant laquelle il devient difficile de se loger, et les prix grimpent, naturellement. La plupart des Amstellodamois quittant la ville pour les vacances, certaines entreprises ferment ou adaptent leurs horaires (musées, salles de concert, etc.).

De la mi-octobre à la mi-mars, le temps moins clément freine l'enthousiasme des visiteurs. Les chambres se louent moins cher (sauf à la période du nouvel an), mais certains hôtels ferment. Cette période favorise la rencontre avec les "vrais" Amstellodamois dans les pubs confortables. Elle permet également de profiter de la vie culturelle de la ville dans son cadre le plus authentique. Les saisons charnières, qui s'étalent en gros de la mi-mars à la fin mai et de la fin août à la mi-octobre, présentent sans doute un bon compromis. Il est néanmoins conseillé à ceux qui détestent les hordes de touristes ou les hôtels chers d'éviter la période de Pâques.

Si vous comptez profiter de votre séjour pour assister à une fête ou à une manifestation particulière (reportez-vous à la rubrique *Jours fériés et manifestations culturelles* plus loin dans ce chapitre), n'oubliez pas que vous ne serez pas seul et que vous risquez d'avoir des difficultés pour vous loger. Si la météo fait partie de vos priorités, consultez la rubrique *Climat* dans le chapitre précédent.

ORIENTATION

La plus grande partie de la ville d'Amsterdam s'étend au sud de l'IJ, bras de l'ancien Zuiderzee (prolongement de la mer du Nord) aujourd'hui transformé en un vaste lac du nom d'IJsselmeer. Le centre moderne, dont l'étendue s'est multipliée plusieurs fois au cours des cinquante dernières années, s'étire dans toutes les directions.

Le quartier ancien se limite au réseau de canaux concentriques (*grachten*) datant du XVIIe siècle qui forme une ceinture en forme de croissant (*grachtengordel*), bordée par le Singelgracht. La plupart des quartiers situés au-delà de cette structure se sont développés depuis la seconde moitié du XIXe siècle.

La ville historique est traversée par l'Amstel, rivière prenant sa source dans les environs de la place du Dam. A l'est de cette dernière s'étend l'Oude Zijde (Vieux Côté) et à l'ouest le Nieuwe Zijde (Nouveau Côté). Ce *binnenstad* (centre-ville) médiéval est ceinturé par le Singel ("douve", à ne pas confondre avec le Singelgracht) à l'ouest et au sud, et par le Kloveniersburgwal/Geldersekade à l'est.

Centraal Station, principale gare ferroviaire et routière, se dresse sur la rive sud de l'IJ, au niveau de l'ancienne embouchure de l'Amstel, bien que le "centre" de la ville soit plutôt la place du Dam, légèrement au sud. C'est la plus grande place de la ville, d'où partent les principales artères, mais ce n'est pas pour autant l'unique centre d'animation. Leidseplein accueille la majeure partie de la vie culturelle et nocturne, Rembrandtplein attire les noctambules, Spui les intellectuels. Munt reste sans doute le carrefour le plus fréquenté, Stationsplein, devant Centraal Station, concentre les transports, la place du Nieuwmarkt voit défiler la vie quotidienne, Waterlooplein abrite le Stopera (derrière lequel se tient un marché près de l'Amstel), tandis que la vaste Museumplein constitue le haut lieu de la culture, sans compter les autres lieux de convergence qui agrémentent encore l'exploration de la ville.

Il est parfois un peu déroutant d'essayer de retrouver son chemin parmi les canaux, mais ce n'est rien comparé à Venise. Imaginez la ville comme une moitié de roue de bicyclette : la cité médiévale représente le moyeu, les rues principales et les petits canaux (ainsi que l'Amstel) figurent les rayons. Il devient plus facile de s'orienter lorsque l'on connaît l'ordre des principaux canaux (du centre vers l'extérieur : Singel, Herengracht, Keizersgracht, Prinsengracht et Singelgracht), ainsi que le nom de certains grands "rayons" (dans le sens inverse des aiguilles d'une montre) : Haarlemmerstraat/Haarlemmerdijk, Brouwersgracht, Raadhuisstraat/Rozengracht, Leidsestraat, Vijzelstraat, Utrechtsestraat, Amstel, Weesperstraat et Plantage Middenlaan.

Le long des canaux principaux, les numéros des rues commencent à l'extrémité nord-ouest, au Brouwersgracht, les numéros impairs donnant sur les quais intérieurs (côté "centre-ville"). Partout ailleurs, ils commencent à l'extrémité de la rue la plus proche du centre-ville.

CARTES

Les plans contenus dans ce guide devraient probablement vous suffire. Lonely Planet publie, en outre, un plan plastifié, l'*Amsterdam City Map*, dont l'index des rues couvre en détail les quartiers les plus touristiques. Les offices du tourisme VVV proposent également un plan payant.

Si vous avez besoin d'un plan où figurent toutes les rues de la ville, y compris les banlieues, vous pourrez vous procurer le *Cito Plan* (néerlandais) ou le *Falkplan* (allemand) chez les marchands de journaux ou autres points de vente. Tous deux se valent, si ce n'est que le Cito offre une plus grande clarté, aussi bien dans la version à spirale que dans la version dépliante, même s'il faut légèrement tourner le plan dans le sens des aiguilles d'une montre pour que le nord se trouve véritablement en haut. Le plan édité par Hallwag (suisse) est également très fiable et très clair, mais les petites rues n'y figurent pas. Michelin, toujours fidèle à sa réputation, a publié une véritable carte grand format d'Amsterdam avec une grande précision dans le tracé. Malheureusement, elle est déjà dépassée et n'offre pas l'exactitude du Cito Plan pour les nouveaux quartiers de la ville.

La superbe vue d'avion publiée par Bollmann, éditeur allemand spécialisé dans ce type de produit, fera un très joli souvenir à accrocher au mur à votre retour. Sur ce plan du centre-ville de 1971, on reconnaît

chaque maison. Il est parfois difficile à trouver, mais la librairie géographique Jacob van Wijngaarden (carte 6 ; ☎ 612 19 01), Overtoom 97 devrait en avoir en stock.

OFFICES DU TOURISME
Sur place

Aux Pays-Bas, les informations touristiques sont fournies par le VVV (Vereniging voor Vreemdelingenverkeer, Société pour la circulation des étrangers), qui possède quatre agences à Amsterdam et une cinquième, sous le nom de Holland Tourist Information, à l'aéroport. Toutes ses publications sont payantes, et ses services soumis à de fortes commissions (6 fl par personne pour la recherche d'une chambre, de 2,50 à 5 fl par billet de théâtre, etc.). Les agences sont souvent bondées, mais cela vaut la peine d'y faire la queue pour obtenir un Amsterdam Culture & Leisure Pass (consultez, dans ce chapitre, le paragraphe *Autres cartes utiles*).

L'agence du GWK (bureau de change officiel, reportez-vous plus loin au paragraphe *Change* dans la rubrique *Questions d'argent*), à l'intérieur de Centraal Station, réserve également des chambres moyennant une commission de 5 fl (plus 10% du prix de l'hôtel). Ce guichet distinct est généralement plus calme que ceux du VVV.

Le service de renseignements par téléphone du VVV (☎ 0900-400 40 40, fax 625 28 69) fonctionne du lundi au vendredi de 9h à 17h (1 fl la minute). Son adresse postale est la suivante : Postbus 3901, 1001 AS Amsterdam. Les coordonnées des agences sont les suivantes :

VVVV (carte 2), Stationsplein 10, devant Centraal Station – principale agence VVV, ouverte tous les jours de 9h à 17h ; on y fait longtemps la queue pour un service de qualité variable.

VVV à l'intérieur de Centraal Station, le long du quai n°2 ("spoor 2") – ouverte du lundi au samedi de 8h à 19h45, et le dimanche de 9h à 17h ; elle est souvent bondée mais connaît parfois des périodes de moindre affluence.

VVV (carte 4), Leidseplein 1, à l'angle de Leidsestraat – ouverte du lundi au vendredi de 9h à 19h, et jusqu'à 17h le week-end ; partage ses locaux avec un bureau de change affilié au GWK qui propose des taux raisonnables.

VVV (carte 1), Van Tuyll van Serooskerkenweg 125, Stadionplein – ouverte tous les jours de 9h à 17h ; pratique si vous arrivez du sud en voiture et généralement moins fréquentée que les autres agences.

Holland Tourist Information (VVV), Schiphol Plaza, à l'aéroport – ouverte tous les jours de 7h à 22h.

A l'étranger

Le Nederlands Bureau voor Toerisme (NBT) s'occupe des renseignements touristiques à l'étranger :

Belgique et Luxembourg
NBT, Louizalaan 89, Postbus 136, 1050 Bruxelles (☎ 02-5443 08 00).

Canada
Netherlands Board of Tourism, 25 Adelaide St East, Suite 710, Toronto, Ont M5C 1Y2 (☎ 416-363 15 77).

France
Office néerlandais du tourisme, 9 rue Scribe, 75009 Paris (☎ 01 43 12 34 20).

Autres sources d'information

Le VVV s'avère très pratique pour les renseignements touristiques d'ordre général, mais il existe d'autres points d'information où vous serez sans doute mieux informé. Si vous êtes versé dans les arts (théâtre, concerts, films, musées, etc.), l'Amsterdam Uitburo, ou AUB (carte 6 ; ☎ 0900-01 91, 0,75 fl la minute), Leidseplein 26, propose de nombreux magazines et brochures gratuits et vend des billets avec un supplément de 3 fl. Le personnel se montre plus accueillant et plus serviable que celui du VVV. Le bureau ouvre tous les jours de 10h à 18h, le jeudi jusqu'à 21h. Le service téléphonique fonctionne 7j/7 de 9h à 21h pour les renseignements et les réservations. Pour toutes demandes particulières, envoyez un e-mail à aub@aub.nl.

L'Automobile club néerlandais, ANWB (carte 6 ; ☎ 673 08 44), Museumplein 5, qui diffuse des cartes et des brochures gratuites ou à des prix très réduits, offre une panoplie de renseignements utiles et de services d'assistance pour tout type de véhicule (voiture, bicyclette, moto, bateau, etc.). S'il dispose d'un nombre limité de documents sur Amsterdam même, il ne manque pas d'informations sur le pays et sur l'Europe. Il vous faudra probablement présenter la carte de votre propre club (reportez-vous au paragraphe *Autres cartes utiles*).

Si vous comptez prolonger votre séjour à Amsterdam, le centre d'information de l'hôtel de ville (carte 4 ; ☎ 624 11 11), Amstel 1 (entrée par Waterlooplein), dispose de dépliants et de plaquettes sur pratiquement tous les aspects de la ville. Il ouvre du lundi au vendredi de 8h30 à 17h. Le personnel, très aimable, parle anglais, comme pratiquement toutes les personnes en contact avec les touristes à Amsterdam. Une base de données informatisée, disponible en libre-service, permet de trouver les adresses et les numéros de téléphone de nombreux organismes.

Consultez également le paragraphe *E-mail et accès Internet*, plus loin dans ce chapitre, pour une liste des sites web intéressants sur Amsterdam.

FORMALITÉS COMPLÉMENTAIRES
Visas

Pour un séjour d'une durée ne dépassant pas trois mois, les touristes en provenance du Canada et de la majeure partie des pays d'Europe n'ont besoin que d'un passeport en cours de validité. Aucun visa n'est exigé. Les ressortissants de l'Union européenne peuvent entrer aux Pays-Bas pour trois mois sur simple présentation de leur carte d'identité ou d'un passeport expiré depuis moins de cinq ans.

Les ressortissants de la plupart des autres pays doivent être en possession du fameux visa Schengen (valable 90 jours), du nom des accords ayant aboli les contrôles de passeport entre les pays membres de l'Union européenne (sauf l'Irlande et la Grande-Bretagne), plus l'Islande et la Norvège. Théoriquement, ce visa est valable pour tous ces pays, mais il vaut mieux vérifier auprès de l'ambassade ou du consulat du pays dans lequel vous envisagez de vous rendre, car les accords ne sont pas encore appliqués partout (certains pays pratiquent des exceptions pour certaines nationalités). Le statut de

RENSEIGNEMENTS PRATIQUES

résident dans l'un des pays des accords de Schengen annule le besoin d'un visa, quelle que soit la nationalité du titulaire.

Les visas Schengen sont émis par les ambassades ou les consulats néerlandais, parfois après un délai relativement long (la procédure peut prendre jusqu'à trois mois). Mieux vaut donc ne pas attendre la dernière minute. Vous devrez présenter un passeport en cours de validité (et valide au moins trois mois après votre visite) et justifier de fonds "suffisants" pour financer votre séjour. Les taxes varient selon la nationalité du demandeur, renseignez-vous à l'ambassade ou au consulat.

Les visas d'étudiants font l'objet d'une procédure compliquée. Consultez l'ambassade ou le consulat. Pour les visas de travail, reportez-vous à la rubrique *Travailler à Amsterdam* en fin de chapitre.

Prorogation de visas. Les Pays-Bas affichent la plus forte densité de population de l'Europe, et les électeurs semblent soutenir les mesures restrictives prises par le gouvernement à l'encontre des étrangers. Les visas touristiques peuvent être prorogés de trois mois au maximum, mais la demande doit être justifiée et la prorogation n'est valable qu'aux Pays-Bas, pas dans le reste de la zone Schengen.

Les prorogations de visas et les cartes de séjour sont délivrées par la Vreemdelingenpolitie (police des étrangers, carte 1 ; ☎ 559 63 00), Johan Huizingalaan 757, dans la banlieue sud-ouest, ouverte en semaine de 8h à 17h. Une prorogation de visa se fait rapidement si vous prenez rendez-vous. Autrement, vous risquez d'attendre plusieurs heures. Les cartes de séjour ne sont traitées que sur rendez-vous.

Assurances

Vos éventuels frais médicaux et dentaires sont pris en charge si vous êtes munis du formulaire de Sécurité sociale E111 si vous êtes citoyen de l'UE (reportez-vous à la rubrique *Santé* plus loin dans ce chapitre). Vous pouvez souscrire une police d'assurance qui vous couvrira en cas d'annulation de votre voyage, de vol ou de perte de vos affaires, mais auparavant vérifiez la couverture offerte par votre carte bancaire.

Permis de conduire

Pour louer une voiture, vous devrez présenter un permis de conduire en cours de validité. Il est conseillé aux visiteurs en provenance de pays hors UE de se munir d'un permis de conduire international (PCI). Les agences de location de voitures l'exigent rarement, mais il est possible que la police vous le réclame si elle vous arrête. Le PCI est valable un an, obligatoirement accompagné de votre permis original.

Association automobile. Quel que soit le type de votre véhicule, l'Automobile club néerlandais ANWB (voir plus haut *Autres sources d'information*) peut vous fournir une large gamme de services gratuits si vous êtes membre d'une association équivalente dans votre pays et que vous soyez en possession d'un document officiel délivré par votre automobile club. Si le personnel ne le connaît pas, demandez à voir quelqu'un qui est au courant.

Cartes utiles

La carte internationale des auberges de jeunesse peut s'avérer utile si vous les fréquentez. Les non-membres sont également acceptés, mais il leur en coûte 5 fl de supplément par nuit. La carte donne droit à de petites réductions dans des auberges non affiliées. Si vous ne la prenez pas avant de partir, vous pourrez l'acheter dans les auberges de jeunesse néerlandaises.

La carte d'étudiant internationale (ISIC) ne donne droit à aucune réduction sur les entrées, mais elle peut vous permettre d'obtenir des billets d'avion et de ferry moins chers. En outre, les bureaux de change du GWK allègeront leur commission de 25% sur le change des espèces. Il en va de même pour les cartes d'auberges de jeunesse, ainsi que pour la carte GO 25, réservée au moins de 26 ans non étudiants, émise par la Federation of International Youth Travel Organisations (FIYTO), par l'intermédiaire des syndicats étudiants ou des agences de voyages pour étudiants.

Le Cultureel Jongeren Paspoort (CJP, passeport culturel pour les jeunes) est une institution nationale qui offre aux moins de 27 ans d'énormes réductions sur les musées et les manifestations culturelles à travers le pays. Nous recommandons la carte à tous les jeunes particulièrement intéressés par l'art. Vendue dans toutes les agences du VVV ainsi qu'au Amsterdam Uitburo (reportez-vous plus haut au paragraphe *Autres sources d'information*), elle coûte 22,50 fl par an. Il n'est pas nécessaire d'être néerlandais pour l'obtenir, mais il faut néanmoins présenter une pièce d'identité valide.

Autres cartes utiles

Si vous envisagez de visiter plusieurs des excellents (mais onéreux !) musées d'Amsterdam, procurez-vous la Museumjaarkaart (carte annuelle des musées), qui donne accès à pratiquement tous les musées de la ville (voir l'encadré *A chacun son musée* dans le chapitre *A voir et à faire*).

Dans quelques musées, des réductions, voire l'entrée gratuite, sont accordées aux enseignants, aux artistes professionnels, aux conservateurs de musée ainsi qu'à certaines catégories d'étudiants. Cela dépend parfois de l'employé présent au guichet. Prévoyez un justificatif, comme une carte d'enseignant internationale (ITIC).

Les agences du VVV et certains grands hôtels vendent l'Amsterdam Culture & Leisure Pass. Il contient 31 coupons donnant droit à l'entrée gratuite ou à d'importantes réductions dans la plupart des grands musées, à une visite gratuite des canaux et à des réductions sur les transports ainsi que dans certains restaurants. D'une valeur de 170 fl, il ne coûte que 39,50 fl et se révèle un bon investissement si les activités proposées correspondent à vos intérêts.

Les personnes âgées peuvent obtenir des réductions sur une vaste gamme de services (voir plus loin la rubrique *Voyageurs seniors*).

Copies

Faites des photocopies de vos documents importants (passeport, visa, cartes de crédit, assurance, billets, permis de conduire, etc.).

Laissez-en un jeu chez vous et gardez le second avec vous, dans un autre endroit que les originaux.

Au cas où vous perdriez ces photocopies, il peut être judicieux d'en stocker les informations essentielles dans le *Travel Vault* du site Internet gratuit de Lonely Planet. Votre "coffre-fort" de voyage, protégé par un mot de passe personnel, est accessible en ligne depuis n'importe où dans le monde. Vous pouvez le créer à l'adresse suivante : www.ekno.lonelyplanet.com.

AMBASSADES ET CONSULATS
Ambassades et consulats néerlandais

Voici une liste de quelques ambassades et consulats néerlandais à l'étranger :

Belgique (☎ 02-679 17 11), Herrmann Debrouxlaan 48, 1160 Bruxelles.
Canada (☎ 613-237 5030), Suite 2020, 350 Albert St, Ottawa, Ont K1R 1A4.
France (☎ 01 40 62 33 00), 7-9, rue Éblé, 75007 Paris.
Luxembourg (☎ 22 75 70), 5 rue CM Spoo, L-2546 Luxembourg.
Suisse (☎ 31-352 70 63), Kollenweg 11, 3600 Berne.

Consulats à Amsterdam

Amsterdam est la capitale du pays, mais le gouvernement et les ministères siègent à La Haye, où se trouvent également toutes les ambassades (à 45 minutes en train, 16,75 fl). Il existe néanmoins 37 consulats à Amsterdam que vous trouverez à la rubrique "Consulaat" dans l'annuaire.

France (carte 6 ; ☎ 530 69 69), Vijzelgracht 2 – ouvert en semaine de 9h à 11h.
Luxembourg (☎ 301 56 22), Reimersbeek 2.

Ambassades à La Haye

Belgique (☎ 070-312 34 56), Lange Vijverberg 12.
Canada (☎ 070-311 16 00), Sophialaan 7.
Suisse (☎ 070-364 28 31) Lange Voorhout 42.

Votre ambassade

Il est utile de savoir ce que votre ambassade – c'est-à-dire l'ambassade du pays dont vous êtes ressortissant – est ou n'est pas

cours de conversion de l'euro 1 fl = 0,45 €

susceptible de faire pour vous aider si vous avez des ennuis. En cas d'urgence, elle ne vous sera généralement pas d'une grande aide si vous êtes responsable de la situation dans laquelle vous vous trouvez. Souvenez-vous que vous devez vous soumettre aux lois du pays où vous séjournez. N'attendez pas de compassion de sa part si vous vous retrouvez en prison à cause d'un délit, même si votre acte n'est pas considéré comme tel dans votre pays d'origine.

En cas de réelle urgence, vous obtiendrez peut-être une assistance si toutes les autres voies de recours ont été épuisées. Par exemple, si vous devez rentrer chez vous immédiatement, ne vous attendez pas à obtenir un billet de retour gratuit, car l'ambassade suppose que vous avez souscrit une assurance. Si on vous a dérobé vos papiers et votre argent, votre ambassade vous aidera probablement à obtenir un nouveau passeport, mais ne vous accordera pas de prêt.

Certaines ambassades faisaient autrefois office de poste restante pour les voyageurs et disposaient d'une petite salle de lecture avec les journaux du pays. Ces services n'existent pratiquement plus, et les journaux disponibles ne sont souvent plus d'actualité.

DOUANE

Les ressortissants des pays de l'Union européenne (UE) peuvent importer n'importe quel produit, à condition qu'il soit destiné à un usage personnel et qu'ils l'aient acheté dans un pays de l'UE et payé la taxe appropriée. La détaxe sur les cigarettes et les alcools a été supprimée au sein de l'UE mais elle reste en vigueur pour d'autres produits (parfums, etc…).

Les visiteurs en provenance d'un pays européen hors UE et ne résidant pas dans l'UE peuvent importer des biens et des cadeaux d'une valeur totale de 125 fl (achetés en détaxe) ainsi que 200 cigarettes (ou 50 cigares ou 250 g de tabac), un litre d'alcool de plus de 22° ou deux litres de moins de 22°, plus deux litres de vin, huit litres de vin luxembourgeois non pétillant, 60 g de parfum et 25 cl d'eau de toilette.

Les visiteurs en provenance des autres pays et ne résidant pas en Europe peuvent importer 400 cigarettes (ou 100 cigares ou 500 g de tabac) et les mêmes quantités des autres produits que les Européens hors UE.

L'importation de tabac et d'alcool est interdite aux mineurs de moins de 17 ans.

QUESTIONS D'ARGENT
Monnaie nationale

La monnaie néerlandaise est le florin – fl – (*gulden*, que l'on trouve sous les formes abrégées f, fl, Hfl ou Dfl), divisé en cent cents. Il existe des billets de 1 000 fl, 250 fl, 100 fl, 50 fl, 25 fl et 10 fl, et des pièces de 5 fl, 2,50 fl, 1 fl, 0,25 fl, 0,10 fl et 0,05 fl.

Les Pays-Bas appartiennent à la zone euro. Voir plus loin l'encadré *La mise en place de l'euro* pour une présentation de la monnaie unique européenne et ses implications pour le visiteur.

Taux de change

Actuellement, le taux officiel affiche :

Belgique	10 FB	=	0,55 fl
Canada	1 $C	=	1,54 fl
euro	1 E	=	2,20 fl
France	1 FF	=	0,34 fl
Suisse	1 FS	=	1,37 fl
Belgique	1 fl	=	18,30 FB
Canada	10 fl	=	6,10 $C
euro	10 fl	=	4,5 €
France	1 fl	=	3 FF
Suisse	10 fl	=	7,05 FS

Change

Évitez les guichets de change privés concentrés près des sites touristiques car, s'ils sont pratiques et ouvrent tard, ils proposent, en dépit d'une rude concurrence, des taux et/ou des commissions effarants. Dans les banques et les bureaux de poste alignés sur le taux officiel, la commission se monte de 5 à 6 fl, de même qu'au Grenswisselkantoren (GWK, bureau de change des frontières ; ☎ 0800-566, service de renseignements gratuit). Souvenez-vous que les taux de change entre les monnaies de la zone euro sont fixes et que la commission est la seule chose qui peut varier. Parmi les bureaux de change fiables on peut citer :

GWK (☎ 627 27 31), Centraal Station, à l'ouest du hall de la gare. Ouvert 24h/24 ; la commission varie si l'on change des espèces ou des chèques de voyage (25% de réduction sur la commission du change d'espèces aux porteurs d'une carte d'étudiant). Généralement bondé (bien que le guichet réservé aux réservations d'hôtel, ouvert de 7h45 à 22h, 7j/7, soit souvent plus calme que ceux du VVV). Il existe un bureau affilié au GWK, dont les taux sont un peu moins avantageux pour les devises non européennes, à côté de l'agence du VVV de Leidsestraat, à l'angle de Leidseplein.

GWK (☎ 653 51 21), aéroport de Schiphol. Ouvert 24h/24.

American Express (carte 4 ; ☎ 504 87 77), Damrak 66. Ouvert en semaine de 9h à 17h, le samedi jusqu'à 12h ; aucune commission sur les chèques Amex.

Thomas Cook (carte 4 ; ☎ 625 09 22), Dam 23-25. Il possède d'autres agences au début de Damrak, en face de Centraal Station (carte 4), ainsi qu'à Leidseplein 31A (carte 6). Ouvert en semaine de 9h à 19h, le samedi jusqu'à 18h, le dimanche de 10h à 16h30 ; aucune commission sur les chèques Thomas Cook. Pour les chèques volés ou perdus, appelez le ☎ 0800-022 86 30.

VSB Bank (carte 4 ; ☎ 624 93 40), Singel 548, au marché aux fleurs, près de Vijzelstraat. Simple succursale de cette banque, où il est possible de retirer de l'argent au guichet avec une carte bancaire ; change automatique 24h/24 (et distributeurs) à l'extérieur.

Espèces. La société hollandaise demeure largement attachée aux espèces. Mieux vaut donc prévoir de régler la majeure partie de vos dépenses quotidiennes en liquide. Mettez de côté l'équivalent d'environ 300 FF afin de disposer d'une petite réserve en cas d'urgence.

Chèques de voyage et eurochèques.

Les banques prennent une commission sur l'encaissement des chèques de voyage (sur présentation d'une pièce d'identité). American Express et Thomas Cook ne prélèvent aucune commission sur leurs propres chèques, mais pratiquent des taux moins intéressants. Les commerces, les restaurants et les hôtels préfèrent toujours le liquide ; certains accepteront peut-être les chèques de voyage à un taux imprévisible.

Les eurochèques (accompagnés de la carte de garantie), à ne pas confondre avec la nouvelle monnaie (vous pouvez aussi les rédiger en euros), sont beaucoup plus largement acceptés et présentent moins de risques en ce qui concerne le taux de change ; ils seront débités sur votre compte au taux interbancaire, plus avantageux.

Distributeurs automatiques. On en trouve pratiquement devant toutes les banques. Il existe des distributeurs dans les halls de l'aéroport ainsi que dans le hall principal de Centraal Station (légèrement à gauche en entrant par l'entrée principale). Les cartes Visa et MasterCard/Eurocard sont largement acceptées, de même que les cartes de retrait compatibles avec le réseau Cirrus. Les logos apposés sur les distributeurs vous indiqueront le nom des cartes acceptées.

Cartes bancaires. Même si toutes les grandes cartes internationales sont reconnues, Amsterdam demeure très attachée aux espèces. C'est pourquoi de nombreux restaurants et hôtels (même certains des plus chic) risquent de vous refuser le paiement par carte. Renseignez-vous d'abord. Les commerçants pratiquent souvent un supplément de 5% (voire plus) sur les achats réglés par carte pour compenser les commissions exigées par les services émetteurs.

Pour retirer de l'argent au guichet d'une banque au lieu d'utiliser un distributeur, adressez-vous à une agence de la VSB Bank ou du GWK. Vous devrez présenter votre passeport.

Signalez la perte ou le vol de vos cartes aux numéros suivants qui fonctionnent 24h/24 :

American Express – ☎ 504 80 00 (du lundi au vendredi de 9h à 18h), ☎ 504 86 66 (le reste du temps).

Diners Club – ☎ 557 34 07.

Eurocard et **MasterCard** disposent d'un numéro à Utrecht (☎ 030-283 55 55), mais il est conseillé aux étrangers d'appeler le numéro d'urgence de leur pays d'origine pour faire accélérer les choses.

Visa – ☎ 660 06 11.

Virements internationaux. Il vous sera plus facile de virer de l'argent depuis votre

RENSEIGNEMENTS PRATIQUES

La mise en place de l'euro

Depuis le 1er janvier 1999, les Pays-Bas ont adopté la nouvelle monnaie commune aux onze pays de l'Union européenne (UE) qui ont adhéré dès le début à l'euro : l'Autriche, la Belgique, la Finlande, la France, l'Allemagne, l'Irlande, l'Italie, le Luxembourg, les Pays-Bas, le Portugal et l'Espagne. Pour l'heure, le Danemark, la Grèce, la Norvège, la Suède et le Royaume-Uni ont rejeté ou reporté leur participation.

Dans un premier temps, l'utilisation de l'euro reste limitée aux transactions boursières et aux transferts interbancaires tandis que les monnaies nationales seront supprimées progressivement.

Le calendrier pour l'introduction de l'euro est le suivant :

- Le 1er janvier 1999, les taux de change des pays participants ont été irrévocablement fixés sur l'euro. L'euro est entré en vigueur pour la comptabilité "théorique". Les prix peuvent être affichés en monnaie nationale et en euros.
- Le 1er janvier 2002, les billets et les pièces en euros seront introduits. Cela marquera le début d'une période de coexistence des euros et des billets et pièces dans la monnaie nationale (qui, dans les faits, seront simplement des unités provisoires de l'euro).
- En juillet 2002, les monnaies nationales seront retirées. Seuls les billets et pièces en euro resteront en circulation, et les prix ne seront affichés qu'en euro.

L'euro aura la même valeur dans tous les pays membres de l'UE ; vous utiliserez le même billet de 5 € en France, en Italie ou au Portugal. Il y aura sept billets en euros. De couleurs et de tailles différentes, ils auront une valeur de 500, 200, 100, 50, 20, 10 et 5 €. Les pièces seront au nombre de huit, avec des valeurs de 2 et 1 €, puis 50, 20, 10, 5, 2 et un cents. Au verso de chaque pièce, chaque pays pourra apposer son propre symbole, mais toutes les pièces pourront être utilisées partout où les euros sont acceptés.

Qu'est-ce que cela implique pour le voyageur ? Entre 1999 et 2002, des comptes chèques et des chèques de voyage en euros seront disponibles. Les sociétés de cartes bancaires pourront facturer en euros, et les magasins, les restaurants et les hôtels pourront afficher les prix en euros et dans la monnaie nationale. La période entre janvier et juillet 2002 sera probablement la plus déroutante, car il y aura deux sortes de pièces et de billets.

Dans l'ensemble, l'euro devrait largement faciliter les choses. L'un des principaux avantages est qu'il sera possible de comparer instantanément les prix entre les onze pays sans se livrer à d'ennuyeux calculs. Pour les chèques de voyage, les banques ne pourront plus faire de bénéfices en vous achetant une devise à un taux et en vous la vendant à un autre, comme elles le font en ce moment. Même certains pays de l'UE ne participant pas au premier train de l'euro pourront afficher les prix en euros et accepter des euros dans les magasins.

Le site Web Lonely Planet, www.lonelyplanet.com, dispose d'un lien avec un convertisseur de monnaie et des informations mises à jour sur le processus d'intégration.

| Belgique | 100 FB | = | 24,80 € | Canada | 10 $C | = | 7,30 € |
| France | 10 FF | = | 1,52 € | Suisse | 10 FS | = | 6,42 € |

propre banque si vous avez donné l'autorisation d'accès à votre compte à quelqu'un de votre entourage. A Amsterdam, adressez-vous à une banque importante et demandez le service international. Les virements télégraphiques, qui peuvent prendre jusqu'à une semaine mais sont généralement moins longs si vous avez tout préparé, sont soumis à commission. Par la poste, comptez deux semaines.

Au GWK, représentant de la Western Union, le virement s'effectue en un quart d'heure une fois le dépôt enregistré à l'autre extrémité. L'expéditeur du virement paie une commission variable selon les pays. American Express et Thomas Cook effectuent également des virements.

Coût de la vie

On peut facilement dépenser des centaines de florins chaque jour sans s'en rendre compte. Si vous logez en camping ou en auberge de jeunesse et mangez à bon marché, comptez environ 50 fl par jour. Un séjour en hôtel (très) bon marché, des repas au pub, plus quelques bières et en-cas vous reviendront à 100 fl. L'accès au confort commence à 150 fl par jour.

Pourboires et marchandage

Le pourboire n'est pas obligatoire mais, si le service vous a satisfait, n'hésitez pas à arrondir l'addition de 5 à 10%. C'est une pratique courante dans les taxis et les restaurants. Dans les pubs où le service s'effectue en terrasse ou à table, il est courant (mais pas obligatoire) de laisser quelques pièces de monnaie. Aux toilettes, prévoyez un pourboire de 0,25 à 0,50 fl, voire 1 fl dans certains clubs.

Dans une ville avec une telle tradition commerciale, il est assez étonnant de constater que le marchandage se pratique très peu, et en tout cas jamais dans les boutiques. Les gens marchandent au marché aux puces, mais il faut être particulièrement bon dans ce domaine si l'on ne parle pas couramment néerlandais. Sur les marchés alimentaires, les prix sont généralement fixes, mais il est possible de négocier en fin de journée.

Les fameuses ventes aux enchères hollandaises, lors desquelles le commissaire-priseur ne cesse de baisser le prix de départ jusqu'à ce qu'un acheteur se décide, ont encore lieu pour la vente de fleurs et de plantes à l'immense marché aux fleurs d'Aalsmeer et au marché aux plantes du lundi à Amstelveld.

Taxes et remboursements

La taxe sur la valeur ajoutée (Belasting Toegevoegde Waarde ou BTW) s'élève à 19% sur la plupart des produits, à l'exception de l'alimentation et des livres, taxés à 6%. Le carburant, les cigarettes et l'alcool sont soumis à de forts impôts prélevés par la régie (*accijns*) ; l'essence néerlandaise compte parmi les plus chères d'Europe. Le prix des paquets de cigarettes, indiqué sur une étiquette officielle, est le même partout, aussi bien au détail qu'en cartouche.

L'hébergement en hôtel est soumis à une taxe touristique de 5%, généralement incluse dans le prix affiché, sauf dans les hôtels haut de gamme.

Les ressortissants des pays hors UE peuvent se faire rembourser la BTW sur leurs achats de plus de 300 fl, exportés hors de l'UE dans les trois mois qui suivent. Pour obtenir ce remboursement, adressez-vous à la direction du magasin, qui vous fournira un certificat d'exportation au moment de l'achat. A votre départ du pays, faites avaliser le formulaire par un douanier néerlandais. Il le transmettra au fournisseur, qui vous adressera un chèque ou un mandat. Si vous souhaitez être remboursé avant votre départ, mieux vaut faire vos achats dans les boutiques affichant "Tax Free For Tourists", mais vous perdrez environ 5% sur le remboursement en raison des commissions. Dans ce cas, le commerçant vous remet un chèque tamponné encaissable au moment du départ.

Payer avec une carte de crédit reste la meilleure façon de procéder. Demandez un reçu au commerçant, faites-le viser par la douane et renvoyez-le au magasin.

POSTE ET TÉLÉCOMMUNICATIONS
Poste

En semaine, les bureaux de poste sont, en principe, ouverts de 9h à 17h. La poste principale, Singel 250 (carte 4), ouvre en semaine de 9h à 19h et le samedi jusqu'à

RENSEIGNEMENTS PRATIQUES

cours de conversion de l'euro 1 fl = 0,45 €

12h. Le service de poste restante se trouve à gauche de l'entrée principale, en bas des escaliers qui mènent aux boîtes aux lettres. Le bureau de poste de Centraal Station, Oosterdokskade 3 (carte 5 ; à quelques centaines de mètres à l'est de la gare, à côté de l'énorme hôtel installé sur un bateau), ouvre en semaine de 9h à 21h et le samedi jusqu'à 12h. Le grand bureau de poste du Stopera (carte 4 ; hôtel de ville/complexe de l'opéra à Waterlooplein) est ouvert en semaine de 9h à 18h, le samedi de 10h à 13h30.

Pour tout renseignement sur les services postaux, appelez le ☎ 0800-04 17 (numéro vert) – attendez la fin des messages pour entrer en contact avec une personne.

Le courrier est distribué localement six jours par semaine. A moins que vous n'envoyiez du courrier dans la région d'Amsterdam, utilisez la fente *Overige Postcodes* (autres destinations) des boîtes aux lettres rectangulaires rouges.

Tarifs postaux. L'envoi d'une lettre en Europe (par avion uniquement) coûte 1 fl jusqu'à 20 g ; le tarif est de 1,60 fl (par avion) ou 1,25 fl (normal) en dehors de l'Europe. Les cartes postales (par avion uniquement) doivent être timbrées à 1 fl quelle qu'en soit la destination. Les aérogrammes (*priorityblad*) coûtent 1,30 fl. A l'intérieur du pays, le tarif est de 0,80 fl pour les lettres (jusqu'à 20 g) comme pour les cartes postales.

Adresses. Le code postal (4 chiffres suivis de 2 lettres) se place avant le nom de la ville : 1017 LS Amsterdam, par exemple. Les codes sont compliqués et semblent ne répondre à aucune logique, mais ils permettent d'identifier une adresse à 100 m près. L'annuaire indique le code postal pour chaque adresse, mais vous pouvez aussi vous procurer un dépliant gratuit à la poste (si le stock est approvisionné). Les codes postaux d'Amsterdam commencent par 10. Comme il n'existe pas deux rues portant le même nom, si vous ne connaissez pas le code mais que l'adresse est correcte, votre lettre arrivera à destination, avec néanmoins quelques jours de retard.

Les numéros des rues présentent quelques particularités. Parfois ils sont suivis d'une lettre ou d'un chiffre (souvent romain). Les lettres (34A ou 34a) indiquent en général la porte d'entrée adéquate lorsque plusieurs logements partagent le même numéro, tandis que les chiffres (34-2, 34^2 ou 34-II) correspondent à l'étage. Dans les immeubles modernes, les lettres indiquent souvent l'appartement précis, quel que soit l'étage. Le suffixe "hs" (34hs) signifiant *huis* (maison) indique que le logement est situé au rez-de-chaussée, qui peut être l'entresol (auquel cas il est parfois désigné par *beletage*, l'"étage derrière la cloche"). Le suffixe "sous" (34sous) veut dire *souterrain* et signifie que le logement se trouve au sous-sol (ou plutôt un sous-sol situé à mi-niveau sous la rue : il ne peut guère se trouver plus bas en raison du niveau des eaux souterraines).

Téléphone

Le prix des communications était jusqu'à peu parmi les plus élevés d'Europe, mais, avec l'ouverture à la concurrence, les prix ont tendance à baisser et le réseau est devenu encore plus efficace. S'il n'existe plus de centre de téléphone officiel, les téléphones publics abondent et vous pouvez appeler d'un bureau de poste. La compagnie (privatisée) KPN-Telecom possède quelques agences téléphoniques Primafoon, qui semblent davantage intéressées par la vente de portables et de répondeurs. Les "centres d'appels internationaux" sont bien moins nombreux qu'autrefois, ce qui n'est pas un mal car certains sont tenus par des personnages douteux pratiquant de curieux tarifs. Comme toujours, téléphoner de votre hôtel vous reviendra bien plus cher.

Pour les renseignements locaux, composez le ☎ 0900-80 08 (0,95 fl jusqu'à trois numéros ; gratuit d'une cabine téléphonique). Pour les renseignements internationaux, appelez le ☎ 0900-84 18 (1,05 fl jusqu'à deux numéros). Les appels en PCV (*collect gesprek*) s'obtiennent par le ☎ 0800-01 01 (appel gratuit). Si vous souhaitez passer par un opérateur, composez le ☎ 0800-04 10 (appel gratuit, mais une commission de 7,70 fl sera prélevée si le pays est directement accessible).

Tarifs téléphoniques. Le prix des appels locaux est calculé en fonction de leur durée, et les appels depuis les cabines KPN-Telecom coûtent 0,20 fl la minute quelle que soit l'heure (la tarification des téléphones publics dans les cafés, les supermarchés et les halls d'hôtel peut atteindre 0,50 fl la minute). L'appel depuis un téléphone public vous coûtera un minimum de 0,25 fl. D'un poste privé, comptez 0,06 fl la minute en semaine de 8h à 20h, 0,03 fl la minute le soir, et 0,02 fl la minute du vendredi 20h au lundi 8h. Les appels hors d'Amsterdam coûtent 0,30 fl la minute d'une cabine KPN, quelle que soit l'heure, et d'un poste privé 0,125 fl la minute entre 8h et 20h en semaine et la moitié de cette somme le reste du temps.

Cartes téléphoniques. Il existe une grande variété de cartes téléphoniques locales et internationales. La carte Lonely Planet eKno Communication Card (voir l'encart à la fin du guide) permet d'appeler aussi bien d'un téléphone privé que public. Elle offre des communications internationales à prix réduits (pour les appels locaux, procurez-vous plutôt une carte téléphonique locale), divers services de messagerie, un e-mail gratuit et des informations touristiques. Pour plus de renseignements, connectez-vous au site www.ekno.lonely-planet.com, ou, à Amsterdam, appelez le ☎ 0800-022 35 16 (appel gratuit). Une fois abonné, composez le ☎ 0800-022 36 05 pour utiliser eKno depuis les Pays-Bas.

La plupart des téléphones publics fonctionnent avec une carte. Il se peut donc qu'il y ait la queue devant les quelques cabines à pièces restantes. Les cartes KPN-Telecom (à 5, 10 et 25 fl) s'achètent dans les bureaux de poste, aux guichets des gares, dans les agences du VVV et du GWK, ainsi que chez les buralistes. Notez que les gares possèdent des cabines Telfort qui fonctionnent avec des cartes Telfort, mais vous trouverez des cabines KPN à l'extérieur des gares.

Numéros commençant par 0800, 0900 et 06. De nombreux services de renseignements, enregistrés ou en ligne, possè-dent des numéros de téléphone commençant par ☎ 0800 (gratuit) ou ☎ 0900 (de 0,22 à 1,05 fl la minute selon le numéro). Pour éviter les mauvaises surprises, mieux vaut se méfier des ☎ 0900. Les entreprises ayant recours aux 0900 sont légalement tenues d'en indiquer le coût, mais ce dernier peut varier en fonction de l'endroit d'où vous appelez.

Les numéros commençant par ☎ 06-5 ou ☎ 06-6 correspondent à des portables. Les numéros commençant par ☎ 0909 sont destinés aux jeux (radiophoniques et télévisés par exemple) ; les ☎ 0906 sont attribués aux téléphones roses et autres clubs de rencontre.

Annuaires. Les noms de famille similaires sont classés selon l'ordre alphabétique de l'adresse et non de l'initiale, car on considère qu'il est plus facile de se souvenir d'une adresse que des initiales de quelqu'un. En revanche, contrairement aux dictionnaires néerlandais et à la plupart des autres formes de listes qui placent la voyelle contractée "ij" après le "i", les annuaires la traitent comme un "y". Sachez que les noms commençant par "van", "de", etc., figurent à l'initiale du nom et non de la particule ("V. van Gogh", par exemple, sera classé à "G" sous la forme "Gogh, V. van").

L'annuaire indique les codes postaux pour chaque entrée ainsi que, le cas échéant, les numéros de fax. Les pages roses au début de l'annuaire sont des pages professionnelles, mais les noms des professionnels se trouvent également dans les pages blanches.

Indicatifs. Pour téléphoner à l'étranger, composez le ☎ 00 suivi de l'indicatif du pays destinataire, de l'indicatif régional (à l'exception du 0 s'il y en a un), puis du numéro de l'abonné. L'indicatif des Pays-Bas est le ☎ 31, celui de l'agglomération d'Amsterdam le ☎ 020 (ne pas composer le 0 depuis l'étranger). Voici les indicatifs d'autres régions :

Alkmaar	☎ 072
Delft	☎ 015
Haarlem	☎ 023

cours de conversion de l'euro 1 fl = 0,45 €

RENSEIGNEMENTS PRATIQUES

Silicon Polder

Malgré les vicissitudes de l'histoire, une continuité évidente relie l'âge d'or d'Amsterdam à son cyberprésent. Comme l'affirme le *Financial Times*, "les Pays-Bas savent très bien la place qu'ils occupent dans le monde et celle-ci a très peu varié à travers les siècles". La ville d'Amsterdam et le pays doivent leur puissance à une économie bâtie sur le commerce international et à une culture ouverte sur le monde depuis le XVIIe siècle. A l'heure de la "logistique à valeur ajoutée" et du "e-commerce", le "Silicon Polder" d'Amsterdam représente plus qu'un simple et inévitable slogan de marketing : la ville ambitionne de jouer un rôle actif dans le cybermonde.

Au début des années 90, un groupe de talentueux *hackers* (pirates informatiques), tolérés, voire vénérés, composaient le club Hacktic. Le marché a évolué en même temps que les hackers ont mûri. Ceux-ci, bien organisés et dotés d'une idéologie et d'un savoir-faire technique, sont devenus des spécialistes des nouvelles technologies. Ils ont investi des locaux comme le Paradiso, le De Balie, et la Société des anciens et nouveaux médias pour des conférences, des expositions et des salons retentissants, donnant à Amsterdam une avance considérable dans le domaine de la nouvelle économie mondiale.

Les premiers fournisseurs d'accès Internet, xs4all ("access for all"), se sont installés aux Pays-Bas, s'associant en 1994 avec le club Hacktic et les autorités municipales pour construire la première ville numérique européenne ("Digital City"), un "quartier virtuel" dans lequel les utilisateurs peuvent contacter des conseillers locaux, des associations artistiques et culturelles et créer gratuitement leur site web. Une solide expérience de la conception graphique, un attrait instinctif pour l'e-économie émergente et d'excellentes infrastructures ont fait le reste.

Au début des années 90, Amsterdam était l'une villes les plus câblées au monde. Le conduit qui transporte tout le trafic Internet entre l'Europe et les États-Unis devient souterrain à l'est de la ville. Un parc scientifique à succès (dans Watergraafsmeer) et un cybercomplexe (les bâtiments Matrix) ont surgi autour de ce carrefour des télécommunications.

Le "Silicon Polder" se targue de plus de 1 300 entreprises multimédias, employant 10 000 personnes, installées pour la plupart dans des bureaux flambant neufs en périphérie de la ville. Ce succès constant est le fruit de nombreux efforts. En effet, le réseau câblé, qui, il y

IJmuiden	☎ 0255
La Haye	☎ 070
Leiden	☎ 071
Rotterdam	☎ 010
Utrecht	☎ 030
Zaandam	☎ 075

L'indicatif de Schiphol est le même que celui d'Amsterdam, mais les numéros sont classés séparément, à la fin de l'annuaire (juste avant les listes des 0800/0900). La banlieue sud d'Amstelveen et la banlieue est de Diemen ne figurent pas dans l'annuaire d'Amsterdam, bien qu'elles aient le même indicatif (☎ 020).

Home Country Direct. Au lieu de faire appel à un opérateur pour téléphoner en

PCV, vous pouvez composer directement le numéro de l'opérateur de votre pays, puis faire débiter l'appel sur la carte de crédit d'une compagnie de téléphone. Cette pratique est possible pour appeler de nombreux pays (pas tous) et coûte relativement cher – renseignez-vous auprès de votre compagnie de téléphone avant votre départ afin d'éviter les surprises. Vous trouverez ci-dessous une sélection de numéros (avec l'indicatif du pays correspondant entre parenthèses). Si le vôtre n'est pas cité, adressez-vous aux renseignements internationaux.

(32) Belgique Direct	☎ 0800-022 11 32
(1) Canada Direct	☎ 0800-022 91 16
(33) France Direct	☎ 0800-022 20 33
(352) Luxembourg Direct	☎ 0800-022 03 52

Silicon Polder

a dix ans, offrait des dizaines de chaînes de télévision alors inconnues, est aujourd'hui trop vieux et saturé pour transporter les nouveaux médias, tout en sons, images et animations.

Privatisé il y a cinq ans, le réseau se trouve actuellement entre les mains du géant du multimédia UPC, qui se hâte de le faire évoluer vers les fibres optiques. Après un essai pilote auprès de 2 000 foyers (dont beaucoup dans le nouveau quartier des quais est, où les logements sont construits "entièrement câblés"), la compagnie de téléphone KNP-Telecom doit développer un nouveau réseau concurrent et ultra-rapide, l'ADSL.

Les capital-risqueurs, qui jusqu'alors se faisaient prier, arrivent en masse aujourd'hui. Le gouvernement souhaite fonder un nouveau "quartier du savoir", qui compterait 50 000 foyers-témoins et des entreprises connectés à un réseau à fibres optiques ultra-rapide, afin d'étudier comment évoluent ensemble le monde des affaires et la société. A l'automne 1999, les casinos néerlandais ont reçu l'autorisation d'installer des jeux sur Internet. La fièvre de l'accès gratuit a atteint son paroxysme avec l'apparition de quelque six nouveaux fournisseurs de services à quelques semaines d'intervalle, tentant chacun d'occuper la plus grande part du paysage électronique. Le projet d'une carte d'identité à puce, obligatoire, a vu le jour, mais la date n'a pas encore été arrêtée. Il est sans doute la suite logique du succès discret des deux systèmes concurrents pour les cartes à puce de paiement, lancés il y a quelques années.

A la même époque, une cyber-police a vu le jour pour assurer la sécurité de la "Cybercity (la communauté néerlandaise en ligne) qui compte désormais 2,5 millions d'habitants." La brigade, forte de 15 membres, se consacre à la surveillance (afin d'empêcher la pornographie impliquant des enfants, les messages subversifs et racistes, les propositions de faux papiers et de drogue et la fraude en général), à l'inspection informatique (en examinant les disques durs utilisés pour les délits), à la recherche et au développement.

La ville reste un lieu privilégié pour les rencontres "en chair et en os" et maintient des liens étroits avec les *digerati* (la cyber-élite) de San Francisco. Les regrettés Tim Leary, J.P. Barlow, Howard Rheingold et R.U. Sirius y venaient souvent. Rappelons encore que le magazine *Wired* y a vu le jour sous le nom d'*Electric World*, un bi-mensuel édité à Amsterdam.

Téléphones portables.

Les Pays-Bas utilisent des GSM 900/1800 compatibles avec le reste de l'Europe mais pas avec le GSM 1900 nord-américain ni avec le système japonais totalement différent. Vérifiez auprès de votre fournisseur de services que votre téléphone fonctionne aux Pays-Bas, et faites attention aux télécommunications qui sont acheminées par voie internationale (très onéreux pour une communication "locale" !).

Vous pouvez également louer un téléphone auprès du KPN-Telecom Rent Centre (☎ 653 09 99) à l'aéroport de Schiphol (à gauche de la sortie principale vers Schiphol Plaza) pour environ 150 fl par semaine. Dans ce cas, vous ne pourrez pas utiliser votre numéro personnel.

Fax et télégramme

Il est difficile d'envoyer ou de recevoir des fax en tant que visiteur. Certains des plus grands hôtels seront ravis de vous aider si vous leur faites part de vos besoins à l'avance, et la plupart des hôtels dotés d'un fax (certains hôtels bon marché n'en ont pas) vous laisseront recevoir un message à l'occasion. Les magasins de photocopies et les centres d'appels téléphoniques envoient des fax, mais en recevoir suppose d'être en bons termes avec le patron. Kinko's (carte 6 ; ☎ 589 09 10, fax 589 09 20), Overtoom 62, près de Leidseplein, qui propose un service de bureau 24h/24, envoie des fax pour 3,50/4,50 fl la page en/hors Europe et les reçoit pour 1 fl la page.

cours de conversion de l'euro 1 fl = 0,45 €

On peut envoyer (et non recevoir) des fax dans les grands bureaux de poste, mais cela revient cher. Vers un fax privé, le tarif de base se monte à 25 fl, plus 3/5 fl la page en/hors Europe – mieux vaut se rendre dans un magasin de photocopies ou un centre de télécommunications. Si le fax est adressé à un bureau de poste et doit être remis en main propre, le coût à la page sera le même, mais le tarif de base s'élèvera à 37,50 fl.

On peut envoyer un télégramme d'un bureau de poste ou par téléphone pour 23,50 fl plus 0,99/1,45 fl le mot (maximum dix caractères, sinon on compte deux mots) en/hors Europe, adresse et signature comprises. Cela revient facilement beaucoup plus cher qu'un fax remis en main propre. Le seul avantage du télégramme est d'être éventuellement plus rapide, le fax étant distribué avec le courrier. Pour plus de renseignements, y compris le dépôt par téléphone (débité sur la facture du téléphone), appelez le ☎ 0800-04 09.

E-mail et accès Internet

Si vous emportez votre ordinateur portable, sachez que les prises de téléphone néerlandaises comptent quatre broches et sont compatibles avec les prises américaines et françaises, mais pas avec les prises à six broches britanniques. Des adaptateurs sont vendus à bas prix à l'aéroport et dans les points de vente habituels.

Il existe plusieurs terminaux d'accès à Internet dans la ville qui utilisent des cartes de téléphone (par exemple, à l'extérieur de De Balie et d'Artis Zoo, dans l'auberge de jeunesse du Vondelpark, à gauche de Centraal Station, et dans tous les bureaux de poste et les librairies). L'idée est bonne, mais leur fiabilité laisse parfois à désirer et vous ne pourrez ni enregistrer ni imprimer votre courrier.

Avant votre départ, vous pouvez vous créer une adresse gratuite auprès d'un portail. Il vous suffira de vous connecter sur ce site, depuis un cybercafé par exemple, pour envoyer ou recevoir vos e-mails.

Cybercafés. Les bars et les coffee shops offrant un accès Internet à prix doux sont de plus en plus répandus. Les tarifs vont de 2,50 à 3,50 fl les 20 minutes.

ASCI, avec son atmosphère très détendue, est le cybercafé gratuit des squatteurs, situé dans Herengracht, mais menacé d'expulsion. Il déménagera peut-être dans la librairie Fort van Sjakoo. Renseignez-vous sur www.squat.net.

Boek'n Serve (☎ 664 34 46), Ferdinand Bolstraat 151-153, est une charmante librairie néerlandaise qui vend également des CD-Rom et sert cafés et glaces, ce qui permet de consulter ses e-mails dans un cadre agréable. Une musique reposante monte du rez-de-chaussée pendant que vous pianotez sur Internet à l'étage, dans une salle non-fumeurs (5 PC à disposition). Elle est ouverte en semaine de 9h30 à 19h (à partir de 12h le lundi et jusqu'à 21h le jeudi), et le samedi de 9h à 18h. Pour vous y rendre, empruntez le tram n°25.

CyberC@fe (☎ 623 51 46), Nieuwendijk 191, élégante oasis au milieu d'une rue sinistre, possède 3 PC, 4 Mac et 1 imprimante ; des jeux en ligne (Doom, Hexen, etc.) et des comptes e-mail gratuits sont à votre disposition. L'ambiance est jazzy, et le cadre lumineux avec une déco aborigène ; il ouvre de 10h à 1h en semaine et jusqu'à 3h les week-ends.

EasyEverything était sur le point d'ouvrir lors de notre passage. Après avoir créé le plus grand cybercafé d'Europe à Londres en face de Victoria Station, Stelios Haji-Ioannou, le magnat charismatique d'Easy-Jet, une agence de billets d'avion bon marché, développe sa chaîne en Europe en commençant par Amsterdam, dans la Regulierbreestraat (près de Rambrandtplein). Cet espace d'environ 7 500 m², ouvert 24h/24, pratiquera des prix très doux et accueillera jusqu'à 500 surfeurs. Renseignez-vous sur www.easyeverything.com.

Freeworld (☎ 620 09 02), Korte Nieuwendijkstraat 30, **Internet Coffeeshop Tops** (☎ 638 41 08), Prinsengracht 480, et **Get Down** (☎ 420 15 12), Korte Leidsedwarsstraat 77, sont des lieux fumeurs proposant des accès Internet. Le dernier, installé dans une cave délabrée, avec un fond permanent de heavy rock, offre 7 PC pour accéder à vos e-mails et les imprimer.

Internet Café (☎ 627 10 52), Martelaarsgracht 11, se trouve à 50 m de Centraal Station et ouvre tous les jours de 9h à 1h (jusqu'à 3h les vendredi et samedi). Il propose 18 PC et des adresses e-mail gratuites.

Mad Processor (☎ 421 14 82), Bloemgracht 82, ouvre deux étages au grand public dans une maison du Jordaan. Il possède 14 PC Pentium III

Terrasse du Nederlands Filmmuseum café.

Magna Plaza, ancienne poste centrale.

Tour de la Werterkerk, coiffée de la couronne impériale.

Péniches d'habitation le long des canaux.

Promenade dans le Vondelpark.

L'art en roue libre.

connectés à Internet par le câble à fibres optiques (2,50 fl les 10 minutes et 12,50 fl l'heure) et offre quantité de services bureautiques et des dizaines de jeux vidéo.

On-Line coffeeshop (☎ 470 30 11), Daniël Stalpertsraat 106, près du Boek'n Serve, propose 2 PC à 5 fl la demi-heure et 2,50 fl les 15 minutes supplémentaires. Il ouvre tous les jours de 10h à 1h.

Peter Stuyvesant Travel Store (☎ 530 49 49), Reguliersbreestraat 3, est une adresse pratique pour acheter un billet de spectacle, un voyage à prix réduit ou pour surfer sur le Net (2 PC à l'intérieur et 2 kiosques à écran tactile à l'extérieur). Il ouvre du lundi au samedi de 10h à 20h et le dimanche de 13h à 18h.

Siberie (☎ 623 59 09), Brouwersgracht 11, ouvre tous les jours de 11h à 23h (jusqu'à 24h le vendredi et le samedi). C'est l'un des coffee shops les plus vivants du centre-ville, et l'accès à son unique PC (20 minutes maximum) est gratuit si vous consommez.

The Site (☎ 520 60 80), Nieuwezijds Voorburgwal 323, ouvre du mardi au dimanche de 12h à 20h. Ce centre d'information pour les jeunes d'Amsterdam (de 15 à 20 ans) offre un accès gratuit à Internet, des conseils, des débats, des ateliers et même du travail. Les étrangers peuvent accéder aux équipements en s'acquittant du prix habituel.

The Waag (☎ 557 98 98) intéressera les petits budgets. Cette vieille bâtisse, au milieu de la place Nieuwmarkt, abrite la Société des anciens et nouveaux médias. Vous pourrez surfer gratuitement sur Internet dans une salle de lecture faisant également bar et restaurant. Le temps passé en ligne ne dépend pas du nombre de consommations, mais n'oubliez pas que d'autres attendent. The Waag ouvre tous les jours de 10h à 1h (le lundi à partir de 11h).

INTERNET

Internet est une excellente source d'information pour les voyageurs. Vous pouvez y choisir une destination, dénicher un vol à bon prix, réserver des hôtels, vous renseigner sur les conditions climatiques, discuter avec les gens du pays ou d'autres voyageurs sur les endroits à visiter (ou à éviter !).

Si vous souhaitez obtenir des informations de dernière minute, connectez-vous sur le site de Lonely Planet : www. lonelyplanet.fr. Des rubriques complètent utilement votre information : mises à jour de certains guides entre deux éditions papier, catalogue des guides, courrier des voyageurs, actualités en bref et fiches pays. Profitez aussi des forums pour poser des questions ou partager vos expériences avec d'autres voyageurs. Vous pouvez consulter également le site de Lonely Planet en anglais (www.lonelyplanet.com).

Le site de référence sur Amsterdam, www.amsterdam.nl (cliquez sur la version anglaise du site), foisonne de renseignements et de liens et propose un repérage sur plan très utile. Vous pouvez également visiter le site de l'office néerlandais du tourisme sur la ville (www.visitamsterdam.nl) ou son site principal (www.visitholland.com).

Le site Digital City (www.dds.nl) contient des centaines d'informations (dont beaucoup en anglais), des rubriques interactives, des pages d'accueil et des liens.

La brasserie Amstel propose un guide de la ville très convivial et primé (www. amstel.com). Reste à savoir s'il sera correctement actualisé par la suite.

LIBRAIRIES

Ulysse
    26 rue Saint-Louis-en-l'île
    75004 Paris
    ☎ 01 43 25 17 35
L'Astrolabe
    46 rue de Provence
    75009 Paris
    ☎ 01 42 85 42 95
Au Vieux Campeur
    2 rue de Latran
    75005 Paris
    ☎ 01 53 10 48 27
Itinéraires
    60 rue Saint-Honoré
    75001 Paris
    ☎ 01 42 36 12 63
Planète Havas Librairie
    26 avenue de l'opéra
    75002 Paris
    ☎ 01 53 29 40 00
Voyageurs du monde
    55 rue Sainte-Anne
    75002 Paris
    ☎ 01 42 86 17 38
Espace IGN
    107 rue de la Boëtie
    75008 Paris
    ☎ 01 43 98 85 00

RENSEIGNEMENTS PRATIQUES

cours de conversion de l'euro 1 fl = 0,45 €

Librairies générales en province :

Ariane
20 rue du Capitaine A. Dreyfus
35000 Rennes
☎ 02 99 79 68 47

Géorama
22 rue du Fossé des Tanneurs
67000 Strasbourg
☎ 03 88 75 01 95

Géothèque
6 rue Michelet
37000 Tours
☎ 02 47 05 23 56
10 place du Pilori
44000 Nantes
☎ 02 40 47 40 68

Hémisphères
15 rue des Croisiers, BP 99
14000 Caen cedex
☎ 02 31 86 67 26

L'Atlantide
56 rue Saint-Dizier
54000 Nancy
☎ 03 83 37 52 36

Les Cinq Continents
20 rue Jacques-Coeur
34000 Montpellier
☎ 04 67 66 46 70

Magellan
3 rue d'Italie 06000 Nice
☎ 04 93 82 31 81

Ombres Blanches
50 rue Gambetta
31000 Toulouse
☎ 05 34 45 53 33

Librairie du voyage
60 rue Bayard
31000 Toulouse
☎ 05 61 99 82 10

Raconte-moi la Terre
38 rue Thomassin BP 2021
69226 Lyon cedex 2
☎ 04 78 92 60 20

Planète Bleue
41 rue des Merciers
17000 La Rochelle
☎ 05 46 34 23 23

Rose des vents
40 rue Sainte Colombe
33000 Bordeaux
☎ 05 56 79 73 27

En Belgique :

Peuples et continents
rue Ravenstein 11
1000 Bruxelles
☎ 2-511 27 75

Anticyclone des Açores
rue des fossés aux loups 34 B
1000 Bruxelles
☎ 2-217 52 46

Les Alizés
2 A rue Saint Jean-en-Isle
4000 Liège
☎ 4-221 41 90

En Suisse :

Artou
rue de Rive
1204 Genève
☎ 22 818 02 40
18 rue de la Madeleine
1003 Lausanne
☎ 21 323 65 56

Vent des routes
50-52 rue des Bains
CH-1205
☎ 22 80O 33 81

Au Canada :

Ulysse
4176 rue Saint-Denis
Montréal
514-843 9882
4 bd René Lévesque Est
Québec G1R2B1
418-418 654 9779

Tourisme Jeunesse
4008 rue Saint-Denis
Montréal
☎ 514-884 0287

Librairie Pantoute
1100 rue Saint-Jean Est
Québec
☎ 418-694 9748

JOURNAUX ET MAGAZINES

Le quotidien de droite *De Telegraaf*, basé à Amsterdam, est de loin le plus grand journal national, connu pour son sensationnalisme et le sérieux de ses informations financières. Son édition du mercredi mérite une lecture attentive en ce qui concerne les locations, à condition de pouvoir compter sur l'aide de quelqu'un connaissant le néerlandais.

Également installés à Amsterdam, *De Volkskrant* est un ancien quotidien d'obédience catholique qui penche vers la gauche et *Het Parool* un journal du soir largement consacré à la politique de la ville, à lire si

Amsterdam à lire

Histoire

Maurice Braure, *Histoire des Pays-Bas*
   de (PUF, 1975)
Collectif, *Amsterdam au XVIIe siècle*
   (Autrement, 1993)
Henry Méchoulan, *Amsterdam au temps*
   de Spinoza, argent et liberté (PUF, 1990)
Bernard Quilliet, *Guillaume le Taciturne*
   (Fayard, 1994)
Catherine Secretan, *Les Privilèges, berceau*
   de la liberté (Vrin, 1990).
Christophe De Voogd, *Histoire des Pays-Bas*
   (Hatier, 1992)
Françoise Wagener, *La Reine Hortense*
   (Le Livre de poche, 1995)
Paul Zumthor, *La Vie quotidienne au temps*
   de Rembrandt (Hachette, 1990)
Journal d'Anne Frank (LGF, 1992)

Beaux-Arts

Gilles Aillaud, *Vermeer* (Hazan, 1989)
Jan Briels, *Peintres flamands en Hollande*
   au début du siècle d'or 1585-1630
   (Albin Michel, 1987)
Pascal Bonafoux, *Vermeer* (Chêne, 1992)
Serge Fauchereau, *Mondrian et l'utopie*
   néoplastique (Albin Michel, 1995)
Rembrandt, Autoportraits (Flammarion, 1999)
Mariet Westermann, *Le Siècle d'or en*
   Hollande (Flammarion, 1996)
Les Trésors du Rijksmuseum (Scala, 1985)
Wim De Vit, *L'École d'Amsterdam,*
   architecture expressionniste 1915-1930
   (Mardago, 1987)

Littérature

Aragon, *Le Voyage en Hollande*
   (Seghers, 1981)
Jeroen Brouwers, *L'Éden englouti* (Gallimard,
   Du monde entier, 1998 et *Rouge décanté*
   (Folio, 1997)
Paul Claudel, *Peinture hollandaise et*
   autres écrits (Gallimard, 1967)
Louis Couperus, La *Force des ténèbres*
   (Sorbier, 1986)
Nicolas Freeling, *L'Amour à Amsterdam*
   (10/18, 1986)
Charles Matton, *Rembrandt* (J'ai lu, 1999)
Harry Mulisch, *La Découverte du ciel*
   (Gallimard, 1999), *Le Pupille* (Actes Sud,
   1989), *L'Attentat* (Calmann-Levy, 1984)
Multaluli, *Max Havelaar*
   (Actes Sud, 1991)
Cees Nooteboom, *Le Chevalier est mort,*
   (Calmann-Levy, 1996), *Rituels* (Seuil,
   1994) ; chez Actes Sud *Au printemps la*
   rosée (1995), *Dans les montagnes des*
   Pays-Bas (1994), *Désir d'Espagne* (1993).
Paul Verlaine, *Quinze jours en Hollande*
   (Slatkine, 1983)
Vincent Van Gogh, *Lettres à Théo*
   (Gallimard, 1967)

Divers

B. Forgeur, *Art de vivre à Amsterdam*
   (Flammarion, 1992)
Mike Dash, *La Tulipomania : histoire d'une*
   fleur qui valait plus cher qu'un Rembrandt
   (Lattès, 2000)

RENSEIGNEMENTS PRATIQUES

vous voulez être au courant des événements locaux (consultez notamment le supplément quotidien, *PS*, ou mieux encore, la liste hebdomadaire des manifestations dans le *PS* du samedi). Très réputé, le *NRC Handelsblad*, fusion de deux journaux élitistes de Rotterdam et d'Amsterdam, représente le modèle journalistique du pays. *Het Financieele Dagblad* est spécialisé dans les affaires et la finance (la dernière page est rédigée en anglais).

Publications utiles

Gratuit, *Uitkrant* est le magazine qui s'impose pour l'art et les distractions – si ce que vous cherchez n'y figure pas, c'est que cela n'a pas lieu. Publié onze fois par an, malheureusement uniquement en néerlandais, il est en général suffisamment déchiffrable pour permettre d'appeler l'établissement auprès duquel on veut obtenir plus de renseignements. Il est distribué au Amsterdam Uitburo, ainsi que dans tous les lieux où l'on trouve des publications gratuites, tels que Centraal Station, le Stopera, les magasins de livres et de journaux, les centres commerciaux et de nombreux musées.

What's On in Amsterdam, un mensuel publié en anglais par le VVV (4,50 fl), présente un calendrier des manifestations, ainsi qu'une liste d'adresses, mais il est beaucoup moins complet qu'*Uitkrant*. Vous pourrez l'acheter au VVV, dans les grands points de vente de livres et de magazines, ainsi que dans de nombreux hôtels.

Via Via, journal de petites annonces publié le mardi et le jeudi (en néerlandais), propose toutes sortes de choses, des appartements aux pièces automobiles.

RADIO ET TÉLÉVISION

La télévision néerlandaise endort même les insomniaques, malgré les nombreuses plages sans publicité. Heureusement, les Pays-Bas possèdent le réseau câblé le plus dense du monde. A Amsterdam, le pourcentage de foyers raccordés avoisine les 100%. Le câble ne se limite pas aux chaînes néerlandaises et belges puisqu'il diffuse, entre autres, des chaînes britanniques, françaises, allemandes, espagnoles et italiennes. Lors de notre passage, Eurosport n'était pas diffusée car elle refusait de payer une commission à la société qui gère le câble.

Teletext, un fabuleux service d'informations tapi derrière de nombreuses chaînes, fournit des centaines de pages d'informations de dernière minute Des versions en anglais sont disponibles sur la BBC et CNN.

PHOTO ET VIDÉO

Les pellicules sont largement disponibles, mais relativement chères pour l'Europe : la pellicule diapos Kodak 64 (36 poses) coûte environ 22 fl. Mieux vaut donc faire ses provisions à la boutique hors taxes. Il est recommandé de se munir de pellicules sensibles (200 ASA ou plus), car le ciel d'Amsterdam est souvent couvert et, même si ce n'est pas le cas, les immeubles et les arbres ont tendance à projeter des ombres indésirables. En cas de neige et de soleil (rare combinaison offrant de magnifiques occasions de photos), choisissez une pellicule

moins sensible. Le développement, facile et rapide, vaut 5,50 fl plus 1 fl par photo. Les cassettes de caméscopes coûtent environ 7,50/24 fl les 30/90 minutes.

Comme dans la plupart des pays européens, les magnétoscopes sont équipés du système PAL, incompatible avec le système NTSC employé aux États-Unis ou le SECAM français. Si vous achetez une cassette vidéo enregistrée, vérifiez qu'elle est compatible avec votre magnétoscope. Les magasins ont parfois des NTSC en stock, mais rarement des SECAM.

HEURE LOCALE

Les Pays-Bas sont à l'heure de l'Europe centrale, autrement dit GMT/UTC plus une heure. Lorsqu'il est 12h à Amsterdam, il est 6h du matin à Montréal et à Toronto, et 3h du matin à Vancouver. En outre, le pays applique les heures d'hiver et d'été. Les horloges sont avancées d'une heure à 2h du matin le dernier dimanche de mars et retardées d'une heure à 3h du matin le dernier dimanche d'octobre.

Lorsqu'on vous demande l'heure, sachez que le néerlandais emploie la demie pour indiquer la demie de l'heure précédente. Si vous dites "huit heures et demie", votre interlocuteur comprendra "sept heures et demie. Le néerlandais emploie également des constructions telles que *tien voor half acht* (7h20) et *tien over half acht* (7h40), ainsi que les formules plus habituelles *kwart voor acht* (7h45) et *kwart over acht* (8h15).

ÉLECTRICITÉ

Le courant électrique est de 220V, 50Hz, et les prises présentent deux fiches rondes. S'il vous faut un adaptateur, achetez-le avant votre départ, car la plupart des modèles locaux sont destinés aux Néerlandais se rendant à l'étranger.

POIDS ET MESURES

C'est Napoléon qui a introduit aux Pays-Bas le système métrique demeuré en place depuis (avant, les Pays-Bas utilisaient une version locale des pieds, des pouces et des livres). Dans les magasins, 100 g équivalent à une *ons* et 500 g à une *pond*. Les directives de l'Union européenne ont interdit l'usage de l'*ons* dans l'affichage des prix, mais le terme est si profondément ancré qu'il faudra un certain temps avant qu'il ne disparaisse. Comme d'autres Européens du continent, les Néerlandais indiquent les décimales par des virgules et les mille par des points.

BLANCHISSAGE/NETTOYAGE

Une laverie en self-service s'appelle *wasserette* ou *wassalon*. Elles ne sont pas très nombreuses à Amsterdam. En général, les 5 kg de lavage coûtent environ 8 fl, plus quelques pièces de 1 fl pour le séchage. Vous pourrez également donner un grand sac de linge à laver, sécher et plier pour quelque 15 fl. Vous le déposez le matin et le récupérez dans l'après-midi. Les hôtels chic s'occuperont naturellement de votre linge, mais au prix fort.

Happy Inn (carte 4 ; ☎ 624 84 64), Warmesstraat 30, près de Centraal Station – 14,50 fl pour le lavage, le séchage et le pliage jusqu'à 6 kg ; ouvert du lundi au samedi de 9h à 18h.

Wasserette Van den Broek (carte 4 ; ☎ 624 17 00), Oude Doelenstraat 12, partie est de Damstraat – service complet (15 fl le lavage, séchage et pliage jusqu'à 5 kg) ou self-service ; ouvert du lundi au vendredi de 8h30 à 19h, le samedi de 10h à 16h.

Wasserette (carte 2), Haarlemmerstraat 45 – ouvert du lundi au samedi de 9h à 19h, le dimanche de 10h à 17h.

The Clean Brothers (carte 4 ; ☎ 622 02 73), Kerkstraat 56, près de Leidsestraat – 8 fl pour le lavage jusqu'à 5 kg, plus 1,25 fl pour le séchage, ou le service complet pour 13,50 fl ; ouvert tous les jours de 7h à 21h.

TOILETTES

Les toilettes publiques sont rares, mais on peut facilement utiliser celles des bars et autres établissements. Mieux vaut cependant fréquenter celles des grands magasins, beaucoup plus propres. N'oubliez pas de laisser un pourboire de 0,25 à 0,50 fl, voire 1 fl dans certains clubs.

CONSIGNE

Pour plus de renseignements sur la consigne de l'aéroport, consultez la rubrique *Aéro-port* dans le chapitre *Comment circuler*. Les casiers à bagages de Centraal Station coûtent 4 fl (les petits) et 6 fl (les grands) pour 24h, le temps maximum étant de 72 heures.

SANTÉ

En matière de santé publique, les Pays-Bas ont signé des arrangements avec d'autres pays de l'UE. Renseignez-vous auprès de votre caisse d'assurance maladie pour le formulaire (E111) à emporter. Il vous faudra sans doute avancer l'argent sur place, mais vous pourrez en obtenir le remboursement à votre retour. Il est conseillé aux ressortissants d'autres pays de souscrire une assurance voyage les frais médicaux et dentaires peuvent être élevés.

Pour les petits ennuis de santé, adressez-vous au *drogist* (pharmacie) ou à l'*apotheek* (pharmacie pour les ordonnances). Pour les problèmes plus graves, rendez-vous au centre des urgences d'un *ziekenhuis* (hôpital) ou appelez le Centrale Doktersdienst (☎ 0900-503 20 42), service médical central ouvert 24h/24 qui vous indiquera le médecin, le dentiste ou la pharmacie qui convient. En cas d'extrême urgence, le numéro de téléphone national de la police, des ambulances et des pompiers est le ☎ 112.

Ne comptez pas acheter des médicaments au supermarché : en dehors du dentifrice, vous devrez aller chez un *drogist* ou *apotheek*, très peu nombreux car la profession est protégée.

Les urgences des hôpitaux suivants sont ouvertes 24h/24 :

Onze Lieve Vrouwe Gasthuis (carte 7 ; ☎ 599 91 11), Eerste Oosterparkstraat 1, à Oosterpark près du Tropenmuseum – le plus proche du centre ville.

Sint Lucas Ziekenhuis (carte 1 ; ☎ 510 89 11), Jan Tooropstraat 164 – en banlieue ouest.

Slotervaart Ziekenhuis (carte 1 ; ☎ 512 41 13), Louwesweg 6 – en banlieue sud-ouest.

Academisch Ziekenhuis der VU (carte 1; ☎ 444 44 44), De Boelelaan 1117, Amsterdam Buitenveldert – de tradition calviniste orthodoxe, l'hôpital de la VU (Vrije Universiteit, université libre) s'est acquis une renommée pour les opérations transsexuelles.

RENSEIGNEMENTS PRATIQUES

Academisch Medisch Centrum (☎ 566 91 11), Meibergdreef 9, Bijlmer – hôpital de l'Universiteit van Amsterdam, célèbre pour ses recherches sur le sida.

Boven-IJ Ziekenhuis (☎ 634 63 46), Statenjachtstraat 1, Amsterdam Noord ; bus n°34 depuis Centraal Station.

MST et sida/VIH

Le dépistage gratuit des maladies sexuellement transmissibles se pratique au service de santé et de médecine municipale GG&GD (carte 4 ; ☎ 555 58 22), Groenburgwal 44, dans la vieille ville. En semaine, il ouvre de 8h à 10h30 et de 13h30 à 15h30. Il faut se présenter le matin pour un test le jour même et compter une heure ou deux d'attente. En cas de diagnostic d'une maladie, on vous remet immédiatement un traitement, mais les résultats des prises de sang ne sont disponibles qu'une semaine plus tard (si vous avez quitté Amsterdam, ils vous seront communiqués par téléphone). Cet excellent service est accessible à tous et anonyme (on parle anglais). Il existe également un service pour la communauté gay (dépistage, etc.) le vendredi de 19h à 21h ; il faut prendre rendez-vous en semaine entre 9h et 12h30 ou 13h30 et 17h30.

Comme ailleurs, le sida est un véritable problème aux Pays-Bas, mais la progression du virus semble freinée par des campagnes de prévention pratique et par les programmes d'échange gratuit de seringues. Voici deux numéros d'assistance par téléphone :

AIDS Information Line (☎ 0800-022 22 20, appel gratuit) – réponses aux questions sur le VIH et le sida, en semaine de 14h à 22h ; discrétion assurée.

AIDS-HIVpluslijn (☎ 685 00 55) – aide aux personnes atteintes par le VIH ou leur entourage, les lundi, mercredi et vendredi de 13h à 16h, les mardi et jeudi de 20h à 22h30.

SEULE EN VOYAGE

Les Néerlandaises ont obtenu le droit de vote en 1919 et, à la fin des années 60 et 70, les Dolle Minas ("folles Minas" – reportez-vous à la rubrique *Histoire*) se sont assurées de la liberté et du remboursement de l'avortement.

Bien qu'on ne puisse pas encore dire que les femmes jouissent d'une parfaite émancipation (leur taux de participation dans la population active, par exemple, demeure l'un des plus bas d'Europe, avec la plus forte proportion de travail à temps partiel), les Néerlandaises se sentent dans l'ensemble plutôt sûres d'elles. D'un point de vue social, l'égalité des sexes est une chose totalement évidente. Les femmes prennent autant que les hommes l'initiative dans les relations avec le sexe opposé. Le harcèlement dans la rue est rare, et Amsterdam semble aussi sûre que les autres grandes villes d'Europe. Restez cependant sur vos gardes dans le quartier chaud et allez-y accompagnée afin d'éviter d'attirer l'attention.

Le mouvement féministe est beaucoup moins politisé ici qu'ailleurs, plus détendu et concentré sur la recherche de solutions pratiques tels que les centres culturels et de documentation, les boutiques de réparation de bicyclettes dirigées par et pour des femmes ou l'aide à la création d'entreprises dirigées par des femmes. Pour plus de renseignements sur le féminisme ou une liste complète des groupes de femmes, contactez les organismes suivants :

Het Vrouwenhuis (la maison des femmes ; ☎ 625 20 66), Nieuwe Herengracht 95, près du jardin botanique – centre réunissant plusieurs associations et magazines de femmes, où sont organisés ateliers, expositions et fêtes ; il y a aussi un bar et une bibliothèque.

IIAV (centre international d'informations et d'archives du mouvement des femmes ; ☎ 665 08 20), Obiplein 4, à l'est de Muiderpoortstation – centre d'études féministes ; importante collection de coupures de presse, de magazines et de livres.

Organismes utiles

En cas de problème, les organismes ci-dessous peuvent se révéler utiles :

De Eerste Lijn (La première ligne ; ☎ 613 02 45) – pour les victimes de violences sexuelles.

Aletta Jacobshuis (carte 1 ; ☎ 616 62 22), Overtoom 323 – clinique portant le nom de la première femme médecin du pays, une féministe qui a lutté sans relâche pour le droit à la contraception ; aide et information sur les problèmes sexuels et la contraception, y compris la pilule du lendemain.

Vrouwengezondheidscentrum Isis (Centre de santé des femmes ; ☎ 693 43 58), Obiplein 4 – conseils, soutien et groupes d'entraide.

Rechtshulp voor Vrouwen (aide juridique pour les femmes ; carte 2 ; ☎ 638 73 02), Willemsstraat 24B.

COMMUNAUTÉ HOMOSEXUELLE

Selon les estimations, sans doute exagérées, des personnes concernées, la communauté homosexuelle représenterait de 20 à 30% de la population d'Amsterdam. La ville est indéniablement la capitale homosexuelle de l'Europe, même si la communauté lesbienne reste, comme toujours, moins nombreuse que celle des gays. L'opinion publique s'est toujours montrée raisonnablement tolérante, mais il faut attendre le début des années 70 pour voir l'âge du consentement libre abaissé à 16 ans pour les rapports homosexuels, en conformité avec l'âge requis pour les relations hétérosexuelles, et 1993 pour que la discrimination à l'embauche soit interdite (notamment pour les enseignants).

Le fait que les partis chrétiens se retrouvent dans l'opposition pour la première fois depuis 1917 a enfin permis d'aborder les problèmes relevant du droit des familles. Le mariage entre deux personnes du même sexe a finalement été autorisé, mais ces couples n'ont pour l'instant pas le droit d'adopter des enfants. Le gouvernement subventionne depuis longtemps l'organisation nationale du COC, l'un des plus grands groupes de défense des droits des homosexuels au monde. Les syndicats s'activent désormais pour s'allier les salariés homosexuels, la police fait de la publicité pour son recrutement dans les médias gay et l'acceptation de l'homosexualité dans l'armée a également pris de l'ampleur.

La communauté ne se cache pas : pas de fenêtres closes ni de portes fermées à clé, mais une attitude chaleureuse envers quiconque souhaite entrer. Les adresses ne manquent pas, avec plus de soixante bars et night-clubs, hôtels, librairies, clubs de sport, chorales, centres de documentation, etc. et un large éventail d'organisations qui répondent aux questions des homosexuels et les aident à résoudre leurs problèmes. Presque tous ces lieux se trouvent à quelques minutes de marche du centre-ville ou sont facilement accessibles par les transports publics.

Amsterdam possède aussi son monument aux homosexuels, premier du genre, réalisé par Karin Daan et inauguré dans l'ombre de la Westerkerk en 1987. Il se compose de trois triangles de granit rose, l'un pointant en direction du bureau du COC, le second de la maison d'Anne Frank et le troisième du canal. Il rappelle le souvenir de ceux qui furent persécutés par les nazis en raison de leur homosexualité. De la mi-juillet à la fin août, les visiteurs homosexuels peuvent consulter sur place, de 12h à 18h, un kiosque d'information surnommé le Pink Point of Presence, ou le PPP (un jeu de mot avec le sigle de l'office du tourisme officiel, VVV).

Information

Le *Best Guide to Amsterdam & the Benelux*, qui, comme son titre l'indique, traite particulièrement d'Amsterdam, constitue l'un des meilleurs guides. *Amsterdam, the Woman's Travel Guide*, de Catherine Stebbings, publié chez Virago, s'adresse aux femmes en général, lesbiennes ou pas. Le SAD-Schorerstichting (voir la liste ci-après) publie *Gay Tourist Information*, ouvrage sur Amsterdam et traitant des rapports protégés, ainsi qu'une *Gay Tourist Map*, tous deux disponibles gratuitement aux adresses gays.

Une foule de petits journaux gratuits, partiellement écrits en anglais, dont *Gay News*, *Gay and Night* et *Culture & Camp*, sont également disponibles dans les lieux fréquentés par les homosexuels. Parmi les publications en néerlandais, citons le journal gay *DE GAY Krant*, *XL*, un magazine plus chic édité par le COC pour les hommes et les femmes, et enfin le rutilant *sQueeze*. *Expreszo* s'adresse aux moins de 27 ans et *Zij aan Zij* aux lesbiennes. Les librairies homosexuelles (reportez-vous au chapitre *Achats*) vendent la plupart des publications étrangères ; de nombreux marchands de journaux en offrent aussi un vaste choix.

Le site web en anglais, www.dds.nl/~gaylinc propose de nombreuses informations sur la communauté homosexuelle amstellodamoise. La page d'accueil du site homosexuel néerlandais www.coc.nl traite de questions politiques en néerlandais ; il existe également une section en anglais. Teletext, sur TV3, page 447, présente également des informations destinées à la communauté homosexuelle. La station de radio gay MVS émet quotidiennement de 6h à 21h sur 106.8 FM (câble 103.8 FM) et diffuse une émission en anglais le dimanche.

Organismes

Les organismes suivants peuvent être utiles :

Gay & Lesbian Switchboard (☎ 623 65 65) – meilleure source d'informations pour les homosexuels (adresses, spectacles, etc.), tous les jours de 10h à 22h.

COC Amsterdam (carte 4 ; ☎ 623 40 79), Rozenstraat 14 – succursale amstellodamoise de l'organisme national de défense des droits de la communauté homosexuelle. Des soirées dansantes mixtes ont lieu le vendredi, ainsi que le samedi pour les femmes uniquement, de 22h à 4h ; la soirée réservée aux femmes est la seule du genre à avoir survécu à Amsterdam. Un coffee shop est ouvert le samedi de 13h à 17h et à partir de 20h. Le siège du COC (☎ 623 45 96) se trouve à deux pas, Rozenstraat 8, et ouvre en semaine de 9h à 17h, mais n'est pas en mesure de répondre aux demandes de renseignements généraux.

SAD-Schorerstichting (carte 6 ; ☎ 662 42 06), PC Hooftstraat 5 – conseil aux homosexuels, prévention contre le VIH et accompagnement (soutien aux séropositifs), en semaine de 9h à 17h ; dépistage des MST et VIH, Groenburgwal 44, vendredi de 19h à 21h (prendre rendez-vous par téléphone en semaine de 9h à 12h30 et de 13h30 à 17h30).

HIV Vereniging (carte 6 ; ☎ 616 01 60), Eerste Helmersstraat 17 – organisation nationale pour les séropositifs ; possède un service Internet (www.hivnet.org) et fournit une assistance personnelle ; gère aussi le AIDS-HIVpluslijn (voir plus haut la rubrique *Santé*).

Homodok & Lesbisch Archief (carte 1 ; ☎ 606 07 12), Nieuwpoortkade 2A – centre de documentation et d'études sur la communauté homosexuelle, ouvert du lundi au vendredi de 10h à 17h ; renseignements par téléphone en semaine à partir de 9h ; info@homodock.nl (gays) ou laa@dds.nl (lesbiennes).

Rapports protégés

Le gouvernement et les organismes néerlandais tels que le COC, le SAD-Schorerstichting et le HIV Vereniging œuvrent pour éviter la progression des MST et du VIH. Pratiquement tous les bars, librairies et saunas fréquentés par les homosexuels distribuent des brochures sur les rapports protégés. La plupart vendent également des préservatifs adaptés.

Manifestations homosexuelles

Le premier samedi d'août a lieu la Canal Parade, une *gay pride* sur l'eau unique en son genre. Des manifestations sportives et culturelles, s'inspirant des jeux Gays d'Amsterdam de 1998, sont organisées durant la semaine précédant la parade. Le Gay & Lesbian Switchboard vous renseignera davantage.

La plus grande fête annuelle d'Amsterdam est le *Koninginnedag* (jour de la Reine), organisé le 30 avril en l'honneur de l'anniversaire de la reine mère. L'ancienne reine Juliana et sa fille, la reine Beatrix, sont très populaires au sein de la communauté homosexuelle. C'est pourquoi cette fête soulève un grand enthousiasme. Pour ce grand jour, la communauté organise, près du monument homosexuel, une immense fête intitulée le *Roze Wester* (Wester rose) : des groupes jouent de la musique et les gens dansent dans la rue ; la Reguliersdwarsstraat et l'Amstel sont également très animés. Mieux vaut aimer la bière, car il est difficile de trouver autre chose à boire.

Lieux de rencontre

Les lieux de rencontres ne manquent pas à l'intérieur comme en périphérie de la ville : le Vondelpark, la plage de nudistes de Zandvoort, ainsi que les dunes qui la bordent. Attention, le Landschapspark De Oeverlanden, près de la Nieuwe Meer, en bordure du Amsterdamse Bos, peut se révéler réellement dangereux. Selon une blague gay, les meilleurs endroits pour draguer sont les supermarchés Albert Heijn, entre 17h et 18h, notamment celui de la Westerstraat dans le Jordaan.

Désagréments et dangers

Même si la communauté homosexuelle est en général libre de ses mouvements à Amsterdam, les agressions ne sont pas impossibles sur les lieux de rencontres. N'emportez pas trop d'argent sur vous, et surtout ni carte bancaire ni passeport ; vous pouvez aussi vous munir d'un sifflet pour les cas d'urgence. En cas d'agression, portez toujours plainte auprès de la police. La plupart des commissariats disposent de policiers formés pour traiter les victimes homosexuelles avec respect.

VOYAGEURS HANDICAPÉS

Les voyageurs à mobilité réduite apprécieront les équipements d'Amsterdam prévus pour répondre à leurs besoins. Un grand nombre d'administrations et de musées disposent d'ascenseurs et/ou de rampes d'accès. La plupart des hôtels, en revanche, sont installés dans de vieux immeubles dotés d'escaliers raides sans ascenseurs ; les restaurants occupent généralement le rez-de-chaussée, mais ce dernier se trouve souvent en haut de quelques marches. Les stations de métro sont équipées d'ascenseurs, de nombreux trains possèdent un accès pour les fauteuils roulants et la plupart des gares et des bâtiments publics possèdent des toilettes pour les handicapés. Les personnes handicapées ont droit à des réductions dans les transports en commun et peuvent, en respectant certaines règles, stationner en ville gratuitement (reportez-vous aux rubriques *Transports en commun* et *Voiture et moto* du chapitre *Comment circuler*). Les horaires des trains sont publiés en braille et les billets de banque présentent des reliefs dans les coins permettant de les identifier.

La *stadsmobiel* ("ville mobile") est un service de taxi exceptionnel destiné aux résidents souffrant de problèmes de mobilité, de vue ou d'audition. Les étrangers obtiendront un taxi aménagé pour les fauteuils roulants en appelant le ☎ 633 39 43 (tous les jours de 7h à 24h). Ces véhicules servant également pour les transports scolaires, il est plus prudent de réserver quelques jours à l'avance. Un trajet simple dans Amsterdam coûte entre 35 fl et 90 fl, selon la destination.

Reportez-vous à la rubrique *Location de voitures* du chapitre *Comment circuler* pour la location de véhicules adaptés aux fauteuils roulants.

Organismes

De nombreux organismes néerlandais travaillent avec et pour les handicapés, mais il n'existe malheureusement pas de service d'information central. Néanmoins, le Nederlands Instituut voor Zorg & Welzijn, NIZW (☎ 030-230 66 03, fax 231 96 41), Postbus 19152, 3501 DD Utrecht, très efficace, dispose de renseignements complets sur les lieux de séjour accessibles à travers le pays et peut vous recommander d'autres organisations pour des requêtes plus spécifiques.

L'Amsterdam Uitburo (voir *Autres sources d'information* dans la rubrique *Offices du tourisme*) vous renseignera sur les salles de spectacle accessibles.

En France, le CNRH (Comité national pour la réadaptation des handicapés, 236 bis, rue de Tolbiac, 75013 Paris, ☎ 01 53 80 66 66, cnrh@worldnet.net) peut vous fournir d'utiles informations sur les voyages accessibles. L'APF (Association des paralysés de France, 17, bd Blanqui, 75013 Paris, ☎ 01 40 78 69 00) est également une bonne source d'information.

VOYAGEURS SENIORS

L'âge minimum requis pour les réductions accordées aux seniors est de 65 ans (et 60 ans pour l'homme ou la femme qui vous accompagne). Ces réductions s'appliquent aux transports publics, aux entrées dans les musées, aux théâtres, aux concerts et autres. Vous pouvez tenter de présenter votre carte de réduction nationale, mais on vous demandera sans doute votre passeport.

Les personnes inquiètes pour leur sécurité seront peut-être rassurées de savoir que les jeunes de moins de 24 ans sont six fois plus souvent victimes d'agressions que les plus de 65 ans.

Organismes

Organisme important à connaître, la Gilde Amsterdam (carte 4 ; ☎ 625 13 90, du lundi au vendredi de 13h à 16h) réunit des bénévoles de 50 ans et plus prêts à partager leur expérience de différentes manières. Les membres de la Gilde qui connaissent bien Amsterdam organisent des promenades par petits groupes (huit personnes maximum) pour les Amstellodamois et les touristes – un excellent moyen de découvrir la ville avec des personnes d'âge mûr, de voir et d'apprendre des choses que les circuits professionnels n'abordent pas. Mieux vaut être relativement mobile, car les promenades durent une heure ou deux. Elles sont tout à fait informelles : chaque guide s'y prend différemment et arrive de prendre le tram. Trois promenades sont proposées : le centre-ville, le Jordaan et la "flânerie". La participation (5 fl par personne) ouvre droit à 50% de réduction sur les entrées de l'Amsterdams Historisch Museum (histoire de la ville) et du Museum Willet-Holthuysen (demeure "classique" en bordure de canal), ainsi que 25% de réduction sur les crêpes en fin de promenade. Recommandé.

Stichting Wijzer (☎ 560 03 25) propose un éventail d'activités – soirées cinéma, concerts, excursions en été, etc. – destinées aux Amstellodamois de plus de 50 ans, mais les étrangers sont également les bienvenus.

AMSTERDAM POUR LES ENFANTS

Si vous n'avez pas l'habitude de voyager avec des enfants et si vous lisez l'anglais, nous vous recommandons *Travel with Children* de Maureen Wheeler, publié par Lonely Planet. La plupart de ses conseils s'appliquent à cette ville, où de nombreuses choses peuvent intéresser les enfants. N'oubliez pas que l'eau est omniprésente (les Néerlandais apprennent à nager à l'école) !

En général, les enfants sont très bien accueillis, sauf dans certains hôtels qui les refusent ; renseignez-vous avant de louer une chambre. La plupart des restaurants disposent de chaises hautes et proposent des menus enfants. En revanche, seuls les grands magasins et Centraal Station possèdent un local pour changer les bébés ; il vous en coûtera 0,50 fl.

Les enfants d'Amsterdam surprennent par leur spontanéité et leur assurance, reflets de l'éducation libre inculquée par les parents. Ils ont le droit d'entrer dans les pubs (mais ne sont pas censés boire de la bière avant 16 ans). L'âge nubile est fixé à 12 ans, sachant que les parents peuvent intervenir si le partenaire a plus de 16 ans. Le service Kindertelefoon (☎ 0800-04 32) permet aux enfants de signaler les cas de maltraitance tous les jours de 14h à 20h, tandis que le Kinderrechtswinkel (boutique des droits des enfants ; ☎ 626 00 67), Staalstraat 19, renseigne les jeunes de moins de 18 ans sur leurs droits vis-à-vis des enseignants, des parents et des employeurs.

Certains hôtels proposent un service de baby-sitting, d'autres vous indiqueront où vous adresser. Les baby-sitters demandent entre 5 et 12,50 fl de l'heure en fonction de l'heure et appliquent parfois une majoration pour le week-end et/ou l'hôtel. Vous devrez probablement payer le taxi du retour s'il est tard. Les agences font appel à des étudiants masculins et féminins, et il n'est pas toujours possible de choisir. Les week-ends étant généralement chargés, il est recommandé de réserver à l'avance. Essayez Oppas-Centrale Kriterion (☎ 624 58 48, tous les jours de 17h30 à 19h), Roetersstraat 170hs, qui existe de longue date et semble offrir une fiabilité constante. Oppascentrale De Peuterette (☎ 679 67 93), Hectorstraat 20, jouit également d'une bonne notoriété. Appelez entre 15h et 16h le mardi et le jeudi. Il existe une ou deux autres agences, qui figurent dans l'annuaire sous *Oppascentrale*.

De nombreux événements et activités pour les jeunes sont organisés tout au long de l'année. Consultez *Uitkrant* (rubrique "Agenda Jeugd") ou contactez l'Amsterdam Uitburo. Vous pouvez également essayer les options suivantes, pour la plupart décrites plus en détails ailleurs dans ce guide :

- Vondelpark (cartes 1 et 6) – pique-niques, aires de jeux, canards, etc.
- Amsterdamse Bos (carte 1) – immense terrain de jeux avec parc animalier, ferme pour enfants, etc.
- Tram Museum Amsterdam (carte 1) – traversée de l'Amsterdamse Bos dans un tram historique.
- Tropenmuseum (carte 7) – section distincte pour les enfants, avec des activités portant sur des lieux exotiques.
- Ascension d'une flèche d'église – si cela ne les épuise pas, rien n'y fera.
- Zoo Artis (carte 5).
- Plage de Zandvoort – à quelques minutes de train.
- Location de pédalos pour la visite des canaux.
- Visite du port en bateau.
- Piscine – notamment la superbe Mirandabad aux multiples installations (carte 1).
- Cirque – au théâtre Carré (carte 7), de mi-décembre à début janvier.
- Koninginnedag (Fête de la Reine), le 30 avril – magnifique fête pour les petits et les grands.
- Nouveau Metropolis Science & Technology Center (carte 5).
- Location de vélos pour une excursion dans la campagne.
- Patinage sur le Jaap Edenbaan (carte 1).

Les enfants adorent **Madame Tussaud Scenerama** (carte 4 ; ☎ 522 10 10, message enregistré), Dam 20, à l'angle de la place du Dam et de Rokin, ouvert de 10h à 17h30 (de 9h30 à 19h30 en juillet et août). L'entrée coûte 19,50 fl, mais les moins de 14 ans ne paient que 16 fl (gratuite pour les moins de 5 ans) et il existe des réductions pour les familles nombreuses et les groupes. Certains des personnages présentés, cependant, n'évoqueront rien pour les étrangers.

Le musée national de l'Aviation, **Aviodome Schiphol** (☎ 406 80 00), à l'aéroport (Westelijke Randweg 201 ; prendre le train jusqu'à Station Schipol ou les bus n°68, 173 ou 174), plaît également beaucoup aux enfants, qui peuvent jouer dans d'anciens avions et s'asseoir dans un cockpit. Les adultes apprécieront l'exposition permanente, comprenant 25 appareils dont le "Wright Flyer" (avion avec lequel les frères Wright réalisèrent leur premier vol motorisé en 1903), plusieurs Fokker y compris un Fokker Spin ("Spider") de 1911, ainsi que le tricarte de la Première Guerre mondiale du baron von Richthofen, un Spitfire et un

Dakota. Une vaste section est consacrée à la conquête de l'espace. Le musée ouvre tous les jours de 10h à 17h (d'octobre à avril il ouvre à 12h le week-end et ferme le lundi). L'entrée coûte 10 fl (7,50 fl pour les enfants de 4 à 12 ans).

BIBLIOTHÈQUES

De nombreux musées et instituts mentionnés dans ce guide possèdent des bibliothèques privées. Pour emprunter des ouvrages dans une bibliothèque publique (*openbare bibliotheek*), il faut être résident, présenter une pièce d'identité et payer une cotisation de 38,50 fl par an (23 fl pour les jeunes adultes et les seniors, gratuite pour les moins de 18 ans), mais personne ne vous empêchera de visiter les lieux ou de consulter un livre.

La bibliothèque principale, Centrale Bibliotheek (carte 4 ; ☎ 523 09 00), Prinsengracht 587, est ouverte le lundi de 13h à 21h, du mardi au jeudi de 10h à 21h, le vendredi et le samedi de 10h à 17h et le dimanche (d'octobre à mars uniquement) de 13h à 17h. Elle propose un vaste choix de journaux et de magazines en anglais, un café et un utile tableau d'affichage. Pour les autres bibliothèques publiques, consultez l'annuaire sous *Bibliotheken, Openbare*.

UNIVERSITÉS

Amsterdam compte deux universités regroupant plus de 40 000 étudiants. Environ 27 000 d'entre eux fréquentent l'Universiteit van Amsterdam (UvA), qui existe sous diverses formes depuis 1632. Ses bâtiments s'éparpillent dans toute la ville. Ses principales filières sont les facultés d'arts, de sciences sociales, de droit et d'économie.

Près de 13 500 étudiants fréquentent la Vrije Universiteit (VU, université libre) fondée par des calvinistes orthodoxes en 1880. A l'origine, ses bâtiments étaient également disséminés dans la ville mais, dans les années 60, la quasi-totalité de l'université a été transférée sur un vaste campus le long de De Boelelaan, dans la banlieue sud de Buitenveldert. Le calvinisme n'est plus une matière enseignée mais la philosophie reste une discipline obligatoire afin que les

RENSEIGNEMENTS PRATIQUES

étudiants réfléchissent au rôle de la science dans la société. Ses principales facultés sont celles d'économie, de sciences sociales et de médecine.

Pour toute information sur les programmes internationaux d'enseignement en anglais proposés par l'université d'Amsterdam, contactez l'Universiteit van Amsterdam, Service & Informatiecentrum, Binnengasthuisstraat 9, 1012 ZA Amsterdam (☎ 525 33 33, fax 525 29 21, uva-info@bdu.uva.nl). Les frais d'inscription s'élèvent à quelque 10 000 fl par année universitaire. Les frais d'inscription pour les programmes normaux en néerlandais se montent à 2 300 fl environ.

Pour l'université libre (carte 1), renseignez-vous à l'adresse suivante : Onderwijsvoorlichting Vrije Universiteit (☎ 444 50 00), De Boelelaan 1105, 1081 HV Amsterdam, du lundi au vendredi de 8h30 à 16h30.

Le Foreign Student Service (☎ 671 59 15), Oranje Nassaulaan 5, 1017 AH Amsterdam, offre un soutien aux étudiants étrangers en leur fournissant des informations sur les programmes d'études et les cours de langue intensifs. Il les aide également pour le logement, les assurances et les problèmes personnels. Il ouvre en semaine de 9h à 17h30.

CENTRES CULTURELS

Outre les musées et les théâtres, la ville compte de nombreux centres et instituts culturels, parmi lesquels :

British Council (☎ 550 60 60), Keizersgracht 269 – échanges pédagogiques et culturels, ouvert du lundi au vendredi de 9h30 à 17h30 ; le centre d'information est ouvert les mardi et mercredi de 13h à 17h et le jeudi jusqu'à 18h.

Cedla (☎ 525 34 98, bibliothèque ☎ 525 32 48), Keizersgracht 395-397 – centre d'études et de documentation sur l'Amérique latine, ouvert en semaine de 9h à 16h.

De Balie (☎ 553 51 51, message enregistré en néerlandais et en anglais), Kleine Gartmanplantsoen 10, Leidseplein – café, restaurant, théâtre, séminaires, débats politiques, conférences, etc. ; point de rencontre des intellectuels branchés ; ouvert en semaine de 9h à 17h.

Goethe Institut (carte 4 ; ☎ 623 04 21), Herengracht 470 – centre culturel allemand où sont organisés des conférences, des projections de films (parfois sous-titrés en anglais), des pièces de théâtre et des débats, ainsi que des cours d'allemand pour tous niveaux et des cours de néerlandais pour les Allemands ; ouvert de 9h à 18h en semaine (jusqu'à 16h30 le vendredi) ; bibliothèque ouverte du mardi au jeudi de 13h à 18h et le vendredi jusqu'à 16h.

Institut culturel italien (☎ 626 53 14), Keizersgracht 564 – ouvert en semaine de 10h à 12h et de 14h à 16h.

Centre culturel juif (☎ 646 00 46), Van der Boechorststraat 26 – sur rendez-vous uniquement.

John Adams Institute (☎ 624 72 80, message enregistré en anglais avec le programme des manifestations), Herenmarkt 97, dans l'ancienne West Indisch Huis – amicale américano-néerlandaise qui organise des conférences, des lectures et des débats sur la culture et l'histoire des États-Unis, sous la houlette de personnalités comme Saul Bellow, Gore Vidal, Annie Proulx, Alice Walker, Seamus Heaney et Bret Easton Ellis ; les conférences (au moins une par mois), souvent intéressantes et étonnamment abordables, attirent la communauté expatriée américano-britannique ; n'hésitez pas à vous joindre à elle.

Maison Descartes (☎ 622 49 36), Vijzelgracht 2A, jouxte le consulat français – centre culturel français portant le nom du philosophe qui trouva à Amsterdam la liberté intellectuelle qu'on lui refusait en France ; ouvert en semaine de 9h30 à 16h ; bibliothèque ouverte de 13h à 18h (le mardi et le jeudi jusqu'à 20h). De nombreuses activités sont organisées par l'Alliance française (☎ 625 65 06) à deux pas, Keizersgracht 708.

South Africa Institute (☎ 624 93 18) Keizersgracht 141 – centre d'information et bibliothèque ; ouvert du mardi au vendredi de 10h à 16h.

Vlaams Cultureel Centrum de Brakke Grond (carte 4 ; ☎ 622 90 14), Nes 45 – centre culturel flamand ; particulièrement actif (lectures, pièces de théâtre, conférences) ; comprend un théâtre, un café et un restaurant ; ouvert en semaine de 9h30 à 18h (ou jusqu'à la fin de l'animation culturelle en cours).

DÉSAGRÉMENTS ET DANGERS

Amsterdam a beau être une petite ville par rapport aux autres capitales du monde, il faut néanmoins s'y comporter comme dans une grande ville. Naturellement, elle semble plutôt calme par rapport à New York ou Johannesburg. Les agressions sont rares mais le vol, notamment les pickpockets, pose un réel problème. Ne portez pas plus d'argent sur vous que vous ne comptez en dépenser et laissez le reste en lieu sûr. Ne sortez pas ostensiblement vos objets de valeur et évitez d'avoir l'air d'un touriste en tenant un plan, un appareil-photo ou un camescope. Mieux vaut donner l'impression de savoir où l'on va.

Les voitures portant des plaques d'immatriculation étrangères sont souvent la cible de vols, surtout lorsqu'elles sont garées le long d'un canal. Ne laissez rien dans le véhicule : pensez à prendre la carte grise et si possible la radio.

Si on vous vole quelque chose, déclarez l'incident à la police afin d'obtenir les papiers nécessaires pour l'assurance, mais ne comptez pas sur le commissariat pour retrouver vos affaires ou arrêter le voleur. Malheureusement, les policiers ne peuvent souvent pas faire grand-chose en la matière.

Les gens que vous voyez circuler à pied vêtus de vestes bleues et munis d'un téléphone mobile n'appartiennent pas à la police mais à l'Équipe de surveillance, forte de 630 membres, anciens chômeurs de longue durée. Ils gardent un œil sur tout, vous viennent en aide si vous êtes perdu ou rencontrez une difficulté et appellent un service d'assistance en cas de problème grave. Ces vigiles dépendent du service général de surveillance de la ville (*Stadstoezicht*) qui s'occupe également du stationnement et de l'hygiène publique (il veille à ce que les citadins ne sortent pas leurs poubelles trop tôt et essaie de réduire le problème des graffitis et des déjections canines).

Si vous avez des problèmes dans le train ou à la gare centrale, contactez la police des chemins de fer (*spoorwegpolitie*) à l'extrémité ouest de la voie 2A. Vous pourrez lui signaler les agressions, la perte ou le vol de vos affaires ; elle vous mettra éventuellement en rapport avec votre consulat ou tout autre organisme pouvant vous aider. Si vous cherchez quelqu'un, elle peut également diffuser une annonce dans la gare. Ce bureau est quasiment ouvert en permanence.

Le quartier des prostituées foisonne d'individus louches. Ils semblent relativement peu dangereux ; si vous vous faites accoster, répondez simplement *Nee dank* (non merci)

et passez votre chemin. Ne photographiez pas les prostituées.

En été, les moustiques pullulent dans les eaux stagnantes des canaux et sous les maisons. Dans certains quartiers de la ville, ils ne posent aucun problème, mais l'auteur de ce guide a habité dans une maison au bord d'un canal où les locataires dormaient avec des moustiquaires durant six mois de l'année !

EN CAS D'URGENCE

Le numéro national des urgences (police, ambulances, pompiers) est le ☎ 112. Le quartier général police d'Amsterdam (☎ 559 91 11) se situe Elandsgracht 117 (le long de Marnixstraat, carte 4). Le Centrale Doktersdienst (☎ 0900-503 20 42) vous indiquera, 24h/24, un praticien approprié (médecin, dentiste, pharmacien).

DROGUE

Contrairement à ce que vous avez pu entendre, le cannabis est illégal à Amsterdam. La confusion tient au fait que les autorités ont choisi de faire la distinction entre les drogues "douces" (cannabis) et les drogues "dures" (héroïne, crack, médicaments). Les drogues douces destinées à un usage personnel, jusqu'à 5 g (30 g autrefois : la quantité a été réduite à la demande de la France), sont officieusement tolérées mais, au-delà, vous serez classé dans la catégorie des revendeurs.

Le mot clé est *gedogen* (parfois traduit par "tolérer"), terme néerlandais signifiant que l'on condamne officiellement tout en détournant les yeux lorsque le réalisme l'exige. Les drogues dures (y compris le LSD), qui reçoivent ici le même traitement que partout ailleurs, peuvent vous occasionner de sérieux ennuis, encore que les autorités aient tendance à traiter médicalement les vrais toxicomanes, considérés comme des malades plutôt que comme des criminels. Amsterdam est l'une des premières villes à avoir adopté des programmes de traitement par méthadone et d'échange des seringues usagées et à avoir créé des centres d'injection sans risques.

Les pays voisins voient cette tolérance d'un assez mauvais œil depuis que les

RENSEIGNEMENTS PRATIQUES

contrôles à la frontière ont théoriquement disparu. Le gouvernement subit les pressions de l'UE, qui lui demande de serrer la vis, même si la majeure partie du haschisch arrive aux Pays-Bas *via* la France et la Belgique, tandis que l'héroïne provient en grande partie d'Allemagne. Tout cela a naturellement conduit le pays à resserrer quelque peu sa réglementation.

Il en résulte notamment que le cannabis a quitté le circuit illégal pour être vendu dans des "coffee shops" déclarés, protégeant ainsi les consommateurs des revendeurs de rue prêts à leur céder des drogues dures plus lucratives. Depuis la fin des années 80, le nombre des héroïnomanes s'est stabilisé aux Pays-Bas autour de 1,6 pour 1 000 habitants, taux légèrement supérieur à ceux de l'Allemagne, de la Norvège, de l'Autriche ou de l'Irlande, mais nettement inférieur à ceux de la France, pourtant plus répressive (2,6 pour 1 000), de la Grèce, de l'Espagne et de l'Italie. Les toxicomanes néerlandais affichent la plus longue durée de vie d'Europe et la plus faible proportion de séropositifs.

Cette politique tolérante attire de nombreux touristes consommateurs de drogue, car moins chère et plus accessible, elle est généralement de meilleure qualité. Le pays est devenu un grand exportateur de marijuana (cultivée localement) et le centre européen de la production d'ecstasy. La majeure partie de la cocaïne d'Europe transite par le port de Rotterdam.

Pour plus de détails sur les drogues (douces), reportez-vous à la rubrique *Coffee shops* du chapitre *Où sortir*.

Avertissement

N'achetez *jamais* de drogue dans la rue : vous risquez de vous faire dévaliser ou agresser. N'allumez pas votre joint sous le nez de la police ou dans un établissement avant d'avoir vérifié que cela ne pose pas de problème. Les Amstellodamois détestent les touristes qui viennent pour la drogue et se croient tout permis.

PROBLÈMES JURIDIQUES

La police locale (*politie*) est plutôt décontractée et serviable. Si vous commettez un délit, elle peut vous placer en garde à vue pendant 6 heures (6 heures de plus si elle ne peut établir votre identité ou 24 heures si elle juge la situation grave), sans être tenue de vous accorder un appel téléphonique, mais elle informe votre consulat.

Depuis 1994, les personnes âgées de plus de 12 ans sont tenues de présenter une pièce d'identité en certaines circonstances (dans les transports publics en l'absence de billet, dans les stades de football, sur leur lieu de travail et pour l'ouverture d'un compte bancaire). Comme d'habitude, la pratique ne correspond pas tout à fait à la théorie : personne n'y comprend rien, mais il semble que les étrangers doivent conserver leur passeport sur eux. Là encore, une photocopie des pages importantes devrait suffire, à moins qu'il y ait une raison particulière de soupçonner que vous êtes un immigrant clandestin. Le permis de conduire ne peut pas faire l'affaire car il n'indique pas votre nationalité.

Le Bureau voor Rechtshulp (bureau d'aide juridique ; carte 4 ; ☎ 626 44 77), Spuistraat 10 et trois autres adresses en ville, est une association à but non lucratif réunissant des étudiants en Droit et des avocats qui donnent des conseils juridiques gratuits, aux heures de bureaux, aux personnes démunies. Ils traitent un large éventail de cas, y compris les problèmes d'immigration et de carte de séjour. S'ils ne peuvent s'occuper eux-mêmes de votre affaire ou pensent que vous disposez de moyens suffisants, ils vous recommanderont une autre personne.

HEURES D'OUVERTURE

En règle générale, les banques ouvrent de 9h à 16h du lundi au vendredi, les bureaux de 8h30 à 17h du lundi au vendredi et les commerces de 9h à 17h30 du lundi au samedi. Maintenant, voici les exceptions :

Le lundi, de nombreux magasins n'ouvrent pas avant 12h, mais ne ferment pas avant 20h ou 21h le jeudi soir. Les grands magasins et les supermarchés ferment en général vers 18h en semaine et à 17h le samedi, mais la plupart des supermarchés situés près du centre-ville restent ouverts jusqu'à 20h. La plupart des boutiques non touristiques situées à l'écart des canaux ferment à 17h ou 18h en semaine et à 12h le samedi, selon leur type de marchandises, et presque toutes sont fermées le dimanche. Dans le secteur des canaux, la majeure partie des magasins ouvrent de 9h (12h le lundi) à 17h (21h le jeudi) toute la semaine y compris le samedi ; beaucoup sont mêmes ouverts de 12h à 17h le dimanche (en particulier le premier dimanche du mois).

Les administrations, les institutions privées, les monuments et même les musées affichent des horaires irréguliers, voire limités, mentionnés dans ce guide dès que possible. De nombreux musées ferment le lundi.

JOURS FÉRIÉS ET MANIFESTATIONS CULTURELLES

Les jours fériés sont le jour de l'an (*Nieuwjaarsdag*), le vendredi saint (*Goede Vrijdag*), le dimanche et le lundi de Pâques (*Eerste* et *Tweede Paasdag*), le jour de l'anniversaire de la reine (*Koninginnedag*, le 30 avril), le jeudi de l'Ascension (*Hemelvaartsdag*), le dimanche et le lundi de Pentecôte (*Eerste* et *Tweede Pinksterdag*), Noël et le 26 décembre (*Eerste* et *Tweede Kerstdag*). Les Néerlandais prennent ces jours fériés au sérieux – vous n'obtiendrez pas grand-chose ces jours-là.

De nombreuses fêtes et manifestations sont organisées tout au long de l'année. L'été est propice aux concerts, pièces de théâtre et autres événements en plein air, souvent gratuits, notamment dans le Vondelpark et l'Amsterdamse Bos. L'anniversaire de la reine, le 30 avril, fait l'objet de la plus grande fête de rue du pays – une expérience inoubliable. Les amoureux de la culture souhaiteront sans doute assister au festival de Hollande en juin ou à Uitmarkt fin août. Bien que certaines des manifestations suivantes se déroulent à l'extérieur d'Amsterdam, elles méritent néanmoins le déplacement :

Janvier

Elfstedentocht (tournée des onze villes) – durant cet interminable mois "mort", aux journées froides, mornes et sombres, patiner sur les canaux (selon les conditions de gel) offre la seule distraction. S'il a gelé assez fort pendant assez longtemps, la population se met à préparer frénétiquement ce terrible marathon en patins à glace organisé à travers le Friesland, qui attire des milliers de participants et paralyse la nation tout entière.

Février

Carnaval – tradition (catholique) du Sud la plus fêtée à Breda, Den Bosch et surtout Maastricht. Néanmoins, les Amstellodamois savent aussi se déguiser et faire la fête. Renseignements : Stichting Carnaval in Mokum (☎ 623 25 68), Herengracht 513, 1017 BV Amsterdam.

Commémoration de la grève de février – 25 février, en mémoire de la grève générale antinazi de 1941. Dépôt de gerbes au monument des dockers, dans l'ancien quartier juif.

Mars

Stille Omgang – procession silencieuse, le dimanche le plus proche du 15 mars. Les catholiques défilent sur la Voie sacrée (l'actuelle Heiligeweg en est un vestige) jusqu'à St Nicolaaskerk pour commémorer le miracle d'Amsterdam.

Salon nautique HISWA – les dernières nouveautés en matière de plaisance sont présentées au parc des expositions du RAI (☎ 549 12 12, fax 646 44 69).

Festival de blues – au Meervaart Theatre (☎ 610 74 98), Meer en Vaart 1, 1068 KV Amsterdam.

Avril

Floriade 2002 – du 1er avril au 15 octobre 2002 se tiendra l'exposition horticole internationale décennale qui avait drainé 3,3 millions de visiteurs lors de sa dernière édition. Cette cinquième Floriade aura lieu dans Hoofddorp, au sud-ouest d'Amsterdam ; renseignements au Stichting Floriade 2002 (☎ 023-562 20 02, info@floriade.nl), Postbus 2002, 2130 GE Hoofddorp.

World Press Photo Exhibition – de la mi-avril à la fin mai dans l'Oude Kerk ; renseignements au Bureau World Press Photo (☎ 676 60 96), Jacob Obrechtstraat 26, 1017 KM Amsterdam ; site web : www.worldpressphoto.nl.

Week-end national des musées – généralement le troisième week-end du mois. Entrée gratuite dans tous les musées (attire énormément de monde). Renseignements auprès de l'Amsterdam Uitburo ou de la Stichting Museumjaarkaart (☎ 0900-404 09 10).

RENSEIGNEMENTS PRATIQUES

Koninginnedag – jour de la Reine, le 30 avril. En fait, c'est l'anniversaire de la reine mère Juliana (celui de la reine Beatrix tombe en janvier, période beaucoup trop froide pour la plus grande fête de l'année). Si vous pouvez visiter Amsterdam à cette époque, n'hésitez pas. Les rues de la ville sont envahies par un marché aux puces (chacun peut y vendre ce qu'il veut, les enfants adorent), des fêtes, des groupes de musique et d'immenses foules. La bière coule à flots – de la folie douce ! Toute la population âgée de moins de 30 ans se rend dans une Amsterdam vidée de tous ses habitants de plus de 30 ans.

Mai

Jour du Souvenir – 4 mai, pour les victimes de la Seconde Guerre mondiale. La reine Beatrix dépose une gerbe au Nationaal Monument, sur la place du Dam, tandis que la ville observe deux minutes de silence à 20h. Il est absolument inconcevable de faire du bruit à cet instant.

Fête de la Libération – 5 mai, fin de l'occupation allemande en 1945. Fêtes de rues, marché aux puces, groupes de musique. Le Vondelpark est un bon endroit pour y participer.

Luilak – "feignants", le samedi précédant la Pentecôte. Les enfants sonnent aux portes au petit matin pour faire du bruit et réveiller les gens – vestige de la fête païenne célébrant l'arrivée du printemps.

Journée nationale du cyclisme – deuxième samedi du mois. Excursions en famille suivant des itinéraires particuliers. Renseignements : VVV, ANWB ou NBT.

Journée nationale des moulins à vent – deuxième samedi du mois. Les moulins sortent leurs voiles et ouvrent leurs portes au public. Renseignements : Vereniging De Hollandsche Molen (☎ 623 87 03), Sarphatistraat 634, 1018 AV Amsterdam.

Festival de percussions – mi-mai. World music, jazz et blues dans la Westergasfabriek. Renseignements : Amsterdam Uitburo.

Journée portes ouvertes dans les jardins – mi-mai. Pour admirer les magnifiques jardins privés qui se cachent derrière les maisons des canaux. Renseignements : VVV.

Juin

Festival sur l'IJ – A partir de juin et pendant tout l'été, des spectacles de danse, de théâtre, et de musique sont donnés autour des anciens chantiers navals NDSM, au nord de l'IJ. Ces spec-tacles sont de véritables événements, souvent intéressants ; renseignements : Amsterdam Uitburo ou VVV.

Foire des arts du RAI – première semaine. Exposition présentant toutes les facettes de l'art contemporain au parc des expositions du RAI (☎ 549 12 12, fax 646 44 69).

Festival de Hollande – tout le mois. Le plus grand événement de musique, de théâtre et de danse du pays, principalement à Amsterdam et La Haye (premières mondiales, etc.). Manifestations souvent intellectuelles et prétentieuses, mais aussi de nombreux spectacles d'avant-garde. Renseignements : VVV, Amsterdam Uitburo ou Stichting Holland Festival (☎ 530 71 10), Kleine Gartmanplantsoen 21, 1017 RP Amsterdam.

Course des canaux – généralement le deuxième week-end du mois, mais les dates varient. Marathon d'Amsterdam comprenant des courses de 5, 9 et 18 km le long des canaux, organisées par *De Echo*, hebdomadaire local. Renseignements : VVV ou Echo Grachtenloop (☎ 585 92 22), Basisweg 30, 1043 AP Amsterdam.

Dutch TT Assen – dernier samedi du mois. Grand prix de moto des Pays-Bas comptant pour le championnat du monde, qui se déroule depuis 1925 dans les environs de la ville d'Assen, au nord-est du pays. Nombreuses épreuves du championnat européen durant la "semaine de la vitesse", aboutissant à l'épreuve principale qui attire plus de 150 000 personnes. Une expérience unique, même pour ceux qui ne s'intéressent pas particulièrement à la moto. Il suffit de se présenter à l'entrée.

Festival international des écoles de théâtre – fin du mois. Présentation des écoles de théâtre néerlandaises et internationales. Renseignements : Amsterdam Uitburo ou VVV.

Juillet

Festival de jazz de la mer du Nord – mi-juillet. Le plus grand festival de jazz du monde, organisé au Congresgebouw de La Haye. De nombreux musiciens en profitent pour visiter Amsterdam. Renseignements : Amsterdam Uitburo ou VVV.

Août

Concert de Prinsengracht – en milieu ou fin du mois, il marque la fin du long Grachtenfestival. Concert classique gratuit depuis les bateaux situés devant l'hôtel Pulitzer. Renseignements : Amsterdam Uitburo, VVV ou hôtel

Pulitzer (☎ 523 52 35), Prinsengracht 315-331, 1016 GZ Amsterdam.

Sail 2000 – ce rassemblement, probablement l'un des plus marquants de l'année, aura lieu du 24 au 28 août 2000 (réservez votre hôtel dès maintenant !) ; plus de 1 000 navires du monde entier, notamment des navires anciens encore en bon état (navires écoles de la marine, etc.), convergeront vers Amsterdam et paraderont le long de l'IJ le premier jour : un événement haut en couleur ! ; vous pourrez également assister à l'arrivée de la course Cutty Sark Tall Ships ; ce rassemblement a lieu tous les 5 ans ; renseignements : VVV ou NBT.

Uitmarkt – dernier week-end du mois. Présentation gratuite de leur répertoire par les troupes et orchestres locaux à travers la ville (un peu comme le Koninginnedag, mais en beaucoup plus décontracté). Renseignements : Amsterdam Uitburo ou VVV.

Septembre

Bloemencorso – parade fleurie, premier samedi du mois. Défilé spectaculaire de chars partant d'Aalsmeer le matin pour aller jusqu'à la place du Dam, et retour le soir (avec illuminations). Renseignements : VVV.

Festival du Jordaan – deuxième semaine. Festival de rue comptant de nombreuses animations dans un quartier "typique" d'Amsterdam. Renseignements : VVV.

Monumentendag – deuxième samedi du mois. Bâtiments classés et monuments ouvrent leurs portes. Renseignements : VVV ou Bureau Monumentenzorg (☎ 626 39 47, fax 620 37 66), Keizersgracht 123, 1015 CJ Amsterdam.

Prinsjesdag – troisième mardi du mois. Ouverture de la session parlementaire à La Haye. La reine Beatrix arrive dans un carrosse doré pour présenter le budget.

Octobre

Marathon Delta Lloyd d'Amsterdam – au milieu du mois, 8 000 coureurs et rollers parcourent deux fois une boucle de 21 km qui part de l'Olympic Stadium ; renseignements au ☎ 663 07 81 ; site web : www.amsterdammarathon.nl.

Concours hippique d'Amsterdam – épreuve internationale de concours hippique en salle organisée au parc des expositions du RAI (☎ 549 12 12 ; fax 646 44 69).

Novembre

Arrivée de Sinterklaas – mi-novembre. Le saint patron des enfants arrive "d'Espagne" en bateau (voir *Décembre*). Le maire lui remet les clés de la ville sur la place du Dam. Renseignements : VVV.

Cannabis Cup – troisième semaine. Festival de la marijuana, organisé par le magazine *High Times*. La coupe est remise à la meilleure herbe, d'autres prix vont aux plus gros joints, etc. Également exposition de haschisch et présentation de mode. Renseignements : n'importe quel "coffee shop".

Décembre

Sinterklaas – officiellement le 6 décembre, mais le point d'orgue de la fête est la remise des cadeaux le soir du 5, en l'honneur de saint Nicolas.

Noël – 25 et 26 décembre, mais les familles pratiquantes fêtent traditionnellement le réveillon du 24 en lisant la Bible et en chantant autour du sapin.

Saint-Sylvestre – tout le monde fait la fête partout. Festivités bien arrosées et agrémentées de feux d'artifice, parfois de pneus brûlés et même de voitures retournées dans les rues, etc. Chaque année, on dénombre des centaines de blessés.

TOURISME D'AFFAIRES

Les autorités d'Amsterdam affirment que la présence dans leur ville d'un aéroport et d'un port animés, d'une main-d'œuvre productive, instruite et polyglotte, de lois fiscales souples, d'une ouverture internationale, d'une image "neutre" et d'une grande expertise en matière de transports, de finances et de communications en font un formidable centre d'affaires international à la porte de l'Europe. IBM, Xerox, Sony, HP, Canon et Nissan ne sont que quelques exemples parmi les nombreuses entreprises qui y ont installé leur siège européen.

Le bureau commercial de l'ambassade des Pays-Bas de votre pays sera probablement en mesure de vous fournir les premiers renseignements dont vous aurez besoin et de vous aider à établir les contacts nécessaires, de même que le bureau commercial de votre ambassade à La Haye. Également à La Haye, la Netherlands Foreign Investment Agency (fax 070-379 63 22) propose un service similaire.

Une fois que vous avez décidé de vous établir à Amsterdam, contactez l'Amster-

Sinterklaas, le vrai père Noël ·

Le 6 décembre, les Néerlandais célèbrent Sinterklaas en l'honneur de saint Nicolas, évêque de Myra dans l'ouest de la Turquie vers 345 et saint patron des enfants, des marins, des marchands, et des prêteurs sur gages (Klaas est un diminutif de Nicolas).

Quelques semaines auparavant, le saint à barbe blanche, en habits d'évêque avec sa mitre et sa crosse, arrive à Amsterdam dans un navire "provenant d'Espagne" (tradition héritée de l'Espagne lorsque les Pays-Bas étaient l'une de ses colonies) et entre dans la ville sur un cheval blanc ou gris afin de recevoir les clés de la ville des mains du maire. Saint Nicolas est accompagné d'une multitude de serviteurs espiègles appelés les "Pierre noirs" (*Zwarte Pieten*) – ou les "Pierre" bleu et vert (plus politiquement correct) – qui jettent des bonbons aux enfants et portent un sac pour enlever ceux qui ne sont pas sages. Les enfants sages reçoivent des cadeaux dans le soulier qu'il ont placé près de la cheminée, avec une carotte pour le cheval de saint Nicolas (ce dernier reste sur le toit pendant qu'un des "Pierre" descend par la cheminée).

Le soir du 5 décembre, on s'offre de façon anonyme des cadeaux emballés avec créativité, accompagnés de poèmes amusants ou cernant bien la personnalité du destinataire, tous écrits de la main de Sinterklaas ! Le cadeau a moins d'importance que l'emballage et le poème.

L'influence commerciale de Noël a fait perdre de l'importance à cette charmante fête traditionnelle. Ironiquement, le père Noël américain, qui domine la fête aujourd'hui, trouve son origine dans les célébrations de Santaklaas à l'époque de l'implantation hollandaise dans la Nouvelle Amsterdam (New York).

dam Foreign Investment Office (carte 5 ; ☎ 552 35 36, fax 552 28 60, afio@ez.amsterdam.nl), PO Box 2133, 1000 CC Amsterdam (adresse exacte : Metropol Building, Weesperstraat 89) qui vous indiquera comment faire et qui contacter pour démarrer. Si vous cherchez plutôt à développer des relations commerciales, appelez la chambre de commerce et d'industrie d'Amsterdam (carte 2 ; ☎ 531 40 00, fax 531 47 99), De Ruijterkade 5, 1013 AA Amsterdam.

Les femmes d'affaires peuvent s'adresser au Women's International Network (réseau international des femmes), association offrant contacts, conseils et soutien aux professionnelles de plus de 25 ans justifiant d'un emploi depuis au moins 5 ans. L'adhésion (150 fl par an) est ouverte aux étrangères travaillant aux Pays-Bas ainsi qu'aux Néerlandaises employées dans des entreprises internationales ou ayant eu une expérience professionnelle à l'étranger. Contactez la fondatrice du WIN (☎ 662 00 84), Postbus 15692, 1001 ND Amsterdam.

Prestations de service

Les hôtels de luxe (et l'aéroport de Schiphol) offrent tous d'excellentes prestations de service. Certains disposent de centres d'affaires entièrement équipés, mais assez onéreux. Moins cher, le Mini Office (carte 4 ; ☎ 625 84 55, fax 638 78 94, moffice@xs4all.nl), Singel 417, propose aux professionnels en voyage d'affaires des services tels que la location à l'heure de matériel et de logiciels informatiques (pour la mise au point de documents), la reliure, l'envoi de courrier, un service de fax et de courrier électronique (envoi et réception), un service de répondeur personnel, un bureau privé et même une domiciliation.

La première succursale européenne de la chaîne américaine Kinko's (moins le personnel serviable et bien informé) offre les mêmes services que le Mini Office et ouvre 24h/24. Située près de Leidseplein, Overtoom 62 (carte 6 ; ☎ 589 09 10, fax 589 09 20), elle organise également des vidéo-conférences.

Si vous souhaitez être efficace immédiatement, l'Euro Business Center (carte 2 ; ☎ 520 75 00, fax 520 75 10), Keizersgracht 62-64, peut vous aider dans vos démarches administratives et vous fournir un bureau meublé, avec téléphone et ordinateur, pour 1 250 à 5 000 fl par mois. Une aide pour le secrétariat et un éventail d'autres services sont également disponibles. Le Regus Business Centre (☎ 301 22 00), Strawinskylaan 3051, 1077 ZX Amsterdam (plus deux autres adresses) offre des services équivalents et organise également des vidéo-conférences.

En cas de problème de traduction, adressez-vous à Berlitz Translation Services (☎ 639 14 06, fax 620 39 59), Rokin 87.

Salons et colloques

Ville de prédilection pour les foires et colloques professionnels, Amsterdam voit chaque année se dérouler dans ses murs plus de cent conventions internationales, ainsi que des centaines de manifestations nationales.

La plupart des grands hôtels, tels le Grand Hotel Krasnapolsky sur la place du Dam, le Barbizon Palace en face de Centraal Station, et l'Okura Hotel dans la banlieue sud ou le Radisson, près du quartier rouge (voir *Où se loger*), accueillent souvent de modestes réunions et salons et sont équipés pour recevoir des groupes de 25 à 2 000 personnes.

L'Amsterdam RAI (carte 1 ; ☎ 549 12 12, fax 646 44 69), Europaplein 8, est le plus grand parc d'expositions du pays (reportez-vous à la rubrique *Nieuw Zuid (Nouveau Sud)* du chapitre *À voir et à faire*). C'est également un centre de conférences, doté de 21 salles et d'un auditorium principal d'une capacité de 1 750 sièges. En cas de besoin, l'un des 11 halls d'exposition peut être transformé pour accueillir une manifestation très importante. Non loin, le World Trade Center (carte 1 ; ☎ 575 91 11, fax 662 72 55), Strawinskylaan 1, possède des salles de conférences pour 4 à 200 personnes, ainsi qu'un éventail d'équipements et de services logistiques, dont une succursale de la chambre de commerce et d'industrie.

TRAVAILLER A AMSTERDAM

Les ressortissants des pays de l'UE (ainsi que d'Islande, de Norvège et du Liechtenstein) peuvent travailler aux Pays-Bas à condition de posséder un permis de séjour renouvelable – formalité assommante. En revanche, il existe peu de possibilités pour les ressortissants des autres pays, car le gouvernement tente de fermer les portes de cette contrée surpeuplée. Vous serez accepté si vous trouvez un emploi pour lequel un Néerlandais ou un autre membre de l'UE n'a pas la formation requise, si vous avez entre 18 et 45 ans et si vous êtes convenablement logé. Mais il faudra encore surmonter une lourde bureaucratie. Vous devez vous occuper de ces formalités avant votre départ pour Amsterdam (sauf pour les ressortissants américains, qui peuvent chercher un travail dans les trois mois qui suivent leur arrivée sur le territoire avec un visa de touriste).

En règle générale, il faut déposer une demande de permis de séjour temporaire avant qu'un employeur puisse faire la demande d'un permis de travail en votre nom. Si tout se passe bien, vous obtiendrez une carte de travail. Cette démarche prend environ cinq semaines. Pour plus d'informations, contactez l'ambassade ou le consulat des Pays-Bas dans votre pays. Pour les cartes de séjour, vous pouvez aussi vous adresser à l'Immigratien Naturalisatiedienst (☎ 070-370 31 24, fax 370 31 34), Postbus 30125, 2500 GC La Haye. Pour les permis de travail et les renseignements complémentaires concernant la loi sur le travail des étrangers, contactez le Landelijk Bureau Arbeidsvoorziening, Postbus 415, 2280 AK Rijswijk.

Le travail au pair s'organise plus facilement, à condition d'avoir entre 18 et 25 ans, d'être couvert par une assurance maladie et que la famille d'accueil gagne au moins 3 000 fl nets par mois. Le séjour ne peut se prolonger plus d'un an. Les ressortissants des pays de l'UE, du Canada, de Monaco et de Suisse peuvent obtenir la carte de séjour nécessaire auprès de la Vreemdelingenpolitie (police des étrangers – reportez-vous à la rubrique *Prorogation de visas*, au début de ce chapitre) à leur arrivée aux Pays-Bas. Les autres doivent s'adresser à l'ambassade ou au consulat des Pays-Bas dans leur pays.

Les ressortissants australiens, canadiens, japonais, néo-zélandais, et parfois américains peuvent faire une demande pour un visa de touriste, valable un an, permettant de travailler s'ils ont entre 18 et 25 ans (âge parfois prolongé jusqu'à 30 ans) ; tout le système de délivrance des visas est en cours de révision. Contactez l'ambassade des Pays-Bas de votre pays pour plus de renseignements.

Les emplois clandestins sont assez rares aujourd'hui, en raison des mesures de répression prises contre les immigrants travaillant illégalement dans les restaurants, les pubs et les champs de tulipes (employeurs traditionnels de main-d'œuvre au noir).

Si vous avez la chance de trouver un emploi légal, le salaire minimum, pour les adultes, s'élève à environ 1 700 fl nets par mois.

Comment s'y rendre

Depuis la France, vous trouverez des adresses, des témoignages de voyageurs, des informations pratiques et de dernière minute dans *Le Journal de Lonely Planet*, notre trimestriel gratuit (écrivez-nous pour être abonné), ainsi que dans le magazine *Globe-Trotters*, publié par l'association Aventure du bout du monde (ABM, 7, rue Gassendi, 75014 Paris, ☎ 01 43 35 08 95, fax 01 43 22 24 41), qui organise des rencontres entre voyageurs (centre de documentation, projections…). Le site web d'ABM (www.abm.fr) rassemble une multitude d'informations. Le Centre d'information et de documentation pour la jeunesse (CIDJ, 101 quai Branly, 75015 Paris, ☎ 01 44 49 12 00) édite des fiches très bien conçues : "Réduction de transports pour les jeunes" n°7.72, "Vols réguliers et vols charters" n°7.74, "Voyages et séjours organisés à l'étranger" n°7.41. Il est possible de les obtenir par correspondance en se renseignant sur Minitel 3615 CIDJ. Les fiches coûtent entre 10 et 20 FF.

Le magazine *Job Trotter*, publié par Dakota Éditions (45, rue Saint-Sébastien, 75011 Paris, ☎ 01 55 28 37 00, fax 01 55 28 37 07), est une autre source d'information sur les stages et les offres d'emploi en France et à l'étranger. L'abonnement à ce trimestriel revient à 20 FF par an.

Depuis la Belgique, la lettre d'information *Farang* (La Rue 8a, 4261 Braives) traite de destinations étrangères. L'association Wegwyzer (Beenhouwersstraat 24, B-8000 Bruges, ☎ 50-332 178) dispose d'un impressionnant centre de documentation réservé aux adhérents et publie un magazine en flamand, Reiskrand, que l'on peut se procurer à l'adresse ci-dessus.

En Suisse, Artou (Agence en recherches touristiques et librairie), 8, rue de Rive, 1204 Genève, ☎ 022-818 02 40 (librairie du voyageur) et 18, rue de la Madeleine, 1003 Lausanne, ☎ 021-323 65 54, fournit des informations sur tous les aspects du voyage. A Zurich, vous pourrez vous abonner au *Globetrotter Magazin* (Rennweg 35, PO Box, CH-8023 Zurich, ☎ 01-211 77 80) qui, au travers d'expériences vécues, renseigne sur les transports et les informations pratiques.

Attention

En raison de l'évolution constante du marché et de la forte concurrence régissant l'industrie du tourisme, les renseignements présentés dans ce chapitre restent purement indicatifs. En particulier, les tarifs des vols internationaux et les horaires sont toujours susceptibles d'être modifiés.

De plus, l'Administration et les compagnies aériennes semblent prendre un malin plaisir à concevoir des formules relativement complexes. Assurez-vous, auprès de la compagnie aérienne ou d'une agence de voyages, que vous avez bien compris les modalités de votre billet.

Avant de vous engager, nous vous recommandons de vous renseigner auprès de votre entourage et de faire le tour des compagnies et des agences, en comparant les tarifs et les conditions proposés par chacune.

VOIE AÉRIENNE

De nombreuses compagnies proposent des vols directs jusqu'à l'aéroport de Schiphol. Comme toujours, il est recommandé de jeter un coup d'œil dans diverses agences avant de se décider, sans oublier que les offres les plus intéressantes ne sont pas toujours les meilleur marché : plus cher au départ, un forfait avion-hôtel permet notamment d'économiser une petite fortune sur l'hébergement, souvent très onéreux à Amsterdam. Si vous ne vous trouvez pas sur le sol européen, vous pouvez aussi envisager d'atterrir dans une autre ville, telles Londres (l'une des destinations les moins chères), Frankfort, Luxembourg, Bruxelles ou Paris. Puis, de là, prendre un train ou un bus pour rejoindre Amsterdam.

Amsterdam est l'un des principaux centres en Europe où se procurer des billets à prix réduit pour les destinations les plus diverses – voir la rubrique *Agences de voyages* plus loin dans ce chapitre. Pour dénicher les bonnes affaires, vous pouvez notamment consulter les éditions du samedi du *Volkskrant*, du *Parool*, du *Trouw* ou du *Telegraph*.

En semaine, cinq vols quotidiens relient Schiphol aux quatre principaux aéroports hollandais (services réduits le week-end) : Eindhoven (KLM Cityhopper), Enschede et Groningen (Fairlines), Maastricht/Aachen (Air Excel Commuter). Pour toute information sur l'aéroport lui-même et les transports entre Schiphol et le centre-ville, reportez-vous à la rubrique *Aéroport* du chapitre *Comment circuler*.

Taxe d'aéroport

Une taxe de départ, d'un faible montant, est incluse dans votre billet d'avion.

France

Air France (☎ national 0802 802 802) propose des vols à partir de 1 150 FF environ avec un week-end sur place. Les tarifs pratiqués par KLM (☎ à Paris 01 44 56 18 25 ou 01 44 56 19 00 ; 3615 KLM) démarrent à 990 FF à condition de réserver 14 jours à l'avance et de passer une nuit de samedi sur place. En achetant son billet dans un délai plus court mais toujours avec un samedi sur place, le vol coûte 1 030 FF. Pour les deux compagnies, les tarifs des vols en semaine s'élèvent à 3 000 FF minimum.

Consultez les brochures ou les sites web des agences de voyages suivantes :

Donatello
  (☎ 01 44 58 30 60 pour la vente directe, fax 01 42 60 32, crocher@donatello.fr), 20, rue de la Paix, 75002 Paris
Planète Havas
  (☎ 01 53 29 40 00, fax 01 47 03 32 13, www.havasvoyages.fr), 26, av. de l'Opéra, 75001 Paris
Nouvelles Frontières
  (☎ 0803 333 333, www.nouvellesfrontières.fr), 87, Bd de Grenelle, 75015 Paris

Usit Voyages
  (☎ 01 42 34 56 90 ou 01 42 44 14 00, fax 01 42 34 56 91, Minitel 3615 Usit), 6, rue de Vaugirard, 75006 Paris
Voyageurs du Monde
  (☎ 01 42 86 16 00, fax 01 42 86 16 88 – indiquer votre destination, www.vdm.com, Minitel 3615 Voyageurs), 55, rue Sainte-Anne, 75002 Paris

Canada

Travel CUTS est une chaîne d'agences de voyages pour petits budgets, implantée sur tout le territoire canadien. Le siège se trouve à Toronto (☎ 416-977 3703). Vous pouvez aussi appeler le ☎ 800-667 2887 ou consulter son site web sur www.travelcuts.com. Le prix des vols pour Amsterdam commence à 599/750 $C (aller-retour) en basse/haute saison pour les moins de 27 ans. Travel CUTS offre parfois des réductions très importantes en basse saison. KLM propose les vols les plus fréquents.

Pour les vols des compagnies de courses internationales, contactez FB On Board Courier Services à Montréal (☎ 514-631 7925).

Compagnies aériennes

Les compagnies aériennes installées à Amsterdam sont répertoriées à la rubrique *Luchtvaartmaatschappijen* des pages roses de l'annuaire. On peut citer notamment :

Air France (☎ 446 88 00),
  Evert van der Beekstraat 7, Schiphol.
British Airways (☎ 554 75 55),
  Neptunusstraat 33, Hoofddorp.
Delta Air Lines (☎ 661 00 51),
  De Boelelaan 7.
KLM (☎ 474 77 47),
  Amsterdamseweg 55, Amstelveen.

BUS

Amsterdam est bien reliée au reste de l'Europe, à la Scandinavie et à l'Afrique du Nord par des bus longue distance. Pour plus de renseignements sur les bus régionaux à l'intérieur des Pays-Bas, notamment vers les destinations qui ne sont pas desservies par le train, appelez le service d'information des transports au ☎ 0900-92 92 (0,75 fl la minute).

Eurolines

Eurolines, groupement de plusieurs compagnies, possède le plus vaste réseau de bus en Europe, avec des agences dans chaque pays. Son site web, www.eurolines.com, est relié aux différents sites nationaux.

Depuis Paris, l'aller-retour coûte 400 FF (370 FF pour les moins de 26 ans). Trois bus partent chaque jour de la Porte de Bagnolet (28, av. du Général-de-Gaulle, métro Galliéni) à 9h, 11h et 23h. Depuis Amsterdam, les départs s'effectuent à 9h 12h30 et 22h. Le trajet dure environ 7 heures. Vous pouvez obtenir des informations et réserver au ☎ 08 36 69 52 52.

A Amsterdam, les billets sont en vente dans la plupart des agences de voyages, ainsi qu'au Netherlands Railways (NS) Reisburo, dans Centraal Station. Les voyageurs âgés de moins de 26 ans bénéficient d'une réduction. Le bureau Eurolines le plus pratique se situe Rokin 10 (carte 4 ; ☎ 560 87 87), près de la place du Dam. Il distribue gracieusement des horaires avec indication des tarifs (nettement moins chers que le train). Les bus partent de la gare routière (carte 1 ; ☎ 694 56 31), près d'Amstelstation, aisément accessible en métro.

TRAIN

La gare principale, Centraal Station (communément appelée CS), assure des liaisons régulières avec la plupart des villes hollandaises et tous les pays voisins. Les billets Eurail, Inter-Rail, Europass et Flexipass sont valables sur les trains hollandais gérés par le Nederlandse Spoorwegen (NS). Reportez-vous à la rubrique *Comment circuler* du chapitre *Excursions* pour de plus amples informations sur les lignes domestiques.

Renseignements

Pour toute information ou réservation sur le réseau international, adressez-vous au bureau des réservations internationales du NS, installé dans Centraal Station et ouvert tous les jours de 6h30 à 22h30. Vous devez prendre un numéro et vous préparer à une longue attente. Amstelstation possède également un bureau de réservations internationales, ouvert tous les jours de 10h à 17h et largement moins fréquenté. En haute saison, mieux vaut réserver ses places à l'avance. Vous pouvez acheter un billet pour la Belgique, le Luxembourg et l'Allemagne à n'importe quel guichet.

Autre source d'information sur les liaisons ferroviaires internationales, le Teleservice NS Internationaal (☎ 0900-92 96, 0,50 fl la minute) pèche parfois par un manque de fiabilité.

Pour le réseau national, rendez-vous directement à la gare : vous attendrez rarement plus d'une heure pour attraper un train, quelle que soit la destination choisie.

Lignes principales

Deux lignes desservent le sud au départ d'Amsterdam. L'une passe par La Haye et Rotterdam avant de rejoindre Anvers (52 fl, 2 heures 15, un train toutes les heures), Bruxelles (62 fl, 3 heures, un train toutes les heures), Paris (154 fl plus 7 fl de supplément EuroCity, 6 heures, dix trains par jour), ou la ville de Luxembourg (102 fl, 6 heures).

La seconde s'arrête à Utrecht et Maastricht, avant d'atteindre la ville de Luxembourg (90 fl, 6 heures), puis la France et la Suisse, ou de bifurquer à Utrecht vers Arnhem et Cologne (83 fl plus 7 fl de supplément EuroCity, 2 heures 30, toutes les une ou deux heures), avant de continuer sa route en l'Allemagne.

Ces tarifs s'entendent pour un aller simple en 2e classe. Les voyageurs âgés de moins de 26 ans bénéficient d'une réduction de 25%. Un aller-retour le week-end revient bien moins cher qu'en semaine. Ainsi Amsterdam-Bruxelles coûte 75 fl pour un départ à partir du vendredi et un retour jusqu'au lundi soir et 124 fl pendant la semaine.

Le *Thalys* circule quatre fois par jour entre Amsterdam et Anvers (61 fl, 2 heures), Bruxelles (72 fl, 2 heures 30) et Paris (161 fl, 4 heures 15).

Pour tout renseignement depuis Paris, appelez le ☎ 08 36 35 35 35 ou consultez 3615 SNCF. Plusieurs tarifs réduits sont proposés pour les jeunes ou pour les réservations effectuées à l'avance sur un nombre

cours de conversion de l'euro 1 fl = 0,45 €

COMMENT S'Y RENDRE

de places limité (de 456 FF à 648 FF). Le tarif normal s'élève à 958 FF l'aller-retour.

VOITURE ET MOTO

Plusieurs autoroutes relient Amsterdam à La Haye (A4/E19 et A44), Rotterdam (A4/E19) et Utrecht (A2/E35) au sud, à Amersfoort (A1/E231) et plusieurs destinations plus à l'est et au nord-est. Le périphérique A10/E22 encercle la cité, avec quelques tronçons de tunnel sous l'IJ.

Au départ de Paris, comptez 5 heures de trajet pour effectuer les 500 km qui vous séparent d'Amsterdam si vous empruntez l'autoroute (environ 70 FF de péage) ou 6 heures par les nationales.

Les véhicules doivent être en bon état, immatriculés et assurés. Le code de la route et les panneaux de signalisation sont les mêmes que ceux en vigueur dans les autres pays d'Europe. Les trams ont toujours la priorité, à moins que vous ne circuliez sur une route à voie prioritaire. La vitesse est limitée à 50 km/h dans les agglomérations, à 80 km/h sur les départementales, à 100 km/h sur les nationales et à 120 km/h sur les autoroutes (parfois à 100 km/h, ce qui est alors clairement indiqué). Le taux d'alcoolémie ne doit pas dépasser 0,05%. Enfin, sachez que l'essence est très chère.

Pour plus de renseignements sur la circulation en voiture (ou plutôt la non-utilisation de sa voiture) à Amsterdam et la location de véhicules, consultez la rubrique *Voiture et moto* du chapitre *Comment circuler*.

Papiers nécessaires

Le conducteur d'une voiture ou d'une moto doit pouvoir présenter un permis de conduire en cours de validité et la carte grise du véhicule. Dans les voitures louées, les papiers d'immatriculation sont généralement rangés dans la boîte à gants : emportez-les avec vous pour éviter les vols lorsque vous laissez votre voiture au parking. Pour les véhicules étrangers, il est également indispensable d'être en possession de la carte verte d'assurance.

L'Automobile club néerlandais ANWB (carte 6 ; voir la rubrique *Offices du tourisme* du chapitre *Renseignements pratiques*) vous fournira une foule de renseignements et de services si vous possédez une lettre d'introduction de votre propre automobile club.

BICYCLETTE

Le vélo constitue le moyen de transport privilégié aux Pays-Bas. De nombreuses pistes cyclables sillonnent le territoire. On ne peut rêver paysage plus plat, mais attention aux vents, parfois violents, qui semblent toujours arriver de face. Méfiez-vous aussi des vélomoteurs qui utilisent parfois les pistes cyclables et dépassent allègrement les 40 km/h autorisés (30 km/h en agglomération). Vélos et mobylettes sont interdits sur les autoroutes.p

Si vous souhaitez apporter votre propre vélo, sachez que les vols sont monnaie courante à Amsterdam ! Peut-être vaut-il mieux en louer un (reportez-vous à la rubrique *Bicyclette et vélomoteur* du chapitre *Comment circuler*).

EN STOP

Nous ne saurions trop vous déconseiller l'auto-stop, toujours hasardeux, quel que soit le pays. Les voyageurs qui optent pour ce mode de transport doivent être parfaitement conscients des risques qu'ils prennent.

De nombreux étudiants hollandais possèdent une carte officielle (actuellement remise en question) qui leur permet d'emprunter gratuitement les transports publics. Cela explique la rareté des auto-stoppeurs, qui doivent souvent attendre des heures qu'une voiture daigne s'arrêter.

Pour voyager hors des Pays-Bas, consultez les panneaux d'affichage du Complexe scientifique et économique, Roetersstraat 11, de la bibliothèque publique, Prinsengracht 587, du Tropenmuseum et des auberges de jeunesse. Si vous acceptez de partager les frais d'essence, consultez le journal d'annonces *Via Via* qui paraît le mardi et le jeudi.

VOIE MARITIME

Des ferries (voitures et passagers) relient les Pays-Bas à l'Angleterre. Les tarifs fluctuent énormément, selon l'intensité de la concurrence entre les compagnies. Il est indispensable de réserver pour traverser avec une voiture, en particulier en été. Les motos, elles, parviennent toujours à se glisser à bord au dernier moment.

AGENCES DE VOYAGES

A Amsterdam, de nombreuses agences de voyages sont spécialisées dans les billets à prix réduit et offrent souvent des forfaits très intéressants. Consultez en plusieurs, en commençant par les adresses suivantes :

Amber Reisbureau (carte 4 ; ☎ 685 11 55), Da Costastraat 77 – ouverte en semaine de 10h à 17h, le samedi jusqu'à 15h ; magnifique librairie de voyages.

Ashraf (carte 2 ; ☎ 623 24 50, fax 622 90 28), Haarlemmerstraat 140.

Budget Air (carte 4 ; ☎ 627 12 51), Rokin 34 – publie une brochure gratuite tous les deux mois recensant 700 vols à petits prix.

D-Reizen (carte 7 ; ☎ 200 10 12), Linnaeusstraat 112 – ouverte en semaine de 9h30 à 18h (jusqu'à 20h le jeudi) et de 10h à 15h le samedi ; très accueillante.

Flyworld/Grand Travel (☎ 657 00 00, fax 648 04 77), Wallaardt Sacrestraat 262, Schiphol – réservations uniquement par téléphone ou par fax.

Kilroy Travels (carte 4 ; ☎ 524 51 00), Singel 413 – tarifs préférentiels pour les moins de 33 ans.

NBBS possède un bureau à la poste centrale, Singel 250 (carte 4 ; ☎ 423 44 33) et plusieurs agences en ville, dont une Haarlemmerstraat 115 (carte 2 ; ☎ 626 25 57). Son siège se trouve Van Baerlestraat 82 (☎ 673 21 76) – agence de voyages officielle des étudiants, mais ses prix ne sont pas les plus avantageux.

Comment circuler

AÉROPORT

L'aéroport de Schiphol se situe à 18 km au sud-ouest du centre-ville. Il s'étend à 5 m en dessous du niveau de la mer, au fond d'un ancien lac, le Haarlemmermeer, asséché au siècle dernier. Sa conception rend facile l'accès aux services de son unique terminal, et la signalisation ne pourrait être plus claire.

Le hall des arrivées, construit autour de la Schiphol Plaza, une place en forme de V émaillée de boutiques, se trouve au rez-de-chaussée, de même que le bureau de Holland Tourist Information (ouvert tous les jours de 7h à 22h), dans l'angle, à gauche, lorsque l'on arrive de la zone des passagers. Le hall des départs est installé à l'étage. Les passagers circulant dans la zone Schengen (voir *Visas* du chapitre *Renseignements pratiques*) empruntent un couloir différent, leur passeport n'étant pas contrôlé. Ils doivent cependant l'avoir sur eux, en particulier pour gagner les salles de transit des pays non signataires.

Schiphol est célèbre dans le monde entier pour sa zone duty-free. Par ailleurs, vous pourrez visiter un intéressant musée de l'Aviation (voir la rubrique *Amsterdam pour les enfants* du chapitre *Renseignements pratiques*), ou vous rendre au casino, ouvert de 6h à 20h, installé dans la salle des départs des pays hors Schengen. Il est accessible aux passagers âgés de plus de 18 ans, munis d'un passeport en cours de validité et d'une carte d'embarquement.

Pour tout renseignement sur l'aéroport et les vols, appelez le ☎ 0900-01 41 (1 fl la minute) ou consultez le site web www.schiphol.nl.

Consigne

Les bagages de 30 kg maximum peuvent être déposés à la consigne (☎ 601 24 43), située au sous-sol, sous la place, pour une durée d'un jour à un mois (de 6 à 8 fl par jour selon la durée). Le guichet ouvre de 6h15 à 22h45 ; en dehors de cette plage horaire, on peut contacter le personnel par interphone. Des consignes automatiques sont installées au même endroit (6 et 15 fl par jour, selon la taille ; 7 jours maximum).

DESSERTE DE L'AÉROPORT

Un taxi met de 20 à 45 minutes (parfois plus aux heures de pointe) pour gagner le centre-ville et coûte environ 65 fl. Des trains partent pour Centraal Station toutes les 15 minutes (de 15 à 20 minutes, 6,50/10,75 fl l'aller/aller-retour). Les guichets se trouvent dans la cour centrale de Schiphol Plaza. Achetez votre billet avant d'emprunter l'escalator qui conduit aux quais souterrains. Vous pouvez éventuellement acheter une *strippenkaart* (carte à coupons multiples), valable pour tous les transports publics (voir plus loin la rubrique *Transports publics*). Si votre hôtel est éloigné du centre, vous aurez peut-être intérêt à prendre un train pour l'une des autres gares (voir *Train* dans la rubrique *Transports publics*), puis un taxi.

Des navettes gratuites desservent les hôtels Bastion, Hilton, Ibis, Golden Tulip, Holiday Inn, Dorint et Mercure, proches de l'aéroport. Une navette KLM circule entre l'aéroport et une quinzaine des principaux hôtels amstellodamois (17,50/30 fl l'aller/aller-retour). Pour toute information, contactez le guichet des transports (ouvert de 7h30 à 23h30), le comptoir de Holland Tourist Information, ou appelez Connexxion au ☎ 649 56 51. Le bus n°172 assure un service régulier entre l'aéroport et Centraal Station, mais il existe quantité d'autres bus peut-être mieux adaptés à vos besoins – ☎ 0900-92 92 (0,75 fl la minute).

Les agences de location de voitures sont installées dans le coin à droite, près des sorties centrales de Schiphol Plaza.

Parkings

Les parkings couverts P1 et P2 (durée limitée) reviennent à 3,50 fl les 30 minutes durant les trois premières heures, puis à 4 fl l'heure. Le tarif maximal s'élève à 47,50 fl par jour les deux premiers jours, puis à 25 fl à partir du troisième jour. Payez aux machines avant de rejoindre votre voiture. Si vous possédez une carte de crédit, vous pouvez également utiliser le parking P7, situé sous le terminal. Comptez 15 fl la première heure, puis 10 fl l'heure (durée de 6 heures au maximum). Le parking à ciel ouvert P3 (durée illimitée) est assez éloigné du terminal (suivez les panneaux "P – Lang Parkeren"), mais desservi par des navettes 24h/24. Il vous en coûtera 85 fl pour les trois premiers jours (prix minimal), puis 7,50 fl par jour supplémentaire – une intéressante alternative au parking en ville.

TRANSPORTS PUBLICS

Amsterdam est une ville dense, qui se visite facilement à pied. Le réseau des transports publics (tram, *sneltram*, bus et métro), géré par la GVB (Gemeentevervoerbedrijf, Compagnie des transports municipaux), est très développé et efficace ; consultez le plan des transports à la fin de ce guide. Le seul problème réside dans la circulation à l'intérieur de la zone des canaux : les trams et les bus s'en tiennent aux grandes artères et, pour couvrir une bonne distance le long d'un canal, vous devrez prendre un tram ou un bus jusqu'au centre, puis un autre pour retourner vers l'extérieur.

Centraal Station (CS) constitue le nœud des transports publics. C'est là que convergent la plupart des lignes de tram, bus et métro. Installé en face de la gare, le bureau d'information de la GVB (carte 2) ouvre en semaine de 7h à 21h (jusqu'à 19h de fin octobre à mars) et le week-end à partir de 8h. Il vend tous les types de billets et de cartes et distribue gracieusement un *Guide touristique des transports publics à Amsterdam* et de nombreux plans des transports ; le plan détaillé des transports couvrant la totalité d'Amsterdam coûte 1,50 fl.

Pour toute information sur les transports, appelez le ☎ 0900-92 92 (0,75 fl la minute) en semaine de 6h à 24h, le week-end à partir de 7h, et armez-vous de patience !

Tickets et cartes

Le système tarifaire fonctionne selon un découpage par zones. La ville d'Amsterdam proprement dite (la zone des canaux et les quartiers limitrophes) constitue une zone ; le secteur des banlieues les plus anciennes, deux zones ; celui des banlieues récentes, plus excentrées, trois zones.

Le ticket à coupons multiples (*strippenkaart*) est valable dans tous les bus, trams et métros du territoire hollandais, ainsi que dans les trains circulant dans les secteurs municipaux (à Amsterdam, Schiphol n'est pas inclus). Plusieurs personnes peuvent utiliser le même ticket tant qu'elles compostent le nombre de coupons requis. Quel que soit le nombre de zones, vous pouvez circuler pendant 1 heure comme bon vous semble.

Les tickets à coupons multiples (11,75 fl les 15 coupons, 34,50 fl les 45 coupons) se vendent chez les buralistes, dans les bureaux de poste, aux guichets et billetteries automatiques des gares ferroviaires, dans de nombreuses librairies et chez les marchands de journaux, ainsi qu'au bureau de la GVB en face de Centraal Station ou encore au siège, Scheepvaarthuis (carte 5), Prins Hendrikkade 108-114 (ouvert en semaine de 9h à 16h30). Les conducteurs de bus ou de tramway vendent uniquement des tickets de 2/3/8 coupons à 3/4,50/12 fl ou des cartes d'une journée (12 fl, 8 coupons). Les enfants et les retraités paient 7 fl pour un ticket de 15 coupons, qu'il faut acheter à l'avance. Les voyageurs sans billet (les contrôles sont fréquents) encourent une amende de 60 fl en plus du prix du billet. Jouer le touriste ahuri ne sert à rien !

Les bureaux de la GVB vendent également des cartes, valables pour toutes les zones, à partir de 10 fl pour 1 journée, 15 fl pour 2 jours et jusqu'à 43 fl pour 9 jours (4 fl la journée supplémentaire). Les voyageurs bénéficiant de réductions ne paieront que 6 fl pour 1 journée, 10 fl pour 2 jours et jusqu'à 27,50 fl pour 9 jours (2,50 fl la journée supplémentaire). Les cartes hebdomadaires et mensuelles pour une zone coûtent respectivement 17,75 et 58,75 fl (10,50 ou 37 fl avec réduction). Renseignez-vous à la GVB sur les autres possibilités.

Les bus de nuit prennent le relais peu après 24h. Les conducteurs vendent des tickets à l'unité (4 fl), mais vous pouvez éga-

COMMENT CIRCULER

lement composter trois coupons de votre carte et payer un supplément de 2 fl (ce qui s'avère être plus cher). Les cartes d'une journée sont valables toute la nuit qui suit, mais vous devez payer le supplément de 2 fl. Une carte pour cinq trajets en bus de nuit achetée à l'avance revient à 17,50 fl. Les bus de nuit privés Connexxion sont plus onéreux.

Tram

On peut entrer ou descendre des trams par n'importe quelle porte proche des machines à composter les coupons. Si vous devez acheter un ticket, montez par la porte avant. Lorsque vous montez ou descendez, la dernière marche bloque la porte en position ouverte et empêche le tram de partir.

Il existe aussi quelques lignes de *sneltram* (tram rapide) dans les banlieues sud et sud-est. On composte son billet comme dans un tram ordinaire, sauf si le sneltram emprunte les voies du métro. Dans ce cas, vous devrez utiliser les machines jaunes installées à côté des escaliers d'accès aux quais.

Sachez que les pickpockets se montrent particulièrement actifs dans les trams bondés.

Tram circulaire. Décrivant une grande boucle à travers la ville, le tram circulaire n°20 dessert les principaux sites touristiques à partir de Centraal Station, toutes les 10 minutes de 9h à 18h. Utilisez les cartes ou les tickets à coupons multiples ordinaires.

Bus

Les trams ne s'aventurent pas jusqu'à Amsterdam Nord, et seuls quelques-uns desservent les banlieues extérieures. Vous devrez alors prendre un bus. Montez par la porte avant et présentez votre billet au conducteur.

Métro

Le métro est surtout utile pour gagner la gare routière internationale d'Amstelstation (une zone) ou Bijlmer (trois zones). La seule ligne en service dans le centre-ville se subdivise en trois une fois passée Amstelstation : l'une dessert les banlieues sud de Buitenveldert et d'Amstelveen, les deux autres la banlieue sud-est de Bijlmer. Compostez votre billet aux machines installées près des escaliers d'accès aux quais.

Pour un aperçu différent d'Amsterdam, rendez-vous aux abords de la station de métro Weesperplein aux heures d'affluence, le matin ou l'après-midi, lorsque les habitants de Bijlmer descendent du métro pour prendre un tram. Affluence garantie !

Train

Vous prendrez sans doute le train pour rejoindre ou quitter l'aéroport de Schiphol. Vous pourrez ainsi gagner Centraal Station, nœud des transports publics amstellodamois ; Lelylaan, De Vlugtlaan et Sloterdijk, dans les banlieues ouest ; Zuid WTC et le RAI (près du centre des expositions) dans les banlieues sud ; ou Duivendrecht et Diemen-Zuid, dans les banlieues sud-est. Un sneltram relie la station du RAI à Amstelstation, d'où partent les trains pour Utrecht et l'est du pays. Ceux-ci s'arrêtent également à Centraal Station.

Vous pouvez utiliser un ticket à coupons multiples pour vous déplacer en train dans la région d'Amsterdam : compostez votre billet aux machines installées près des escaliers d'accès aux quais. Il faut valider deux coupons entre Centraal Station et Muiderpoort ou Amstelstation ; trois coupons pour Diemen, Diemen-Zuid, Duivendrecht, le RAI, Zuid WTC, Lelylaan, De Vlugtlaan et Sloterdijk ; et quatre coupons pour Bijlmer. Les tickets à coupons multiples ne sont *pas* valables pour Schiphol ; il faut acheter un billet de train ordinaire.

Pour plus de détails sur les transports ferroviaires, reportez-vous à la rubrique *Train* du chapitre *Comment s'y rendre* et à la rubrique *Comment circuler* du chapitre *Excursions*.

VOITURE ET MOTO

Reportez-vous à la rubrique *Voiture et moto* du chapitre *Comment s'y rendre* pour toute information sur le code de la route, les documents nécessaires, etc.

Les rues étroites du quartier des canaux, dans le centre-ville, n'ont pas été prévues pour une circulation intense, et la conduite en ville est activement découragée par la politique municipale de l'*autoluw* ("voiture au garage"). Le moyen le plus efficace de réduire le trafic automobile consiste à limiter les emplacements de parking. Le stationnement est toujours payant (sauf bien au-delà de la rocade A10), même si aucun panneau ne le signale. Placez le ticket de l'horodateur en évidence sur le tableau de bord. Dans le centre et dans certains quartiers du XIXe siècle, le stationnement est payant du lundi au samedi de 9h à 23h et le dimanche de 12h à 23h. Comptez 5/3 fl de l'heure dans/hors du centre du lundi au samedi entre 9h et 19h et 3 fl le reste du temps, quel que soit le quartier. Vérifiez les indications portées sur l'horodateur : les tarifs et les conditions de stationnement changent souvent.

L'horodateur n'est pas toujours visible mais nous vous recommandons de le chercher si vous voulez éviter un *wielklem* (le célèbre sabot jaune). Il en coûte 130 fl pour le faire retirer. La contravention sur votre pare-brise indique l'adresse du bureau de surveillance urbaine (*Stadstoezicht*) le plus proche où vous devrez vous rendre si vous voulez payer en espèces. Pour un règlement par carte de crédit, appelez le numéro indiqué sur la contravention.

Deux bureaux de surveillance urbaine sont habilités à retirer les sabots (un troisième bureau est en projet). Le bureau principal, Weesperstraat 105A, entre Weesperplein et Waterlooplein à l'angle de Nieuwe Prinsengracht, ouvre tous les jours de 8h à 20h. Le second, Beukenplein 50, à l'est de la ville près du Oosterpark, est ouvert aux heures mêmes mais ferme le dimanche. Une notice sur la contravention indique la marche à suivre en dehors de ces horaires.

Si vous ne contactez pas l'un de ces bureaux dans les 24 heures, votre véhicule est mis en fourrière. Vous devrez alors payer, en plus de la contravention, une amende de 300 fl pour le remorquage, plus 94 fl pour 12 heures de frais de garde ! La fourrière se situe Daniel Goedkoopstraat 7-9, dans la banlieue sud-est (métro Spaklerweg ou Overamstel). Appelez le ☎ 555 30 333 (informations générales 24h/24) avant de conclure que votre voiture a été volée.

Vous éviterez ce genre de problème en garant votre voiture à la périphérie de la ville et en prenant le tram ou le métro pour gagner le centre. Le parc de stationnement couvert le Transferium (☎ 400 17 21), sous le stade Arena dans Bijlmer, coûte 2,50 fl l'heure ou 12,50 fl par jour, y compris les transports jusqu'au métro et deux allers-retours vers Centraal Station ; un choix judicieux, en particulier pour un stationnement de longue durée. Un parc de stationnement similaire, offrant les mêmes avantages, se trouve en face du bureau VVV à Stadionplein, dans la banlieue sud-ouest.

On peut également acheter une carte de stationnement dans l'un des bureaux mentionnés ci-dessus pour 33/185,50 fl par jour/semaine (deux tiers du prix pour les secteurs en dehors de la ceinture des canaux et du quartier des musées). Il existe aussi des cartes mensuelles. Les billetteries automatiques disposent de tickets valables une journée, mais vous devez vous rendre dans les bureaux de surveillance urbaine pour les autres cartes. Sachez qu'un ticket acheté à un distributeur après 23h est valable le jour suivant. Inutile donc de vous précipiter dès 8h55 pour le renouveler ! Certains hôtels proposent des cartes touristiques valables trois jours pour 90/60 fl dans/hors du quartier des canaux. Quelques hôtels de luxe possèdent leurs propres parkings, très onéreux.

Les parkings du centre-ville (notamment dans Damrak, près de Leidseplein et sous le Stopera) sont souvent complets et reviennent plus cher qu'une carte de stationnement ; en revanche, ils sont gardés et assez sûrs. La meilleure solution consiste, sans aucun doute, à laisser sa voiture au Transferium, à Stadionplein ou encore au parking longue durée de l'aéroport de Schiphol le temps du séjour.

Les conducteurs handicapés peuvent se garer gratuitement aux endroits qui leur sont réservés (un macaron doit être collé sur le pare-brise). Prenez garde de ne pas stationner aux emplacements réservés aux résidents (indiqués par les numéros de

cours de conversion de l'euro 1 fl = 0,45 €

plaque d'immatriculation) car votre véhicule pourrait être emmené à la fourrière.

Les motocyclistes ne connaissent pas de problèmes de parking : ils peuvent se garer sur le trottoir, gratuitement, tant qu'ils ne gênent pas les piétons. Le vol demeure un insoluble problème, quelle que soit l'heure du jour ou de la nuit.

Location de voitures
Louer une voiture pour visiter la ville ne présente guère d'intérêt, mais vous sera utile pour explorer les environs. Prix et promotions varient d'une semaine à l'autre. La liste ci-après donne un aperçu des tarifs pratiqués lors de la rédaction de cet ouvrage. Renseignez-vous auprès de plusieurs compagnies pour trouver la solution la mieux adaptée à vos besoins et n'oubliez pas qu'une carte bancaire est indispensable.

Les compagnies locales sont généralement meilleur marché que les multinationales (Avis, Budget, Hertz, Europcar, etc.), mais n'offrent pas les mêmes garanties ni la même souplesse. Une "taxe d'aéroport" de 70,50 fl grève les locations faites à l'aéroport de Schiphol, ce qui n'enchante ni les compagnies ni les clients.

Avis, Nassaukade 380, près de Leidseplein (☎ 683 60 61) ; President Kennedylaan 783 (☎ 644 36 84) ; Klokkenbergweg 15 (☎ 43 95 11) ; réservations internationales au ☎ 430 96 09 en semaine uniquement 205 fl par jour pour la voiture la moins chère, kilométrage illimité, assurances et taxes comprises ; autrement, 127 fl par jour, 200 km, taxes et assurances compris (0,40 fl le km supplémentaire).

Budget, Overtoom 121 (☎ 612 60 66) ; Schiphol Plaza (☎ 604 13 49) ; numéro central ☎ 0800-05 37 (appel gratuit) ; réservations internationales au ☎ 070-384 43 85 – 210 fl par jour pour la voiture la moins chère, kilométrage illimité, assurances et taxes comprises ; c'est cher, mais Budget offre également l'une des meilleures affaires du pays par l'intermédiaire de la poste (voir plus loin). Un cabriolet Renault, spécialement aménagé pour accueillir un fauteuil roulant à l'arrière, coûte 90 fl par jour ; il est recommandé de réserver une semaine à l'avance.

Europcar, Overtoom 197 (☎ 683 21 23) ; Schiphol Plaza (☎ 316 41 90) ; réservations

internationales au ☎ 070-381 18 91 (en semaine uniquement) – 67 fl par jour et 200 kilomètres (0,35 fl le kilomètre supplémentaire) pour une Renault Twingo.

Hertz, Overtoom 333 (☎ 612 24 41) ; Engelseteeg 4 (☎ 623 61 23) ; réservations internationales au ☎ 504 05 54 (7 jours/7 de 8h à 20h) – 74 fl par jour pour une Seat Ibiza (200 km gratuits, 0,30 fl le km supplémentaire) ; l'agence de Schiphol Plaza propose des voitures à partir de 201 fl par jour, kilométrage illimité.

Kuperus BV, Middenweg 175 (☎ 693 87 90, fax 665 98 78), au sud-est de la ville (tram n°9) – premier prix à 53 fl par jour, assurances, taxes et 100 km inclus (0,29 fl le km supplémentaire) ; véhicules avec kilométrage illimité à partir de 264 fl pour trois jours, tout compris.

Safety Rent-a-car, Papaverweg 3B, près du Galaxy Hotel, Amsterdam Nord (☎ 636 63 63) – à partir de 73 fl par jour, taxes, assurances et 100 km compris (0,22 fl le km supplémentaire) ; location avec kilométrage illimité possible selon la destination.

La solution la moins chère consiste à acheter un *voucher* (coupon) dans un bureau de poste, grâce auquel vous obtiendrez la plus petite cylindrée proposée par Budget pour seulement 55 fl par jour ou 85 fl pour un week-end, assurances, taxes et 200 km inclus (0,20 fl le km supplémentaire). Les vouchers sont valables six mois et vous devez réserver votre véhicule au moins 24 heures à l'avance dans une agence Budget. Pour plus d'informations, appelez le ☎ 0900-15 76 de 8h à 20h en semaine et jusqu'à 17h le samedi.

Achat d'un camping-car
Braitman & Woudenberg (☎ 622 11 68), Droogbak 4A, Singel, en face de l'hôtel Ibis, vend des camping-cars avec une garantie de rachat. Un VW Westfalia revient à 10 000 fl. S'il est rendu dans les trois mois en bon état, vous en obtiendrez 75% du prix d'achat, dans les six mois 65%, et après un an 60%. De plus longues périodes sont aussi négociables. On trouve parfois des véhicules à environ 5 000 fl.

Pour tout renseignement sur les documents nécessaires, appelez le Département des transports routiers au ☎ 0598-62 42 40 de 8h à 17h du lundi au vendredi. Le Bureau central de la taxe sur les véhicules motorisés (☎ 0800-07 49 ; appel gratuit) ouvre aux même horaires.

Location de motos

La location d'une moto revient plus cher que celle d'une voiture, mais à quoi vous servirait une voiture dans Amsterdam ? Contactez les sociétés suivantes :

KAV Autoverhuur, Johan Huizingalaan 91, au sud-ouest de la ville (☎ 614 14 35) – 47 sortes de motos, dont les prix varient de 70 fl par jour pour 100 km (0,25 fl le km supplémentaire), à 218 fl par jour pour 100 km (0,40 fl le km supplémentaire), taxes incluses ; l'assurance vaut 29,50 fl par jour ; carte de crédit et permis de conduire international exigés.

Kuperus BV, Van der Madeweg 1-5 (☎ 668 33 11) – Yamaha Virago à 99 fl, assurances, taxes et 100 km compris (0,25 fl le km supplémentaire) ; une location de trois jours, avec kilométrage illimité, revient à 425 fl tout compris ; Honda VT750, CB750 ou Suzuki Marauder coûtent 164 fl par jour, y compris 100 km ; carte de crédit et permis de conduire international exigés.

Motorsport Selling, Spaklerweg 91 (☎ 465 66 67) un choix de puissantes motos de tourisme à 105 fl par jour, taxes, assurances et 125 km compris (0,25 fl le km supplémentaire) ; comptez 840 fl par semaine pour 875 km ; caution de 1 000 fl ; règlement en espèces accepté.

TAXI

Les taxis d'Amsterdam sont parmi les plus chers d'Europe, et les chauffeurs souvent grossiers – une mauvaise humeur qui s'explique par la lenteur du trafic et les embouteillages. Pour appeler un taxi, composez le ☎ 677 77 77 (qui doit bientôt devenir ☎ 0900-677 77 77), ce qui ne vous reviendra pas plus cher que de vous rendre à une station. En principe, on ne doit pas héler un taxi dans la rue, mais personne ne respecte cette règle. Le signal lumineux sur le toit indique que le taxi est libre. Le prix d'une course est le même de jour comme de nuit. Le chauffeur s'attend à un pourboire de 5 à 10%.

L'excellent service train-taxi (voir *Comment circuler* du chapitre *Excursions*) fonctionne uniquement entre la gare d'Amsterdam Zuid WTC et Amstelveen, Buitenveldert et quelques autres quartiers de la périphérie. Renseignez-vous au ☎ 645 18 52.

BICYCLETTE ET VÉLOMOTEUR

Pour toute information sur la réglementation routière, reportez-vous à la rubrique *Bicyclette* du chapitre *Comment s'y rendre*.

Les 550 000 bicyclettes que compte Amsterdam représentent le moyen de locomotion idéal car, dans le quartier des canaux et parfois bien au-delà, rien ne se trouve à plus de 10 minutes en vélo. La plupart des vélos sont équipés de deux antivols, qui valent souvent plus cher que les deux-roues qu'ils sont censés protéger. Il est vrai que 200 000 bicyclettes sont volées chaque année.

Au lieu de louer un vélo, vous pouvez en acheter un – une option à prendre en considération si vous envisagez de rester à Amsterdam plus d'un mois. On trouve des vélos d'occasion pour 140 à 200 fl ; ajoutez à cela 60 à 100 fl pour un ou deux antivols qui vous serviront à attacher votre bicyclette à une grille par le cadre et la roue avant. Les toxicomanes proposent parfois des vélos à des prix ridiculement bas, jusqu'à 25 fl, mais les Amstellodamois boycottent ce genre de pratique et n'ont que mépris pour les touristes qui les achètent de cette manière. C'est totalement illégal et peut vous attirer de gros ennuis si le propriétaire d'une bicyclette volée reconnaît son engin (ce qui arrive assez souvent).

Si vous venez avec votre propre bicyclette, contactez l'automobile club néerlandais, l'ANWB (carte 6 ; voir *Offices du tourisme* au chapitre *Renseignements pratiques*). Il pourra vous fournir des renseignements utiles si vous possédez une lettre d'introduction de votre propre club (automobile ou cycliste).

Certaines agences de location de bicyclettes, mentionnées ci-après, organisent des circuits et proposent des cartes de cyclotourisme. Consultez également la rubrique *Circuits organisés*, plus loin dans ce chapitre. Des magasins spécialisés dans la vente de cartes, tels Pied à Terre, Jacob van Wijngaarden et A la carte (voir *Livres* dans le chapitre *Achats*), disposent d'un vaste choix de cartes de cyclotourisme. Les cyclistes chevronnés, intéressés par les mesures concernant le cyclisme, peuvent s'adresser, en semaine à partir de 10h, à l'association cycliste locale, l'ENFB (☎ 685 47 94), Wilhelmina Gasthuisplein 84, 1054 BC Amsterdam (conseils sur les activités, la location, l'achat, les circuits, le transport en train, etc.)

Location de bicyclettes

De nombreux visiteurs ne louent un vélo que vers la fin de leur séjour et regrettent de ne pas l'avoir fait plus tôt. Il est vrai que la circulation chaotique peut en dissuader certains. Les cyclistes amstellodamois sont habitués et persuadés que les vélos de location en sont fortement responsables. Faites attention aux voies de tramways. Si votre roue se coince à l'intérieur, vous risquez de tomber et de vous blesser.

Tous les loueurs cités ci-après exigent des papiers d'identité, plus une empreinte de carte de crédit ou une caution en espèces. Rijwielshop et Amstel Stalling pratiquent les prix les plus bas, mais leurs vélos sont souvent à bout de souffle en fin de saison touristique. La location vous reviendra encore moins cher si vous achetez une *huurfietsdagkaart* (carte de location de vélo à la journée) en même temps que votre billet de train ou à un guichet de la gare d'arrivée, en présentant votre billet. Cette carte coûte à peine 7,50 fl, et la formule hebdomadaire 30 fl. Dans les deux cas, vous devez verser une caution de 50 à 200 fl, selon la gare. Cet excellent système, en vigueur dans 100 gares hollandaises, se révèle pratique pour les excursions.

Les tarifs mentionnés ci-dessous s'appliquent aux vélos standard (sans vitesse, freinage par rétropédalage). Comptez plus pour un modèle à plusieurs vitesses et freins au guidon.

Amstel Stalling (carte 1 ; ☎ 692 35 84), Amstelstation – 9,50/38 fl par jour/semaine, caution de 100 fl.

Bike City (carte 4 ; ☎/fax 626 37 21), Bloemgracht 68-70 dans le Jordaan, en face de la maison d'Anne Frank – 12,50/50 fl par jour/semaine, caution de 50 fl. Discrétion assurée, les vélos ne servent pas de support publicitaire !

Damstraat Rent-a Bike (carte 4 ; ☎ 625 50 29), Pieter Jacobsdwarsstraat 7-11, à proximité de la place du Dam – 15/67,50 fl par jour/semaine, caution de 50 fl.

Holland Rent-a Bike (carte 4 ; ☎ 622 32 07), Damrak 247, dans le Beurs van Berlage – 12,50/50 fl par jour/semaine, caution de 50 fl avec passeport ou 200 fl sans passeport.

MacBike (carte 4 ; ☎ 620 09 85), Mr Visserplein 2, près du marché Waterlooplein – 12,50/60 fl par jour/semaine, caution de 50 fl ou empreinte de carte de crédit, passeport exigé. Une autre agence est installée à proximité du complexe Europarking, Marnixstraat 220 (carte 4 ; ☎ 626 69 64).

Rijwielshop (carte 2 ; ☎ 624 83 91), Stationsplein 12 – accessible de l'extérieur de Centraal Station, à l'extrémité est du bâtiment, près des arrêts des bus urbains ; 9,50/38 fl par jour/semaine, caution de 200 fl.

Location de vélomoteurs

Moped Rental Service (carte 4 ; ☎ 422 02 66), Marnixstraat 208, loue des vélomoteurs bien entretenus à partir de 12,50 fl l'heure ou 35/60 fl la demi-journée/journée, assurances et plein d'essence compris ; un moyen idéal pour visiter les alentours d'Amsterdam. Le port du casque n'est pas obligatoire, mais vous avez besoin d'un permis (le permis voiture convient). L'agence ouvre tous les jours de 9h à 19h en été et jusqu'à 18h en hiver.

A PIED

Amsterdam mérite amplement son surnom de Venise du Nord. Comme dans la cité italienne, on prend plaisir à découvrir à pied la plupart des monuments, peu éloignés les uns des autres dans le centre-ville. On peut aussi s'y perdre, tout comme à Venise, mais jamais bien longtemps. Les chaussées sont souvent faites de briques irrégulières ou de pavés – et prenez garde aux crottes de chiens !

D'après les statistiques, la Hollande est le pays le plus sûr d'Europe pour les piétons. Toutefois, méfiez-vous des cyclistes amstellodamois, qui prennent plaisir à zigzaguer sur les pistes cyclables en faisant montre de la plus grande indifférence pour le code de la route, de même que les piétons ignorent les feux. Les pistes de couleur rougeâtre sont réservées aux cyclistes, qui ne

MARTIN MOOS

étail de la façade du Rijkmuseum.

RICHARD NEBESKY

Église néogothique de Krijtberg, le long du Singel.

JON DAVISON

s illuminations mettent en valeur le charme des canaux d'Amsterdam.

Vue depuis la tour de l'horloge de la Westerkerk.

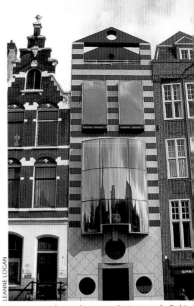
L'ancien et le moderne se côtoient sur le Rokin.

A Amsterdam chaque maison est différente de ses voisines.

cachent pas leur animosité lorsqu'un piéton s'y hasarde.

BATEAU
Ferry

Le *Buiksloterwegveer* (*veer* signifie ferry en néerlandais), un ferry gratuit pour les piétons, les vélos et les vélomoteurs qui dessert Amsterdam Nord, traverse directement l'IJ du débarcadère situé entre les quais 8 et 9, derrière Centraal Station. Offrez-vous cette mini-croisière en attendant un train ou si vous avez 45 minutes à perdre. Il circule 7 jours/7 toutes les 5 minutes de 6h30 à 21h, puis toutes les 10 minutes de 21h à 6h30. L'*Adelaarswegveer*, qui part du quai 8, traverse l'IJ en diagonale et met plus longtemps pour effectuer son trajet. Il circule du lundi au vendredi toutes les 7 ou 15 minutes, de 6h27 à 20h57, et le samedi toutes les 15 minutes.

Bateau-bus et pédalo

Pour toute information concernant les croisières sur les canaux, reportez-vous au paragraphe *Croisières sur les canaux*, ci-après dans la rubrique *Circuits organisés*.

Le *Lovers Museum Boat* (carte 2 ; ☎ 622 21 81) part toutes les 30 ou 45 minutes de Centraal Station, dans Prins Hendrikkade, en face du n°26, et s'arrête devant les principaux musées. Un billet d'une journée, avec transport illimité, vaut 25 fl (15 fl si vous l'achetez après 13h). Une escale vous reviendra à 7,50 fl, 2 escales à 10 fl et 3 ou 4 escales à 12,50 fl. Le billet à la journée permet d'obtenir une réduction de 10% à 50% sur l'entrée de la plupart des musées. Si vous souhaitez visiter plusieurs musées en un jour, c'est une bonne solution et, de surcroît, vous bénéficierez des commentaires d'un guide expérimenté.

Le *Canal Bus* (☎ 623 98 86) propose un circuit touristique entre Centraal Station et le Rijksmuseum, de 10h15 à 18h45. Un billet d'une journée coûte 22 fl (32,50 fl avec l'entrée au Rijksmuseum). On peut louer des pédalos (☎ 626 55 74) à 2/4 places pour 25/40 fl de l'heure aux kiosques de Leidseplein, de Keizersgracht/Leidsestraat, de la maison d'Anne Frank et du Rijksmuseum.

Taxi fluvial

Les canaux amstellodamois sont peu utilisés pour la circulation ; vous n'y trouverez pas l'équivalent des *vaporetti* vénitiens. Le seul mode de transport qui s'en approche est le taxi fluvial (*watertaxi*), exorbitant, qui circule de 8h à 24h. Son point de départ se situe en face de Centraal Station, dans Prins Hendrikkade, en face du n°26. Les prix varient selon le nombre de passagers et la durée. On peut se restaurer à bord ou faire escale dans trois restaurants (un plat dans chaque). Il est indispensable de réserver au ☎ 622 21 81.

CIRCUITS ORGANISÉS

Les agences ci-après proposent des circuits permettant une découverte rapide de la ville. Les prix varient en fonction des expositions temporaires du Rijksmuseum :

Holland International (☎ 625 30 35), Damrak 90 – excursion en bus de 3 heures 30, comprenant la visite du Rijksmuseum et d'un atelier de diamants ; départ tous les jours à 14h30 (48 fl).

Keytours (☎ 623 50 51), Dam 19, près de Thomas Cook et du Krasnapolsky Hotel – visite de la ville en 3 heures 30 en été : le circuit du matin (départ à 9h30) s'effectue en bus et bateau (40 fl) ; celui de l'après-midi (départ à 14h30), en bus, comprend la visite du Rijksmuseum et d'un atelier de diamants (48 fl) ; en hiver, seul celui de l'après-midi est programmé.

Lindbergh Tours, Damrak 26 (☎ 622 27 66) – visite de la ville en bus en 2 heures 30 ; en été, départ tous les jours à 10h et à 14h30 ; à 14h30 seulement en hiver (27,50 fl ou 35 fl, y compris une heure de bateau sur les canaux ; ces prix sont susceptibles d'augmenter).

Les jours fériés et le dimanche, de la mi-juin à la mi-septembre, la GVB met en service un tram des années 20, qui part en face du Victoria Hotel, devant Centraal Station, et passe devant tous les sites touristiques du centre-ville. On peut également dîner aux chandelles dans un tram. De nombreux circuits en bus explorent la ville et ses environs. Renseignez-vous auprès de la GVB, en face de Centraal Station, ou appelez le ☎ 460 53 53.

cours de conversion de l'euro 1 fl = 0,45 €

COMMENT CIRCULER

Croisières sur les canaux

Vous serez sans doute surpris d'apprendre que très peu d'Amstellodamois se sont un jour laissé tenter par une croisière sur les canaux. Ils manquent ainsi une perception totalement différente de la ville. Quantité de tour-opérateurs sont installés devant Centraal Station, en bordure de Damrak et de Rokin, ou à proximité du Rijksmuseum. Leurs propositions et leurs prix sont quasi similaires (environ 15 fl pour une croisière d'une heure). Les réservations ne sont pas nécessaires.

Les bateaux suivent des trajets légèrement différents : n'hésitez pas à vous renseigner si vous souhaitez emprunter un canal plutôt qu'un autre. Il existe aussi des croisières de nuit, aux bougies, avec dégustation de vin et de fromage ou dîner.

Les croisières de jour vous reviendront moins cher en achetant votre billet à la réception d'une des deux auberges de jeunesse (la Stadsdoelen ou la Vondelpark ; voir la rubrique *Auberges de jeunesse* dans le chapitre *Où se loger*). Vous obtiendrez une réduction de 40% sans avoir à séjourner dans l'auberge ou montrer votre carte HI ou IYHF. Le *Lovers*, en face de Centraal Station, ne demande que 10 fl aux étudiants.

Autres croisières

Le dimanche et les jours fériés, de la mi-avril à la mi-octobre, la GVB met en service un ferry qui part derrière Centraal Station pour une croisière de deux heures dans le port (départ à 12h, 14h et 16h). Les billets (12,50 fl, 9 fl pour les enfants) sont en vente au bureau d'information de la GVB. Pour tout renseignement, appelez le ☎ 460 53 53. Des hydrofoils et des catamarans desservent d'autres destinations, dont Lelystad et Almere.

Rederij Naco (☎ 626 24 66) organise des croisières plus ambitieuses au départ du quai 7, derrière Centraal Station. De mai à mi-septembre, sa croisière de 6 heures, à destination du fort historique de Pampus et du château de Muiden, part à 10h tous les jeudi et dimanche (39 fl, 22,50 fl pour les enfants). Emportez des sandwichs si vous ne souhaitez pas vous restaurer à bord (le prix des boissons reste raisonnable). En mai, juin et septembre, tous les mardi de 10h à 16h, une croisière suit la pittoresque Vecht bordée de demeures historiques, au sud-est de la ville. Les itinéraires changent d'une année à l'autre ; appelez pour vous renseigner.

Circuits en bicyclette

Plusieurs agences proposent des circuits en bicyclette d'avril à octobre. Yellow Bike Tours (☎ 620 69 40), Nieuwezijds Kolk 29, qui donne dans Nieuwezijds Voorburgwal, est la plus importante. Elle organise notamment des excursions de 3 heures dans la ville pour 32,50 fl, d'autres de 6 heures 30 jusqu'à Broek (Waterland), au nord d'Amsterdam, pour 42,50 fl.

Let's Go (☎ 600 18 09) propose une excursion de 6 heures 30 jusqu'à Edam et Volendam, ou un circuit "Châteaux et Moulins à vent" à l'est de la ville, pour 45 fl (billets de train non compris). Ces circuits, chaudement recommandés par de nombreux lecteurs, partent du bureau VVV en face de Centraal Station ; les vélos sont chargés dans le train. Pour plus de détails, consultez le site Internet de Let's Go : www.come.to/letsgo.

Cycletours Holland (☎ 627 40 98, fax 627 90 32), Keizersgracht 181, 1016 DR Amsterdam, organise diverses excursions dans toute la Hollande, en vélo et péniche-dortoir pour 15 à 30 personnes. Elles rassemblent essentiellement des voyageurs qui ont réservé à l'avance de l'étranger. Mieux vaut demander une brochure au préalable. Consultez le site www.cycletours.com, car Cycletours Holland doit prochainement changer d'adresse. Un circuit d'une semaine, du samedi au samedi, revient à 1 195 fl (cabine à deux couchettes avec douche et toilettes). Les excursions de quatre ou cinq jours commencent à 605 fl (prestations identiques).

A voir et à faire

Toute promenade dans Amsterdam apporte son lot de joyaux cachés et de merveilles insolites. Ce chapitre décrit les sites les plus "importants", ou considérés comme tels, mais visiteurs et Amstellodamois sauront toujours déceler des curiosités qui ne figurent jamais dans les guides. Ces découvertes ajoutent au charme certain de la ville.

A NE PAS MANQUER

Selon le VVV, les attractions les plus appréciées sont (dans l'ordre) :

1. Excursion sur les canaux
2. Zoo d'Artis
3. Rijksmuseum
4. Visite d'un atelier de diamants
5. Musée Van Gogh
6. Holland Casino Amsterdam
7. Concertgebouw
8. Maison d'Anne Frank
9. Stedelijk Museum
10. Seksmuseum Amsterdam ("De Venustempel")

Ce classement s'adresse aussi bien aux touristes étrangers qu'aux Néerlandais. Voici une liste plus directement destinée aux premiers :

1. Excursion sur les canaux
2. Rijksmuseum
3. Quelques "cafés bruns"
4. Nederlands Scheepvaartmuseum (musée d'Histoire maritime)
5. Stedelijk Museum
6. Flânerie dans le quartier des canaux
7. Marché Albert Cuyp
8. Begijnhof
9. Observation des passants à Leidseplein
10. Concert estival gratuit dans le Vondelpark

A ÉVITER

Certains sites ou musées sont littéralement pris d'assaut par les touristes, tels le Scenerama Madame Tussaud, le Holland Experience, à côté de la maison de Rembrandt (une manifestation multimédia, onéreuse et peu convaincante), le casino de Leidseplein et la maison d'Anne Frank (files d'attente interminables en été ; mieux vaut visiter le Joods Historisch Museum). A éviter également :

- Une croisière sur les canaux avec une bande d'écoliers hurlant pendant les commentaires du guide.

Amsterdam gratuit

Voici quelques activités et sites touristiques gratuits, décrits dans ce chapitre dans l'ordre ci-après :

- Prendre le ferry pour traverser l'IJ.
- Écouter un récital de carillon tout en se promenant le long d'un canal (le VVV vous fournira les horaires).
- Flâner dans le quartier chaud et essayer d'en admirer l'architecture.
- Se promener dans la galerie de la Garde civile.
- Profiter du calme du Begijnhof.
- Admirer la vue au croisement de Keizersgracht et de Reguliersgracht.
- Visiter un atelier de diamants.
- Visiter la Zuiderkerk.
- Assister à une représentation du NAP au Stopera.
- Se promener dans les jardins du Rijksmuseum.
- Profiter des concerts gratuits à l'heure du déjeuner au Concertgebouw ou au Stopera.
- Se rendre à un concert dans le Vondelpark en été.
- Rejoindre, le vendredi soir, les quelque 2 000 rollers pour patiner dans la ville, si la météo le permet ; rendez-vous à 20h devant le Nederlands Filmmuseum dans le Vondelpark.
- Assister à l'entraînement des chevaux du Hollandse Manege.

A chacun son musée

Le large éventail des musées d'Amsterdam comblera les goûts de chacun. Les week-ends sont les périodes de plus forte fréquentation, de même que les mercredi après-midi lorsque les écoliers sont emmenés au musée. La plupart d'entre eux ferment le lundi.

Les commentaires sont généralement rédigés en hollandais. Demandez une brochure en français (souvent gratuite) en achetant votre billet. Pour des informations plus détaillées, vous pourrez acheter un guide dans la boutique attenante. De nombreux musées disposent d'un agréable café (et parfois d'un restaurant) avec jardin où il fait bon se reposer et se plonger dans le guide.

La plupart des musées sont payants et demandent parfois un supplément pour les expositions temporaires. Des réductions sont généralement consenties aux plus de 65 ans, aux moins de 18 ans, aux étudiants (rarement), aux titulaires de la carte CJP (voir la rubrique *Étudiants et Cartes Jeunes* du chapitre *Renseignements pratiques*) ainsi qu'aux possesseurs de diverses autres cartes.

La Museumjaarkaart (carte musée annuelle ; 55 fl, 25 fl pour les moins de 24 ans, 45 fl pour les plus de 55 ans) permet, pendant un an, d'entrer gratuitement dans 400 musées partout en Hollande. Cette carte ouvre les portes de la plupart des musées d'Amsterdam, dont les plus grands (Rijksmuseum, musée Van Gogh, Stedelijk Museum, Scheepvaartmuseum, etc.), mais n'est pas acceptée à la maison d'Anne Frank. Les autres musées accordent des réductions, mais les expositions temporaires peuvent faire exception à cette règle. La carte est amortie avec la visite de cinq ou six musées. Renseignez-vous dans les musées qui participent à cette opération ou auprès du VVV (prévoyez une photo d'identité).

Le *Lovers Museum Boat* offre également des réductions intéressantes avec son billet à la journée (voir la rubrique *Bateau* du chapitre *Comment circuler*) ; néanmoins, si vous souhaitez profiter de ces rabais, mieux vaut visiter le Rijksmuseum séparément, car cela occupe une bonne partie de la journée.

- Les rues commerçantes de Kalverstraat et Nieuwendijk le samedi et le dimanche, trop encombrées et paradis des pickpockets.
- Les taxis : ils sont chers, et les chauffeurs souvent grossiers.
- Conduire une voiture dans le secteur des canaux : vous avez toutes les chances de rester coincé derrière un camion déchargeant des barils de bière et vous ne pourrez pas vous garer sans grever lourdement votre budget.
- Louer des bicyclettes de couleur criarde arborant une encombrante pancarte "vélo de location" : les Amstellodamois les considèrent comme un danger pour la circulation (ce qui ne signifie nullement d'ailleurs qu'eux-mêmes respectent le code de la route) ; demandez un véhicule moins voyant.
- Payer avec une carte de crédit : de nombreux commerçants la refusent ou ajoutent une taxe exorbitante.
- Photographier les prostituées ou les passants dans le quartier chaud.
- Acheter de la drogue dans la rue.

Centre d'Amsterdam

La ceinture des canaux délimite l'Amsterdam Centrum. L'un des attraits de ce quartier réside dans son tracé, véritable témoin de son histoire. Le Damrak, la place du Dam et Rokin, qui s'étendent au cœur de la cité médiévale, formaient autrefois le tronçon final de l'Amstel. La ville fut bâtie autour d'une digue construite sur l'Amstel à l'emplacement de l'actuelle place du Dam. La rive est était appelée Oude Zijde (ancien côté), la rive ouest Nieuwe Zijde (nouveau côté).

Il fallut assécher les marais environnants pour consolider le sol. Finalement l'Oude Zijde fut bordé par le Kloveniersburgwal et le Geldersekade, le Nieuwe Zijde par le Singel (fossé), qui délimitaient les extensions de la cité médiévale. A la fin du XVe siècle et au début du siècle suivant, ce secteur modeste fut entouré d'une enceinte, flanquée de portes fortifiées aux points stratégiques.

Un siècle plus tard, le mur féodal, dont la construction avait exigé tant d'efforts, fut détruit tandis que la ville s'étendait aux marais limitrophes. On peut encore voir quelques-unes de ces portes fortifiées. Vers la fin du XVIe siècle, on construisit des îles habitables à l'est. Elles constituent le voisinage de Nieuwmarkt, qui s'étend à l'est de la place éponyme.

Finalement, les vastes projets d'urbanisation entrepris au XVIIe siècle aboutirent à la ceinture semi-circulaire des canaux, emprisonnés par les Lijnbaansgracht et le Buitensingel (fossé extérieur), appelé aujourd'hui Singelgracht.

DAMRAK, DAM ET ROKIN (CARTE 4)

La plupart des visiteurs arrivent à **Centraal Station** (gare centrale, datant de 1889), édifice de style Renaissance hollandaise avec des ajouts gothiques, conçu par Pierre Cuypers, à qui l'on doit également le Rijksmuseum, et A.L. van Gendt, le créateur du Concertgebouw. Sa structure – une partie centrale avec deux tours carrées flanquées de deux ailes – est très proche de celle du Rijksmuseum. Elle influença les architectes de la gare centrale de Tokyo. On remarquera sa façade à la décoration très chargée.

L'implantation de la gare fit l'objet de nombreuses polémiques. La plupart des membres du conseil municipal avaient privilégié un emplacement à Leidseplein ou dans les banlieues sud, en pleine expansion ; sous la pression du gouvernement, on opta pour le site actuel, avec la construction du bâtiment sur l'IJ, sur trois îlots artificiels. La gare séparait la cité amstellodamoise de son port historique, qui déjà se déplaçait vers l'est ; par la suite, il devait revenir vers l'ouest.

Lorsque l'on quitte la gare centrale par l'arrière, côté port, on peut embarquer sur l'un des trois ferries gratuits à destination d'Amsterdam Noord et faire ainsi une croisière sur l'IJ. Aujourd'hui, l'endroit est paisible, mais aux XVIIe et XVIIIe siècles il abritait le port le plus actif du monde.

En sortant de la gare par le devant de l'édifice, on découvre la coupole et les deux tours jumelles de l'église néobaroque **St Nicolaaskerk** (1887). Dessinée par A.C. Bleijs, c'est la principale église catholique de la ville, mais elle risque de fermer. L'intérieur (voûte en bois soutenue par des piliers carrés en marbre blanc) recèle de nombreuses peintures et un autel surmonté de la couronne de l'empereur Maximilien.

Damrak

Le Damrak, juste en face de vous, mène au Dam. Le port occupait autrefois cet emplacement. Il devint vite trop exigu pour les gros navires qui accostaient le long des palissades, remplacées par l'actuelle Centraal Station. Aujourd'hui, le Damrak est une large artère bordée de boutiques de souvenirs, de bureaux de change et des hôtels sombres. Au n°18, le **Seksmuseum Amsterdam** (également appelé "De Venustempel") ouvre tous les jours de 10h à 23h30. Pour 4,50 fl, les amateurs pourront découvrir une étrange collection d'objets pornographiques. Bienvenue à Amsterdam !

La moitié sud du Damrak fut comblée à la fin du XIXe siècle pour construire, en 1903, la **Beurs van Berlage** (Bourse de Berlage ; ☎ 530 41 41), qui doit son nom à H.P. Berlage, l'architecte du bâtiment. Ses lignes fonctionnelles et sa tour d'horloge carrée contrastent avec les conceptions architecturales plus exubérantes de l'époque. De fait, cet édifice a marqué un tournant dans l'architecture amstellodamoise. On s'en rend mieux compte lorsque l'on examine plus attentivement les multiples détails qui ont présidé à sa réalisation. La vaste salle centrale, surmontée d'une verrière à structure métallique, accueillait le commerce du café, du tabac, du sucre et autres produits des colonies. Les marchands finirent par déserter ce bâtiment pour la néoclassique **Effectenbeurs**

cours de conversion de l'euro 1 fl = 0,45 €

Procession des lépreux, place du Dam, tableau peint par Adriaen van Nieulandt en 1633.
De gauche à droite, on reconnaît l'ancien hôtel de ville, la Nieuwe Kerk, le Poids public et
le Damrak, où de petits cargos font sécher leurs voiles. La procession, organisée pour récolter
des fonds, se déroula pour la dernière fois en 1603.

(Bourse des valeurs), érigée en 1913 par Pierre Cuypers, l'architecte de Centraal Station, sur le côté est de Beursplein.

Dans les années 70, les fondations de la Bourse de Berlage commencèrent à s'enfoncer, mais l'édifice, voué à la démolition, fut finalement sauvé. Transformé aujourd'hui en centre culturel, il abrite l'Orchestre philharmonique des Pays-Bas et présente des concerts et des expositions temporaires, comme les peintures de Picasso, les dessins de Frank Lloyd Wright et les œuvres de Karel Appel, trop importantes pour se tenir dans un musée. L'entrée réservée au public se trouve côté Damrak, près d'un magasin de bicyclettes. Le centre ouvre du mardi au dimanche de 10h à 16h (entrée : 6 fl, 4 fl avec réduction). Grimpez au sommet de la tour de l'horloge pour profiter de la vue. En été, un agréable café ouvre côté Beursplein.

La place du Dam

Le Damrak aboutit à la place du Dam (appelée plus simplement le Dam), où fut construit le premier *dam* (digue) sur l'Amstel, à l'origine du nom de la ville. Cette place de marché centrale était le véritable forum de la cité. Elle était alors beaucoup plus petite qu'aujourd'hui et n'atteignit ses dimensions actuelles qu'avec la démolition des bâtiments qui délimitaient son périmètre. Elle paraît bien vide désormais, avec pour seuls résidents des milliers de pigeons affamés et des fêtes foraines occasionnelles.

La digue originale se trouvait à l'extrémité est de la place actuelle, flanquée d'une écluse qui autorisait la circulation des bateaux. Dès 1611, ces derniers durent abaisser leurs mâts pour passer sous le nouveau bâtiment de la Bourse, construit sur l'écluse, définitivement comblée en 1672.

La Bourse fut elle-même démolie en 1838 et un obélisque, le **Monument national**, domine maintenant l'extrémité est de la place. Érigé en 1956 en hommage aux morts de la Seconde Guerre mondiale, il accueille chaque année une cérémonie de commémoration. A la fin des années 60, il

Les orgues de Barbarie et les carillons

L'orgue de Barbarie et le carillon sont aux Néerlandais ce que la cornemuse est aux Écossais : ils semblent susciter les mêmes sentiments mitigés.

L'orgue de Barbarie (*draaiorgel*, littéralement "orgue-barrique"), complexe machinerie, est né de l'orgue de Barbarie portable autrefois populaire dans toute l'Europe et qui a aujourd'hui totalement disparu. Ses tonalités désaccordées et son répertoire répétitif ont contribué à sa mort : les gens avaient tendance à payer les musiciens pour qu'ils s'arrêtent plutôt que pour qu'ils continuent de jouer.

Sa survivance aux Pays-Bas est partiellement liée à un système de location établi à Amsterdam en 1875 : les musiciens louaient leur orgue à des propriétaires responsables de leur entretien et de leur réglage. L'accord de permis étant soumis à des lois très strictes, cela permettait d'assurer une certaine qualité. Aujourd'hui encore, les musiciens sont tenus de respecter des horaires particuliers dans certains quartier de la ville. Ils sont donc équitablement répartis et peuvent rester cinq minutes au même endroit sans avoir à déménager.

Leur répertoire varié s'étend des *Tulipes d'Amsterdam* au *Beau Danube bleu*, en passant par les derniers tubes à la mode. Les variations de température et d'humidité sont toujours aussi catastrophiques pour le réglage des instruments, notamment en ce qui concerne le registre du bourdon, dont chaque tonalité est représentée par deux tuyaux accordés de manière très proche pour donner le vibrato désiré. On a donc parfois l'impression d'écouter un chat auquel on aurait marché sur la queue. Peut-on parler de musique ? En tout cas, la plupart des gens s'accordent à dire que l'orgue de Barbarie est une impressionnante machine. Autrefois, les instruments fonctionnaient à la manivelle, mais ils sont désormais équipés d'un petit moteur.

La passion des Hollandais pour les instruments mécaniques s'étend aux carillons désaccordés qui ornent de nombreux bâtiments publics, notamment les clochers d'églises. En général, ils sont actionnés par des machines, mais un groupe de carillonneurs triés sur le volet s'offre parfois un petit concert. Ces interprétations en direct d'œuvres de compositeurs classiques et modernes sont souvent jouées avec beaucoup de sentiment, ce qui est surprenant quand on pense aux limites naturelles de l'instrument.

Les carillons sont merveilleusement pittoresques lorsqu'on les entend en passant mais, si vous logez dans le périmètre d'une église, leurs interventions tous les quarts d'heure finiront par vous taper sur les nerfs. Grâce à Dieu, ils se taisent la nuit.

---

servait surtout de lieu de camping pour les hippies, jusqu'à ce qu'ils en soient chassés par des marins. Au début des années 90, la pluie et le gel l'avaient sérieusement endommagé et il menaçait de s'écrouler. Sa récente restauration est l'œuvre d'une entreprise... allemande. Les statues symbolisent la guerre (quatre silhouettes masculines), la paix (une femme portant un enfant) et la Résistance (des hommes avec des chiens). Les douze urnes à l'arrière du monument contiennent un peu de terre des onze provinces néerlandaises et des Indes orientales.

L'imposant bâtiment qui se profile à l'extrémité ouest du Dam est le **Palais royal**, ou

Koninklijk Paleis (achevé en 1665, en service depuis 1655). Cet hôtel de ville remplaça l'édifice médiéval incendié, situé au même endroit. L'architecte Jacob van Campen dépensa sans compter pour édifier un bâtiment à la mesure de la puissance d'Amsterdam qui puisse rivaliser ainsi avec les plus prestigieuses constructions européennes. Un siècle et demi plus tard, il devint la résidence de Louis Bonaparte, qui contribua à réunir l'une des plus remarquables collections de mobilier Empire, mais fit détruire l'ancien Poids public, qui obstruait la vue.

Le Palais royal fut ensuite attribué à la maison d'Orange, qui y séjourna régulière-

cours de conversion de l'euro 1 fl = 0,45 €

TAMSIN WILSON

Monument national

ment. En 1935, le gouvernement l'acheta pour le restaurer dans ses fonctions premières (la reine Beatrix est censée y vivre – elle paie un loyer symbolique de 1 fl –, mais sa résidence principale se trouve à La Haye). L'aménagement intérieur est somptueux, en particulier dans le grand hall, très richement décoré, et mérite une visite. Les heures d'ouverture varient en fonction des réceptions officielles. Avec un peu de chance, vous pourrez le visiter entre 12h30 et 17h, mais appelez auparavant le ☎ 624 86 98 (entrée : 7 fl, 5 fl avec réduction).

La **Nieuwe Kerk** (Nouvelle Église, début du XVe siècle), où se déroulent les cérémonies d'intronisation des souverains hollandais, jouxte le Palais royal. Cette église de style gothique tardif n'est "nouvelle" que par rapport à l'Oude Kerk (Vieille Église), avec laquelle elle rivalisait comme plus grande église de la ville. Elle fut endommagée par plusieurs incendies et sa tour, d'une hauteur exceptionnelle, ne fut jamais achevée, car les fonds destinés à sa construction échurent à l'hôtel de ville voisin.

On retiendra surtout le chœur en chêne sculpté, la grille en bronze séparant le chœur de la nef, l'orgue massif, les vitraux et le mausolée de l'amiral Michiel de Ruijter, héros national qui trouva la mort en 1676 à Messine en combattant les Français. Plusieurs autres Amstellodamois célèbres sont enterrés à cet endroit, notamment les poètes Joost van den Vondel et Pieter Cornelisz Hooft. L'église accueille des expositions et des concerts d'orgue. Les horaires d'ouverture et les droits d'admission varient en fonction des manifestations – appelez le ☎ 638 69 09 pour tout renseignement.

Rokin

Au-delà du Dam, le Damrak devient le Rokin (altération de *rak-in*, "port intérieur"), qui fut presque entièrement comblé au XIXe siècle. C'est une artère nettement plus luxueuse que le Damrak, avec ses bureaux (les nouveaux bâtiments de la Bourse se trouvent au n°61), ses boutiques prestigieuses (au n°92, Hajenius, un bureau de tabac à l'intérieur lambrissé) et ses marchands d'art (Sotheby Mak van Waay au n°102 – qui doit prochainement déménager). A Wijde Kapelsteeg, une **colonne** commémore le miracle d'Amsterdam, qui fit de la cité un lieu de pèlerinage au Moyen-Age (voir *Les débuts des échanges commerciaux* de la rubrique *Histoire* dans le chapitre *Présentation de la ville*). Construite à l'emplacement même où se produisit le miracle de l'hostie, la chapelle n'existe plus, mais elle occupait le petit pâté de maisons entre Wijde et Enge Kapelsteeg.

A Grimburgwal, où l'eau fait sa réapparition, la rive opposée au Rokin s'appelle l'Oude Turfmarkt. A l'angle, au n°127 d'Oude Turfmarkt, se profile l'**Allard Pierson Museum**, appartenant à l'université d'Amsterdam (☎ 525 25 56), qui abrite la plus belle collection archéologique universitaire au monde. Sans pouvoir rivaliser avec celles du musée de Leyde, du British Museum ou du Louvre, ces collections (égyptiennes, mésopotamiennes, grecques et romaines, entre autres) offrent un bon aperçu de la vie quotidienne dans l'Antiquité. Le musée ouvre du mardi au vendredi de 10h à 17h, le week-end, à partir de 13h (entrée : 9,50 fl, 7 fl pour les étudiants et les seniors). Le musée possède un site Web : www.uba.uva.nl/apm.

Le Rokin s'achève à Muntplein, carrefour dominé par la **Munttoren** (tour de la Monnaie). Elle fut érigée par l'architecte Hendrick de Keyser sur une partie des vestiges de la Regulierspoort, une porte de la ville datant du XVe siècle qui brûla en 1619. Elle reçut son nom en 1672-1673, période pendant laquelle on y frappa la monnaie alors que les Français occupaient la majeure partie de la République.

OUDE ZIJDE (CARTE 4)

A l'est de l'axe Damrak-Rokin s'étend l'Oude Zijde ("ancien côté") de la cité médiévale. Le nom prête à confusion dans la mesure où le Nieuwe Zijde ("nouveau côté"), à l'ouest, est en réalité plus ancien (voir plus loin la rubrique *Nieuwe Zijde*).

Dans les années 1380, l'Oude Zijde commença à s'étendre vers l'est, en direction de l'Oudezijds Voorburgwal ("quai fortifié avant"), puis vers l'Oudezijds Achterburgwal ("quai fortifié arrière").

A l'origine, la cité ne dépassait pas le Grimburgwal, au sud, à l'endroit où s'arrête la partie comblée du Rokin. Dans les années 1420, la construction du Geldersekade et du Kloveniersburgwal permit d'accroître l'espace habitable pour une population en pleine expansion.

Warmoesstraat

Warmoesstraat est l'une des digues les plus anciennes en bordure de l'Amstel – et, de ce fait, l'une des plus vieilles rues de la ville. Elle court parallèlement au Damrak, derrière les entrepôts qui bordaient autrefois la rive est de la rivière (l'extension sud au-delà du Dam prend le nom de Nes). Vivaient là les marchands les plus aisés d'Amsterdam et tous ceux qui pouvaient se le permettre. Aujourd'hui bordée de restaurants, d'hôtels bon marché et de sex-shops, elle abrite le commissariat le plus actif de la ville (n°44-50).

Geels & Co (☎ 624 06 83), au n°67, une boutique de thé et de café, possède un intéressant petit musée à l'étage (entrée libre). La boutique ouvre aux heures habituelles des commerces, mais le musée se visite uniquement le mardi, le vendredi et le samedi entre 14h et 16h.

Oude Kerk

En empruntant Enge Kerksteeg vers l'est, on arrive rapidement à l'Oude Kerk (Vieille Église), une église gothique du début du XIVe siècle. Elle fut érigée en l'honneur de saint Nicolas, patron de la ville, mais aussi protecteur des marins, des marchands, des prêteurs sur gages et des enfants. C'est le plus ancien édifice religieux d'Amsterdam. La basilique originale fut remplacée en 1340 par une église voûtée à triple nef, de proportions massives, miraculeusement épargnée par l'incendie qui ravagea Amsterdam en 1452.

On renonça à certains ajouts ultérieurs, faute de fonds que l'on préféra consacrer à l'édification de la Nieuwe Kerk. Un siècle plus tard, les calvinistes iconoclastes endommagèrent les autels, les statues et les peintures de l'église. Les nouvelles autorités calvinistes en chassèrent les vagabonds et les colporteurs qui y avaient élu domicile et changèrent son nom officiel de St Nicolaaskerk en Oude Kerk. Au milieu du XVIIe siècle, la Nieuwe Kerk la supplanta et devint l'église la plus importante d'Amsterdam.

On remarquera surtout l'orgue Müller (1724), la nef voûtée en chêne (avec des vestiges de peinture au-dessus de l'aile gauche) et les vitraux (1555). On pourra aussi admirer les bas-reliefs du XVe siècle qui ornent le chœur, dont certains sont particulièrement osés. L'église contient, comme la Nieuwe Kerk, les mausolées d'Amstellodamois plus ou moins célèbres, dont celui de Saskia van Uylenburgh, la première épouse de Rembrandt décédée en 1642. L'église ouvre tous les jours de 11h à 17h, le dimanche à partir de 13h (entrée : 5 fl, 3,50 fl avec réduction). Un service protestant est assuré le dimanche à 11h (les portes ferment à 11h pile).

cours de conversion de l'euro 1 fl = 0,45 €

La **tour** (1565) de l'Oude Kerk est probablement la plus belle d'Amsterdam. Du sommet, vous aurez une vue magnifique. Le carillon de 47 cloches, installé par le fondeur François Hemony en 1658, est considéré comme l'un des plus remarquables du pays. Datant de 1450, la cloche installée au sommet de la tour est la plus ancienne d'Amsterdam.

Pour pénétrer dans la tour, il est indispensable de se joindre à une visite guidée, organisée à l'avance (65 fl l'heure ; 25 personnes maximum). Si vous avez réussi à constituer un groupe, appelez le ☎ 612 68 56 pour réserver.

Quartier rouge

Le quartier chaud, ou quartier rouge, est bordé à l'ouest par Warmoesstraat, à l'est par Zeedijk/Nieuwmarkt/Kloveniersburgwal et au sud par Damstraat/Oude Doelenstraat/Oude Hoogstraat. Appelé familièrement *wallen* ou *walletjes* en raison des canaux qui le traversent, ce quartier était fréquenté par les marins depuis le XIVe siècle pour ses innombrables distilleries et maisons closes. Aujourd'hui, les distilleries ont disparu, remplacées par des sex-shops et des théâtres érotiques dont les spectacles ne laissent guère place à l'imagination, tandis que les prostituées attendent le client derrière des vitrines surmontées de lampes rouges. Il y a quelques années, trois hommes s'installèrent derrière des vitrines. Les médias se passionnèrent pour l'expérience, mais pas une seule femme n'osa entrer. Une prostituée déclara même qu'elle trouvait cela "répugnant".

Tout compte fait, ce périmètre s'avère moins dangereux que beaucoup d'autres quartiers similaires dans le monde. La foule des voyeurs, étrangers ou amstellodamois, se mêle aux alcooliques, drogués et dealers, disjonctés en tous genres et représentants de l'Armée du Salut. Les policiers patrouillant à pied bavardent volontiers avec les prostituées. La prostitution dans la rue est illégale : les femmes qui s'aventurent dans le quartier ne seront donc pas importunées si elles font preuve d'un peu de bon sens et de "discrétion". Un conseil à respecter : ne prenez pas de photos des prostituées ou des passants, et n'entamez pas la conversation avec un revendeur de drogue.

Les prostituées à leur compte paient des impôts, passent régulièrement une visite médicale et disposent d'un syndicat. Cependant, derrière ce vernis de respectabilité se cache souvent un univers synonyme d'exploitation, de drogue et de détresse. Pour une prostituée apparemment satisfaite de son sort, combien échouent dans ce quartier en provenance d'un pays d'Europe orientale ou d'Asie, sans papiers en règle, entraînées dans un cercle vicieux où alternent l'espoir de gagner rapidement beaucoup d'argent et les extorsions dont elles sont couramment victimes.

Le *wallen* mérite que l'on s'y promène pour découvrir la splendeur de son architecture. De fait, c'est l'un des plus beaux quartiers de la ville. Pour profiter d'une vue magnifique, regardez vers le nord une fois sur le pont qui chevauche l'Oudezijds Voorburgwal pour relier Lange Niezel à Korte Niezel.

Immédiatement sur votre gauche, Oudezijds Voorburgwal 40, le **Museum Amstelkring** (☎ 624 66 04) abrite l'**Ons' Lieve Heer op Solder** ("le bon Dieu au grenier"), une des nombreuses églises catholiques "clandestines" aménagées après le ralliement au calvinisme en 1578. A cette date, les biens de l'Église furent confisqués et les catholiques ne furent autorisés à célébrer leur culte qu'à l'intérieur d'édifices dont rien, à l'extérieur, ne pouvait trahir leur vocation et dont l'entrée était cachée. Jan Hartman, un bonnetier aisé, fit construire cette maison en 1663 et aménagea dans le grenier une petite chapelle consacrée à saint Nicolas. Elle resta en activité jusqu'en 1887, date de l'inauguration de l'église consacrée à saint Nicolas, la St Nicolaaskerk, dans Prins Hendrikkade, en face de Centraal Station.

Elle fut ensuite transformée en musée pour abriter la plus belle collection d'art sacré de la ville, mais on continue d'y célébrer des offices et l'on peut y écouter des concerts d'orgue. Le musée offre un bon aperçu de la vie des Amstellodamois catholiques au XVIIe siècle et mérite une visite. On admirera tout particulièrement la clas-

Vainqueur par l'étroitesse

Les commentateurs des bateaux-croisières sur les canaux et autres guides touristiques aiment à signaler la maison la plus étroite d'Amsterdam, en expliquant que les taxes locales étaient proportionnelles à la taille de la façade – plus la maison était étroite, plus l'impôt était faible, quelle que soit la hauteur du bâtiment. Pourtant, il semble que chaque guide possède "sa" maison la plus étroite. Qu'en est-il réellement ? A laquelle revient cet honneur ?

La maison située Oude Hoogstraat 22, à l'est du Dam, mesure 2,02 m de large sur 6 m de profondeur. Avec seulement 12 m², c'est probablement celle qui occupe le moins d'espace dans toute l'Europe (bien qu'elle possède plusieurs étages). La maison sise Singel 7, plus étroite encore, est constituée d'une porte et d'une minuscule fenêtre au premier étage ; cependant, ce n'est que l'arrière d'une maison aux proportions tout à fait normales. Plus loin, sur l'autre rive du Singel, au n°144, une maison présente une façade de 1,80 m de large, mais elle s'élargit à l'arrière pour atteindre 5 m. Les passionnés du sujet argumentent sans fin pour savoir s'il faut ou non en tenir compte.

La Kleine Trippenhuis (petite maison des Frères Trip), Kloveniersburgwal 26, mesure 2,44 m de large. En face, au n°29, ces mêmes frères Trip possédaient une autre demeure dont la largeur (22 m) en faisait l'une des plus imposantes d'Amsterdam. On raconte que leur

ROB VAN DRIESUM

Oude Hoogstraat 22

cocher s'exclama un jour : "Si seulement je pouvais posséder une maison de la largeur de la porte de celle de mes maîtres !" et que son vœu fut exaucé.

---

sique *sael* ou salle de réception (avec son harmonie de motifs rectangulaires au sol, sur les murs et au plafond) et, bien évidemment, la chapelle du grenier – l'une des seules églises clandestines encore intacte. Le musée ouvre tous les jours de 10h à 17h et le dimanche à partir de 13h (entrée : 10 fl, 7,50 fl avec réduction).

Dans ce quartier, vous pourrez aussi visiter le **Hash & Marihuana Museum** (☎ 623 59 61), Oudezijds Achterburgwal 148, et le **Tattoo Museum** (☎ 625 15 65), Oudezijds Achterburgwal 130. L'**Erotic Museum** (☎ 624 73 03), Oudezijds Achterburgwal 54, est moins amusant que le Seksmuseum Amsterdam, dans Damrak (voir plus haut la rubrique *Damrak, Dam et Rokin*).

Zeedijk

Au nord du quartier rouge, on aboutit bientôt au Zeedijk, le canal qui dessinait une boucle de l'embouchure de l'Amstel à la place du Nieuwmarkt, puis longeait ce qui est aujourd'hui St Anthoniesbreestraat, Jodenbreestraat et Muiderstraat. La maison qui se dresse au **n°1** date du milieu du XVIe siècle. C'est l'une des deux seules maisons en bois subsistant à Amsterdam (l'autre, plus ancienne encore, se trouve dans le Begijnhof).

Le Zeedijk était autrefois (et encore aujourd'hui dans une certaine mesure) une rue d'estaminets, de femmes et de chansons où se retrouvaient les marins après de longs périples en mer. Dans les années 50, la musique et le vin l'ont emporté et des musiciens de jazz célèbres se produisirent dans des cabarets comme le Casablanca, au n°26. Dans les années 70, la rue devint le centre du commerce de l'héroïne. Puis, au milieu des années 80, la police s'employa activement au retour des distractions "respectables" et des commerces légaux. Le

cours de conversion de l'euro 1 fl = 0,45 €

commerce de l'héroïne s'est alors déplacé à Nieuwmarkt.

A la pointe du Geldersekade, à l'est du Zeedijk, se dresse une petite tour de brique de 1480, vestige de l'ancienne muraille médiévale. C'est la plus ancienne tour encore debout à ce jour. Son nom, **Schreierstoren**, dérive d'un vieux mot néerlandais faisant référence à l'angle abrupt qui surplombe l'IJ à cet endroit. Les guides touristiques en donnent une interprétation plus romantique : son nom renverrait aux lamentations (*schreien* signifie pleurer) des femmes de marins lorsque les navires s'éloignaient du rivage. D'où son surnom de "tour des pleureuses". Une stèle rappelle cette interprétation.

De fait, la tour semble attirer les stèles commémoratives. L'une d'entre elles raconte que le capitaine anglais Henry Hudson appareilla de la tour en 1609 sur son navire, le *Halve Maen*. Chargé par la Compagnie des Indes orientales de trouver un passage septentrional vers les Indes orientales, il acheta Manhattan et explora la rivière qui porte son nom. A son retour, son vaisseau fut confisqué en Angleterre et on lui interdit de naviguer pour le compte d'une nation étrangère. Cela n'empêcha pas les Néerlandais, forts de ses renseignements, d'établir dès 1614 un fort à Manhattan, qui devint bientôt La Nouvelle-Amsterdam. En 1664, le gouverneur de la Compagnies des Indes occidentales, le calviniste Pieter Stuyvesant, livra la ville aux Anglais, qui la rebaptisèrent New York. Stuyvesant se retira alors dans un jardin maraîcher, le Bouwerij (Agriculture), l'actuel quartier de Bowery à New York.

Nieuwmarkt

Au XVIIe siècle, les navires descendaient l'IJ, du Geldersekade au Nieuwmarkt (Nouveau Marché), pour charger ou décharger leurs cargaisons. Personne n'a jamais accolé au nom du marché le mot *plein* (place), d'où une confusion car tout le secteur est appelé Nieuwmarkt.

L'imposant bâtiment du **Waag** (Poids public) qui se dresse sur la place date de 1488 ; c'était alors la St Anthoniespoort

(porte Saint-Antoine). Un siècle plus tard, la cité s'étendit à l'est et la porte perdit sa fonction d'origine. Une partie du Kloveniersburgwal fut comblée pour créer le St Anthoniesmarkt (aujourd'hui Nieuwmarkt). La cour centrale de la porte fut transformée en Poids public, celui du Dam étant devenu trop petit. Diverses guildes occupaient l'étage supérieur, dont la corporation des chirurgiens qui commandita à Rembrandt *La Leçon d'anatomie du docteur Tulp* (exposé au Mauritshuis de La Haye). On ajouta une tour octogonale en 1691 pour abriter le nouveau Théâtre anatomique.

Au début du XIXe siècle, les exécutions publiques avaient lieu au Waag, sur décret de Louis Napoléon qui refusait que le Dam, proche du Palais royal, soit le siège de ces atrocités. Par la suite, le Waag abrita une caserne de pompiers, les archives de la ville, le Musée historique d'Amsterdam et le Musée historique juif. Aujourd'hui, l'endroit est occupé par un bar-restaurant, fort cher, éclairé par des bougies fixées sur de grosses roues de charrettes, qui combine Moyen Age et avenir en tant que Société des médias anciens et modernes (voir la rubrique *Cybercafés* du chapitre *Renseignements pratiques*).

Le secteur qui s'étend à l'ouest et au sud-ouest du Nieuwmarkt délimitait autrefois le quartier juif, détruit pendant la Seconde Guerre mondiale. Les juifs étaient rassemblés devant le Waag avant de partir en déportation.

Au sud du Nieuwmarkt

La **Trippenhuis**, sur le côté est du Kloveniersburgwal, au n°29, fut construite entre 1660 et 1664 pour le compte des frères Lodewijk et Hendrik Trip, commerçants qui avaient fait fortune dans le commerce des métaux et des armes. La maison de pierre grise, avec ses pilastres corinthiens, comporte deux bâtiments, séparés par de fausses fenêtres au centre, et des cheminées en forme de mortiers pour rappeler les activités des propriétaires. Remarquez l'étroite demeure du n°26, de l'autre côté du canal (voir l'encadré *Vainqueur par l'étroitesse*).

L'**Oostindisch Huis**, ancien siège de la puissante VOC, la Compagnie des Indes orientales, se dresse sur le côté ouest du Kloveniersburgswal, après le croisement de l'Oude Hoogstraat (extension de Damstraat). Le complexe, attribué à Hendrick de Keyser, fut édifié entre 1551 et 1643. Loué à la VOC en 1603, il appartient aujourd'hui à l'université d'Amsterdam. On pénètre dans la cour par une petite porte, Oude Hoogstraat 24. Rien ne signale l'importance historique des lieux, à l'exception du sigle de la VOC au-dessus de la porte. Les pignons qui surmontent la façade semblent défier les règles architecturales par leur inclinaison vers l'arrière, qui les fait paraître plus hauts.

TAMSIN WILSON

Détail de la façade de l'Oostindisch Huis

Oude Zijde (partie sud)

Au sud de Damstraat/Oude Doelenstraat/Oude Hoogstraat, l'Oude Zijde devient très résidentiel. L'extrémité sud de l'Oudezijds Voorburgwal était autrefois surnommée le "canal de velours" à cause de la prospérité de ses habitants. Les deux canaux Oudezijds achèvent leur course au Grimburgwal. A leur croisement se dresse l'un des bastions de l'université d'Amsterdam, comme l'atteste l'enchevêtrement des vélos garés devant.

L'ancienne université municipale (à ne pas confondre avec l'Université calviniste gratuite de la banlieue sud) ne dispose pas de véritable campus. Ses bâtiments sont répartis dans toute la ville, avec une plus forte concentration dans ce secteur.

A l'extrémité sud de l'Oudezijds Voorburgwal, au n°231, l'**Universiteitsmuseum De Agnietenkapel** (☎ 525 33 39) présente des expositions temporaires sur l'histoire de l'université. Il ouvre en semaine de 9h à 17h (sonnez à la porte ; entrée : 3,50 fl). A l'origine, l'édifice abritait le couvent Sainte-Agnès, bâti en 1397, auquel on adjoignit une superbe chapelle gothique en 1470. Lorsque les calvinistes s'en emparèrent, ils la transformèrent en magasin de l'amirauté.

En 1632, elle accueillit la bibliothèque de la ville (auparavant à la Nieuwe Kerk) et l'Illustrae Athenaeum, une annexe de l'université de Leyde. Les cours (histoire et philosophie, puis droit, médecine et théologie, et finalement physique et chimie) étaient donnés en latin pour préparer les étudiants à suivre des études supérieures dans une autre université. En 1864, l'Athenaeum déménagea Singel 421 (partie de l'actuelle bibliothèque de l'université) et, en 1877, devint l'université municipale d'Amsterdam – une bien longue gestation pour l'université d'une ville aussi prestigieuse.

Au sud de l'Agnietenkapel, au point de rencontre des trois quais fortifiés (*burgwallen*), vous pourrez admirer la **Huis aan de Drie Grachten** (maison des Trois-Canaux), magnifique demeure datant de 1609 qui appartint à diverses familles patriciennes amstellodamoises. C'est aujourd'hui une librairie qui propose des ouvrages universitaires (linguistique et littérature).

De l'autre côté de l'Oudezijds Achterburgwal, juste avant d'arriver à l'angle du Grimburgwal, on aperçoit un petit porche, l'**Oudemanhuispoort** (porte de la Maison-du-Vieil-Homme), menant au passage du même nom, qui conduit au Kloveniersburgwal. Remarquez les lunettes au-dessus du porche. On érigea en 1601 à cet endroit, avec les gains d'une loterie publique, un hospice de vieillards. Il fut reconstruit au milieu du XVIIIe siècle et, en 1879, devint le siège de l'université. L'administration a depuis déménagé dans d'autres locaux, mais l'édifice, appelé maintenant "De Poort", est resté le cœur de l'université.

Depuis le milieu du XVIIIe siècle, divers commerces se sont installés dans le passage – on y vendait de l'or, de l'argent, des livres et tout un bric-à-brac d'objets. Seuls demeurent les bouquinistes, et leurs éventaires méritent qu'on s'y attarde. A mi-chemin, une entrée mène à une ravissante cour du XVIIIᵉ siècle, dominée par un buste de Minerve. Les salles de lecture de l'université, autour de la cour, sont fermées au public, mais personne ne vous empêchera d'y jeter un coup d'œil.

A quelques mètres au sud d'Oudemanhuispoort, au bout du Grimburgwal, un porche mène à l'ancien hôpital de la vieille ville, le **Binnengasthuis**, datant de 1582. En 1981, l'université y installa un mini-campus, avec des logements, un vaste réfectoire (*mensa*) et un centre d'information (voir la rubrique *Universités* du chapitre *Renseignements pratiques*).

NIEUWE ZIJDE (CARTES 2 ET 4)

A l'ouest de l'axe Damrak-Rokin s'étend le Nieuwe Zijde ("nouveau côté") de la cité médiévale. Il est en réalité sensiblement plus ancien que l'Oude Zijde – les noms datent de la construction de la Nieuwe Kerk et de la division de la ville en deux paroisses.

Au début du XIVᵉ siècle, le secteur était délimité à l'ouest par un cours d'eau qui longeait le Nieuwezijds Voorburgwal (comblé en 1884), mais il s'étendit bientôt plus à l'ouest vers le Nieuwezijds Achterburgwal (comblé également, il porte aujourd'hui le nom de Spuistraat). Vers 1450, on creusa le Singel. Il était relié aux Geldersekade et Kloveniersburgwal, à l'est, pour compléter les douves enserrant la cité médiévale. Celle-ci ne fut dotée d'une véritable enceinte flanquée de portes fortifiées que quelque cinquante ans plus tard.

Nieuwendijk

Les premières maisons amstellodamoises se dressaient probablement sur une bande de terre surélevée, ne dépassant pas 25 mètres de large, sur la rive ouest de l'Amstel, entre le Dam et Oudebrugsteeg. Cette digue, la plus ancienne de la ville, parallèle au Damrak actuel, prit par la suite le nom de son extension nord, Nieuwendijk. Elle rejoignait la route de Haarlem, et ses boutiques

et autres commerces parvenaient facilement à arrêter les voyageurs en route pour le marché du Dam. Aujourd'hui, cette rue commerçante piétonnière souffre toujours d'une mauvaise image, même si les ruelles étroites menant vers l'ouest ne manquent pas de pittoresque.

Singel (partie nord)

Le secteur nord de Nieuwendijk, entre Martelaarsgracht et Singel, est parfois appelé le Korte Nieuwendijk ("Nieuwendijk court"). Dirigez-vous vers le sud, en longeant la rive est du Singel (numéros impairs), là où se dressait l'ancien mur de la ville. Au n°7 (à côté du Liberty Hotel), s'élève une maison pas plus large que sa porte (c'est en fait l'entrée arrière d'un édifice aux proportions normales par ailleurs).

A côté, l'église à coupole, **Ronde Lutherse Kerk** ("église luthérienne ronde"), fut construite entre 1668 et 1671 pour remplacer l'ancienne église luthérienne de Spui. Seule église protestante "ronde" des Pays-Bas, elle présente un style baroque très pur, malgré la sobriété de l'intérieur entièrement blanc. Reconstruite après l'incendie de 1822, elle dut fermer ses portes en 1936 (tandis que l'ancienne église, sur la place de Spui, est toujours en service). Elle est aujourd'hui utilisée comme centre de conférences par le Renaissance Hotel, tout proche, et ouvre au public pour les concerts de musique de chambre gratuits du dimanche matin.

De l'autre côté du canal, au n°40, s'ancre le **Poezenboot** (bateau des Chats), dont la propriétaire garde plusieurs centaines de chats. Ils semblent apprécier cette vie sur l'eau, et les visiteurs sont les bienvenus tous les jours de 13h à 15h en échange d'un don.

Plus loin, toujours dans le Singel, on arrive au **Torensluis**, l'un des ponts les plus larges d'Amsterdam. Une tour faisant partie des fortifications se dressait autrefois à cet emplacement. Elle fut démolie en 1829, cédant la place à une esplanade de 42 mètres de large. La vue, au nord, est magnifique.

La statue fantomatique qui domine le pont représente Multatuli ("J'ai beaucoup souffert" en latin), pseudonyme d'Eduard

Douwes Dekker, écrivain hollandais du XIXe siècle. Employé dans l'administration coloniale des Indes orientales, Multatuli a stigmatisé l'étroitesse d'esprit de ses collègues dans un roman dont le héros est un négociant de café. Renvoyé de l'administration, il écrivit des lettres et des essais. Le **Multatuli Museum** (☎ 638 19 38), Korsjespoortsteeg 20, n'ouvre que le mardi de 10h à 17h et le week-end à partir de 12h (entrée libre).

Magna Plaza

De retour sur le Dam, Nieuwezijds Voorburgwal 182, se profile l'imposante façade du Magna Plaza, en face du Palais royal. Cette ancienne poste centrale fut construite entre 1895 et 1899 par l'architecte C.H. Peters, élève de Pierre Cuypers. Autrefois l'une des plus importantes postes européennes, elle a été transformée en centre commercial de luxe, où dominent les boutiques de vêtements. Jetez un coup d'œil à l'intérieur pour admirer le magnifique hall et quelques belles vitrines. Le sous-sol accueille un gigantesque Virgin Megastore. Il y a plusieurs décennies, la Nieuwezijds Voorburgwal était la rue de la presse, et de nombreux journaux y possédaient leur siège (ils sont aujourd'hui en banlieue).

Kalverstraat

Au sud du Dam, Kalverstraat continue Nieuwendijk. Ce fut l'un des premiers quais le long de l'Amstel – avec Nieuwendijk, Warmoesstraat et Nes --, donc l'une des plus anciennes rues de la ville. Son nom (rue des Veaux) fait sans doute référence au bétail qui était mené au marché du Dam. Au XVe siècle, la partie sud de Kalverstraat, après Spui, accueillait un marché aux bestiaux, mais le nom est plus ancien.

À l'instar de Nieuwendijk, Kalverstraat est une rue piétonnière, très commerçante, qu'il est préférable d'éviter le samedi et le dimanche. La pointe sud, entre Kalverstraat et Singel, près du Muntplein, a été transformée en un centre commercial, le **Kalvertoren** (tour Kalver) ; le snack-bar situé au sommet de la tour offre une vue imprenable sur les toits. Une multitude de pigeons sem-

blent apprécier le spectacle ! Pour vous restaurer, préférez le département alimentation Vroom & Dreesmann au sous-sol.

En suivant Kalverstraat vers le sud en venant du Dam, aux deux tiers du trajet jusqu'à Spui, un porche sur la droite, au n°92, mène à l'**Amsterdams Historisch Museum**. Ce musée historique, qui renferme de belles collections illustrant l'histoire de la ville, occupe les locaux de l'ancien orphelinat municipal, fermé en 1960. Son restaurant prépare de délicieuses crêpes. Le musée (☎ 523 18 22) ouvre en semaine de 10h à 17h et le week-end à partir de 11h (entrée : 11 fl, diverses réductions). Pour tout détail, consultez le site Web www.ahm.nl.

Si l'histoire ne vous passionne pas, vous pouvez entrer dans la cour (remarquez les placards dans lesquels les orphelins conservaient ce qu'ils possédaient) et traverser la **galerie de la Garde civile** (entrée libre, mêmes heures d'ouverture que le musée) pour rejoindre le Begijnhof. Les gigantesques portraits des milices de la garde civile exposés dans cette rue-musée vous aideront peut-être à mieux apprécier *La Ronde de nuit* de Rembrandt, exposée au Rijksmuseum. Autrefois, cette galerie était un simple fossé servant à séparer l'orphelinat des filles de celui des garçons.

Begijnhof

Derrière le croisement entre Spui et Nieuwezijds Voorburgwal se cache le Begijnhof (ou Bagijnhof, le Béguinage), ancien couvent datant du début du XIVe siècle – Nieuwezijds Voorburgwal décrivait une courbe pour l'inclure dans les limites de la ville. C'est une oasis de paix presque irréelle, avec ses petites maisons regroupées autour d'une cour bien entretenue. Amsterdam compte de nombreuses courettes (*hofjes*) ou foyers pour personnes âgées, mais c'est le seul ouvert au public (pendant la journée ; les groupes ne sont pas admis).

Profitez de ce havre de paix pour oublier l'agitation de la ville. La maison sise au **n°34** mérite votre attention. C'est en effet la plus vieille demeure d'Amsterdam, avec une façade de bois et un mur aveugle, sur la gauche, portant des inscriptions bibliques.

Stèles murales

Bien avant l'introduction des numéros de rue, en 1795, de nombreuses demeures à Amsterdam étaient identifiées grâce à leur stèle murale. En plus de leur fonction décorative, ces pierres peintes ou sculptées (du milieu du XVIIᵉ siècle) permettaient d'identifier les habitants de la maison, leur origine, leur religion ou leur profession.

De superbes exemples sont encore apposés sur de nombreux édifices le long des canaux principaux. Les professions en constituent le thème majeur : marchands de tabac, chapeliers, commerçants, capitaines de vaisseau, fossoyeurs ou encore faucheurs !

Évocations colorées des anciens habitants d'Amsterdam, ces stèles fournissent également des informations sur le passé de la ville : Singel 74, une pierre ornée d'une voiture de poste commémore le début des échanges postaux entre Amsterdam et La Haye en 1660. Plus loin, une stèle représentant Ève offrant une pomme à Adam évoque l'époque où cette portion de Singel accueillait un marché fruitier (également appelé "marché aux pommes").

De nombreuses stèles, parsemées dans la ville, célèbrent la vie d'illustres citoyens comme le héros de la mer Michiel Adrianenszoon de Ruyter ou le biologiste Jan Swammerdam. Cependant, les plus émouvantes restent celles qui évoquent la vie domestique ou les traditions d'alors.

Les béguines, ordre catholique, menaient une vie conventuelle, sans toutefois prononcer de vœux. Veuves et célibataires issues de familles aisées, elles se consacraient aux personnes âgées. La dernière mourut dans les années 70. Elles étaient propriétaires de leurs maisons, qui ne purent leur être confisquées après le ralliement des Pays-Bas au calvinisme. Leur **église gothique**, à l'extrémité sud de la cour, leur fut cependant retirée, et elles durent aménager une **chapelle clandestine** en face (remarquez l'entrée formant un coude), où peintures et vitraux commémo-

rent le miracle d'Amsterdam. L'église gothique fut finalement attribuée à la communauté presbytérienne des réfugiés anglais et écossais et devint notamment le lieu de culte des pères pèlerins. Certains panneaux de la chaire sont l'œuvre de Piet Mondrian.

Spui

Jusqu'en 1882, la place de Spui (ou Spui), toute en longueur, était inondée. Au XIVᵉ siècle, elle marquait l'extrémité sud de la ville, avec le Grimburgwal, son extension nord-est de l'autre côté de Rokin. Le nom de Spui signifie écluse, ou plus exactement le périmètre délimité par une écluse ; celle-ci reliait l'Amstel au cours d'eau longeant Nieuwezidjs Voorburgwal, à l'ouest, puis, par la suite, au Singel.

Un marché aux livres se tient tous les vendredi en face du Begijnhof, dans l'ancien jardin des béguines, mais le cœur de la place en est la partie ouest, au confluent de Nieuwezijds Voorburgwal et Spuistraat. La statuette qui se dresse au centre de Spui est une évocation attendrie du gavroche amstellodamois, le **Lieverdje** ("petit chéri"). Donation d'une firme de cigarettes, le Lieverdje devint le point de ralliement des happenings des *provos* au milieu des années 60. Le quartier attire aujourd'hui les intellectuels amstellodamois, qui se retrouvent dans les cafés de l'extrémité ouest de la place ou dans les librairies environnantes, notamment à l'Athenaeum.

Situé entre Voetboogstraat et Handboogstraat, l'ancien orphelinat pour filles construit en 1787, le **Maagdenhuis**, est aujourd'hui le siège administratif de l'université. En 1969, il fut occupé par les étudiants lors d'un mouvement de protestation qui marqua un tournant pour la reconnaissance de leurs droits. La police encercla le bâtiment, mais les étudiants résistèrent pendant cinq jours, ravitaillés grâce à un pont que des ouvriers favorables au mouvement avaient construit au-dessus de la ruelle. La très jolie **église luthérienne**, à l'angle du Singel, fut édifiée en 1633. Elle est toujours en activité, mais accueille aussi des événements universitaires, comme les soutenances de thèses.

Singel (partie sud)

A l'angle, Singel 421-425, se dresse la **bibliothèque de l'université**. Les milices amstellodamoises se rencontraient à cet endroit : la milice des archers au n°421, celle des fantassins au n°425 (ce bâtiment servit aussi de quartier général à la Compagnie des Indes occidentales et présente aujourd'hui une façade moderne). A l'arrière, leurs champs de tir s'étendaient jusqu'à Kalverstraat – les actuelles Handboogstraat et Voetboogstraat portent les noms des milices. La maison du n°423 fut construite par Hendrick de Keyser en 1606 pour servir d'arsenal, et transformée par la suite en écuries royales.

De l'autre côté du canal pointent les tourelles de l'église néogothique **Krijtberg** ("montagne de craie"), appelée officiellement St Franciscus Xaveriuskerk et dont la construction fut achevée en 1883 d'après les plans d'Alfred Tepe. Elle remplaçait une chapelle jésuite clandestine, érigée sur le même site. Ses peintures et ses statues, somptueuses, en font l'une des plus belles églises de la ville, et sa récente restauration lui a rendu toute sa splendeur. Elle se visite tous les jours pendant l'office, entre 12h et 13h et entre 17 et 18h. Le dimanche, la messe est dite en latin à 9h30 et 11h. Une des maisons voisines appartenait à un marchand de craie, d'où son nom.

Tournez à gauche pour revenir dans Kalverstraat par le **Heiligeweg**, le "chemin sacré" suivi par les pèlerins lors de leur procession annuelle à la chapelle du miracle d'Amsterdam. Le parcours commençait au village de Sloten, au sud-ouest de la ville, et passait par l'actuel Overtoom (autrefois un canal pour les remorqueurs), puis par Leidsestraat (dont seul le dernier tronçon porte encore le nom de Heiligeweg). Une procession l'emprunte chaque année le dimanche le plus proche du 15 mars et attire de nombreux catholiques hollandais et étrangers.

A mi-chemin de Kalverstraat, une porte sur la droite, attribuée à Hendrick de Keyser, date du début du XVIIe siècle. Elle permettait d'accéder à la Rasphuis, une prison modèle où l'on faisait travailler mendiants et délinquants en vue de leur réinser-

tion. L'une de leurs tâches consistait à râper du brésil pour les teintureries – d'où son nom, maison de la Râpe. Elle fut par la suite transformée en geôle ordinaire, puis en piscine, en 1896. Aujourd'hui, c'est un accès au complexe commercial de Kalvertoren.

De retour sur le Singel, l'autre rive du canal, en direction de Muntplein, est occupée par le **Bloemenmarkt** (marché aux fleurs), ouvert du lundi au samedi de 9h à 17h. Amsterdam compte de nombreux marchés aux fleurs, nés de la passion des Hollandais pour les tulipes (voir l'encadré *La passion des tulipes*). Le marché installé sur le Singel date des années 1860 ; il est spécialisé dans les fleurs, les bulbes, les pots, les vases et quelques plantes. Ce lieu très coloré et touristique fait le bonheur des pickpockets. Les prix sont souvent élevés, mais les produits de bonne qualité.

CEINTURE DES CANAUX OUEST (CARTES 2 ET 4)

Vers la fin du XVIe siècle, Amsterdam connut une brusque expansion avec l'installation de juifs séfarades, expulsés d'Espagne et du Portugal, et de protestants venus d'Anvers. Dans les années 1580, après le ralliement au calvinisme et une nouvelle planification du développement urbain, on chercha à élargir la ville en empiétant à nouveau sur l'IJ et l'Amstel (voir *Périmètre de Nieuwmarkt*, plus loin dans ce chapitre), tandis qu'à l'ouest le Singel fut transformé en canal résidentiel avec l'aménagement d'un nouveau quai sur ce qui allait devenir le Herengracht.

En 1613, la municipalité se lança dans un projet plus ambitieux encore : tripler la superficie de la cité. Selon un plan conçu par l'architecte de la ville, Hendrick Jacobsz Staets, on aménagea une ceinture de canaux parallèles qui cernaient le cœur de la cité médiévale à la manière des pelures d'un oignon. La construction de ces canaux, avec leurs ponts et leurs artères transversales (qui seront des rues commerçantes), exigea des

La passion des tulipes

La frénésie boursière qui entoure les nouvelles sociétés gravitant autour d'Internet a connu un précédent d'une ampleur équivalente : l'engouement des Hollandais pour les tulipes en 1636-1637 !

Fleurs sauvages d'Asie Centrale, les tulipes ont été tout d'abord cultivées par les Turcs, qui remplirent leurs jardins de ces magnifiques corolles printanières ("tulipe" signifie turban en turc). Au milieu du XVIe siècle, l'ambassadeur des Habsbourg à Istanbul rapporta quelques bulbes à Vienne où le botaniste impérial, Carolus Clusius, découvrit comment les cultiver. En 1590, Clusius fut nommé directeur du Hortus botanicus de Leiden, le plus ancien jardin botanique d'Europe. Grâce au climat doux et humide de la Hollande, ses plantations et croisements de tulipes dans la terre fertile du delta furent couronnés de succès.

Ces fleurs exotiques aux pétales ondulés et aux couleurs veinées de rouge plurent aux commerçants prospères, qui en décorèrent leurs salons et leurs halls afin d'éblouir les visiteurs. A mesure que la prospérité gagnait l'ensemble de la société, le goût pour les produits exotiques se répandait, et les tulipes firent partie de cet engouement. Le nombre des producteurs augmenta pour répondre à la demande.

Ironiquement, les pétales ondulés et les couleurs veinées de rouge révélaient la présence de la mosaïque, une infection virale transmise par un puceron vivant sur les pêches et les pommes de terre. Les tulipes saines étaient fermes, lisses et de couleur unie. Les Turcs savaient déjà que les plus belles tulipes poussaient sous les arbres fruitiers. Le virus ne fut découvert qu'au XXe siècle.

Au XVIIe siècle, les plus belles tulipes de Hollande étaient aussi les plus faibles en raison des nombreux croisements et greffes, qui les rendaient plus vulnérables au virus méconnu. La difficulté de la pousse et leur floraison incertaine étaient légendaires. Une frénésie spéculative s'ensuivit, et les bulbes les plus précieux atteignirent des sommes faramineuses, changeant maintes fois de propriétaires avant même de fleurir. D'immenses bénéfices furent ainsi réalisés et chacun y prit part. Les spéculateurs se piétinaient pour remporter les enchères. Celles-ci se déroulant souvent dans des tavernes, l'enthousiasme était facilement décuplé sous l'influence de l'alcool.

A l'apogée de la tulipmania, en novembre 1636, un bulbe du légendaire *Semper augustus* fut vendu pour une somme équivalant à dix années de salaire d'un ouvrier moyen ; deux bulbes *Viceroy* coûtèrent le prix d'une maison amstellodamoise en bordure de canal. Un malheureux marin étranger perdit l'estime de son employeur après avoir coupé en rondelles, pour accommoder son hareng, ce qu'il croyait être un oignon. Un botaniste britannique amateur, intrigué par un bulbe inconnu dans la serre de son hôte, entreprit de le couper et fut jeté en prison jusqu'à ce qu'il puisse rembourser la somme de 4 000 florins.

Cette situation exceptionnelle ne pouvait durer et, en février 1637, lorsque plusieurs négociants de bulbes de Haarlem ne purent obtenir les prix souhaités, le marché s'effondra. En quelques semaines, la plupart des plus riches marchands du pays firent faillite. Nombre de citoyens modestes perdirent tout ce qu'ils croyaient avoir acquis. Les spéculateurs, en possession de bulbes invendus ou réservés mais non réglés (le concept des options fut inventé pendant la tulipmania), demandèrent au gouvernement d'intervenir, mais les autorités refusèrent de s'impliquer dans ce qu'elles considéraient un jeu d'argent.

La spéculation et le courtage des titres disparurent, mais la passion pour la tulipe, fleur onéreuse, perdura. Les producteurs qui avaient gardé la tête froide perfectionnèrent leur art. Aujourd'hui, les Hollandais sont toujours les premiers producteurs mondiaux de tulipes et fournissent la plupart des bulbes plantés en Europe et en Amérique du Nord. Ils excellent également dans la culture d'autres bulbes, tels les dahlias, les jacinthes et les crocus.

Que sont devenues les frêles tulipes veinées du passé ? Toujours cultivées, elles ne sont plus à la mode. Abondamment peintes au XVIIe siècle, on les appelle les tulipes Rembrandt.

sacrifices énormes. Pour financer le projet, on vendit des nouvelles parcelles de terre, sur lesquelles furent édifiées des habitations. La ville tout entière fut protégée par un nouveau canal défensif, le Buitensingel, aujourd'hui appelé Singelgracht. Les quais de ce canal forment les actuels Nassaukade, Stadhouderskade et Mauritskade.

Les travaux commencèrent au nord-ouest, avec la construction d'un nouveau port, puis se poursuivirent vers le sud à partir du Brouwersgracht. En 1625, on perça les canaux de la ceinture ouest jusqu'au Leidsegracht, puis les travaux furent arrêtés faute d'argent. Ils reprirent ensuite à un rythme moins accéléré et, à la fin du XVIIe siècle, le projet initial avait été mené plus ou moins à son terme (voir *Ceinture des canaux sud*, plus loin dans ce chapitre).

Ces nouveaux canaux marquèrent une division très nette entre riches et pauvres. Jusqu'alors, les marchands avaient vécu plus ou moins dans leurs entrepôts, au milieu de leurs ouvriers et de leurs fournisseurs. Les plus aisés se réfugièrent dans les demeures qui bordaient le Herengracht (ce canal doit son nom aux Heeren XVII, les "17 Gentilshommes" de la Compagnie des Indes orientales). Le Keizersgracht (canal de l'Empereur, en l'honneur de Maximilien) était tout aussi résidentiel, même si les immeubles qui bordaient son extension plus tardive, au-delà du Leidsegracht, étaient moins luxueux. Toute activité risquant d'importuner les riverains était interdite. On construisit des ponts qui entravaient la circulation des gros navires, mais qui permettaient aux péniches de charger ou décharger leurs cargaisons dans les entrepôts en bordure des canaux.

Le Prinsengracht (en hommage à la maison d'Orange), un canal "meilleur marché", était bordé de résidences plus petites, d'entrepôts et d'ateliers. Il marquait la frontière avec le Jordaan, en contrebas, quartier nettement plus populaire où résidaient les ouvriers, y compris ceux employés pour ce vaste projet d'extension.

Îles occidentales (carte 2)

Les chantiers navals et les entrepôts des îles occidentales de l'IJ (Westelijke Eilanden),

au nord de la ceinture des canaux ouest, constituaient l'activité majeure du port d'Amsterdam durant la première moitié du XVIIe siècle. Les riches frères Bicker, maires de la ville, créèrent leur propre île, la **Bickerseiland**, pour l'entretien et l'approvisionnement de leurs bateaux.

Contourner les règles d'or

Amsterdam a toujours manqué de terrain à bâtir. Lorsque les autorités se lancèrent dans leur vaste projet d'expansion de la ville, elles prirent un certain nombre de mesures afin que la surface supplémentaire rapporte un maximum d'argent. Les parcelles devaient être suffisamment grandes pour attirer les membres des guildes, mais assez petites pour remplir les caisses de la municipalité et non celles des spéculateurs.

Sur la rive extérieure du Herengracht, notamment, les lots furent limités à une largeur de 30 pieds et à une profondeur de 190 pieds. En revanche, la hauteur constructible était libre sur les 110 premiers pieds, mais tous les bâtiments érigés sur les 80 pieds restants devaient mesurer moins de 10 pieds de haut afin de permettre l'aménagement de vastes jardins (encore aujourd'hui, nombre de maisons du Herengracht possèdent de magnifiques jardins). Par ailleurs, les acheteurs devaient financer le mur de brique du quai correspondant à leur lot, tandis que la ville payait pour la rue. Les subdivisions des lots étaient interdites, afin de maintenir la valeur des terrains.

Ainsi en allait-il en théorie. En pratique, les Amstellodamois les plus riches obtenaient aisément des dispenses, comme le prouvent les immenses palais qui bordent la Courbe d'Or du Herengracht, entre Leidsestraat et Vijzelstraat. Ailleurs, on faisait une interprétation personnelle des règlements en achetant par exemple deux lots adjacents sur lequel on construisait une maison dotée de deux façades ; ou encore en bâtissant une maison avec deux entrées, puis en subdivisant le bâtiment en deux étages et en les vendant séparément.

Ce secteur dégage une atmosphère particulière et mérite le détour. On a transformé de nombreux entrepôts en habitations, voire en ateliers pour peintres et sculpteurs. **Prinseneiland** et **Realeneiland** (qui doit son nom au marchand du XVIIᵉ siècle Reynier Reael), les plus belles îles, sont reliées par un pont étroit, le Drieharingenbrug (pont des Trois-Harengs). Celui-ci remplace un ancien ponton de bois que l'on ramenait vers la berge pour laisser passer les navires.

La visite du **Zandhoek**, le marché de sable du XVIIᵉ siècle, sur la rive nord de Realeneiland, s'impose. Il échappa à la démolition grâce au roman de Jan Mens, *De Gouden Reael* (*Le Reael doré*, 1940), du nom du café situé au n°14. Galgenstraat (rue des Gibets), qui mène à Prinseneiland et Bickerseiland, offrait une vue sur l'IJ et les potences dressées à Volewijk, langue de sable inhabitée qui allait devenir Amsterdam Noord. C'est là que les corps des criminels exécutés sur le Dam étaient abandonnés aux rapaces et aux chiens.

Quartier de Haarlem (carte 2)

Le quartier de Haarlem (Haarlemmerbuut), entre les îles occidentales et le Brouwersgracht, n'est guère visité. **Haarlemmerstraat** et son extension ouest, **Haarlemmerdijk**, faisaient partie du canal défensif le long de l'IJ, qui partait du Zeedijk à l'est et rejoignait l'IJ au nord de Haarlem. Ces deux rues sont aujourd'hui plus calmes depuis que l'artère qui dessert Haarlem passe plus au nord. Les piétons ont fait leur réapparition, essentiellement des Amstellodamois attirés par la diversité des boutiques, des cafés et des restaurants du quartier.

A mi-chemin dans Haarlemmerstraat, on débouche dans le **Herenmarkt** (marché des Seigneurs), au croisement des Brouwersgracht et du Herengracht. Conçu pour être un marché lors du projet d'extension de 1613, il s'est transformé en oasis paisible et prestigieuse adresse. L'édifice à l'extrémité nord de la place servait de halle à viande avant de devenir la **Westindisch Huis**, en 1623, siège de la Compagnie des Indes occidentales. En 1628, l'amiral Piet Heyn s'empara de la flotte espagnole, au large de

Cuba, et le butin fut entreposé dans les caves de ce bâtiment. Chaque Hollandais connaît la chanson populaire écrite en l'honneur de Piet Heyn ("Son nom était petit, mais ses exploits furent grands"), entonnée par les supporters dans les stades de football.

Lorsque l'on pénètre dans la cour par l'entrée est, on est accueilli par une statue de Pieter Stuyvesant, impopulaire gouverneur de la Nouvelle-Hollande, qui regroupait alors la vallée de l'Hudson, le Delaware (arraché aux Suédois) et plusieurs îles des Caraïbes. Aujourd'hui, l'édifice abrite le John Adams Institute, société pour l'amitié hollando-américaine (voir *Centres culturels* du chapitre *Renseignements pratiques*). En 1654, la WIC installa ses bureaux dans les entrepôts situés à l'angle d'Oude Schans et de Prins Hendrikkade (à l'ouest de l'entrée de l'actuel tunnel sous l'IJ), puis de là au n°425 du Singel (qui abrite aujourd'hui la bibliothèque de l'université).

La route qui menait à Haarlem, très fréquentée, passait par l'**Haarlemmerpoort** (porte de Haarlem), sur Haarlemmerplein, où les voyageurs devaient abandonner chevaux et charrettes pour pénétrer dans la ville. Sa structure actuelle date de 1840. Elle fut édifiée pour servir de perception et de porte en l'honneur de Guillaume II pour son entrée dans la ville lors de son couronnement. Les Amstellodamois n'ont jamais aimé ce monument et refusent encore aujourd'hui, après sa reconversion en logements, de l'appeler par son nom officiel, Willemspoort. Elle remplaçait la plus monumentale des portes, construite en 1615 par Hendrick de Keyser et démolie deux siècles plus tard.

Au XVIIᵉ siècle, on creusa un canal de cette route à Haarlem pour le passage de péniches de passagers, tirées par des chevaux. Au XIXᵉ siècle, le chemin de fer l'emporta, mais la route qui longe le canal, Haarlemmerweg, est restée une artère principale. Les portes plus anciennes qui menaient à Haarlem se trouvaient au Herenmarkt et au croisement de Nieuwezijds Voorburgwal et de Nieuwendijk.

Au-delà du quartier de Haarlem. Traversez le pont destiné à la circulation après la porte, puis tournez à droite. Passez devant la statue de Ferdinand Domela Nieuwenhuis (1846-1919), un ministre frison qui, après un passage au socialisme, se convertit à l'anarchisme et joua un rôle majeur dans le mouvement ouvrier du XIXᵉ siècle. Après le pont de la voie ferrée, bifurquez immédiatement à gauche et suivez Zaanstraat pendant quelques minutes jusqu'à l'intersection d'Oostzaanstraat, où se dresse le **Het Schip** (le Navire), l'un des joyaux de l'école d'architecture d'Amsterdam.

Ce bloc triangulaire, qui évoque la silhouette d'un navire, fut terminé en 1920, selon les plans de Michel de Klerk, et devait abriter des logement pour les cheminots. Le bureau de poste situé à la "proue" du navire, doté d'une fenêtre parabolique, a conservé sa décoration d'origine. La tour pointue de la "poupe" n'a d'autre fonction, semble-t-il, que de lier esthétiquement les deux ailes du complexe et de symboliser l'esprit novateur de l'école d'Amsterdam. D'autres immeubles d'habitation, disséminés dans le quartier, représentent ce style architectural.

Brouwersgracht (carte 2)

Le canal des Brasseurs, qui doit son nom aux nombreuses brasseries autrefois implantées sur ses berges, était un centre industrieux, doté de nombreux entrepôts, ateliers et fabriques, bannis à l'intérieur de la ceinture des canaux résidentiels. En plus des brasseries malodorantes, ce secteur comptait des distilleries, des tanneries, des usines de potasse et des raffineries de sucre et d'huile de baleine.

Ces bâtiments solidement construits furent transformés, pour la plupart, en appartements dans les années 70 et 80. Observez l'alignement presque ininterrompu d'anciens entrepôts du n°172 au n°212. Les bateaux habités ajoutent encore au caractère résidentiel et paisible de ce pittoresque canal.

Herengracht (cartes 2 et 4)

Le premier tronçon du Herengracht, au sud de Brouwersgracht, comporte un mélange de résidences et d'entrepôts des XVIIᵉ et XVIIIᵉ siècles. Remarquez les entrepôts du XVIIIᵉ siècle aux n°37 et 39, ainsi que ceux du début du XVIIᵉ siècle aux n°43 et 45. Sur l'autre rive du canal, après le ravissant Leliegracht et juste avant le premier tournant, se profilent la Maison Blanche, au n°168, et la maison Bartolotti, aux n°170-172.

La **Maison blanche**, qui doit son nom à sa façade de grès, fut édifiée en 1620, puis modifiée en 1638, d'après des plans de Philips Vingboons. Le **Theatermuseum** (☎ 623 51 04) l'occupe aujourd'hui ; il ouvre du mardi au vendredi de 11h à 17h, le week-end à partir de 13h (entrée : 7,50 fl, 4 fl avec réduction). Même si l'histoire du théâtre néerlandais ne vous passionne guère, il serait dommage de ne pas jeter un coup d'œil à l'intérieur, entièrement transformé en 1730, avec ses décors à fond blanc, ses peintures murales et ses plafonds signés Jacob de Wit et Isaac de Moucheron. On admirera aussi la magnifique cage d'escalier spiroïdale. L'ensemble a été récemment restauré et vous pourrez ainsi en apprécier toute la splendeur. En été, le charmant jardin à l'arrière est idéal pour se délasser.

Le musée partage la même entrée que la **maison Bartolotti**. Dotée de l'une des façades les plus étonnantes d'Amsterdam – de style Renaissance hollandaise en brique rouge –, elle fut construite en 1615 par Hendrick et Pieter de Keyser pour Willem van den Heuvel, un riche brasseur qui prit ensuite le nom bolonais de son beau-père ; il put ainsi hériter de l'empire commercial bâti par ce dernier. La maison fut ensuite partagée et les deux résidences furent habitées par d'éminentes familles amstellodamoises.

Juste après cette maison, Herengracht croise **Raadhuisstraat**, une voie destinée aux tramways, construite en 1894-1896 pour relier le Jordaan au Dam. Une galerie marchande suit le virage en S de la Raadhuisstraat vers le Keizersgracht. Elle fut conçue par A.L. van Gendt, l'architecte du Concertgebouw, pour une compagnie d'assurances. Les sculptures d'animaux effrayants sont destinées à souligner les dangers d'une vie sans assurances ! En 1966, des fumigènes accueillirent la princesse Beatrix lorsque son cortège nuptial emprunta cette galerie.

En longeant Herengracht, la rive des numéros impairs, entre Huidenstraat et Leidsegracht, montre un intéressant mélange de styles architecturaux. L'ensemble des quatre maisons à pignons "en cou" aux n°364-370, appelé Cromhouthuizen, fut bâti en 1662 par Philips Vingboons pour Jacob Cromhout. Elles sont aujourd'hui occupées par le **Bijbels Museum** (musée de la Bible ; ☎ 624 24 36), qui mérite notamment une visite pour ses remarquables peintures de plafonds signées Jacob de Wit. Le musée se consacre principalement à l'archéologie du Moyen-Orient et d'Égypte. On peut aussi y voir des éditions hollandaises de la Bible, dont la Bible de Delft, incunable de 1477. Il ouvre du lundi au samedi de 10h à 17h et le dimanche à partir de 13h (entrée : 5 fl, tarif réduit 3,50 fl).

La maison du **n°380-382**, unique en son genre, rappelle un château français Renaissance. Copie plutôt réussie du château de Blois, elle fut édifiée en 1880 pour Jacob Nienhuys qui, après avoir fait fortune comme planteur de tabac, souhaitait vivre dans la demeure la plus luxueuse que pouvait lui permettre son immense richesse. Ce fut ainsi la première habitation amstellodamoise dotée de l'éclairage électrique (un générateur occupait toute une pièce). Ses voisins voyaient d'un mauvais œil cet étalage de luxe et firent courir la rumeur selon laquelle la mairie lui avait interdit d'installer une grille en or massif devant son "château".

Keizersgracht (cartes 2 et 4)

Les trois **entrepôts Greenland**, Keizersgracht 40-44, appartenaient à la Compagnie du Nord, qui dominait la chasse à la baleine dans l'Arctique au début du XVIIᵉ siècle, lorsque les baleiniers amstellodamois parvinrent à évincer les pêcheurs basques. Quand la compagnie perdit son monopole en 1642, les pêcheurs de Zaandam se révélèrent plus compétitifs, ce qui n'empêcha pas Amsterdam de poursuivre cette activité lucrative jusqu'au début du XIXᵉ siècle.

La compagnie installa un entrepôt sur l'île au large de Spitsbergen (Svalbard, au nord de la Norvège), où les baleines harponnées étaient dépecées. L'huile, utilisée pour fabriquer du savon, de l'huile de lampe, de la peinture, était très recherchée, tout comme les os, qui servaient à fabriquer des corsets et des couteaux. Installées dans cinq entrepôts du Keizersgracht (deux ont été démolis), les cuves dans lesquelles était conservée l'huile de baleine pouvaient contenir jusqu'à 100 000 litres du précieux liquide, tandis que les os étaient empilés à côté d'autres barriques d'huile dans les étages. En 1685, ces activités peu valorisantes furent déplacées sur les îles occidentales, afin que la ceinture des canaux conserve son caractère résidentiel.

Plus au sud, sur la rive opposée du canal, à mi-chemin entre Herenstraat et Leliegracht, la **maison des Têtes**, au n°123, est l'un des plus beaux exemples d'architecture Renaissance hollandaise. Son magnifique pignon à corniche, orné de six têtes, n'est pas sans évoquer la maison Bartolotti de Hendrick de Keyser, sur le Herengracht, ce qui n'est guère surprenant puisque son propriétaire, Nicolaas Sohier, allié aux Bartolotti, demanda à de Keyser de construire sa maison ; celui-ci mourut en 1621 et son œuvre fut sans doute achevée par son fils un an plus tard. Les six têtes représenteraient six voleurs qui auraient eu la tête tranchée par le domestique de la maison alors qu'ils s'étaient aventurés dans la cave. Le bureau de protection de l'urbanisme, destiné à sauvegarder les monuments de la ville, occupe aujourd'hui cette demeure.

Le grand **bâtiment de Greenpeace**, aux n°174-176, qui abrite le siège international de l'organisation ainsi que l'antenne néerlandaise, est l'un des rares édifices Art nouveau d'Amsterdam (La Haye est nettement mieux pourvue dans ce domaine). Il fut construit en 1905 pour une compagnie d'assurances – la gigantesque fresque de céramique qui orne la façade montre un ange gardien qui semble vendre une police d'assurance.

Sur la même rive, avant d'arriver à Raadhuisstraat, le **Homomonument** dresse ses trois triangles roses sur Westermarkt, en souvenir des persécutions nazies contre les homosexuels (pour plus d'informations, reportez-vous à la rubrique *Communauté homosexuelle* du chapitre *Renseignements pratiques*).

Une fois dépassé Raadhuisstraat, toujours sur la même berge, l'ensemble de maisons qui s'étire du n°242 au n°252 devint célèbre sous le nom de **Groote Keyser**. Inhabités, les bâtiments furent occupés à partir de novembre 1978 par des squatters qui s'opposèrent ensuite aux mandats d'expulsion délivrés par la municipalité et s'organisèrent pour répondre par la force à une éventuelle intervention policière. Ils fortifièrent les bâtiments et lancèrent une radio pirate, la Vrije Keyser, avec interception des fréquences de la police et diffusion d'instructions à leurs partisans – la station joua un rôle décisif dans les manifestations qui troublèrent le couronnement de la reine Beatrix, le 30 avril 1980. Finalement, les autorités cédèrent : en octobre 1980, la mairie racheta les bâtiments, légalisa l'installation des squatters et rénova les logements.

Un peu plus loin dans Keizersgracht, juste après Berenstraat, on arrive au **bâtiment Felix Meritis**, n°324. Il fut bâti en 1787 par Jacob Otten Husly pour l'organisation Felix Meritis ("heureux par le mérite" en latin), confrérie de résidents aisés qui cherchaient à promouvoir les idéaux des Lumières par les arts, les sciences et le commerce. Au XIXe siècle, il devint le principal centre culturel d'Amsterdam. Sa façade à colonnade et sa salle de concert ovoïde (où se produisirent Brahms, Grieg et Saint-Saëns) servirent de modèle au Concertgebouw.

Le bâtiment hébergea ensuite une imprimerie, puis fut ravagé par un incendie en 1932. Après la Seconde Guerre mondiale, il devint le siège du Parti communiste néerlandais (ainsi que de la rédaction de son journal). De 1968 à 1989, la Shaffy Theatre Company s'y installa pour y produire des spectacles d'avant-garde. Aujourd'hui, il a retrouvé sa vocation première et accueille la Fondation Meritis pour la promotion des arts européens.

En face, au n°317, se trouve la maison où le tsar **Pierre le Grand** surprit son hôte,

Christoffel Brants, en venant d'Utrecht en péniche pour le saluer. La famille Brants, qui avait vécu en Russie, partageait avec le tsar la passion de la navigation. En 1697, le jeune tsar s'était rendu incognito aux chantiers navals d'Amsterdam pour y travailler comme apprenti charpentier. Cette fois, en 1716-1717, sa visite était officielle.

Les dignitaires amstellodamois l'accueillirent en français. Il répondit en proférant des jurons en néerlandais, but de la bière à même la cruche au banquet organisé en son honneur et passa la nuit par terre à côté de son lit. Le lendemain, il s'installa à l'ambassade de Russie, Herengracht 527, et saccagea les locaux lors des soûleries qui émaillèrent les quelques mois que dura son séjour. La demeure campagnarde des Brants (appelée Pétersbourg), en bordure de la Vecht, subit le même sort, mais un titre et de larges compensation dédommagèrent ces derniers.

Prinsengracht (cartes 2 et 4)

Le Prinsengracht, qui doit son nom à Guillaume le Taciturne, prince d'Orange et ancêtre de la famille royale, est le moins élégant, mais le plus animé, des principaux canaux. Boutiques et cafés à terrasse remplacent ici les banques et les bureaux. Les maisons sont plus petites et plus étroites, et les appartements plus abordables. Des bateaux habités bordent les quais. Comme le Jordaan, voisin (voir rubrique suivante), c'est un quartier où il fait bon vivre.

La **Noorderkerk**, sur la place de Noordermarkt, près de l'extrémité nord du canal, fut achevée en 1623 d'après des plans de Hendrick de Keyser. Cette église calviniste était destinée au "petit peuple" du Jordaan (la haute bourgeoisie fréquentait la Westerkerk, plus au sud). Bâtie en forme de croix grecque (quatre bras d'une même longueur) autour d'une chaire centrale, elle affichait une grande simplicité, en harmonie avec la ferveur des fidèles. Son plan, inhabituel pour l'époque, allait servir de modèle aux églises protestantes du pays. Près de l'entrée, une sculpture commémore les émeutes sanglantes de juillet 1934 dans le Jordaan, au cours desquelles cinq manifestants périrent

cours de conversion de l'euro 1 fl = 0,45 €

alors qu'ils protestaient contre la politique d'austérité du gouvernement et la réduction de 12% des maigres allocations de chômage.

Le **Noordermarkt** sert de place de marché depuis le début du XVIIe siècle. Aujourd'hui, un marché aux puces, où l'on peut faire d'excellentes affaires, s'y déroule chaque lundi matin. Tôt le samedi matin a lieu un marché aux oiseaux (oiseaux en cage, lapins, etc. – survivance de l'ancien marché aux bestiaux), suivi en début d'après-midi d'un marché fermier (*boerenmarkt*), où sont vendus des produits biologiques, des plantes, etc.

Sur l'autre rive du Prinsengracht, entre Prinsenstraat et Leliegracht, un vaste alignement d'anciens entrepôts s'étire du n°187 au n°217.

Au n°263, la **maison d'Anne Frank**, sans doute la plus célèbre d'Amsterdam, accueille plus de 500 000 visiteurs par an. Ils s'intéressent principalement à l'*achterhuis*, la "maison arrière" ou annexe, où Anne Frank et sa famille vécurent cachés de 1942 à 1944, tentant d'échapper à la déportation. Le musée (☎ 556 71 00) ouvre tous les jours de 9h à 17h et jusqu'à 19h de juin à août (entrée : 10 fl, 5 fl avec réduction, gratuite pour les moins de 10 ans). En été, la file d'attente peut être interminable et mieux vaut arriver avant l'heure d'ouverture.

De sa cachette, Anne Frank ne voyait pas la **Westerkerk**, mais entendait certainement le carillon de sa tour. Avec ses 85 mètres, c'est la plus haute de la ville. La couronne impériale que l'empereur Maximilien Ier accorda aux armes de la ville en 1489 la coiffe. Du sommet – la montée est ardue –, on a une vue imprenable sur Amsterdam et on distingue les différentes parcelles de la ceinture des canaux, ainsi que les rues du Jordaan.

Cette église, principal lieu de réunion de la communauté protestante d'Amsterdam, fut édifiée en 1620 à l'intention des fidèles fortunés par Hendrick de Keyser, qui s'inspira de la Zuiderkerk en augmentant les proportions. De Keyser mourut en 1621 et l'église fut achevée par Jacob van Campen en 1630. La tour carrée date de 1638. De Keyser l'aurait conçue hexagonale ou octogonale. La nef, large de 29 m et haute de 28 m, est la plus grande de tous les temples protestants néerlandais ; elle est surmontée d'une voûte de bois en berceau, le sol marécageux ne pouvant supporter le poids de la pierre.

L'orgue monumental date de 1686. Sur ses panneaux, le peintre Gérard de Lairesse a mêlé les thèmes bibliques et les représentations d'instruments de musique. Le second orgue, moins important, est utilisé pour accompagner les cantates de Bach.

Rembrandt, qui mourut ruiné non loin de là, dans Rozengracht, fut enterré dans cette église le 8 octobre 1669 ; l'emplacement de sa tombe demeure à ce jour mystérieux (peut-être près de celle de son fils Titus).

L'église (☎ 624 77 66) ouvre de Pâques à mi-septembre, du lundi au vendredi de 11h à 15h (et le samedi en juillet et août). La tour se visite du 1er avril au 30 septembre, du lundi au samedi de 10h à 17h (entrée : 3 fl).

La Westerkerk se dresse sur le **Westermarkt**. Jusqu'en 1857, l'est de la place était

TAMSIN WILSON

La tour carrée de la Westerkerk

Anne Frank

Otto Frank, le père d'Anne Frank, dirigeait une entreprise de pectine (substance utilisée dans l'industrie alimentaire). Il avait émigré avec toute sa famille de Francfort à Amsterdam en 1933. En décembre 1940, il acheta une maison, Prinsengracht 263, et y transféra son entreprise, auparavant installée sur le Singel. A cette date, les Allemands avaient déjà mis en place une politique antijuive. Bien qu'ayant confié les rênes de son affaire à son associé non juif, Otto Frank fut contraint, en juillet 1942, de se cacher avec sa femme et ses filles (Anne, 13 ans et Margot, 16 ans).

Ils s'installèrent à l'arrière de leur maison, avec le couple van Daan et leur fils Peter, où ils furent bientôt rejoints par M. van Dussel. Une bibliothèque pivotante dissimulait l'entrée de cette annexe, dont on avait occulté les fenêtres pour ne pas éveiller les soupçons des voisins (l'obscurcissement des fenêtres était alors une pratique courante pour ne pas attirer les bombardements nocturnes des Alliés).

En août 1944, ils furent dénoncés à la Gestapo et firent partie des derniers juifs à être déportés. Anne mourut à Bergen-Belsen en mars 1945, quelques semaines seulement avant la libération du camp par les Britanniques. Otto Frank fut le seul survivant. Après la guerre, il publia le journal de sa fille cadette, retrouvé au milieu des détritus dans l'annexe (les nazis avaient emporté les meubles). Adressé à une Kitty imaginaire, ce journal intime – écrit en néerlandais, mais depuis traduit en 55 langues – restitue la sensibilité d'une adolescente dont le talent d'écrivain est indéniable. Une version intégrale, incluant des passages sur son éveil à la sexualité et les problèmes relationnels avec sa mère, initialement supprimés par son père, a récemment été éditée.

En 1957, le propriétaire de la maison en fit don à la Fondation Anne Frank, qui la transforma en musée-mémorial de l'extermination des juifs pendant la Seconde Guerre mondiale.

---

dominé par la monumentale Westerhal, qui abritait une halle à viande au rez-de-chaussée et le guet de la ville à l'étage. En 1634, **René Descartes** séjourna dans la maison du n°6, sur le paisible côté nord de la place. Il fut l'un des nombreux penseurs et philosophes étrangers (comme Locke, Comenius, Voltaire ou Marx) qui trouvèrent à Amsterdam la liberté dont ils étaient privés dans leur pays pour exprimer leurs idées et publier leurs œuvres. Ainsi que l'expliqua Voltaire, les Amstellodamois étaient trop préoccupés par leurs propres affaires pour remarquer sa présence, même s'il était resté toute sa vie sur dans cette ville.

Plus au sud, le long du Prinsengracht, le **Pulitzer Hotel** a ouvert ses portes en 1971. Aujourd'hui, il occupe 17 maisons, du n°299 au n°331, toutes reliées par des escaliers intérieurs et des galeries. Les pignons ont été soigneusement restaurés, ainsi que la décoration intérieure. En août, un concert classique gratuit est donné depuis les péniches.

En continuant vers le sud sur la même rive (est), vous remarquerez plusieurs **ruelles** très étroites entre Berenstraat et Leidsegracht, fermées par des portes. Elles servaient officiellement d'entrées aux quartiers des domestiques, mais étaient en réalité louées aux pauvres comme logements et ateliers. Ces taudis, cachés dans des caves humides et regroupés autour de cours sombres, violaient les lois concernant l'habitat à l'intérieur de la ceinture des canaux, mais personne ne s'en souciait, sans doute parce qu'ils se trouvaient à la limite sud du Jordaan. Il n'en aurait probablement pas été de même s'ils avaient été implantés dans Herengracht ou même dans Keizersgracht.

Jordaan (cartes 2 et 4)

Le Jordaan fut conçu lors de l'expansion planifiée de la ville, au début du XVIe siècle,

A VOIR ET A FAIRE

comme un quartier populaire. C'est là que vinrent s'installer avec leurs familles les terrassiers chargés de creuser les canaux ou de construire les ponts, les charpentiers et les maçons. On vit apparaître des tanneries, des brasseries, des raffineries de sucre, des forges, des tonnelleries et autres activités nauséabondes ou bruyantes, interdites à l'intérieur de la ceinture des grands canaux, en même temps que les logements des artisans et des ouvriers qui travaillaient sur place.

L'étymologie du mot Jordaan, qui ne fut utilisé qu'un siècle plus tard, reste mystérieuse. Selon l'explication la plus répandue, il dériverait du mot français "jardin". Après tout, quantité de huguenots français s'établirent dans ce quartier au-delà des remparts, occupé à l'origine par des jardins maraîchers ; le tracé des rues suit le dessin des anciens fossés et sentiers, et quantité d'entre elles portent des noms de fleurs. Certains historiens pensent que ce nom viendrait de Jourdain, le fleuve de la Terre sainte.

Pendant des siècles, le Jordaan demeura un quartier populaire, jugé rebelle par les autorités. Dans les rues, le goudron remplaça les pavés pour éviter que ces derniers ne se transforment en projectiles ou en barricades lors d'émeutes. Au début du siècle, un Amstellodamois sur sept vivait dans le Jordaan, mille personnes par hectare s'entassant dans des conditions sordides.

Après la Première Guerre mondiale, les nouveaux immeubles des banlieues nord, ouest et sud soulagèrent cette pression démographique et, dans les années 60 et 70, de nombreux habitants du Jordaan se déplacèrent vers les "banlieues-jardins" et les polders de Flevoland. Ils furent alors remplacés par des étudiants, des artistes et des employés du secteur tertiaire, qui transformèrent le Jordaan en quartier à la mode.

Toutefois l'esprit du Jordaan demeure : c'est toujours le cœur et l'âme de la "vraie" ville, chantée dans les ballades sirupeuses, où la vie se déroule dans les rues et les pubs (plutôt que dans les logements surpeuplés), où les gens vivent en harmonie, où les maisons sont petites mais propres, avec des rideaux de dentelle et des fleurs aux fenêtres derrière lesquelles tante Greet observe la rue à l'aide d'un *spionnetje* ("petit miroir espion").

Cette imagerie populaire reste vraie en partie, comme vous le découvrirez en flânant dans le quartier. Prenez votre temps et ne craignez pas de vous perdre : de multiples pubs, restaurants, boutiques insolites et étranges galeries d'art capteront votre attention. Ne manquez pas non plus les **marchés** animés, notamment :

Noordermarkt – voir plus haut la rubrique *Prinsengracht*.
Lindengracht – marché général le samedi, fréquenté par les habitants du quartier.
Westermarkt, dans Westerstraat – vêtements et textiles, le lundi.
De Looier, Elandsgracht 109 – étals couverts d'antiquités et de bric-à-brac bon marché ; presque tous les jours de 11h à 17h, le jeudi jusqu'à 21h, fermé le vendredi.

Au tournant du siècle, on combla de nombreux fossés et canaux étroits du Jordaan pour des raisons essentiellement sanitaires, mais leurs noms sont restés : Palmgracht, Lindengracht, Rozengracht (artère très animée), Elandsgracht. Canal le plus résidentiel du quartier, le **Bloemgracht** (surnommé le Herengracht du Jordaan) ne fut jamais asséché. Des artisans aisés s'y firent construire des versions réduites de maisons patriciennes. On remarquera notamment l'alignement des trois pignons à corniche aux n°87-91, propriété de la Fondation Hendrick de Keyser. Bien qu'appelés les Trois Hendrick, ils furent édifiés en 1645, bien après la mort du célèbre sculpteur-architecte.

La pointe sud du Jordaan, une fois dépassé le Rozengracht, est plus calme que le secteur nord, mais présente aussi moins d'intérêt pour le promeneur. C'était (et, dans une certaine mesure, c'est resté) un quartier d'artistes et d'artisans.

Le Jordaan montre aussi une belle concentration de **hofjes**, hospices constitués de petites maisons construites autour d'une cour intérieure. Fondés par de riches citoyens, ils étaient destinés aux personnes âgées et aux veuves, une noble initiative à l'époque où la sécurité sociale n'existait pas. Certains hofjes sont de véritables joyaux, avec leurs maisons magnifiquement restaurées et leurs jardinets jalousement entretenus. L'entrée se cache généralement derrière une porte. Ces hofjes ont connu un tel succès auprès des touristes que leurs occupants se sont plaints d'être constamment dérangés et que leur accès est désormais interdit au public (à l'exception du célèbre Begijnhof, mentionné plus haut dans la rubrique *Nieuwe Zijde*). Si toutefois l'entrée n'est pas fermée et que vous faites preuve de suffisamment de discrétion, vous pourrez jeter un coup d'œil à l'intérieur. Essayez les adresses suivantes :

Lindenhofje, Lindengracht 94-112 – datant de 1614, le plus ancien hofje.

Suyckerhofje, Lindengracht 149-163 – ravissant hofje fondé en 1670.

Karthuizerhofje, Karthuizersstraat 89-171 – hofje pour veuves datant de 1650 et bâti à l'emplacement d'un monastère chartreux.

Claes Claeszhofje, Eerste Egelantiersdwarsstraat 3 – également appelé hofje d'Anslo ; trois cours datant de 1630 ; habité par des étudiants en musique.

St Andrieshofje, Egelantiersgracht 107-141 – le deuxième plus vieux hofje (achevé en 1617), fondé par l'éleveur Jeff Gerritzoon.

Venetiae, Elandsstraat 106-136 – fondé au milieu du XVIIe siècle par un négociant qui commerçait avec Venise ; jardin ravissant.

CEINTURE DES CANAUX SUD (CARTES 4 ET 6)

Le projet d'extension des canaux s'arrêta au Leidsegracht en 1625 faute d'argent et ne fut repris que bien plus tard. Même alors, les travaux entrepris dans le secteur sud progressèrent bien plus lentement : il n'avait fallu que douze années pour construire les canaux en aval du Brouwersgracht, ainsi que les rues transversales et le quartier du Jordaan, mais l'achèvement de la ceinture des canaux sud vers l'Amstel et la rive opposée exigea quarante ans.

Le croisement du Herengracht et du Leidsegracht est un endroit paisible, cerné par des maisons des XVIIe et XVIIIe siècles. Les bâtiments qui bordent le Leidsegracht, comme ceux de la ceinture des canaux sud, sont presque tous résidentiels : on trouve très peu d'entrepôts, ou une alternance de maisons et d'entrepôts, comme dans le secteur ouest. Les façades sont plus sobres, plus austères et décorées avec moins de faste.

Herengracht (carte 4)

Le tronçon sud du Herengracht est essentiellement bordé de maisons plus larges que celles du secteur ouest. Au milieu du XVIIe siècle, certains marchands et armateurs amstellodamois avaient amassé de telles fortunes que les autorités (souvent ces mêmes négociants et armateurs) assouplirent les restrictions sur la taille des lots en bordure de canal.

La portion du Herengracht comprise entre Leidsestraat et Vijzelstraat, appelée **Courbe d'Or**, vit surgir les plus vastes demeures de la ville. La plupart d'entre elles appartiennent aujourd'hui à des groupes financiers. Les thèmes architecturaux hollandais transparaissent, malgré une prédominance des styles Louis XIV, XV et XVI – la culture française faisait fureur chez les Amstellodamois fortunés.

Vous découvrirez l'intérieur de l'une de ces demeures en visitant le **Goethe Institut**, au n°470 (voir la rubrique *Centres culturels* du chapitre *Renseignements pratiques*). Lors de sa construction en 1669, cette maison était beaucoup vaste et incluait le n°468.

Autre maison de la Courbe d'Or ouverte au public, le **Kattenkabinet** (musée du Chat ; ☎ 626 53 78) se situe sur l'autre rive du canal, au n°497. Consacré à la présence féline dans la création artistique, ce musée fut fondé par un riche financier, John Piermont Morgan III. Les amoureux des chats seront comblés et pourront aussi admirer l'intérieur somptueux et la vue sur le jardin. Le musée ouvre du mardi au samedi de 11h à 19h et le dimanche à partir de 12h (entrée : 10 fl).

Sur la berge opposée du Herengracht, le colossal (voire monstrueux) siège de la **banque ABN-AMRO** domine l'angle de Vijzelstraat et s'étend jusqu'au Keizersgracht. Il fut achevé en 1923 pour servir de siège à

cours de conversion de l'euro 1 fl = 0,45 €

la Société néerlandaise de commerce, banque hollandaise d'outre-mer héritière des deux Compagnies des Indes, qui devint la banque ABN au milieu des années 60 avant de fusionner avec la banque AMRO en 1991. L'ABN-AMRO est la première banque du pays et la plus grosse banque étrangère des États-Unis. Elle n'occupe que le seizième rang mondial, mais possède l'un des réseaux internationaux les plus étendus (la combinaison finance et commerce a toujours été une spécialité hollandaise).

Après Vijzelstraat, une fois dépassée la résidence du maire, au n°502, on arrive à la **Geelvinck Hinlopen Huis** (☎ 639 07 47), au n°518, une demeure du XVIIᵉ siècle aux chambres somptueuses, au jardin paysager et à la remise décorée d'œuvres d'art. Sans pouvoir rivaliser avec le Museum Willet-Holthuysen (voir plus loin) ni avec le Museum Van Loon (voir la rubrique *Keizersgracht*), elle dégage une atmosphère beaucoup plus paisible et mérite le détour si vous organisez une visite privée (150 fl, 15 personnes maximum).

Le **Reguliersgracht**, le splendide "canal aux sept ponts" creusé en 1664, commence à quelques pas de là. On peut les compter lorsque l'on se tient sur celui du Herengracht. Les bateaux des circuits sur les canaux s'arrêtent généralement à cet endroit

pour permettre aux touristes de prendre des photos, en particulier la nuit lorsque les ponts sont éclairés et que leurs courbes gracieuses se reflètent dans l'eau. Au tournant du siècle, ce canal faillit être comblé pour laisser passer une ligne de tramway.

Descendez le Reguliersgracht pour vous imprégner de sa sérénité et admirer le mélange des styles architecturaux qui président à sa splendeur. Ne manquez pas :

- La maison du n°34, avec son pignon massif en forme d'aigle, hommage à son premier propriétaire, Arent van den Bergh (*arend* est l'un des termes néerlandais pour désigner l'aigle), et son entrée double, insolite, appuyée contre les murs latéraux, pour la montée et la descente.
- Le panorama extraordinaire que l'on a du pont est-ouest, au Keizersgracht, et la présence photogénique des deux maisons à l'angle (sans oublier les 15 ponts visibles de cet emplacement).
- La construction germano-hollandaise, en bois, aux n°57-59, qui évoque les maisons médiévales de la cité ; elle fut édifiée en 1879 pour un charpentier (le même architecte, Isaac Gosschalk, conçut le n°63).
- L'Amstelveld, avec l'Amstelkerk en bois, toute blanche, au Prinsengracht (voir plus loin *Prinsengracht*).
- La statuette d'une cigogne, à la maison d'angle du n°92 (les cigognes étaient une espèce protégée ; les tour-opérateurs affirment souvent qu'une sage-femme y vivait !).

Un faussaire de génie

La maison qu'occupe actuellement le Goethe Institut, Herengracht 470, incluait autrefois le n°468. Le bâtiment fut ultérieurement partagé en deux et, durant la Seconde Guerre mondiale, un marchand d'art allemand "acquit" le n°468. Le peintre amstellodamois Han van Meegeren lui vendit une peinture du maître de Delft, Vermeer, que le marchand allemand échangea à Goering contre des tableaux volés d'une valeur de 2 millions de florins.

Accusé après la guerre d'avoir collaboré avec les Allemands, Meegeren déclara que le Vermeer était de lui et qu'il avait peint ainsi d'autres tableaux du maître hollandais. Pour prouver la véracité de ses dires, il peignit un autre "Vermeer" devant témoins.

Son œuvre mystifia quantité d'historiens d'art, et il réussit même à tromper le prestigieux Boijmans-van Beuningen Museum de Rotterdam, qui lui avait acheté une de ses peintures avant la guerre pour un prix exorbitant. Il fut sans aucun doute le plus grand faussaire de toute l'histoire des Pays-Bas, et se montra d'autant plus habile que Vermeer n'a laissé que trente-cinq œuvres. Par respect pour son talent et en signe d'avertissement aux snobs crédules, les juges ne le condamnèrent qu'à un an de prison.

L'extension du Reguliersgracht vers le centre-ville, de l'autre côté du Herengracht, autrefois envahie par l'eau, est aujourd'hui occupée par **Thorbeckeplein**, que domine une statue de Jan Rudolf Thorbecke, politicien libéral à l'origine du système parlementaire néerlandais en 1848. Il regarde au loin et n'aurait sans doute guère apprécié cette place, même si les boîtes de nuit ont toutes disparu et que sa transformation en zone piétonnière l'a rendue plus agréable. Un marché d'art (des peintures, pour l'essentiel) s'y tient le dimanche de 10h30 à 18h, de mi-mars à mi-octobre.

On débouche ensuite dans **Rembrandtplein**, qui s'appela d'abord Reguliersplein, puis Botermarkt, car elle accueillait le marché au beurre. La statue du peintre, le regard tourné pensivement vers le quartier juif où il vécut jusqu'à ce qu'il soit contraint d'habiter dans le Jordaan, fut inaugurée en 1852 et la place rebaptisée en 1876. Elle est bordée de pubs, de grands cafés et de restaurants, et semble surtout attirer les habitants des banlieues en quête de distractions bruyantes.

Reguliersbreestraat relie d'est en ouest Rembrandtplein au Munt (avant la construction de la ceinture des canaux, les nonnes de l'ordre régulier possédaient un monastère en dehors de l'enceinte de la ville, au croisement actuel d'Utrechtsestraat et du Keizersgracht, ce qui explique l'utilisation fréquente de ce nom). Aux n°26-28, on aperçoit sur la gauche le **Tuschinski-theater** (☎ 626 26 33), construit en 1921, qui demeure, encore aujourd'hui, le cinéma le plus prestigieux des Pays-Bas. Le mélange du style Art déco et de l'école d'architecture d'Amsterdam réjouit l'œil, ainsi que les décorations intérieures flamboyantes et outrageusement rétro. Des visites guidées ont lieu les dimanche et lundi d'août à 10h30 (7,50 fl) mais vous pouvez aussi voir un film dans la salle principale, Tuschinski 1.

De retour sur le pont du Herengracht, après la Reguliersgracht, continuez vers l'est jusqu'à **Utrechtsestraat**, une rue animée, bordée de boutiques attrayantes, de restaurants et de cafés (tournez à droite). Le **Museum Willet-Holthuysen** (☎ 523 18 22), Herengracht 605, doit son nom à la veuve d'Abraham Willet, qui fit don à la ville de cette magnifique demeure, à l'intérieur somptueux, il y a un siècle. Datant de 1687, elle subit plusieurs modifications et est actuellement en cours de rénovation. Une partie du mobilier et des objets provient d'autres donations, ce qui explique le mélange hétéroclite des styles des XVIIIe et XIXe siècles. Le musée ouvre en semaine de 10h à 17h, le week-end à partir de 11h (entrée : 7,50 fl, 5,50 fl avec réduction). Bien qu'impressionnant, il paraît cependant un peu factice et le Museum Van Loon (voir ci-après, *Keizersgracht*) donne une meilleure idée d'une demeure patricienne. A l'arrière de la maison, on aperçoit un grand jardin à la française, visible également de la rue, au bout d'Amstelstraat, à travers sa grille en fer forgé.

Keizersgracht (cartes 4 et 6)

Au croisement du Keizersgracht et de Leidsestraat se dressent deux magnifiques bâtiments. Le **grand magasin Metz**, Keizersgracht 455, fut bâti en 1891 pour accueillir la New York Life Insurance Company (d'où la présence des aigles, à l'intérieur comme à l'extérieur), mais devint bientôt la propriété d'un marchand de meubles. L'architecte et décorateur Gerrit Rietveld ajouta une galerie au dernier étage, où l'on peut déjeuner tout en profitant d'une belle vue sur la ville.

De l'autre côté du canal, au n°508, s'élève l'ancien **magasin PC Hooft**, construit pour un fabriquant de cigares en 1881 par A.C. Bleijs (l'architecte de la St Nicolaaskerk, près de Centraal Station). Le nom fait référence au poète, dramaturge, historien et figure nationale Pieter Cornelisz Hooft, dont on célébra le tricentenaire de la naissance dans cet édifice Renaissance hollandaise, flanqué d'une tour germanique. On remarquera les amusants bas-reliefs décrivant les différentes étapes de la préparation du tabac.

Plus loin, toujours de ce côté du canal après Leidsestraat, se profile la robuste **Keizersgrachtkerk**, non dépourvue d'élégance, au n°566. Datant de 1888, elle fut édifiée pour abriter la communauté calviniste orthodoxe Gereformeerd, qui s'était séparée de l'Église réformée hollandaise deux ans plus tôt (voir la rubrique *Religion* du chapitre *Présentation de la ville*).

Nieuwe Spiegelstraat, la rue transversale suivante, est bordée de magasins d'antiquités plus ou moins luxueux. Son extension, le charmant Spiegelgracht, qui compte davantage d'antiquaires et de galeries d'art, mène au Rijksmuseum.

Plus loin dans le Keizersgracht, de l'autre côté de Vijzelstraat, artère particulièrement ventée, on arrive au **Museum Van Loon** (☎ 624 52 55), au n°672. La maison fut bâtie en 1672 (en même temps que la maison adjacente, au n°674) pour un riche marchand d'armes. Le portraitiste Ferdinand Bol, étudiant de Rembrandt, occupa un moment les lieux. A la fin du XIXe siècle, la maison fut achetée par les van Loon, l'une des plus riches familles patriciennes, qui menaient un train de vie en harmonie avec leur rang ; leur écurie, au n°607, sur l'autre rive du canal, est aujourd'hui occupée par une galerie d'art. La demeure, avec ses chambres luxueuses et ses portraits de famille, donne une bonne idée de ce que devait être la vie de la haute société d'Amsterdam, en bordure des canaux, lorsque l'argent n'était jamais un obstacle. Quant au jardin rococo, il reflète admirablement les aspirations "champêtres" des Amstellodamois du XVIIIe siècle. Le musée ouvre du vendredi au lundi de 11h à 17h (entrée : 7,50 fl, 5 fl avec réduction).

On remarquera, au confluent du Keizersgracht et de l'Amstel, l'austère hospice des diaconesses, ou **Amstelhof**, qui se dresse sur deux étages. Cet hospice, construit en 1683, est toujours en activité et accueille des femmes âgées de l'Église réformée (les hommes sont confinés au sous-sol). Il montre bien comment le projet d'expansion de la ville s'essouffla en atteignant l'Amstel. Les terrains qui s'étendaient au-delà furent donnés à des œuvres de charité ou transformés en parcs de loisirs : les plus riches avaient déjà acheté leurs parcelles et fait construire leurs demeures.

Prinsengracht (cartes 4 et 6)

La numérotation paire et impaire des maisons bordant le Prinsengracht n'obéit pas à la même logique que le long des autres canaux (où les numéros se suivent étroitement), en raison des nombreuses rues transversales du Jordaan. Un désordre encore accentué par les rues qui viennent s'ajouter au-delà du Leidsegracht. Ainsi, la maison portant le n°1133 se trouve en face du n°868 lorsque le Prinsengracht atteint l'Amstel.

A l'angle du Leidsegracht, on aperçoit le **Paleis van Justitie** (cour d'appel), au n°436, imposant édifice néoclassique, qui fut modifié en 1829 par l'architecte de la ville Jan de Greef. Conçu en 1666 pour servir d'orphelinat, l'établissement avait été prévu pour recevoir 800 orphelins mais, au début du XIXe siècle, plus de la moitié des 4 300 orphelins d'Amsterdam s'entassait dans ses locaux. En vertu d'un décret royal de 1822, on transféra les enfants âgés de plus de 6 ans dans d'autres villes, au grand dam des autorités locales impuissantes devant ce "rapt d'enfants".

A une centaine de mètres en contrebas de Leidsestraat, on débouche sur **Leidseplein**, l'une des places les plus animées de la ville, centre incontesté de la vie nocturne. Elle a toujours connu cette effervescence : au XVIIe siècle, elle était la porte qui menait à Leyde et à d'autres villes du sud-ouest ; les voyageurs devaient y abandonner charrettes et chevaux pour pénétrer dans Amsterdam.

Le **Stadsschouwburg** (Théâtre municipal), Leidseplein 25, date de 1894. Les Amstellodamois critiquèrent ce bâtiment et les fonds destinés à la décoration extérieure n'arrivèrent jamais. L'architecte Jan Springer se retira alors du projet. Le théâtre présente des spectacles de grande envergure, ainsi que des opérettes. Au sud, dans Marnixstraat, l'**American Hotel**, bel exemple du style Art nouveau, annonçait, en 1902, l'utilisation de la brique par l'école d'Amsterdam. On ne saurait se rendre à Amsterdam sans prendre un verre au Café Americain.

Les cafés à terrasse rassemblés à l'extrémité nord de la place sont parfaits pour observer les artistes de rue et les passants. Pubs et boîtes de nuit animent l'esplanade presque 24h/24 et les rues environnantes abondent en restaurants. On y trouve aussi des cinémas, des clubs en tous genres, et même un casino en forme de table de roulette.

De retour dans le Prinsengracht, à l'est du canal, l'exubérante façade néo-Renaissance est tout ce qui reste de l'ancienne **laiterie**, aux n°739-741, bâtie en 1876 d'après les plans d'Eduard Cuypers. Auparavant, le lait était acheminé en ville des fermes alentour dans des tonneaux de bois, et vendu dans les rues sans grand souci d'hygiène.

Plus à l'est, après le croisement de Prinsengracht et de Reguliersgracht, on arrive à l'Amstelkerk où se dresse l'**Amstelkerk**, en bois. Les urbanistes de la ville avaient prévu la construction de quatre nouvelles églises protestantes à l'intérieur de la ceinture des canaux sud, reliées entre elles par Kerkstraat, mais la seule qui vit le jour fut l'Oosterkerk, dans Wittenburgergracht, à proximité de l'IJ (carte 5 ; voir plus loin la rubrique *Îles orientales*). L'Amstelkerk était une structure temporaire, érigée en 1670, afin que les fidèles disposent d'un lieu où se réunir pendant la construction de l'église définitive. Mais on ne trouva jamais les fonds et l'église "temporaire" est toujours en activité. L'intérieur subit quelques ajouts gothiques dans les années 1840.

Les autorités n'avaient pas totalement abandonné l'idée de construire une église permanente et interdirent toute construction sur l'**Amstelveld**. En 1876, le marché du lundi quitta Rembrandtplein pour s'installer sur cette esplanade. Ce marché libre, très animé, attirait les vendeurs d'articles les plus divers des environs d'Amsterdam ; désormais, la place accueille un marché aux plantes pendant les mois d'été. Une petite statue, à côté de l'Amstelkerk, rend hommage au professeur Kokadorus, ou Meijer Linnewiel (1867-1934), un camelot haut en couleur connu de tous les Amstellodamois. Pour vendre sa marchandise, de la petite cuillère aux bretelles ("pour pendre votre belle-mère", disait-il), il haranguait les passants en ponctuant ses tirades de commentaires satiriques sur les événements politiques du moment. Avec l'extermination de la communauté juive pendant la Seconde Guerre mondiale, cette tradition des marchés libres disparut.

En été, l'Amstelveld est une place très agréable, où les enfants jouent au football, tandis que les chiens se promènent et que leurs maîtres paressent à la terrasse du Café Kort, adossé au flanc sud de l'Amstelkerk. Sur la rive opposée se profile l'église catholique **de Duif** ("la colombe"), Prinsengracht 756, érigée en 1796, peu après que les troupes d'occupation françaises aient proclamé la liberté de culte. C'était la première église catholique dotée d'une entrée publique à Amsterdam depuis deux siècles. Elle fut reconstruite vers 1850 sous sa forme actuelle. En 1970, les autorités ecclésiastiques cherchèrent à vendre le bâtiment, mais le prêtre refusa d'abandonner son église et parvint à la sauver.

En continuant vers l'Amstel, vous apercevrez deux monuments intéressants. Sur votre droite se dressent les **Amstelsluizen**, qui chevauchent la rivière pour rejoindre le Théâtre carré (construit en tant que cirque en 1868, il fut rebâti en brique en 1887 et sert aujourd'hui essentiellement de théâtre). Datant de 1674, ces impressionnantes écluses amenaient l'eau douce de l'Amstel dans les canaux, améliorant ainsi le quotidien des citadins (voir *Écologie et Environnement* dans *Présentation de la ville*).

Sur la gauche, le **Magere Brug** (Pont maigre) est sans doute le pont le plus photographié d'Amsterdam. Érigé vers 1670, il relie Kerkstraat à Nieuwe Kerkstraat et n'était alors qu'un étroit pont basculant piétonnier. Reconstruit et élargi plusieurs fois, il fut finalement détruit en 1929 pour céder la place à un pont moderne, puis à une copie en bois du pont d'origine. Toujours manœuvré manuellement, il charme le regard de jour comme de nuit, lorsqu'il est illuminé. Au milieu du pont, vous sentirez le mouvement de bascule dû à la circulation.

QUARTIER DE NIEUWMARKT (CARTES 4 ET 5)

Pour toute information sur la place du Nieuwmarkt, reportez-vous à la rubrique *Oude Zijde*, plus haut dans ce chapitre. A l'est de cette place, le quartier de Nieuwmarkt est délimité par le Geldersekade et le

Kloveniersburgwal à l'ouest, l'Amstel au sud, Valkenburgerstraat à l'est et l'IJ au nord. En 1975, ce secteur fut le théâtre de violentes protestations de squatteurs, opposés à la construction d'une ligne de métro qui devait entraîner la démolition de nombreuses maisons – insalubres ou habitables, selon les opinions des deux parties en présence (voir la rubrique *Histoire* du *Présentation de la ville*).

Après l'achèvement de la ligne de métro, on construisit des logements sociaux et aujourd'hui, à l'ouest comme au sud, le quartier est dominé par des édifices modernes, plus ou moins réussis.

Jusqu'à la Seconde Guerre mondiale, Nieuwmarkt abritait une communauté juive prospère, qui jouissait d'une plus grande liberté que partout ailleurs en Europe et qui fit d'Amsterdam la capitale du diamant, du tabac, du livre et du vêtement. Elle favorisa aussi l'éclosion d'une exceptionnelle diversité de marchés, dont certains perdurent (comme le marché aux puces de Waterlooplein).

Lastage

Le hasard présida largement au développement du quartier de Nieuwmarkt. A l'est de la place s'étendait un secteur connu appelé Lastage, où se mêlaient chantiers navals, corderies et entrepôts. Il se trouvait en marge de l'enceinte médiévale et des douves qui entouraient le Zeedijk, St Anthoniesbreestraat, Jodenbreestraat et Muiderstraat. Dans les années 1510, après une attaque des troupes du Gelderland, on construisit le large canal d'**Oude Schans** pour le protéger et l'on érigea une tour de garde, la **Montelbaanstoren** – la tour octogonale fut ajoutée en 1606, probablement conçue par Hendrick de Keyser. Aujourd'hui, l'endroit offre une vue panoramique sur l'eau environnante.

Au nord-ouest, de l'autre côté du Waalseilandsgracht, à l'angle de Binnenkant et de Prins Hendrikkade, la **Scheepvaarthuis**, Maison de la navigation, dont la construction fut achevée en 1916, domine le canal. On remarquera notamment les nombreuses sculptures qui ornent sa façade. Ce bâtiment remarquable, dont l'architecte Johan van der Mey a voulu suggérer la proue d'un bateau en utilisant le profil de la rue, fut la première réalisation dans le style fortement expressionniste de l'école d'Amsterdam. Ancien siège d'un consortium d'armateurs, il abrite aujourd'hui la société municipale de transport qui gère les trams et les bus.

Îles de Nieuwmarkt (carte 5)

Vers 1580, le soudain afflux de juifs expulsés d'Espagne et du Portugal poussa les nouvelles autorités calvinistes à gagner de la terre sur l'IJ en créant plusieurs îles rectangulaires à l'est de l'Oude Schans, dont l'une, **Uilenburg**, existe toujours. Les chantiers navals déménagèrent alors sur les nouvelles îles orientales, cédant la place aux réfugiés juifs ashkénazes qui fuyaient l'Europe centrale et orientale.

Sur Uilenburg, la vaste taillerie de diamants Gassan (☎ 622 53 33), Nieuwe Uilenburgerstraat 173-175, contiguë à une synagogue, fut la première à utiliser la vapeur dans les années 1880. L'usine a repris son activité en 1989 après d'importantes rénovations. Reportez-vous à la rubrique *Diamants* du chapitre *Achats* pour plus de détails sur les diamants et les visites guidées.

Quartier sud de Nieuwmarkt (cartes 4 et 5)

Au sud des îles, à l'intérieur du périmètre dessiné par la digue maritime, les autorités du XVIe siècle asséchèrent une partie de l'Amstel : l'île de Vlooienburg (actuelle Waterlooplein), avec ses canaux et ses rues transversales, allait devenir le cœur du quartier juif. Mais cela ne suffisait pas pour répondre aux besoins d'extension de la ville et, deux décennies plus tard, la municipalité lançait son projet de construction de la ceinture des canaux.

St Anthoniesbreestraat part de Nieuwmarkt pour rejoindre Waterlooplein. C'était autrefois une rue animée, qui perdit ses bâtiments anciens lors de la construction de la ligne de métro – il fallut incorporer des blocs de caoutchouc aux fondations des nouvelles maisons pour absorber les vibra-

CHARLOTTE HINDLE

EDWARD AM SNIJDERS

es bicyclettes sont partout, même sur les trains !

Opulente résidence du XVIIe siècle.

ZAW MIN YU

alais royal sur la place du Dam, cœur historique de la ville.

Fronton et tour de l'horloge du Palais royal.

Se restaurer en musique dans le Vondelpark.

La communauté juive d'Amsterdam

Les nazis parvinrent à la presque totale destruction de la communauté juive d'Amsterdam. Avant la Seconde Guerre mondiale, un recensement dénombrait 140 000 juifs aux Pays-Bas, dont 90 000 à Amsterdam où ils représentaient 13% de la population (avant les années 30, la proportion était de 10%, mais elle augmenta avec l'arrivée des juifs allemands fuyant le régime nazi). Après la guerre, Amsterdam ne comptait plus que 5 500 juifs.

Les juifs jouèrent un rôle important dans l'essor de la cité amstellodamoise. Au Moyen Age, leur nombre était dérisoire, mais dans les années 1580, après leur expulsion d'Espagne et du Portugal, les juifs séfarades vinrent s'établir à Amsterdam. Ils furent bientôt rejoints par d'autres réfugiés en 1585, avec la reprise d'Anvers par les Espagnols. Ils s'installèrent sur les îles récemment asséchées dans le quartier de Nieuwmarkt où les terrains étaient bon marché.

Les puissantes guildes de la ville fermèrent leurs portes à ces nouveaux émigrants. Cependant, il n'existait pas de guilde des tailleurs de diamants, une activité pratiquée par certains Séfarades. Ils introduisirent également l'industrie du livre et du tabac, exercèrent des petits métiers non contrôlés par les guildes (fripiers, brocanteurs, colporteurs, etc.) et investirent les activités bancaires et médicales. Toutefois, la plupart d'entre eux, ouvriers ou petits commerçants, vivaient misérablement dans le quartier de Nieuwmarkt, qui devint le quartier juif d'Amsterdam. En revanche, ils n'étaient pas confinés dans un ghetto et, mis à part certaines restrictions, pouvaient devenir propriétaires et jouissaient d'une presque totale liberté religieuse – des droits dont ils étaient privés partout ailleurs, en Europe.

Pendant tout le XVIIe siècle, affluèrent vers Amsterdam des réfugiés ashkénazes, fuyant les pogromes dont ils étaient victimes dans le Centre et l'Est de l'Europe. C'est ainsi que les deux nations de la diaspora se trouvèrent réunies à Amsterdam, sans pour autant se fondre. Les Séfarades ne voyaient pas d'un très bon œil la compétition accrue suscitée par ces nouveaux arrivants, plus pauvres et qui les dépassaient en nombre. Ils firent construire des synagogues séparées.

Les guildes et les restrictions imposées aux juifs furent abolies pendant l'occupation française, et la communauté juive connut un certain essor au XIXe siècle. Cependant, la pauvreté régnait toujours, et le quartier juif comptait les pires taudis de la ville ; pourtant, l'émancipation sociale, politique et économique des juifs contribua simultanément à l'éclosion d'une classe moyenne, qui s'installa dans le quartier du Plantage, puis plus tard dans la banlieue sud de la ville.

Avec la Shoah, le quartier se vida entièrement de ses habitants. De nombreuses maisons, d'abord pillées par les Allemands et les collaborateurs néerlandais, furent ensuite dépouillées de tous leurs matériaux pouvant servir de bois de chauffage pendant les derniers mois de la guerre, pour être finalement démolies dans les années 70.

La communauté juive d'Amsterdam compte aujourd'hui 30 000 personnes, dont beaucoup se sont assimilées à la population néerlandaise. Le vocabulaire argotique amstellodamois comporte de nombreux termes d'origine hébraïque ou yiddish, tel l'autre nom donné à la ville, Mokum (de *makom aleph*, la première ville) ; *de mazzel* (bonne chance) ; *joetje* (10 fl, la dixième lettre de l'alphabet hébraïque) ; *gabber* (ami, du yiddisch *chawwer*, compagnon) ; et *kapsones maken* (faire des histoires pour rien, de *kapsjones*, suffisance).

Bibliographie

Les Juifs d'Espagne, histoire d'une diaspora, 1492-1992
Ouvrage dirigé par Henry Méchoulan
Préface d'Edgar Morin ; Éditions Liana Lévi
Être Juif à Amsterdam au temps de Spinoza
Henry Méchoulan ; Albin Michel (coll. "Présences du Judaïsme")

cours de conversion de l'euro 1 fl = 0,45 €

tions dues au métro. Seule fut épargnée la **Pintohuis**, au n°69, propriété d'un riche banquier séfarade, Isaac de Pinto, qui lui fit ajouter des pilastres à l'italienne dans les années 1680. Vers 1970, le projet d'une voie rapide jusqu'à Centraal Station impliquait la démolition de la maison ; la controverse suscitée par ce projet conduisit à son abandon. C'est aujourd'hui une bibliothèque annexe – jetez un coup d'œil à l'intérieur pour en admirer les superbes plafonds.

Un passage dans les bâtiments modernes de St Anthoniesbreestraat mène à la **Zuiderkerk**, l'église du Sud, construite par Hendrick de Keyser en 1603-1611. Son clocher, d'un mètre de plomb, date de 1614. Ce fut la première église protestante d'Amsterdam, "coup d'essai" de Keyser avant la construction de la Westerkerk. Le dernier service religieux eut lieu en 1929 et, à la fin de la Seconde Guerre mondiale, elle servit de morgue.

Elle abrite aujourd'hui le Centre municipal de l'urbanisme et du logement (☎ 622 29 62), avec une exposition intéressante sur tous les aspects de l'urbanisation, ouverte du lundi au vendredi de 12h à 17h, le jeudi jusqu'à 20h (entrée libre). Une grande carte informatisée répond, en anglais, à toutes les questions concernant la ville. Du 1er juin au 30 septembre, on peut grimper en haut du clocher pour profiter de la vue sur Amsterdam (du mercredi au samedi à 14h, 15h et 16h ; 3 fl).

L'ancien cimetière à l'est de l'église jouxte un ensemble de bâtiments dus à Theo Bosch, le **Pentagon**, achevé en 1983 et agrémenté d'une cascade. On peut aimer ou détester, mais il est difficile de rester indifférent devant ce complexe que de nombreux architectes viennent visiter.

Plus au sud, sur l'autre rive du superbe **Raamgracht** que les urbanistes de la ville voulaient combler dans les années 50, on parvient à l'étroite **Verversstraat**, où se mêlent bâtiments anciens et modernes. Son nom, rue des Peintres, fait référence aux usines de peinture polluantes qui longeaient cet ancien canal, au-delà de l'enceinte médiévale.

Le passage couvert qui surplombe la rue servait à relier les différentes unités de

Ensemble résidentiel du Pentagon

l'usine de machines à coudre Leeuwenburg. Condamnée à la démolition, elle fut sauvée par les squatteurs qui y vivent aujourd'hui légalement. Au bout de Verversstraat, tournez à droite vers le pont basculant qui chevauche le **Groenburgwal**, digne d'une photo, avant de regagner la Zuiderkerk.

Jodenbreestraat. St Anthoniesbreestraat ouvre sur Jodenbreestraat, vestige de la voie rapide abandonnée. Remarquez, sur la gauche, la pittoresque maison penchée de l'éclusier où vous pourrez boire une bière, paisiblement installé au soleil.

En face, Jodenbreestraat 4-6, se profile le **Museum Het Rembrandthuis** (☎ 520 04 00), une belle demeure de 1606 où Rembrandt vécut et travailla. Il put l'acheter en 1639 grâce à la fortune de sa femme, Saskia van Uylenburgh, mais un endettement chronique l'obligea à vendre et à déménager dans le Jordaan en 1658. Les années passées là furent les plus fructueuses de sa carrière. Il connaissait alors la gloire et possédait le plus grand atelier de Hollande.

Ne manquez pas de visiter ce musée où vous pourrez admirer la collection presque complète des gravures produites par Rembrandt au cours de sa vie (250 sur les 280 répertoriées). Sont également présentés des dessins et des peintures de ses élèves et de son professeur, Pieter Lastman, ainsi qu'une gravure d'Albrecht Dürer. Récemment rénové et agrandi d'une partie moderne comprenant le hall d'entrée sur la gauche, il ouvre tous les jours de 10h à 17h (entrée : 12,50 fl, réductions diverses). Consultez le site Internet www.rembrandthuis.nl pour plus d'informations.

Près de la maison de Rembrandt, le médiarama **Holland Experience** (☎ 422 22 33), Waterlooplein 17, tente de restituer toutes les attractions des Pays-Bas dans un micmac dispendieux et sans imagination d'images, de sons et d'odeurs. Il ouvre tous les jours de 10h à 18h (entrée : 17,50 fl avec la réduction la plus faible, ou 25 fl le billet combiné avec la maison de Rembrandt).

Waterlooplein. Au sud, Waterlooplein, autrefois appelée Vlooienburg, était le cœur du quartier juif. Elle est aujourd'hui dominée par le **Stopera**. Ce théâtre musical fut inauguré en 1986, après bien des controverses. Il fut conçu par l'architecte autrichien Wilhelm Holzbauer et son collègue néerlandais Cees Dam, qui remportèrent le concours lancé à cette occasion avec un projet qui, selon les termes mêmes d'un critique, "avait tout le charme d'une chaise Ikea". On peut y assister à des concerts (gratuits le mardi à l'heure du déjeuner) et à des représentations d'opéra et de ballet. Jetez un coup d'œil à la petite exposition installée dans l'arcade reliant l'hôtel de ville au théâtre, qui présente les niveaux de l'eau dans le pays. Pour plus de détail sur le sujet, voir la rubrique *Géographie* du chapitre *Présentation de la ville*.

A l'origine, Waterlooplein occupait la partie orientale de Vlooienburg. Elle fut créée en 1882 par l'assèchement de deux canaux et accueillait notamment le plus grand **marché aux puces** juif de la ville, où l'on vendait à peu près de tout. Celui-ci se tient aujourd'hui au nord du Stopera, du lundi au samedi, et l'on y trouve toujours quantité d'articles. C'est un marché populaire, très fréquenté par les touristes. Les prix y sont plus élevés que sur les autres marchés, mais il mérite que l'on s'y attarde. Attention aux pickpockets !

L'église de style néoclassique **Mozes en Aäronkerk** fut bâtie en 1841 à l'angle de Waterlooplein pour la communauté catholique qui résidait alors dans le quartier juif. Toujours utilisée comme lieu de culte, elle sert aussi de centre à diverses organisations sociales et culturelles. Elle remplaça l'église catholique clandestine qui occupait les deux maisons appelées Mozes et Aäron, derrière l'église, le long de Jodenbreestraat.

Pour construire cette nouvelle église, il fallut démolir la maison du philosophe **Baruch de Spinoza** (1632-1677), né à Amsterdam, mais qui passa la majeure partie de sa vie à La Haye. Juif, il fut mis au ban de la communauté juive amstellodamoise par les rabbins, qui lui reprochaient notamment son interprétation des attributs de Dieu dans *L'Éthique*. "Polythéisme !" s'écrièrent d'une même voix rabbins et pasteurs calvinistes.

Le quartier juif. Le carrefour animé à l'est de l'église s'appelle Mr Visserplein ("Mr" pour *meester*, "maître", titre octroyé aux hommes de loi en Hollande). Président de la Cour suprême, L.E. Visser, qui était juif, fut démis de sa charge par les nazis. Il refusa de porter l'étoile jaune et se prononça contre le Conseil juif, qui facilitait la répression nazie. Il mourut avant que les Allemands puissent l'éliminer.

A l'est de la place, au n°3, se dresse la majestueuse **synagogue portugaise** (☎ 624 53 51), construite entre 1671 et 1675 par la communauté séfarade. C'était à l'époque la plus grande synagogue d'Europe. Son architecte, Elias Bouman, s'inspira du temple de Salomon, mais ses lignes classiques sont caractéristiques d'Amsterdam. Elle fut restaurée après la guerre et est toujours en activité. La bibliothèque Ets Haim est considérée comme l'une des plus importantes en Europe. La synagogue ouvre du dimanche au vendredi, de 10h à 16h (entrée : 7,50 fl, tarif réduit 5 fl).

Au sud de la synagogue se trouve la place triangulaire Jonas Daniël Meijerplein, premier avocat juif des Pays-Bas qui joua un rôle important dans l'émancipation des juifs pendant la période napoléonienne.

Sur la place, la statue du **Docker** (1952) commémore la grève générale des dockers du 25 février 1941, qui protestaient contre l'arrestation des juifs et leur déportation.

Spinoza

Au sud de la place, de l'autre côté de Weesperstraat, se profile le **Joods Historisch Museum** (Musée historique juif ; ☎ 626 99 45), J.D. Meijerplein 2-4, un magnifique ensemble entièrement restauré de quatre synagogues ashkénazes reliées par des passages en verre. Il comprend la Grote Sjoel (Grande Synagogue, 1671), première synagogue d'Europe de l'Ouest, l'Obbene Sjoel (Synagogue en étage, 1686), la Dritt Sjoel (Troisième Synagogue, 1700), avec une façade du XIXe siècle, et la Neie Sjoel (Nouvelle Synagogue, 1752), la plus grande, mais qui n'atteint pas les dimensions de la synagogue portugaise de l'autre côté de la place.

La Grande Synagogue renferme des collections d'objets religieux, ainsi que diverses expositions consacrées au rôle joué par la communauté juive dans l'économie néerlandaise. La Nouvelle Synagogue est davantage axée sur l'histoire des juifs et leur place dans la société néerlandaise. Le coffee shop cachère sert des spécialités juives. Le complexe ouvre tous les jours (sauf pendant Yom Kippour) de 11h à 17h. (entrée : 8 fl, 4 fl avec réduction, ou plus en cas d'exposition temporaire). Ce musée passionnant mérite une visite. Pour plus

d'information, consultez le site Web www.jhm.nl.

Dans le secteur sud-est, celui des "nouveaux" canaux (Nieuwe Herengracht, Nieuwe Keizersgracht et Nieuwe Prinsengracht), coupés par Weesperstraat, artère à grande circulation, le projet d'extension tourna court en 1700. Les canaux situés tout au bout de l'Amstel intéressaient peu les Amstellodamois fortunés, qui abandonnèrent le quartier aux juifs aisés.

PLANTAGE (CARTES 5 ET 7)

Avec la découverte de diamants en Afrique du Sud au XIXe siècle, l'industrie du diamant connut un nouvel essor, et la bourgeoisie juive vint habiter dans le Plantage (Plantation), où elle se fit construire d'imposantes demeures. Jusqu'alors, le Plantage était un quartier de parcs et de jardins, qui s'étendait à l'est du quartier juif et au nord des "nouveaux" canaux.

Au XVIIIe siècle, les gens aisés y louaient des parcelles de terre, qu'ils transformaient en jardins, et le quartier accueillait maisons de thé, théâtres de variétés et autres établissements où la haute bourgeoisie venait se détendre et se distraire dans une oasis de verdure.

L'**Hortus Botanicus** de l'université d'Amsterdam (Jardin botanique, ☎ 625 84 11), Plantage Middenlaan 2A, fut créé en 1638 pour servir de jardin médicinal aux médecins amstellodamois, puis fut transféré à l'angle sud-ouest du Plantage en 1682. Il fut alors aménagé en jardin botanique et d'agrément, où les plantes tropicales, ornementales et autres, rapportées par les bateaux des Compagnies des Indes orientales et occidentales, étaient conservées dans des serres. Des plantes commercialement exploitables, comme le café, l'ananas, la cannelle et le palmier à huile, furent ainsi répandues dans toute l'Europe, tandis que le jardin médicinal, l'Hortus Medicus, se fit connaître dans le monde entier pour ses recherches sur les maladies tropicales.

Le jardin enchantera les passionnés de botanique. L'étonnant mélange de structures anciennes et modernes comprend : une serre à semences octogonale, entièrement restaurée ; une serre ultramoderne (1993), qui abrite des plantes subtropicales, tropicales et désertiques ; une palmeraie monumentale, contenant un cycas vieux de quatre siècles – la plus vieille plante conservée en pot (elle a fleuri en 1999, un événement rare !) ; une orangeraie agrémentée d'une belle terrasse ; et, bien sûr, l'Hortus Medicus, qui attire des étudiants du monde entier. Le jardin ouvre en semaine de 9h à 17h, le week-end à partir de 11h, en hiver jusqu'à 16h (entrée : 7,50 fl, 4,50 fl pour les enfants ; visites guidées le dimanche à 14h : 1 fl).

L'ensemble des bâtiments faisant face au jardin regroupe le Centre pour l'éducation à la nature et à l'environnement (☎ 622 54 04), Plantage Middenlaan 2E, et l'Association pour l'éducation à la nature et à l'environnement (☎ 622 81 15), Plantage Middenlaan 2C, qui organise des promenades guidées et autres activités éducatives.

Plusieurs bâtiments évoquent la présence de la communauté juive. Le **Nationaal Vakbondsmuseum** (musée du Syndicalisme ; ☎ 624 11 66), Henri Polaklaan 9, abritait autrefois le très puissant Syndicat général des travailleurs du diamant, l'un des pionniers du mouvement syndicaliste néerlandais, sous la direction d'Henri Polak. L'édifice mérite une visite. L'architecte H.P. Berlage conçut le siège de l'organisation en 1900, qui fut bientôt surnommé "Burcht van Berlage" (forteresse de Berlage) – allusion à une autre de ses créations, la Beurs van Berlage, la nouvelle Bourse construite dans Damrak.

Berlage considérait cet édifice comme son œuvre la plus achevée, et l'on comprend aisément pourquoi en découvrant le clocheton en forme de diamant, la magnifique galerie aux voûtes de brique et à la cage d'escalier entièrement décorée, ainsi que les céramiques et les vitraux signés par les plus grands artistes de l'époque. Le musée ouvre du mardi au vendredi de 11h à 17h, le dimanche à partir de 13h ; il est fermé le samedi et les jours fériés

(entrée : 5 fl, 3 fl avec réduction et pour les syndicalistes).

Au coin, le **Verzetsmuseum** (musée de la Résistance ; ☎ 620 25 35), Plantage Kerklaan 61A, illustre très justement les difficultés auxquelles étaient confrontés ceux qui combattaient l'occupation allemande. Des commentaires en hollandais et anglais accompagnent les présentations, la plupart interactives, sur des thèmes tels que la résistance active et passive, le fonctionnement de la presse clandestine, comment 300 000 personnes se sont cachées et comment de tels événements ont pu se produire. Le musée, dotée d'une bibliothèque, ouvre du mardi au vendredi de 10h à 17h et le week-end à partir de 12h (entrée : 8 fl, 4 fl tarif réduit).

En face, le **zoo d'Artis** (carte 5 ; ☎ 523 34 00), Plantage Kerklaan 38-40, créé par une institution fondée en 1838, la Natura Artis Magistra ("la nature comme maître de l'art" en latin), est le plus vieux parc zoologique d'Europe. De nombreux biologistes célèbres y travaillèrent, profitant d'un formidable ensemble de mammifères, oiseaux, reptiles, amphibiens, insectes, poissons, arbres et plantes. Si certaines cages exiguës n'ont malheureusement guère changé depuis leur création, la disposition du zoo – avec ses bassins, ses statues et ses sentiers zigzaguant dans un cadre luxuriant (vestiges des anciens jardins du Plantage) – est très agréable. On y organise aussi des concerts et des expositions artistiques.

Ne manquez pas le gigantesque aquarium, construit en 1882, qui contient quelque 2 000 espèces. Parmi les nombreuses reconstitutions, vous pourrez admirer la coupe transversale d'un canal amstellodamois. Il y a aussi un planétarium (commentaires en néerlandais avec résumé en anglais), ainsi qu'un musée zoologique et un musée géologique. Le zoo ouvre tous les jours de 9h à 17h (entrée : 25 fl, 17,50 fl pour les enfants de 4 à 11 ans, gratuite pour les plus jeunes). Ces tarifs, moins élevés en septembre, incluent les entrées aux musées et les spectacles du planétarium qui ont lieu toutes les heures.

Le **Hollandsche Schouwburg** (Théâtre hollandais ; ☎ 626 99 45), Plantage Middenlaan 24, joua un rôle tragique pendant la Seconde Guerre mondiale. Habitation du directeur du zoo d'Artis, il devint l'Artis Schouwburg en 1892 et constitua bientôt l'un des centres de la vie théâtrale néerlandaise. Pendant l'Occupation, les Allemands en firent d'abord un théâtre réservé aux juifs puis, à partir de 1942, un centre de détention pour les juifs avant leur déportation. Quelque 60 000 personnes passèrent ainsi par ce bâtiment avant d'être acheminés vers le camp de transit de Westerbork, à l'est du pays, puis vers les camps d'extermination.

Après la guerre, personne ne souhaita redonner vie à ce théâtre. En 1961, il fut démoli, à l'exception de sa façade et de son hall. Une colonne haute de 10 mètres se dresse dans l'ancien auditorium en souvenir des juifs néerlandais déportés. Un mémorial et une salle retracent la tragique histoire de ce bâtiment à l'aide de vidéos et de documents. Ils ouvrent tous les jours de 11h à 16h (entrée libre).

De l'autre côté de la rue, un édifice aux couleurs vives, la **Moederhuis** (maison des Mères), Plantage Middenlaan 33, accueille les jeunes femmes célibataires enceintes. Achevée en 1981, œuvre de l'architecte Aldo van Eyck, elle s'intègre parfaitement au bâtiment du XIXᵉ siècle sur sa droite.

Est du Plantage

A l'extrémité est de Plantage Middenlaan, après l'aquarium Artis, de l'autre côté du canal, on débouche sur Alexanderplein et la **Muiderpoort** (carte 7), porte de ville dorique, sinistre, datant de 1771. Au nord-est, dans Sarphatistraat, se profile la façade longue de 250 mètres de l'**Oranje-Nassau Kazerne**, destinée à recevoir les troupes françaises, mais qui ne fut achevée qu'en 1814, un an après le départ des Français. Elle abrite aujourd'hui des logements, des bureaux et des ateliers. L'ancien terrain de manœuvres du Singelgracht est occupé par six ensembles de logements modernes, qui furent conçus par six artistes de différents pays (depuis l'extrémité de Muiderpoort : Japon, Grèce, France, États-Unis, Danemark et Grande-Bretagne).

Au nord, dans Funenkade, se dresse un moulin datant du XVIIIᵉ siècle, **De Gooyer**, seul survivant des cinq moulins à vent qui bordaient le canal. A l'origine, il se dressait au nord-ouest, mais fut déplacé en 1814 lors de la construction de la caserne Oranje-Nassau, qui arrêtait le vent. En 1985, le bain public qui jouxtait le moulin, Funenkade 7, a été transformé en petite brasserie, la **Bierbrouwerij't IJ** (☎ 622 83 25), qui produit dix bières différentes, dont certaines saisonnières, que l'on peut déguster sur place du mercredi au dimanche de 15h à 19h45. Une visite guidée de la brasserie a lieu le vendredi à 16h.

Nord-est du Plantage

Lors de la construction du Plantage dans les années 1680, la digue fut déplacée vers le nord, vers Hoogte Kadijk et Laagte Kadijk ("partie haute" et "partie basse" de la digue). Le canal qui s'étire entre le Plantage et cette nouvelle digue, l'**Entrepotdok**, fut creusé dans les années 1820 pour installer des entrepôts. Cet ensemble impressionnant, de 500 mètres de long, fut autrefois le premier service de dépôts d'Europe et abrite aujourd'hui des appartements et des ateliers très convoités.

Sur le côté extérieur du canal se dresse le **Museumwerf't Kromhout** (☎ 627 67 77), Hoogte Kadijk 147, un chantier naval du XVIIIᵉ siècle encore en activité (du moins dans l'atelier ouest). La salle est est devenue un musée, consacré aux techniques de production navale et aux premiers moteurs construits sur place. Il ouvre du lundi au vendredi de 10h à 16h (entrée : 3,50 fl).

ÎLES ORIENTALES (CARTE 5)

La rapide expansion du commerce maritime entraîna l'aménagement de nouvelles îles, à l'est du port, dans les années 1650 : Kattenburg, Wittenburg et Oostenburg.

La Compagnie des Indes orientales investit l'île d'**Oostenburg**, avec des entrepôts, des corderies, des ateliers et des docks pour

DOEKÉS LULOFS

Les superbes navires amarrés sur l'IJ lors du dernier festival "Sail Amsterdam" en 1995

l'entretien de sa flotte. Chantiers navals et logements pour les dockers dominent le paysage de l'île centrale de **Wittenburg**. L'**Oosterkerk** (église de l'Est, 1671), édifiée sur le Wittenburgergracht par l'architecte Daniël Stalpaert, fut la dernière, mais non la moins monumentale, des quatre "églises des points cardinaux" (les autres étant Noorderkerk, Westerkerk and Zuiderkerk).

Bâtiments et bureaux de l'amirauté se dressaient sur l'île de **Kattenburg**, à l'ouest, tandis que les navires de guerre étaient armés au chantier naval à proximité, toujours en service.

Jusqu'en 1973, l'arsenal de l'amirauté occupait un imposant bâtiment, Kattenburgerplein 1, construit en 1656 d'après des plans de Daniël Stalpaert. Il abrite depuis 1981 le **Nederlands Scheepvaartmuseum** (Musée de la marine des Pays-Bas, ☎ 523 22 22), où sont entreposées les plus importantes collections au monde d'objets liés à la navigation. Si vous ne visitez que deux ou trois musées à Amsterdam, celui-ci doit faire partie de votre choix.

Le musée retrace l'histoire de la marine néerlandaise des origines à nos jours. Tout y est expliqué, de la marine marchande aux batailles navales, en passant par la pêche ou la navigation de loisir. A cela s'ajoutent quelque 500 maquettes de navires, ainsi qu'une collection étonnante de cartes et d'instruments de navigation.

La réplique grandeur nature d'un bateau, amarrée le long du musée, a été réalisée en 1991 par des chômeurs, sur une initiative de la mairie. C'est la reconstitution d'un 700-tonneaux de la Compagnie des Indes orientales, l'*Amsterdam*, l'un des plus gros navires de la flotte qui, durant l'hiver 1748-1749, fit naufrage au large des côtes anglaises, près de Hastings, avec 336 personnes à son bord. Des acteurs en costumes du XVIIIe siècle tentent de récréer la vie quotidienne à bord.

Le musée ouvre du mardi au dimanche de 10h à 17h (entrée : 14,50 fl, diverses réductions). La visite de l'*Amsterdam* est incluse dans le prix du billet. Pour plus d'informations, consultez le site Web www.generali.nl/scheepvaartmuseum.

A l'ouest du musée, la structure rappelant la proue d'un navire qui surplombe l'entrée du tunnel sous l'IJ est le **newMetropolis Science & Technology Center** (☎ 0900-919 11 00, 0,75 fl la minute), dessiné par l'architecte italien Renzo Piano qui a également participé au Centre Georges-Pompidou à Paris. Les nombreuses présentations interactives passionnent enfants et adultes. Malheureusement, les difficultés financières et structurelles s'accumulent depuis son ouverture en 1997, et son avenir semble compromis. Il ouvre du mardi au dimanche de 10h à 18h (entrée : 20 fl, 15 fl pour les enfants). Pour plus de détails, consultez le site Web www.newmet.nl. La "plaza" sur le toit (accès gratuit) offre une vue superbe sur la ville.

Quartier est des docks

Le quartier des docks qui s'étend au nord et à l'est des îles orientales connaît une activité intense : urbanistes, financiers et politiciens cherchent fébrilement à concilier l'implantation de logements abordables avec des projets grandioses. Au nord de Kattenburg se trouve l'**Oostelijke Handelskade** (dock est), avec le nouveau terminal des passagers pour les navires de croisière. Un pont relie ce secteur à **Java Eiland** plus au nord.

Le secteur est de l'île, **KNSM Eiland**, doit son nom à la Compagnie royale de navigation néerlandaise, dont les navires étaient amarrés à cet endroit à la fin de la période coloniale.

C'est aujourd'hui un ensemble de logements ultramodernes, ponctué d'agréables cafés.

L'**Open Haven Museum** (musée du Port ; ☎ 418 55 22), KNSM-laan 311, restitue l'histoire du port grâce à une utilisation originale et vivante de documents provenant de la collection de la KNSM. Essentiellement destiné aux passionnés de la marine marchande, il offre une très belle vue sur le port depuis la salle des compas. Il ouvre du mercredi au lundi de 13h à 17h (entrée : 3,50 fl, 3 fl avec réduction).

Au sud, les anciennes îles **Sporenburg** et **Bornéo** comptent aujourd'hui la plus forte densité démographique du pays. Aucune des luxueuses maisons n'est indépendante, mais elles ont été conçues de façon à garantir l'intimité de chacun. L'absence d'arbre et de parc est compensée par l'omniprésence de l'eau et du ciel.

Le plus long tunnel du pays passe sous l'eau, entre Sporenburg et Bornéo, et relie les docks orientaux à **IJburg**, une gigantesque opération immobilière sur une bande d'îlots artificiels sur l'IJsselmeer. Une fois achevé, IJburg accueillera 40 000 habitants, onze écoles primaires et un cimetière. Les habitants de Durgerdam, un pittoresque village ancien situé sur l'autre rive, déplorent que leur horizon soit désormais bouché par cette nouvelle implantation.

Quartiers du XIXᵉ siècle

La mise en place de la ceinture de canaux dura 250 ans. L'extension ne devint nécessaire que dans les années 1860, lorsque la révolution industrielle commença d'attirer une forte main-d'œuvre. En 1830, Amsterdam comptait 200 000 habitants – 20 000 de moins qu'au XVIIIᵉ siècle en raison de la baisse démographique due à la ruine du port de commerce induite par le blocus de l'Angleterre par Napoléon. En 1860, la population était passée à 245 000 habitants, pour atteindre 320 000 en 1880 et plus de 500 000 en 1900.

Cette fois, l'expansion de la ville ne fit pas l'objet d'un projet nettement structuré :

initiatives privées et spéculations furent la règle. De Pijp, entre Amstel et Hobbemakade, fut le premier quartier ajouté dans les années 1860, avec ses taudis insalubres destinés aux ouvriers. Plus à l'ouest surgit le Vondelpark dans les années 1860 et 1870, cerné par des habitations luxueuses. A la fin du XIXᵉ siècle, les investisseurs eurent toute liberté, ou presque, pour bâtir des logements résidentiels au-delà de la ceinture des canaux. Oud West (Vieil Ouest), aux abords de Kinkerstraat, en est un bon exemple. Ces bâtiments, souvent hideux doivent bientôt être démolis et remplacés par des logements sociaux modernes.

OUD ZUID (VIEUX SUD)

Ce quartier en forme de coin est bordé par le Vondelpark à l'ouest et Hobbemakade à l'est. On l'appelle indifféremment le quartier des musées, du Concert-gebouw ou du Vondelpark, selon l'humeur de chacun. Il échappa fort heureusement à la rage de construction qui s'empara des investisseurs à la fin du XIXᵉ siècle. Ces derniers souhaitaient se préserver un quartier cossu et veillèrent à ce qu'immeubles de logements et commerces y soient interdits – c'était l'emplacement idéal pour un grand musée national (le Rijksmuseum) et une salle de concert tout aussi prestigieuse (le Concertgebouw).

Dans le cadre de l'extension des canaux, le parc et les centres culturels furent financés par la vente de lots aux enchérisseurs les plus offrants, qui se firent construire de somptueuses demeures. Ce n'est toutefois qu'au début du XXᵉ siècle que les classes fortunées désertèrent leurs habitations en bordure du Herengracht et du Keizersgracht.

Dans les années 20, des immeubles conçus par des représentants de l'école d'Amsterdam furent érigés sur des lots plus au sud, non bâtis jusqu'alors. On peut en voir quelques bons exemples dans **JM Coenenstraat** (carte 6 ; architecte J.F. Staal) et dans **Harmoniehof** (carte 6), représentative de l'art robuste de J.C. van Epen.

Quartier des musées (carte 6)

Rijksmuseum. La porte du quartier des musées – au sens littéral, avec galerie pour les piétons et les cyclistes – n'est autre que le Rijksmuseum (☎ 674 70 47), construit en 1885 par Pierre Cuypers. Il offre une ressemblance évidente avec Centraal Station, dessinée par le même architecte quatre ans plus tard. Le style révèle un mélange de néogothique et de Renaissance hollandaise. Avec ses tours et ses vitraux, le bâtiment s'attira les critiques des protestants, qui le baptisèrent le "palais de l'archevêque" (Cuypers était catholique et tenait à le montrer dans son architecture).

La vocation première du Rijksmuseum était la conservation de diverses collections nationales, dont la collection royale, qui fut d'abord entreposée au palais du Dam, puis à la Trippenhuis, dans Kloveniersburgwal. Très vite, il devint l'un des plus grands musées du monde ; aujourd'hui, 1,2 million de visiteurs s'y pressent chaque année.

Quelque 5 000 peintures sont réparties dans 200 salles, auxquelles viennent s'ajouter quantité d'autres œuvres d'art. Ne comptez pas tout voir au cours d'un seul voyage, à moins d'y passer toutes vos journées. Au moment d'acheter votre billet, au rez-de-chaussée, prenez en même temps le plan du musée, gratuit, et sélectionnez les salles qui vous intéressent. Au 1er étage, la boutique du musée vend des guides qui fournissent une description plus détaillée des œuvres et de leur emplacement. Vous pouvez également consulter le site Web www.rijksmuseum.nl.

On vient avant tout au Rijksmuseum pour son département de peintures, qui regroupe les maîtres hollandais et flamands du XVe au XIXe siècle, et plus particulièrement pour les représentants prestigieux de l'âge d'or (XVIIe siècle). La place d'honneur revient à *La Ronde de nuit* (1650) de Rembrandt, dans la salle 224, au 1er étage, qui représente les milices de Frans Banning Cocq, futur maire de la ville. Dans la salle 211, vous pourrez admirer des œuvres plus précoces

(et plus colorées) du peintre. D'autres grands maîtres de la peinture flamande sont présentés à ce même étage, notamment Jan Vermeer (*La Laitière* et *Femme lisant une lettre*), Frans Hals (*Les Joyeux Buveurs*) et Jan Steen (*Joyeuse maisonnée*).

Les autres départements se répartissent entre les sculptures et les arts décoratifs (faïences de Delft, maisons de poupées, porcelaine, mobilier), l'histoire nationale (l'Amsterdams Historisch Museum et le Nederlands Scheepvaartmuseum sont à cet égard nettement plus intéressants), les arts asiatiques (y compris le célèbre *Shiva dansant* du XIIe siècle), et finalement le cabinet des estampes, dont les expositions sont fréquemment renouvelées, ce qui n'est pas surprenant lorsque l'on sait que le musée possède quelque 800 000 gravures et dessins.

Entre 2003 et 2005, la plupart des départements seront fermés pour une rénovation intégrale qui apportera plus d'air et de lumière à des salles parfois sinistres. Seules les attractions majeures seront maintenues, mais personne ne sait où seront entreposées les autres.

Le musée ouvre tous les jours de 10h à 17h (entrée : 15 fl, 7,50 fl avec réduction ; pas de réduction pour les étudiants). L'entrée principale fait face au centre-ville, Stadhouderskade 42.

L'accès au **jardin**, derrière le musée, est libre. Aux plates-bandes et fontaines se mêle un ensemble éclectique de statues, de piliers et de fragments de ruines récupérés dans tout le pays. Il ouvre du mardi au samedi de 10h à 17h, le dimanche à partir de 13h.

Des musiciens se produisent fréquemment dans le passage pour piétons et cyclistes sous le musée. Cette galerie mène à la vaste **Museumplein**, qui accueillit l'Exposition universelle en 1883 et dont le nom est quelque peu trompeur, aucun musée ne lui faisant face. Elle a récemment été transformée en un immense parc ; un supermarché souterrain Albert-Heijn est aménagé sous le renflement en face du Concertgebouw.

Musée Van Gogh. Le musée suivant, avec son entrée principale Paulus Potterstraat 7, n'est autre que le musée Van Gogh

(☎ 570 52 00), conçu par Gerrit Rietveld et récemment agrandi et rénové (l'extension sur Museumplein, une aile d'exposition indépendante conçue par l'architecte Kishio Kurosawa, est familièrement appelée "la Moule"). Il a ouvert ses portes en 1973 pour abriter la collection du frère du peintre, Theo van Gogh, qui comporte quelque 200 tableaux et 500 dessins de Vincent et de ses amis ou contemporains, tels Gauguin, Toulouse-Lautrec et Monet.

Né en 1853, van Gogh eut une vie courte mais très productive. Il ne commença réellement à peindre qu'en 1881 et produisit l'essentiel de son œuvre durant son séjour en France où, dans une crise de démence, il se suicida en 1890. Parmi les chefs-d'œuvre exposés, on remarquera *Les Mangeurs de pommes de terre* (1885), bel exemple de la période hollandaise, marqué par une palette très sombre, *La Maison de Vincent à Arles* (1888) et *La Chambre de Vincent à Arles* (1888), ainsi que plusieurs autoportraits, natures mortes, tournesols, dans lesquels la couleur éclate et qui restituent la lumière si intense du Midi. L'un de ses derniers tableaux, *Le Champ de blé aux corbeaux* (1890), est une œuvre majeure, qui semble présager son suicide.

Ses peintures sont exposées au 1ᵉʳ étage. Aux étages supérieurs sont présentées des estampes et des œuvres de contemporains de van Gogh. Le musée ouvre tous les jours de 10h à 18h (entrée : 15,50 fl, 5 fl pour les enfants, gratuite jusqu'à 12 ans). La bibliothèque est ouverte du lundi au vendredi de 10h à 12h30 et de 13h15 à 17h.

Stedelijk Museum. A côté du musée Van Gogh vous attend le Stedelijk Museum (☎ 573 29 11), Paulus Potterstraat 13, le Musée municipal consacré à l'art moderne – peinture, sculpture, photographie et toute autre forme de création – de 1850 à nos jours. C'est aujourd'hui l'un des plus beaux musées d'art moderne du monde, ce qui ne fut pas toujours le cas : lorsque le bâtiment de style Renaissance ouvrit ses portes en 1895, il abritait la collection privée de la protectrice des arts Sophia de Bruijn – pour l'essentiel un bric-

à-brac dont on se débarrassa par la suite. Avant la Seconde Guerre mondiale, il fut transformé en musée national d'Art moderne et, sous l'influence de son administrateur, Willem Sandberg, put s'enrichir de la collection éclectique aujourd'hui exposée.

Vous pourrez y admirer des œuvres de Monet, van Gogh, Cézanne, Matisse, Picasso, Kirchner et Chagall, ainsi que d'autres artistes modernes, y compris une collection unique de quelque 50 œuvres du peintre constructiviste russe Malevitch. Le musée compte aussi des œuvres abstraites de Mondrian, van Doesburg et Kandinsky, ainsi qu'un bel ensemble de créations datant d'après la Seconde Guerre mondiale, signées Appel (une superbe fresque dans le café-restaurant), de Kooning, Newman, Ryman, Judd, Warhol, Dibbets, Baselitz, Dubuffet, Lichtenstein et Polke, ou encore les meubles de Rietveld. Parmi les sculptures figurent des œuvres de Rodin, Renoir, Moore, Laurens et Visser. Certaines sont exposées dans le jardin des sculptures, que surplombe un agréable café-restaurant où se retrouve le beau monde des arts de la scène nationale et internationale.

Le musée présente l'essentiel de ses collections permanentes pendant l'été. Le reste de l'année, elles cèdent la place à des expositions plus variées, considérées par certains comme pur snobisme et par d'autres comme des merveilles. L'extension prévue sur Museumplein devrait permettre d'accueillir tous les styles. Le musée ouvre tous les jours de 11h à 17h (entrée : 9 fl, 4,50 fl avec réduction ; supplément éventuel pour les expositions temporaires). Un plan est à la disposition des visiteurs au bureau d'information, à gauche dans l'entrée. Téléphonez ou consultez le site Web www.stedelijk.nl pour tout renseignement sur les conférences et les cours d'histoire de l'art.

Concertgebouw (carte 6)

La salle de concerts néoRenaissance sise au bout de Museumplein, Concertgebouwplein 2-6, fut achevée en 1888 d'après des plans d'A.L. van Gendt. En dépit de ses connaissances musicales limitées, il réussit à donner à la Grote Zaal (Grande Salle) une acoustique presque parfaite que lui envient, encore aujourd'hui, les architectes du monde entier.

Le Concertgebouw attire quelque 800 000 auditeurs par an, et les plus grands chefs d'orchestre et solistes considèrent comme un honneur de s'y produire. Sous la tutelle du compositeur et chef d'orchestre Willem Mengelberg (1871-1951), l'Orchestre ("royal" depuis 1988) du Concertgebouw est devenu en 50 ans l'un des meilleurs du monde.

Dans les années 80, le Concertgebouw menaça de s'écrouler du fait de la détérioration de ses 2 000 piliers de bois. La technologie permit de construire un soubassement en béton, et le bâtiment fut entièrement restauré pour son centenaire. Plus tard, l'architecte Pi de Bruin ajouta un foyer de verre sur le côté sud, efficace mais quasi unanimement détesté.

Réservée aux concerts, la Grote Zaal peut accueillir 2 000 personnes. Les récitals ont lieu dans la Kleine Zaal ("petite salle"), réplique de la salle du Felix Meritis.

On peut réserver ses places par téléphone au ☎ 671 83 45, tous les jours de 10h à 17h, ou au théâtre jusqu'à 19h (passé 19h, on ne peut acheter des billets que pour le soir même). Le VVV et l'Amsterdam Uitburo (voir la rubrique *Offices du tourisme* du chapitre *Renseignements pratiques*) vendent également des billets. Des concerts gratuits ont lieu tous les mercredi à 12h30.

Vondelpark et ses alentours (cartes 1 et 6)

Créé dans les années 1870 sur un vaste marécage, ce parc à l'anglaise, avec ses bassins, ses lacs, ses buissons et ses sentiers sinueux, s'étend sur 1,5 km de long et 300 m de large. Destiné à la bourgeoisie pour remplacer le Plantage, ancien parc municipal devenu constructible, il fut très vite entouré de luxueux immeubles. Il doit son nom au poète et dramaturge Joost van den Vondel (1587-1679), le Shakespeare hollandais.

A la fin des années 60, faute d'hébergements suffisants dans le centre-ville, la municipalité transforma le parc en dortoir

de plein air pour les hippies qui déferlaient sur Amsterdam. Les sacs de couchage ont depuis longtemps disparu des pelouses et il est désormais interdit d'y dormir.

Le parc, fréquenté par tous – des amoureux aux familles –, est, le week-end, envahi par les promeneurs. De juin à août, il accueille des concerts gratuits dans son **théâtre de plein air** (☎ 523 77 90 pour tout renseignement). Quantité de musiciens se produisent également dans les allées. La **Round Blue Teahouse** (1936) sert du café et des pâtisseries. Pour environ 7 fl de l'heure, vous pouvez louer des rollers et des gants près de l'entrée Amstelveenseweg, à l'extrémité sud-ouest du parc.

Vondelpark 3, à proximité de Constantijn Huygensstraat, se trouve l'ancien pavillon du Vondelpark (1881), aujourd'hui occupé par le **Nederlands Filmmuseum** (☎ 589 14 00). Celui-ci, qui déménagera sans doute à Rotterdam dans les années à venir, possède de nombreux documents cinématographiques et films d'archives d'une valeur inestimable, projetés dans deux cinémas, souvent avec un accompagnement musical. Dans l'un d'eux, vous pourrez admirer l'intérieur Art déco du Cinéma parisien, une ancienne salle d'Amsterdam. Il ne s'agit pas d'un musée au sens strict avec vitrines d'exposition etc., mais vous pouvez vous y promener de 10h à 17h (fermé le lundi). L'entrée est gratuite, mais les films sont payants (réduction pour les étudiants). Son charmant Café Vertigo (☎ 612 30 21), lieu de rencontre très populaire, est idéal pour observer la vie du parc. Les soirs d'été, on projette des films sur la terrasse extérieure.

L'impressionnante **bibliothèque** (☎ 589 14 35) qui jouxte le musée, Vondelstraat 69-71, ouvre du mardi au vendredi de 10h à 17h, le samedi à partir de 11h. En 1980, la maison du n°72 et le carrefour de Constantijn Huygensstraat furent le théâtre de l'un des épisodes les plus tragiques de l'histoire du mouvement des squatters (voir la rubrique *Histoire* du chapitre *Présentation de la ville*).

Toujours dans Vondelstraat, près du musée du Cinéma, se dresse la **Vondelkerk** (1880), dessinée par Pierre Cuypers et qui abrite maintenant des bureaux. Un peu plus loin, en contrebas, on arrive au **Hollandse Manege** (1882), un édifice néoclassique conçu par A.L. van Gendt. Ce manège s'inspire de la célèbre école espagnole d'équitation de Vienne. Entièrement rénové dans les années 80, il mérite une visite. Traversez le couloir jusqu'à la porte du fond, puis rejoignez le café à l'étage, où vous pourrez prendre un verre en admirant la décoration intérieure et en observant le travail de l'instructeur avec les chevaux. L'école d'équitation ouvre tous les jours, à des heures variables – renseignez-vous au ☎ 618 09 42.

De l'autre côté du parc, la **PC Hooftstraat,** une rue commerçante étroite du XIXe siècle, vise une clientèle fortunée, comme le prouvent les Ferrari et les Daimler garées le long de la chaussée.

Derrière l'extrémité sud-ouest du parc, au nord du stade olympique, se profile l'ancienne gare de Haarlemmermeer, Amstelveenseweg 264. Elle abrite aujourd'hui le **Tram Museum Amsterdam** (☎ 673 75 38) d'où de vieux tramways, provenant de toute l'Europe, circulent jusqu'à Amstelveen. Un aller-retour (5 fl ou 2,50 fl avec réduction) dure un peu plus d'une heure et contourne la grande aire de loisirs Amsterdamse Bos. Le trafic est assuré le dimanche, d'avril à octobre, de 11h à 17h ainsi que le mercredi après-midi de mai à septembre. Contactez le musée pour obtenir le programme.

DE PIJP (CARTES 1 ET 6)

Ce quartier, en fait une île reliée au reste de la ville par 16 ponts, est délimité par l'Amstel à l'est, Stadhouderskade au nord, Hobbemakade à l'ouest et l'Amstelkanaal au sud. Son nom, "la Pipe", vient peut-être de ses rues étroites qui ressemblaient aux longs tuyaux des pipes en terre. Le nombre d'attractions que recèle ce quartier surprend d'autant plus qu'il abrita les premiers taudis de la ville au XIXe siècle.

Ses immeubles insalubres, dont certains s'écroulèrent peu après leur construction dans les années 1860, offraient un logement bon marché aux ouvriers attirés par la révolution industrielle, aux étudiants, aux artistes, aux écrivains et aux classes les plus démunies. Dans les années 60 et 70, avec le départ des ouvriers vers des banlieues plus verdoyantes, le gouvernement entama la rénovation des bâtiments pour accueillir les nouvelles vagues d'émigrés, en provenance du Maroc, de Turquie, des Antilles néerlandaises et du Suriname. Aujourd'hui, ceux-ci quittent le Pijp, et le quartier, recherché par des habitants plus aisés, s'embourgeoise peu à peu.

A cause de sa population hétérogène, le Pijp a souvent été surnommé le "Quartier latin" d'Amsterdam. Cette ambiance multiculturelle se ressent parfaitement au **marché Albert-Cuyp**, le plus grand marché d'Amsterdam, qui se tient du lundi au samedi dans Albert Cuypstraat. On y trouve tout, de la nourriture en provenance des quatre coins du monde aux vêtements , souvent meilleur marché qu'ailleurs. Comme toujours dans les marchés, prenez garde aux pickpockets.

Les rues environnantes cachent des cafés confortables et de petits restaurants (généralement très bon marché) qui proposent une belle diversité de cuisines.

Le **Heineken Museum** (☎ 523 94 36 ; site Web www.heineken.nl), Stadhouderskade 78, plus connu sous le nom de brasserie Heineken, attire de nombreux touristes. La visite des anciennes usines a lieu en semaine toute l'année à 9h30 et 11h30, ainsi qu'à 13h et 14h30 du 1er juin au 15 septembre. Un contribution de 2 fl pour les œuvres charitables est demandée à l'entrée. La visite s'achève par une dégustation de bière. Les amateurs de souvenirs pourront acheter la casquette Heineken (7,50 fl).

La brasserie ferma ses portes en 1988 en raison de la congestion du centre-ville ; depuis, le bâtiment n'héberge que les visites guidées et les services administratifs (le siège de la firme est installé de l'autre côté du canal). La bière est produite dans une usine plus vaste et plus moderne, inaugurée en 1950 à 's-Hertogenbosch (Den Bosch), au sud du pays et, également depuis 1975, dans la plus grande brasserie d'Europe à Zoeterwoude, près de Leyde.

Au sud d'Albert Cuypstraat s'étend le **Sarphatipark**, un parc à l'anglaise créé au XIXe siècle qui porte le nom d'un médecin et chimiste juif, Samuel Sarphati (1813-1866). Ses divers projets (décharge, abattoir, boulangerie industrielle, écoles de commerce, Amstel Hotel, banque) exaspérèrent les austères conseillers municipaux. Cependant, la plupart d'entre eux fonctionnent encore aujourd'hui.

Ceintuurbaan, qui longe le sud du parc, est une artère à grande circulation sans grand intérêt, à l'exception de la **Kabouterhuis** (maison des Gnomes), près de l'Amstel, aux n°251-255. Son étrange façade en bois s'orne d'un couple de gnomes jouant au ballon, allusion au nom de famille de son ancien propriétaire, van Ballegooijen ("qui lance la balle").

Plus au sud, Amsteldijk 67, le **Gemeentearchief** (☎ 572 02 02), un bâtiment néo-Renaissance, abrite les archives municipales. Tous les Amstellodamois que passionne l'histoire de leur famille ou de leur ville peuvent les consulter gratuitement. Il présente aussi des expositions très intéressantes et ouvre du lundi au samedi, de 10h à 17h (fermé le samedi en juillet et août).

Au sud de Ceintuurbaan, le Pijp comporte d'intéressants immeubles d'habitation du début du XXe siècle, édifiés dans le style de l'école d'Amsterdam. L'imposant **Cooperatiehof**, encerclé par Burgemeester Tellegenstraat, fut conçu pour l'association socialiste De Dageraad (L'Aurore) par l'un des principaux représentants de l'école d'Amsterdam, Piet Kramer. Autre architecte majeur, Michel de Klerk réalisa un ensemble étonnant de maisons identiques dans Henriëtte Ronnerplein et Thérèse Schwartzeplein. On y retrouve le souci du détail caractéristique de cette tendance architecturale : pose verticale des briques, boîtes aux lettres conçues comme des œuvres d'art, fenêtres asymétriques, portes aux formes étranges, cheminées originales, solutions novatrices pour les angles, etc.

OOSTERPARK (CARTE 7)

Ce quartier, au sud-est d'Amsterdam, doit son nom au luxuriant parc à l'anglaise des années 1880, qui en occupe le centre. Avec la découverte de diamants en Afrique du Sud, les ouvriers du diamant disposèrent de revenus nettement plus importants. Un tiers des juifs d'Amsterdam travaillaient dans cette industrie, et beaucoup purent enfin quitter le quartier juif pour ce nouveau secteur, situé au-delà du Plantage (le secteur des parcs où seuls les Amstellodamois les plus aisés pouvaient résider).

Outre le parc, vous pourrez visiter le **Tropenmuseum** (☎ 568 82 00), Linnaeusstraat 2, un impressionnant complexe construit en 1926 pour abriter l'Institut royal des Tropiques. Celui-ci reste aujourd'hui l'un des premiers centres d'études agronomiques et d'hygiène tropicale au monde. Une partie de l'édifice fut transformée en musée pour accueillir les collections coloniales de l'institut. Entièrement rénové dans les années 70, il présente désormais des expositions culturelles et imaginatives.

Un hall immense, doté de trois étages de galeries, contient des reconstitutions de la vie quotidienne dans plusieurs pays tropicaux (rue d'Afrique du Nord, maison javanaise, village indien, marché africain, etc.). D'autres expositions sont consacrées à la musique, le théâtre, la religion, l'artisanat, le commerce et l'écologie des régions tropicales. De surcroît, des expositions temporaires ont lieu toute l'année. Des guides font découvrir les cultures tropicales aux enfants de 6 à 12 ans dans un département (☎ 568 82 33) spécialement conçu. Le musée compte aussi une importante bibliothèque (☎ 568 82 54), une boutique de livres, de CD et de souvenirs, un agréable café, un restaurant de cuisines exotiques et le Tropeninstituut Theater (☎ 568 85 00), qui passe des films et accueille des spectacles musicaux, chorégraphiques ou théâtraux. Pour plus d'informations, consultez le site Web de l'Institut www.kit.nl.

Le musée ouvre en semaine de 10h à 17h, le week-end à partir de 12h (entrée : 12,50 fl,

7,50 fl avec réduction). Profitez du lundi, jour de fermeture de presque tous les autres musées, pour le visiter. Vous y trouverez un panneau d'affichage utile pour les voyageurs (annonces pour partage de voitures, etc.). Le théâtre possède une entrée séparée – téléphonez en semaine, de 10h à 16h, pour tout renseignement et réservation. La bibliothèque ouvre du lundi au vendredi de 10h à 16h30, le dimanche à partir de 12h.

Agglomération d'Amsterdam

La population d'Amsterdam se stabilisa à quelque 700 000 habitants en 1920, et ce chiffre ne varie guère aujourd'hui. Les autorités n'avaient pas prévu une telle stabilité et escomptaient 950 000 Amstellodamois en l'an 2000. En dépit d'une légère pause pendant la crise de 1929 et la Seconde Guerre mondiale, la cité continua cependant de s'étendre au-delà de sa vieille enceinte médiévale.

NIEUW ZUID (NOUVEAU SUD) (CARTE 1)

La loi d'urbanisme de 1901 a défini des normes de construction pour les nouveaux édifices. Les anciennes bâtisses ne répondant pas à ces critères ont été démolies. Dans la même veine, obligation fut faite à la municipalité de concevoir des plans d'urbanisme cohérents pour le développement de la ville. Parmi eux figure le Plan Sud de 1917 concernant le sud de la ville, œuvre de l'architecte progressiste Berlage, à l'instigation de l'échevin travailliste F.M. Wibaut. Le Nieuw Zuid vit ainsi le jour, entre l'Amstel et l'actuel stade olympique. Jamais, depuis le projet de ceinture de canaux, urbanistes, architectes et représentants de la municipalité n'avaient autant travaillé main dans la main. Ce plan conjuguait avec bonheur habitat continu et larges bou-

levards délimitant des quartiers tranquilles, égayés de places agréables. Un canal était même prévu entre l'Amstel à l'est et le Schinkel à l'ouest, l'Amstelkanaal, qui se scindait en deux à mi-parcours puis refusionnait derrière le stade olympique. Des sociétés immobilières subventionnées contribuèrent au financement de projets novateurs soutenus par des architectes de l'école d'Amsterdam. Nombre d'entre eux travaillaient pour le comité d'urbanisme de la ville, et le conseil municipal retint leurs projets plutôt que ceux de Berlage, plus fonctionnalistes.

Suite à des coupes budgétaires dans les années 30, ces architectes durent mettre un frein à leurs prétentions créatives. En dépit de ces vicissitudes, le quartier a conservé toute son élégance. En témoignent les Churchillaan, Apollolaan et Stadionweg. Beethovenstraat, la principale artère commerçante du secteur, est bordée de boutiques de luxe.

Des réfugiés juifs en provenance d'Allemagne et d'Autriche, dont un bon nombre d'écrivains et d'artistes, furent parmi les premiers résidents de Nieuw Zuid. La famille Frank habitait à Merwedeplein, plus à l'est, à la jonction de Churchillaan et de Rooseveltlaan, près du **Skyscraper** (1930), un immeuble luxueux de 12 étages, réalisé par J.F. Staal.

Au sud-ouest se profile le plus grand centre d'exposition et de congrès du pays, le **RAI** (☎ 549 12 12, fax 646 44 69), Europaplein 8. Créé au début des années 60, il continue de s'agrandir. Il doit son nom au Rijwiel & Automobiel Industrie (industrie du cycle et de l'automobile) qui, au début du siècle, accueillait des expositions à cet endroit.

AMSTELVEEN (CARTE 1)

Cette banlieue sud d'Amsterdam possède une longue histoire. Au XIIe siècle, c'était une lande bourbeuse drainée par l'Amstel (*veen* signifie tourbe). Les fermiers creusèrent des canaux pour leurs terres, transformant ainsi l'Amstel en une rivière aux contours nettement définis. Le sol des rives de l'Amstel étant trop compact, ils se déplacèrent plus à l'ouest, ce qui explique que la berge occidentale de la rivière soit aujourd'hui encore relativement peu construite. Amstelveen ne présente pas un grand intérêt pour le visiteur, à l'exception de deux sites.

L'**Amsterdamse Bos** (bois d'Amsterdam), vaste parc de loisirs créé dans les années 30, attire les Amstellodamois le week-end, mais ses 940 ha permettent d'éviter la sensation de foule. Il ouvre 24h/24 (entrée libre). La proximité de l'aéroport de Schiphol constitue son seul inconvénient, avec les avions volant à basse altitude.

Le centre d'information des visiteurs (☎ 643 14 14), Nieuwe Kalfjeslaan 4, ouvre tous les jours de 10h à 17h. Le parc possède des lacs, des zones boisées, des prés, un enclos à bisons, une ferme de chèvres, des sentiers de randonnée pédestre, en vélo ou à cheval, un site de canotage (le Bosbaan, où l'on peut louer des canoës), un théâtre de plein air (☎ 638 38 47) qui présente des pièces en été, un terrain de sport, une crêperie, un musée forestier (☎ 645 45 75, ouvert tous les jours de 10h à 17h, le dimanche à partir de 13h, entrée libre ; expositions sur la faune et la flore de la région) et bien d'autres attractions. Pour vous y rendre, prenez un vieux tramway à l'ancienne de Haarlemmermeer (voir plus haut *Vondelpark et ses alentours*) ou le bus n°170, 171 ou 172 à Centraal Station. Vous pouvez louer une bicyclette à l'entrée principale, Van Nijenrodeweg.

Autre attraction majeure du quartier, le **Cobra Museum** (☎ 547 50 50), Sandbergplein 1-3, se situe au nord de la sortie Amstelveen de l'autoroute A9 et en face du terminus de bus Amstelveen (bus n°170, 171 ou 172 de Centraal Station ou tram n°5 et 10 minutes de marche). Le mouvement artistique Cobra fut fondé dans les années qui suivirent la Seconde Guerre mondiale par des artistes originaires du Danemark, de Belgique et des Pays-Bas. Son nom se compose des premières lettres des capitales de ces pays. Asger Jorn, Corneille, Constant et l'illustre Karel Appel faisaient partie de ce groupe (voir la rubrique *Peinture* dans le chapitre *Présentation de la ville*). Le Stede-

lijk Museum possède une belle collection de leurs œuvres, mais le Cobra regorge de peintures, de céramiques, de statues et de typographie créative. Il ouvre du mardi au dimanche de 11h à 17h (entrée : 7,50 fl, 5 ou 3,50 fl avec réduction).

AMSTERDAM NOORD (CARTES 1 ET 3)

Jadis, la zone située de l'autre côté de l'IJ, qu'occupe l'actuelle Amsterdam Nord, était composée de marais aux limites mal définies. Les sentinelles romaines ont peut-être poussé jusque-là et aperçu les Barbares. Voici quelques siècles, la pointe de ce secteur faiblement peuplé s'appelait Volewyck. On y jetait en pâture aux chiens et aux corbeaux les corps des suppliciés.

Le gabarit des navires allant croissant et les berges sableuses de l'IJ devenant moins praticables, des ingénieurs réalisèrent un canal de 80 km de long, le Noordhollands Kanaal (canal du nord de la Hollande), entre Volewyck et Den Helder, aux confins septentrionaux du pays. Ouvert à la navigation en 1824, il fut remplacé par le Noordzeekanaal (canal de la mer du Nord), à l'ouest d'IJmuiden, plus pratique. Le secteur ne fut pas urbanisé avant le début du XXe siècle. L'ouverture de l'IJ-Tunnel en 1968 établit une liaison permanente avec le reste de la ville.

Aujourd'hui, ce quartier présente une physionomie essentiellement ouvrière. Empreint d'authenticité, il reste à l'écart de l'effervescence touristique qui règne dans la vieille ville. Si votre temps est compté, ignorez-le. Dans le cas contraire, vous ne regretterez pas d'y consacrer une demi-journée. Explorez les parties les plus anciennes à pied, ou en vélo si le temps le permet.

Prenez le ferry pour piétons (gratuit) signalé "Buiksloterwegveer" (entre les quais 8 et 9) derrière Centraal Station, qui vous mènera de l'autre côté de l'IJ, jusqu'aux installations de la Shell Oil à Buiksloterweg ; vous débarquerez près du **Noordhollands Kanaal**. Montez sur la première écluse, la Willemsluis, près du quai des ferries, pour savourer la vue. Revenez dans la rue principale et marchez vers le nord dans Van der Pekstraat pendant une dizaine de minutes. Vous apercevrez l'imposant Golden Tulip Waterfront Hotel, l'ancien hôpital d'Amsterdam Noord. Aujourd'hui, il est surtout fréquenté par des touristes en voyage organisé.

Une galerie à droite de l'hôtel mène à **Mosveld**, où se tient un grand marché les mercredi, vendredi et samedi (les meilleurs jours pour entreprendre cette promenade), peu fréquenté par les touristes.

Pour regagner le centre d'Amsterdam, prenez le bus n°34 ou 35 à l'arrêt situé à côté de la grande **église copte égyptienne** (la seule des Pays-Bas), sur Mosplein. Ces bus passent par le tunnel sous l'IJ pour rejoindre Centraal Station.

Si vous n'êtes pas pressé, engagez-vous dans une des rues à l'est du Noordhollands Kanaal, que vous suivrez vers le nord pour traverser **Florapark**. Après avoir dépassé une piscine publique, vous arriverez à un petit pont qui traverse une autre écluse du canal. De charmants petits cottages hollandais bordent la vieille route des deux côtés du pont. Ne traversez pas le canal et continuez vers le nord sur la rive ouest. Vous arriverez bientôt devant un grand moulin, le **Krijtmolen**, qui servait autrefois à moudre la craie. L'entrée du parc animalier, réservée aux enfants, est gratuite. Au nord se profile le bâtiment massif du nouvel hôpital d'Amsterdam Noord, où vous pourrez prendre le bus n°34 pour regagner le centre-ville. Cette promenade instructive devrait vous prendre une demi-journée. En bicyclette, vous y consacrerez deux heures.

LES CITÉS-JARDINS

Dans les années 30, les banlieues ouest d'Amsterdam – **Geuzenveld**, **Bos en Lommer**, **Slotermeer**, **Osdorp** et **Slotervaart** – devaient s'intégrer au grand plan d'extension générale de la ville. Après la guerre,

elles furent aménagées pour répondre à une demande de logements croissante, encore accrue par le boum démographique. Ces nouveaux immeubles spacieux, au nom évocateur de "cités-jardins" (*tuinsteden*), comportaient les dernières innovations en matière d'urbanisme : moyens de transport, lacs, terrains de sport, verdure et lumière naturelle. Pourtant, ils paraissent bien lugubres aujourd'hui !

Des conceptions similaires présidèrent à la construction du projet d'habitation de Bijlmermeer, au sud-est de la ville, aujourd'hui plus simplement appelé **Bijlmer**. Ces énormes blocs d'appartements, disposés en nids-d'abeilles autour de parcs artificiels, étaient considérés comme novateurs lors de leur construction dans les années 60. Depuis, tous ceux qui le peuvent évitent de s'y installer, et le Bijlmer est devenu une sorte de bidonville, occupé par une population à faibles revenus.

En octobre 1992, Bijlmer fit la "une" des journaux lorsqu'un avion de la compagnie El Al s'écrasa, à l'heure du dîner, sur un immeuble du quartier peu après son décollage de Schiphol. Officiellement, 45 personnes trouvèrent la mort dans cette tragédie, mais ce chiffre serait sans doute bien supérieur si l'on comptait les immigrés en situation irrégulière.

Activités

Football, patin à glace, vélo, tennis, natation et voile sont quelques activités parmi les nombreuses pratiquées par les Amstellodamois pour se tenir en forme. Les joggers se retrouvent dans le Vondelpark et les autres parcs. L'Amsterdamse Bos possède plusieurs sentiers de marche ou de jogging, destinés à ceux qui souhaitent s'entraîner sérieusement. Het Twiske, autre parc de loisirs à proximité de Landsmeer, au nord d'Amsterdam (bus n°91 ou 92 à Centraal Station), offre sentiers de randonnée, pistes cyclables, bateaux de location, plages, terrain de jeux et piscine pour les enfants. Pour plus d'informations, contactez le Het Twiske au ☎ 075-684 43 38.

Promenades à pied

Amsterdam est le paradis des marcheurs. Vous pouvez flâner au hasard ou, si un quartier vous intéresse plus particulièrement, suivre les descriptions fournies dans ce guide.

Le VVV propose également plusieurs itinéraires conçus par l'ANWB (Association automobile néerlandaise), qui sont indiqués sur les cartes à la fin de cet ouvrage. Ils vous feront découvrir les sites les plus attrayants, ce qui ne vous empêchera pas de faire vos propres détours. On peut les prendre dans l'une ou l'autre direction, voire les combiner entre eux :

- **Itinéraire rouge** – sans doute celui qui donne le meilleur aperçu des secteurs les plus attrayants d'Amsterdam. Part de Centraal Station, continue par Nieuwendijk, le Dam, Kalverstraat, la place de Spui (Begijnhof), Leidsestraat, Leidseplein, pour arriver finalement à Museumplein et au Concertgebouw. On peut revenir à son point de départ par l'itinéraire gris.
- **Itinéraire bleu** – un véritable marathon d'est en ouest. Part de Westerkerk (maison d'Anne Frank), puis continue vers le centre-ville par Raadhuisstraat ; traverse le Dam puis, à l'est, le quartier rouge ; continue vers Jodenbreestraat et le quartier juif ; remonte vers le quartier du vieux port, au nord-est du Plantage, puis vers le Tropenmuseum.
- **Itinéraire vert** – version plus modeste de l'itinéraire bleu. Part de Centraal Station, suit le Zeedijk jusqu'à Nieuwmarkt (détour par le quartier rouge), traverse le quartier juif, puis rejoint le Plantage avant de s'achever au Tropenmuseum. On peut le combiner à l'itinéraire bleu pour en faire une excursion d'une journée.
- **Itinéraire gris** – combine une visite du centre médiéval de la cité avec un aperçu de la vie quotidienne au sud de la ceinture des canaux ; part de Centraal Station et descend par Damrak et Rokin vers Rembrandtplein ; longe Reguliersgracht ; passe devant le Heineken Museum pour rejoindre le marché Albert-Cuyp (Amsterdam multiculturel), puis le Concertgebouw (détour au sud vers Harmoniehof pour admirer l'architecture de l'école d'Amsterdam) ; retour *via* l'itinéraire rouge.
- **Itinéraire mauve** – part du terminal des ferries ou de Centraal Station, dépasse l'entrée du tunnel sous l'IJ (newMetropolis Science & Technology Center) pour gagner Waterlooplein ; continue vers Rembrandtplein et Muntplein, puis longe Nieuwe Spiegelstraat (rue des antiquaires), vers Leidseplein ; retour *via* l'itinéraire brun ou bifurcation vers l'itinéraire rouge.
- **Itinéraire brun** – part de Centraal Station, traverse le quartier du Jordaan (détours au choix) et s'achève à Leidseplein.

Toute la côte néerlandaise, de Hoek van Holland à Den Helder, n'est qu'une longue plage adossée à des dunes pittoresques idéales pour la marche. Zandvoort, la station la plus proche (voir le chapitre *Excursions*), est très fréquentée en été ; n'espérez pas vous garer, prenez le train. Plus au nord vous attendent des stations agréables, comme Castricum, au nord d'IJmuiden, ou Egmond et Bergen, plus loin près d'Alkmaar.

Pour de plus amples renseignements sur le sport, les activités de loisirs et les rencontres sportives, rendez-vous au centre d'information de l'hôtel de ville

(☎ 624 11 11), Amstel 1, dans le passage entre le Stopera et l'hôtel de ville, ou contactez le service des sports d'Amsterdam au ☎ 552 24 90. Les centres locaux (consultez l'annuaire à la rubrique *Buurtcentrum*) organisent des cours de remise en forme.

Reportez-vous à la rubrique *Manifestations sportives* du chapitre *Où sortir* pour plus de détails sur le football, le hockey sur gazon ou le korfball, sport spécifiquement hollandais.

CENTRES DE REMISE EN FORME

Ils sont répertoriés dans les pages roses de l'annuaire, à la rubrique *Fitnesscentra*.

cours de conversion de l'euro 1 fl = 0,45 €

Si vous êtes tenté par le lever de poids, rendez-vous au Barry's Fitness Centre (☎ 626 10 36), Lijnbaansgracht 350. Certains risquent de ne pas apprécier l'assourdissant fond musical disco. Un forfait d'une journée revient à 20 fl et celui d'un mois à 110 f. Les amateurs d'aérobic et de remise en forme (sauna, massage, physiothérapie, diététique) pourront essayer The Garden Gym (☎ 626 87 72), Jodenbreestraat 158. Comptez de 16,50 à 23,50 fl pour une journée et de 77,50 à 122,50 fl pour un mois.

New Age

L'Oininio (carte 2 ; ☎ 553 93 55), Prins Hendrikkade 20-21, près de Centraal Station, en face de l'hôtel Ibis, est un centre d'activités qui propose une réflexion ésotérique dans un cadre high-tech ! Au rez-de-chaussée vous attendent un grand café, un salon de thé, une librairie spécialisée et un supermarché, tandis qu'à l'étage sont regroupés les centres thérapeutiques (yoga, etc.). Le sauna se trouve au dernier étage. Un restaurant végétarien surplombe le café. Le passage Oininio mène au complexe, avec une entrée Nieuwendijk 25. L'endroit mérite le détour, même si les théories New Age vous laissent froid. Toutefois, en raison de difficultés financières, il sera peut être fermé lorsque vous lirez ces lignes (ce serait bien dommage !).

Sauna

Les saunas sont mixtes et cela ne semble gêner personne.

Le Deco (carte 4 ; ☎ 623 82 15), Herengracht 115, est un sauna de bonne tenue et élégant, doté de nombreuses installations, dont un snack-bar. Le bâtiment est l'une des premières créations de l'architecte H.P. Berlage. Son mobilier Art déco ornait autrefois un grand magasin parisien. Il ouvre du lundi au samedi de 11h à 23h, le dimanche de 13h à 18h (entrée réduite à 19,50 fl en semaine de 11h à 14h, 27,50 fl le reste du temps). Massages et soins de beauté sont également proposés.

Dans le complexe Oininio (voir ci-dessus), le sauna du dernier étage (☎ 553 93 11) revient à 23,50 fl avant 17h, 29 fl ensuite. Après le sauna, allez vous détendre dans un hamac suspendu sur la gigantesque terrasse du toit pour profiter de la vue.

Au nord-ouest de Haarlemmerpoort, l'Eastern Bath House/Hammam (☎ 681 48 18), Zaanstraat 88, est un bain turc réservé aux femmes du mardi au samedi et aux hommes le dimanche et le lundi.

Établissements gays. Le Mandate (carte 4 ; ☎ 625 41 00), Prinsengracht 715, occupe une magnifique maison du XVIIIe siècle, avec un centre sportif ultra-moderne et un sauna réservés aux gays. Il ouvre en semaine de 11h à 22h, le samedi de 12h à 18h et le dimanche de 14h à 18h. Le grand Thermos Day Sauna (carte 4 ; ☎ 623 91 58), Raamstraat 33, est une adresse connue avec projection de films X et salles (plus ou moins) privées. Il ouvre en semaine de 12h à 23h et le week-end jusqu'à 22h (entrée : 30 fl). Le Thermos Night Sauna (carte 4 ; ☎ 623 49 36), Kerkstraat 58-60, est le même type d'établissement mais sans restaurant. Il ouvre de 23h à 8h (entrée : 30 fl).

PISCINES

Amsterdam possède plusieurs piscines couvertes et découvertes. Mieux vaut téléphoner auparavant pour s'assurer qu'elles sont ouvertes au public, car elles accueillent souvent des communautés spécifiques : nudistes, musulmans, enfants, femmes, seniors, clubs, entraînements, etc.

Bijlmersportcentrum (carte 1 ; ☎ 697 25 01), Bijlmerpark 76, Bijlmer – piscines couverte et découverte ; ouvertes toute l'année, sauf les jours fériés (5,25/4,75 fl pour les adultes/enfants).

Brediusbad (carte 1 ; ☎ 682 91 16), Spaarndammerdijk 306, au nord-ouest du centre-ville – piscine découverte ; ouverte de mai à septembre de 10h à 17h.

De Mirandabad (carte 1 ; ☎ 642 80 80), De Mirandalaan 9, au sud du centre-ville – centre aquatique tropical, avec plage et machine à vagues ; piscines couverte et découverte ; ouvertes toute l'année (6,25 fl pour les plus de 3 ans).

Flevoparkbad (carte 1 ; ☎ 692 50 30), Zeeburgerdijk 630, à l'est du centre-ville – piscine découverte ; ouverte de mai à septembre de 10h à 17h30.

Floraparkbad (carte 1 ; ☎ 632 90 30), Sneeuwbalweg 5, Amsterdam Noord – piscines couverte et découverte ; ouvertes toute l'année (6,35/5,30 fl pour les adultes/enfants).

Jan van Galenbad (carte 1 ; ☎ 612 80 01), Jan van Galenstraat 315, à l'ouest de centre-ville – piscine découverte ; ouverte de mi-mai à août.

Marnixbad (carte 2 ; ☎ 625 48 43), Marnixplein 5-9, à l'extrémité ouest de Westerstraat – piscine fermée en juillet et août (4,75/4 fl pour les adultes/enfants).

Sloterparkbad (carte 1 ; ☎ 613 37 00), Slotermeerlaan 2, dans la banlieue ouest, à côté du terminus du tram n°14 – dans un parc de loisirs agréable, avec port de croisière, etc. ; piscines découvertes et couverte (la piscine couverte est ouverte les jours d'été pluvieux) ; les piscines découvertes sont souvent très fréquentées, mais on peut se rendre à l'île nudiste accessible par une chaussée derrière les piscines (5 fl pour les plus de 3 ans).

VOILE

Les passionnés de voile ne manqueront pas Sail 2000, du 24 au 28 août 2000, où plus de 1 000 voiliers en provenance du monde entier se réuniront à Amsterdam pour parader le long de l'IJ et participer à la finale de la course Cutty Sark Tall Ships (voir la rubrique *Jours fériés et manifestations culturelles* du chapitre *Renseignements Pratiques*).

Les Néerlandais sont des passionnés de voile et de planche à voile. Le week-end, une flotte de bateaux rénovés à fond plat, appelée la "flotte brune" en raison des voiles rougeâtres, sillonne l'IJsselmeer. Beaucoup sont loués, dont les *botters*, anciens bateaux de pêche à longues ailes de dérive très étroites et aux cabines (le plus souvent pour 8 personnes) installées sous le pont. Si vous êtes plus nombreux, vous pouvez louer un *tjalk*, dont les versions modernes sont en acier et équipées d'un moteur.

Les prix restent raisonnables pour un groupe. Certaines sociétés ne louent des bateaux qu'à la journée, mais il est bien plus agréable de partir pour le week-end : vous arrivez le vendredi à 20h, dormez à bord, partez tôt le lendemain et visitez plusieurs sites dans l'IJsselmeer avant de regagner la terre ferme le dimanche entre 16h et 18h. La nourriture n'est pas incluse dans le forfait, ni l'assurance annulation (les excursions sont annulées lorsque la force du vent dépasse 7 sur l'échelle de Beaufort) et vous devez louer les services d'un skipper.

Adressez-vous aux sociétés suivantes pour choisir la formule qui vous convient le mieux et rappelez-vous que tout est négociable :

Hollands Glorie (☎ 0294-27 15 61, fax 26 29 43), Ossenmarkt 6, Muiden – croisières le week-end du vendredi 20h au dimanche 17h ; pendant la haute saison (de mai à septembre), un tjalk revient à 1 400 fl (14 passagers maximum) et un clipper à 4 700 fl pour un groupe plus important ; on peut louer un bateau à la semaine (3 000 fl pour un tjalk du lundi au dimanche) et de nombreuses autres possibilités sont proposées ; en mars, avril et octobre, les prix baissent de 10%.

Holland Zeilcharters (☎ 0299-65 23 51, fax 65 36 18), Monnickendam – botters à partir de 700 fl par jour (de 12 à 14 passagers) ; nombreuses autres possibilités.

Muiden Jacht Charter (☎ 0294-26 14 13, fax 26 10 04), Naarderstraat 10, Muiden – 4 botters à partir de 600 fl par jour (de 10h à 18h, 20 passagers maximum) ; week-end à partir de 1 250 fl.

Zeilcharter Volendam (☎ 0299-36 97 40, fax 36 34 42), Enkhuizerzand 21, Volendam - botters à 800 fl par jour (de 10h à 18h, 12 passagers maximum) ; propose des bateaux plus coûteux, comme un yacht moderne pouvant recevoir jusqu'à 8 passagers, pour 995 fl par jour (2 400 fl le week-end, 4 890 fl la semaine).

PATINAGE SUR GLACE

Lorsque les canaux gèlent en hiver, les Amstellodamois chaussent leurs patins. Les lacs et les cours d'eau s'émaillent de milliers de patineurs qui n'hésitent pas à parcourir des dizaines de kilomètres. C'est une expérience merveilleuse, mais épuisante. Attention, chaque année des personnes meurent noyées ! Ne vous lancez pas sur la glace si l'endroit est désert, ne vous aventurez pas dans les recoins ou sous les ponts (l'eau n'y gèle pas suffisamment).

On ne peut louer des patins que dans les patinoires. Une paire de patins de hockey, parfaits pour les débutants, coûte 100 fl dans un grand magasin (les magasins de sport offrent plus de choix mais sont plus chers).

cours de conversion de l'euro 1 fl = 0,45 €

Les patins pour figures imposées (aux lames courtes, incurvées) sont difficiles à maîtriser, et les patins de vitesse (aux lames longues, plates) fatiguent les chevilles. Consultez les panneaux des supermarchés ou de la Centrale Bibliotheek (bibliothèque centrale), Prinsengracht 587, qui proposent parfois des patins d'occasion. On peut trouver chez les antiquaires et brocanteurs de vieux patins en bois, que l'on attachait sous les chaussures. Ne vous y trompez pas : ce sont les plus rapides s'ils sont bien aiguisés.

Le Jaap Edenbaan (carte 1 ; ☎ 694 98 94), Radioweg 64, dans la banlieue est de Watergraafsmeer (tram n°9), possède deux patinoires (couverte et découverte).

En attendant un verre, au bord de la glace

TENNIS ET SQUASH
Près du stade Arena dans Bijlmer, le gigantesque Borchland Sportcentrum (☎ 563 33 33), Borchlandweg 8-12 (métro Duivendrecht ou Strandvliet, ou sortie Ouderkerk aan de Amstel de l'autoroute A2/E35 en direction d'Utrecht), abrite des courts de tennis, de squash et de badminton, des pistes de bowling, ainsi que d'autres équipements, dont un restaurant.

Le Tenniscentrum Amstelpark (☎ 301 07 00), Karel Lotsylaan 8, comporte 42 courts couverts ou extérieurs et la première école de tennis du pays. Il est bien situé, à proximité des centres d'exposition du World Trade Center et du RAI.

Le Squash City (carte 2 ; ☎ 626 78 83), Ketelmakerstraat 6, sur la ligne de chemin de fer de Bickerseiland (à l'ouest de Centraal Station), dispose de courts de squash (28 fl pour deux personnes, 37 fl le soir). Un ticket donnant accès au court, à la gymnastique et au sauna revient à 23,50 fl par personne (28,50 fl le soir).

Vous trouverez d'autres courts répertoriés aux rubriques *Tennisbanen* et *Squashbanen* des pages roses de l'annuaire.

JEU D'ÉCHECS
Le Max Euwe Centrum (carte 6 ; ☎ 625 70 17), Max Euweplein 30A1, près de Leideseplein, présente une exposition permanente consacrée à l'histoire des échecs et à l'unique champion du monde néerlandais. Vous pourrez affronter d'autres joueurs ou un ordinateur. Le club ouvre de 10h30 à 16h du mardi au vendredi, ainsi que le premier samedi du mois (entrée libre). Le reste du temps, les joueurs se retrouvent au Schaakcafé 't Hok (☎ 624 31 33), Lange Leidsedwarsstraat 134.

GOLF
Le manque d'espace explique la rareté des parcours de golf sur le sol néerlandais et leurs tarifs exorbitants, même si le golf semble se populariser ces dernières années.

A côté du Borchland Sportcentrum (voir plus haut la rubrique *Tennis et squash*), le Golfcenter Amstelborgh (☎ 563 33 33), Borchlandweg 6, possède neuf trous (20 fl). La location de clubs revient à 15 fl pour un demi-set. Il ouvre tous les jours, toute l'année (sauf le 1er janvier et le 25 décembre). L'Openbare Golfbaan Sloten (☎ 614 24 02), Sloterweg 1045, au sud-ouest de la ville (bus n°142), également doté de neuf trous, demande 21,50 fl en semaine et 27,50 fl le week-end (nombre de parcours libre). La location de clubs s'élève à 12,50 fl pour un demi-set. Il ouvre en semaine toute l'année, ainsi que le week-end en été.

Cours et formations

Le Bureau des étudiants étrangers pourra vous fournir des renseignements sur les programmes d'études et les cours de langue intensifs. Pour plus de détails sur cette organisation et sur les études universitaires, reportez-vous à la rubrique *Universités* du chapitre *Renseignements pratiques*.

COURS DE LANGUE

L'apprentissage du néerlandais, malgré sa parenté lointaine avec l'anglais, n'est pas chose aisée. Les cours normaux durent plusieurs mois, les cours intensifs quelques semaines. Renseignez-vous à l'avance.

La Volksuniversiteit Amsterdam (☎ 626 16 26), Rapenburgerstraat 73, 1011 VK Amsterdam, propose un large choix de cours dans la journée ou le soir, sérieux et d'un prix raisonnable. Le Tropeninstituut (Institut royal des Tropiques) offre des cours intensifs, principalement axés sur la culture et destinés aux étrangers s'installant aux Pays Bas. Très performants, ils sont aussi relativement chers. Contactez le département de formation linguistique (☎ 568 85 59), Postbus 95001, 1090 HA Amsterdam, ou consultez le site Web, www.kit.nl. Le British Language Training Centre (☎ 622 36 34), Nieu-

wezijds Voorburgwal 328E, 1012 RW Amsterdam, également cher, jouit d'une excellente réputation.

COURS DIVERS

La Volksuniversiteit mentionnée ci-dessus propose de nombreux cours, dont certains en anglais. L'université d'été d'Amsterdam (☎ 620 02 25), Keizersgracht 324, 1016 EZ Amsterdam, organise tous ses cours et ateliers en anglais. La plupart concernent les arts et les sciences.

Renseignez-vous aussi auprès des musées : le Stedelijk Museum, notamment, donne des cours d'histoire de l'art.

Pour les cours de yoga, de massage, d'acupuncture, d'herboristerie, etc., contactez le centre Oininio (carte 2 ; ☎ 553 93 55), Prins Hendrikkade 20-21, en face de Centraal Station.

Le centre d'information municipal (☎ 624 11 11), Amstel 1, sous l'arcade entre le Stopera et l'hôtel de ville, pourra vous fournir quantité de renseignements sur les cours et ateliers les plus divers (poterie, cuisine, broderie, réparation de voiture, etc.). La plupart sont en néerlandais.

Où se loger

Amsterdam attire de nombreux touristes tout au long de l'année. Pour être sûr de loger dans un endroit agréable, mieux vaut réserver à l'avance. Même les campings peuvent être complets en été. N'hésitez pas à payer un peu plus cher pour loger près du centre et profiter ainsi de la vie nocturne sans dépendre des bus de nuit ou des taxis les plus coûteux d'Europe. Vous n'êtes pas obligé pour autant de vous limiter au quartier des canaux : à pied, le quartier des musées ou les abords du Vondelpark sont à une distance tout à fait raisonnable de la zone animée de Leidseplein.

Les vols n'ont rien d'exceptionnel dans les campings ou les dortoirs (apportez un cadenas pour fermer votre casier), mais sont rares dans les chambres d'hôtel. Cependant, il est toujours plus sûr de déposer ses objets de valeur à la réception. Certaines chambres disposent de coffres-forts à pièces (1 fl par utilisation).

Renseignez-vous sur les possibilités de parking si vous venez en voiture. La plupart du temps, cela pose problème et, au mieux, vous obtiendrez une autorisation (payante) de stationnement dans la rue, avec les risques que cela implique, ou l'adresse du parking souterrain le plus proche (dont le prix peut atteindre 60 fl la journée). Les hôtels de catégorie supérieure possèdent leurs propres parkings (chers), mais demandent à être prévenus à l'avance.

CAMPING

Il existe plusieurs campings dans Amsterdam et ses environs. Les quatre que nous mentionnons sont les plus réputés et les plus accessibles. Ceux de Vliegenbos et de Zeeburg attirent des foules de jeunes, tandis que les deux autres conviennent mieux aux campeurs plus âgés et aux familles. Lors de notre passage, aucun d'entre eux n'avait fixé ses tarifs pour la saison à venir. Attendez-vous à ce que les prix soient légèrement supérieurs à ceux que nous indiquons. Les campings de Vliegenbos, Zeeburg et Amsterdamse Bos

louent également des bungalows de différentes tailles, idéal pour les familles (de 15 à 25 fl par personne).

Ouvert d'avril à septembre, le *Camping Vliegenbos* (*carte 3* ; ☎ *636 88 55, fax 632 27 23 ; Meeuwenlaan 138, Amsterdam Noord*) est le plus pratique pour les personnes non motorisées. L'emplacement revient à 14,25 fl par personne, plus 5,50 fl pour une voiture. De Centraal Station, prenez le bus n°32 ou le bus de nuit n°72. Vous pouvez aussi emprunter l'*Adelaarswegveer*, un ferry qui part du quai 8, derrière Centraal Station (passagers, vélos et motos sont transportés gratuitement). Une fois sur la rive opposée, il reste 20 minutes de trajet à pied ou 5 minutes en vélo. Lorsque ce ferry n'est pas en service (reportez-vous à la rubrique *Bateau* du chapitre *Comment circuler*), prenez le *Buiksloterwegveer* (entre les quais 8 et 9), qui circule 24h/24, et traversez les écluses du Noordhollands Kanaal, ce qui rallonge de 5 minutes le trajet à pied.

Le *Camping Zeeburg* (*carte 1* ; ☎ *694 44 30, fax 694 62 38 ; Zuider IJdijk 20*), se trouve dans une zone industrielle, sur une île artificielle à l'est de la ville, à proximité d'un immense pont sur l'IJ (bus n°22 de Centraal Station, bus n°37 d'Amstelstation ou tram n°14 de la place du Dam). Il est plus agréable qu'il n'y paraît : le Flevopark, tout proche, offre ses chemins de randonnée, une piscine et des installations sportives. Comptez 7,50 fl par personne, plus 5 fl par tente et 7,50 fl pour le parking. Il ouvre de mars à décembre.

Le *Camping Het Amsterdamse Bos* (☎ *641 68 68, fax 640 23 78 ; Kleine Noorddijk 1, Aalsmeer*) ouvre d'avril à octobre. Il est situé assez loin au sud-ouest de la ville, à l'extrême sud d'Amsterdamse Bos, mais le bus n°171, qui part de Centraal Station, permet de s'y rendre facilement. Les activités de loisirs de l'Amsterdamse Bos compensent largement l'inconvénient que représente la proximité de l'aéroport de

Schipol (8,75 fl par personne, 5,50 fl par tente et 4,75 fl par véhicule).

Le **Gaaspercamping** (☎ 696 73 26, fax 696 93 69 ; Loosdrechtdreef 7, Gaasperdam) est installé dans une vaste aire de loisirs, dans les faubourgs sud-est de la ville (métro jusqu'à Gaasperplas, puis 500 m à pied). Les prix s'élèvent à 6,75 fl par personne, 7,25 fl par tente et 6,25 fl par voiture. Il ouvre de mi-mars à décembre.

AUBERGES DE JEUNESSE
Auberges officielles
Le siège de l'Association hollandaise des auberges de jeunesse (NJHC ; carte 7 ; ☎ 551 31 33, fax 639 01 99) se situe Professor Tulpplein 4, 1018 GX Amsterdam (en face de l'Amstel Inter-Continental Hotel). L'association utilise le logo de Hostelling International, pratique pour les étrangers, mais a conservé l'appellation "youth hostel". Pour tout renseignement sur les auberges de jeunesse, appelez le ☎ 551 31 55.

La carte des auberges de jeunesse (ou plutôt d'"invité international") coûte 30 fl. Les non-adhérents paient 5 fl de plus par nuit et deviennent membres au bout de six nuits. Les détenteurs de la carte HI ou NJHC peuvent bénéficier de réductions sur les voyages à l'étranger (10% de réduction sur les billets Eurolines, entre autres) et paient une commission moins élevée dans les agences du GWK (change officiel). Membres et non-membres jouissent des mêmes droits et il n'existe pas de limite d'âge.

En été, il est fortement recommandé de réserver ; un appel téléphonique suffit. Outre les dortoirs habituels, les auberges comportent des chambres pour deux, quatre, six et huit personnes (les chambres simples sont habituellement réservées aux chauffeurs de bus). Réservez longtemps à l'avance pour les périodes d'affluence (vacances scolaires). Les tarifs varient alors considérablement : renseignez-vous auprès de l'auberge.

Très centrale, la **Stadsdoelen Youth Hostel** (carte 4 ; ☎ 624 68 32 ; Kloveniersburgwal 97), près du quartier rouge dans la vieille ville, demande 28 fl aux membres.

Le couvre-feu est fixé à 2h, mais les portes ouvrent au quart de chaque heure pour laisser entrer ou sortir les occupants.

A la limite du Vondelpark, la **City Hostel Vondelpark** (carte 6 ; ☎ 589 89 96 ; Zanpad 5), la plus agréable des deux auberges HI, est certainement la plus fréquentée avec 300 000 clients par an. Quelques vols ont été déplorés : faites attention à vos affaires. Un lit en dortoir revient à 33,75/38 fl en basse/haute saison pour les membres, et une chambre double à 90/125 fl, petit déjeuner compris. Il n'y a pas de couvre-feu.

La **Haarlem Youth Hostel** (☎ 023-53 37 93 ; Jan Gijzenpad 3, Haarlem) facture 28 fl la nuit, avec supplément pour une chambre à deux ou quatre lits. Le silence est exigé après 22h mais il n'y a pas de couvre-feu (les clés des chambres ouvrent la porte d'entrée). La gare ferroviaire de Santpoort Zuid se trouve à 10 minutes à pied (les trains desservant Amsterdam passent toutes les demi-heures et le trajet dure 24 minutes). Vous pouvez aussi prendre le bus n°2 depuis/vers Haarlem Centraal (trains plus fréquents).

Autres auberges de jeunesse
Les auberges non officielles n'acceptent guère les réservations par téléphone. En arrivant vers 10h, vous avez de bonnes chances de trouver une chambre.

La **Christian Youth Hostel Eben Haëzer** (carte 4 ; ☎ 624 47 17, fax 627 61 37 ; Bloemstraat 179, Jordaan) loue ses lits pour 23 fl, petit déjeuner compris. Le couvre-feu est fixé à 2h, et la limite d'âge à 35 ans. Dans le quartier rouge, la **Christian Youth Hostel "The Shelter"** (carte 4 ; ☎ 625 32 30 ; Barndesteeg 21) offre des prestations similaires pour 23/25 fl en basse/haute saison, petit déjeuner inclus. La limite d'âge est identique, et le couvre-feu à partir de 24h (1h le week-end).

A quelques pas de Centraal Station, la **Bob's Youth Hostel** (carte 4 ; ☎ 623 00 63, fax 675 64 46 ; Nieuwezijds Voorburgwal 92) pratique une politique bienveillante en matière de drogue et propose des lits à 26 fl, petit déjeuner compris. Il n'y a pas de limite

OÙ SE LOGER

d'âge bien que l'on préfère les jeunes de 20 ans. C'est une adresse pratique si vous arrivez épuisé à Amsterdam, mais vous trouverez mieux en faisant un petit effort.

Très fréquentée et gérée par des routards, la *Flying Pig Downtown Hostel* (*carte 4 ; ☎ 420 68 22, fax 421 08 02 ; Nieuwendijk 100*) facture la nuit en dortoir de 26,50 à 41,50 fl, selon le nombre de lits. Les doubles avec douche et toilettes reviennent à 120 fl, petit déjeuner compris.

La *Flying Pig Palace Hostel* (*carte 6 ; ☎ 400 41 87, fax 421 08 02 ; Vossiusstraat 46, Vondelpark*) pratique les mêmes prix. Moins centrale que la précédente, c'est la plus agréable des deux.

HÔTELS
Tarifs et services

Le classement des hôtels par étoiles s'échelonne jusqu'à la catégorie cinq-étoiles. Les établissements dépourvus d'étoiles s'appellent "pensions" ou "guesthouses". Ce classement ne se révèle pas très utile, car il reflète plus les équipements (ascenseur, téléphone dans la chambre, mini-bar, etc.) et le nombre de chambres que la qualité des prestations.

Nombre d'hôtels (comme les maisons) sont dotés d'escaliers raides et étroits, ce qui les rend inaccessibles aux personnes à mobilité réduite. Posez la question à l'avance. Les hôtels de catégorie supérieure disposent d'ascenseurs, de même que certains établissements de catégorie moyenne.

Les chambres sont généralement (mais pas toujours) équipées de TV ; dans certains hôtels bon marché, il faut mettre des pièces dans une minuterie pour accéder aux chaînes câblées.

Les hôtels sont plutôt petits – tout hôtel de plus de 20 chambres est un "grand hôtel". Par conséquent, si vous réservez une chambre avec s.d.b. commune, vous n'aurez sans doute pas à la partager avec de nombreux clients. Les chambres avec douche sont souvent dotées de toilettes. Les chambres des hôtels haut de gamme disposent de s.d.b. avec baignoire, tandis que celles des hôtels moins chers ne comportent généralement qu'une douche.

Réservations

Les agences du VVV, en face et à l'intérieur de Centraal Station, ainsi que le GWK (bureau de change), disposent d'un service de réservation qui vous épargnera des recherches laborieuses en période de grande affluence. Le VVV prend une commission de 6 fl, plus une caution de 10 fl ; le GWK demande une commission de 5 fl et le paiement d'avance de 10% du prix de la chambre. Le Netherlands Reservation Centre (☎ 070-419 55 19, fax 419 55 44, www.hotelres.nl), Postbus 404, 2260 AK Leidschendam, traite des demandes de réservations venant de l'étranger.

Les hôtels augmentent souvent leurs prix lorsque vous passez par ces agences ; essayez de réserver directement auprès d'eux. Nombre d'établissements demandent un acompte par chèque ou mandat avant de confirmer la réservation (le numéro d'une carte bancaire ne suffit pas et ils n'acceptent pas toujours les paiements par carte).

Lorsque vous réservez une chambre double, précisez si vous voulez deux lits individuels ou un grand lit. Le prix reste le même.

De nombreux hôtels possèdent leur propre site Web ; cherchez en tapant www.(nomdel'hôtel).nl.

Prix

Les hôtels les moins chers (moins de 125 fl la double) sont parfois décrépis et sentent immanquablement le renfermé, en raison du climat humide et de l'aversion des Néerlandais pour une ventilation adéquate. Certains présentent cependant un bon rapport qualité/prix, surtout s'ils viennent d'être rénovés. Les hôtels un peu plus chers sont plus agréables et offrent parfois des doubles à moins de 125 fl, suivant la saison et les prestations. Mieux vaut prendre le petit déjeuner à l'hôtel, car les cafés ouvrent rarement tôt.

Le prix d'une chambre simple correspond environ aux deux tiers du prix d'une double. Ajoutez 30 à 50% pour une triple. Les hôtels acceptant les enfants (beaucoup les refusent) proposent souvent des tarifs spéciaux pour les familles. Généralement, les prix baissent un peu hors saison (entre octobre et avril, sauf pendant les fêtes de fin d'année et à Pâques). Renseignez-vous sur les "tarifs préférentiels", surtout si vous restez plusieurs nuits. Les hôtels haut de gamme, fréquentés par les hommes d'affaires, sont généralement moins chers en été et pendant le week-end.

La plupart des prix indiqués incluent une taxe hôtelière urbaine de 5% ; les hôtels les plus chers ajoutent cette taxe sur leurs factures.

Hôtels – petits budgets (doubles à moins de 125 fl)

Ces établissements, fréquentés par les voyageurs sac à dos, voient parfois leurs bars remplis de joyeux fumeurs qui se retrouveraient en prison si nous n'étions à Amsterdam. Cependant, certains hôtels sont très stricts et le fait d'allumer un joint peut conduire à l'expulsion immédiate.

Dans le quartier des canaux. Près de Damrak, lE *Frisco Inn* (*carte 4* ; ☎ *620 16 10 ; Beurssstraat 5*), doté d'un bar au rez-de-chaussée, propose des doubles à 90 fl, avec ou sans douche (question de chance !) et des triples/quadruples avec lits superposés de 40 à 45 fl par personne. A côté, l'*Hotel Beursstraat* (*carte 4* ; ☎ *626 37 01, fax 690 90 12 ; Beursstraat 7*) dispose de doubles sans/avec douche à 100/125 fl. C'est un établissement légèrement plus "respectable" que les autres du quartier.

Proche de Centraal Station, le *Centrumhotel* (*carte 4* ; ☎ *624 35 35, fax 624 86 66 ; Warmoesstraat 15*) demande 90 fl pour une double, 115 fl avec douche et 135 fl avec douche et toilettes. Toutes les chambres ont la TV et un bar accueille les clients au rez-de-chaussée.

Près du poste de police du quartier rouge, l'*Hotel Kabul* (*carte 4* ; ☎ *623 71 58, fax 620 08 69 ; Warmoesstraat 42*), très fréquenté, loue ses lits en dortoir pour 35 fl et ses doubles pour 125 fl, petit déjeuner inclus. L'*Hotel Winston* (*carte 4* ; ☎ *623 13 80, fax 639 23 08 ; Warmoesstraat 123*), à quelques pas du Dam, comporte également un centre multimédia et un bar branché.

Comptez à partir de 95 fl pour une double aux couleurs vives et 10 fl pour le petit déjeuner.

Dans le quartier rouge, l'*Hotel Crown* (*carte 4* ; ☎ *626 96 64, fax 420 64 73 ; Oudezijds Voorburgwal 21*) offre des chambres correctes de 100 à 120 fl selon la saison, ou de 110 à 130 fl avec douche : un bon rapport qualité/prix étant donné l'emplacement. Les lits en dortoir, de 30 à 50 fl, remplacent avantageusement les auberges classiques. Le bar du rez-de-chaussée ne ferme qu'entre 5h et 8h mais ne trouble pas le sommeil des clients du Crown.

En bordure de canal, l'*Hotel Brian* (*carte 4* ; ☎ *624 46 61 ; Singel 69*), près de Centraal Station, est quelque peu délabré mais sympathique. Ses prix défient toute concurrence, avec des doubles, triples ou quadruples à 40 fl par personne, petit déjeuner compris. Le *Liberty Hotel* (*carte 2* ; ☎ *620 73 07 ; Singel 5*), géré par les mêmes propriétaires, pratique les mêmes prix pour des prestations identiques. Évitez ces deux adresses si vous ne supportez pas la fumée (de tabac ou autre !).

L'*Hotel Groenendael* (*carte 2* ; ☎/*fax 624 48 22 ; Nieuwendijk 15*), proche de Centraal Station, dispose de doubles sans/avec douche à 95/110 fl, petit déjeuner compris. Si vous n'êtes pas trop exigeant, c'est l'un des mieux tenus dans cette catégorie.

Au coin en revenant vers la gare, l'*Hotel BA* (*Budget Amsterdam ; carte 2* ; ☎ *638 71 19, fax 638 88 03 ; Martelaarsgracht 18*) possède des doubles de 75 à 120 fl selon la saison, petit déjeuner compris, et des lits en dortoir de 25 à 35 fl. Les chambres se trouvent au n°12 ; les dortoirs et la salle du petit déjeuner au n°18.

Près de la Westerkerk, l'arcade de briques rouges qui longe le virage de la Raadhuisstraat abrite quelques hôtels, tous précédés d'une volée de marches raides. Des trams bruyants empruntent cette rue, très passante : choisissez une chambre à l'arrière. L'*Hotel De Westertoren* (*carte 4* ; ☎ *624 46 39, fax 618 74 17 ; Raadhuisstraat 35*) offre des doubles sans/avec douche à partir de 95/110 fl, petit déjeuner compris. L'*Hotel Pax* (*carte 4* ; ☎ *624 97 35 ; Raadhuisstraat 37*)

cours de conversion de l'euro 1 fl = 0,45 €

offre des doubles à partir de 85 fl, petit déjeuner compris. A l'*Hotel Clemens* (*carte 4 ; ☎ 624 60 89, fax 626 96 58 ; Raadhuisstraat 39*), le tarif des doubles commence à 90 fl, petit déjeuner compris. Bien que rien ne le distingue de ses voisins, il affiche complet tout l'été.

Aménagé dans une belle maison ancienne au bord du canal, l'*International Budget Hotel* (*carte 4 ; ☎ 624 27 84, fax 626 18 39 ; Leidsegracht 76*) attire de nombreux voyageurs à petit budget. Comptez 120 fl pour une double et à partir de 35 fl pour un lit dans une quadruple, selon la saison.

Dans une rue paisible près du Vijzelgracht, l'*Euphemia Budget Hotel* (*carte 6 ; ☎/fax 622 90 45, euphemiahotel@ budgethotel.A2000.nl ; Fokke Simonszstraat 1*) a été aménagé dans un ancien monastère, comme en témoigne la distribution des pièces. Une double revient de 70 à 150 fl, selon la saison, ou de 90 à 150 fl avec douche. Ajoutez 8,50 fl pour le petit déjeuner-buffet.

A l'angle nord-est du quartier des canaux, l'*Hotel Pension Hortus* (*carte 5 ; ☎ 625 99 96, fax 416 47 85 ; Plantage Parklaan 8*) fait face au Jardin botanique. Il demande 90 fl pour ses petites doubles avec ou sans douche (question de chance !) et 45 fl pour un lit dans un dortoir de quatre ; le petit déjeuner est inclus dans ces prix. C'est un lieu tranquille dans une rue paisible, fréquentée par des jeunes qui se retrouvent au salon pour fumer. L'*Hotel Pension Kitty* (*carte 5 ; ☎ 622 68 19 ; Plantage Middenlaan 40*) facture ses doubles/triples à 120/160 fl, petit déjeuner compris (sauf le week-end car "les clients se lèvent trop tard").

A l'extérieur du quartier des canaux.
Au sud de Leidseplein, l'*Hotel PC Hooft* (*carte 6 ; ☎ 662 71 07, fax 675 89 61 ; PC Hooftstraat 63*), situé au-dessus d'un café et proche des musées, offre des prestations qui correspondent à ses (faibles) prix : 110/120 fl la double sans/avec douche, petit déjeuner compris.

L'*Hotel Bema* (*carte 6 ; ☎ 679 13 96, fax 662 36 88 ; Concertgebouwplein 19B*) dis-pose de doubles spacieuses à 110/125 fl sans/avec douche, petit déjeuner "au lit" compris. L'endroit est convivial, mais un tram bruyant passe devant : demandez une chambre à l'arrière. Non loin de là, dans une rue calme, l'*Hotel Peters* (*carte 6 ; ☎ 673 34 54, fax 623 68 62 ; Nicolaas Maesstraat 72*) est installé dans une maison particulière qui a conservé son atmosphère familiale. Comptez 100 fl pour une double avec ou sans douche (celles avec douche sont plus petites), ou 130 fl avec douche et toilettes, petit déjeuner compris. Toutes les chambres sont équipées d'un réfrigérateur et d'une TV.

Hôtels – catégorie moyenne inférieure (125 à 200 fl)
En règle générale, les hôtels situés dans cette fourchette de prix sont agréables, bien que certains de la catégorie précédente offrent un meilleur rapport qualité/prix.

Dans le quartier des canaux.
L'*Amstel Botel* (*carte 5 ; ☎ 626 42 47, fax 639 19 52 ; Oosterdokskade 2-4*), un hôtel flottant proche de la poste du quartier, se trouve à quelques pas à l'est de Centraal Station. Il propose des doubles à 147 fl côté rue ou à 157 fl avec vue sur l'eau, toutes avec douche, toilettes, TV et téléphone. Ajoutez 12 fl pour le petit déjeuner.

Près de Centraal Station, l'*Hotel Continental* (*carte 6 ; ☎ 622 33 63, fax 626 51 57 ; Damrak 40-41*) possède de petites chambres, propres et claires. Comptez 60 fl pour une simple, 150 fl pour une double avec douche (petit déjeuner compris) ou 175 fl en fin de semaine et en saison.

Ancien International Student Center, le *Keizersgracht Hotel* (*carte 2 ; ☎ 625 13 64, fax 620 73 47 ; Keizersgracht 15*) est aujourd'hui un hôtel de tourisme deux-étoiles. Il facture ses doubles avec douche 135 fl et le petit déjeuner 12,50 fl par personne. Les chambres sur le canal présentent un bon rapport qualité/prix.

L'*Hotel Belga* (*carte 4 ; ☎ 624 90 80, fax 623 68 62 ; Hartenstraat 8*) demande de 125 à 160 fl pour une double, ou de 140 à 190 fl avec douche, toilettes et TV, petit déjeuner compris. Les prix se justifient plus par l'emplacement de l'hôtel que par le confort des chambres.

Les 41 chambres de l'*Hotel van Onna* (*carte 4 ; ☎ 626 58 01 ; Bloemgracht 102-108, Jordaan*) sont réparties dans trois maisons longeant un beau canal paisible. Une double propre et moderne, avec douche et toilettes, vous reviendra à 140 fl, petit déjeuner compris. Il n'y a ni téléphone ni TV dans les chambres, et les cartes de crédit ne sont pas acceptées. Si vous avez le sommeil lourd, demandez une chambre donnant sur le canal (sans supplément de prix) : les cloches de la Westerkerk ponctuent chaque demi-heure jusqu'à 1h30 et recommencent dès 6h. Le propriétaire, Loek van Onna, est très serviable, et l'endroit accueillant et décontracté. Réservez car il affiche souvent complet.

De l'autre côté de la Westerkerk, l'*Hotel Nadia* (*carte 4 ; ☎ 620 15 50, fax 428 15 07 ; Raadhuisstraat 51-53*) offre des chambres un peu plus petites que ses voisins, mais bien équipées avec douche, toilettes, téléphone et TV. Prévoyez 200/260 fl pour une double/ triple, petit déjeuner compris. Celles en façade disposent d'un balcon. Une partie de l'hôtel fait face au Keizersgracht : demandez une chambre surplombant le canal.

Merveilleusement situé, l'*Hotel Hoksbergen* (*carte 4 ; ☎ 626 60 43, fax 638 34 79 ; Singel 301*), moins cher que son voisin, le superbe Hotel Estheréa, semble bien attrayant de l'extérieur. Néanmoins, ses doubles (185 fl) sont petites et mal agencées.

A côté de Koningsplein, près du marché aux fleurs, l'*Hotel Agora* (*carte 4 ; ☎ 627 22 00, fax 627 22 02 ; Singel 462*) propose des doubles de 120 à 150 fl, ou de 175 à 215 fl avec douche, petit déjeuner compris. Cet hôtel confortable, installé dans un vieil immeuble, comprend un vaste hall élégant et une salle pour le petit déjeuner.

L'*Hotel Hans Brinker* (*carte 6 ; ☎ 622 06 87, fax 638 20 60 ; Kerkstraat 136*), un grand établissement aux allures institutionnelles, accueille principalement des groupes de gamins surexcités et des Irlandais d'âge mûr soucieux de trouver une place de stationnement. L'hôtel a lancé une campagne publicitaire sur l'aspect spartiate de ses chambres et l'absence de commodités ou de services ("pas de parking, pas de service d'étage, pas de mini-bar, pas de trou dans votre poche"). Il n'est pas à dédaigner pour autant et affiche souvent complet. Les doubles, petites mais propres, avec douche et toilettes, coûtent 145 fl (supplément de 2,50 fl par personne si vous ne restez qu'une nuit), petit déjeuner compris. Les lits en dortoir valent 41,50 fl (même supplément pour une nuit).

Plusieurs hôtels longent Leidsekade, à proximité des divertissements de Leidseplein. Ils se ressemblent tous, un peu délabrés et poussiéreux, mais offrent un rapport qualité/prix raisonnable. L'*Hotel Impala* (*carte 4 ; ☎ 623 47 06, fax 638 92 74 ; Leidsekade 77*) demande de 120 à 130 fl pour ses doubles, 150 fl avec douche et 160 fl avec douche et toilettes. L'*Hotel Kooyk* (*carte 4 ; ☎ 623 02 95, fax 638 83 37 ; Leidsekade 82*) facture ses doubles 130 fl, petit déjeuner compris, et ses chambres familiales 225 fl pour quatre personnes ou 275 fl pour cinq. A l'*Hotel King* (*carte 4 ; ☎ 624 96 03, fax 620 72 77 ; Leidsekade 86*), une double vous reviendra de 115 à 135 fl selon la saison, petit déjeuner compris. Un peu plus élégant que ses voisins, l'*Hotel Titus* (*carte 4 ; ☎ 626 57 58, fax 638 58 70 ; Leidsekade 74*) dispose de doubles, avec douche et TV, à 160 fl, petit déjeuner compris.

L'*Hotel Nes* (*carte 4 ; ☎ 624 47 73, fax 620 98 42 ; Kloveniersburgwal 137-139*) offre des doubles avec s.d.b. ou douche de 175 à 350 fl. Il a belle allure de l'extérieur, mais certaines chambres laissent à désirer. Visitez-les avant de vous décider.

Au coin de la rue en venant de l'Hotel Nes, l'*Hotel Eureka* (*carte 4 ; ☎ 624 66 07, fax 624 13 46 ; 's-Gravelandseveer 3-4*) possède des doubles avec douche de 175 à 295 fl, petit déjeuner compris. Leur principal atout est la vue sur l'Amstel. Les petites doubles donnant sur l'arrière, sombres et sans vue, coûtent de 125 à 225 fl selon la saison et, pour le même prix, vous pouvez trouver mieux.

cours de conversion de l'euro 1 fl = 0,45 €

L'*Hotel De Admiraal* (*carte 4 ; ☎ 626 21 50, fax 623 46 25 ; Herengracht 563*) loue ses doubles de 125 à 135 fl, ou de 145 à 150 fl avec douche et de 155 à 185 fl avec les toilettes en plus. Ajoutez 10 fl pour le petit déjeuner.

Bien tenu, le *City Hotel* (*carte 4 ; ☎ 627 23 23, fax 638 47 93 ; Utrechtsestraat 2*), au-dessus du pub Old Bell près de Rembrandtplein, présente un bon rapport qualité/prix pour ce quartier. Selon la saison, une double vous reviendra de 125 à 140 fl, ou de 165 à 180 fl avec douche (parfois s.d.b.) et toilettes, petit déjeuner compris. Parmi les autres options, vous pourrez choisir une chambre à six lits, de 300 à 320 fl.

Encore mieux, l'*Hotel Prinsenhof* (*carte 6 ; ☎ 623 17 72, fax 638 33 68 ; Prinsengracht 810*), près d'Utrechtsestraat, occupe une belle maison ancienne, équipée d'un monte-charge pour les bagages. Comme souvent dans les maisons en bordure de canal, chaque chambre est différente : les deux chambres des combles, avec leurs poutres pentues, sont les plus prisées. Comptez 125/175 fl pour une double sans/avec douche, petit déjeuner compris et servi dans une agréable salle à manger.

Autre bonne adresse près de Frederiksplein, l'*Hotel de Munck* (*carte 6 ; ☎ 623 62 83, fax 620 66 47 ; Achtergrach 3*) dispose de doubles impeccables, sans/avec douche et toilettes, à partir de 145/155 fl. Prévoyez 225/310 fl minimum pour les triples/ quadruples. Le petit déjeuner est inclus dans ces prix.

Non loin de là, l'*Hotel Asterisk* (*carte 6 ; ☎ 624 17 68, fax 638 27 90 ; Den Texstraat 14-16*) se trouve dans une rue calme, en face du Heineken Museum. Propre et doté d'un ascenseur, il facture ses doubles, avec douche et toilettes, 175 fl, petit déjeuner inclus si vous réglez en espèces (sinon, 12,50 fl par personne). De l'autre côté de la rue, l'*Hotel Kap* (*carte 6 ; ☎ 624 59 08, fax 627 12 89 ; Den Texstraat 5B*) offre des doubles avec douche à 140 fl. Rajoutez 20 fl pour des chambres plus spacieuses avec douche et toilettes, petit déjeuner compris. Dépourvu d'ascenseur et un peu moins bien

aménagé que l'Asterisk, il n'en demeure pas moins très confortable.

A coin suivant, l'*Hotel Nicolaas Witsen* (*carte 6 ; ☎ 626 65 46, fax 620 51 13 ; Nicolaas Witsenstraat 4-8*) propose des doubles avec douche et toilettes à 175 fl (195 fl avec s.d.b.), petit déjeuner compris. Un ascenseur facilite l'accès aux étages. Cet établissement est plus élégant que les deux précédents.

Dans une rue paisible près de l'Amstel, l'*Hotel Adolesce* (*carte 4 ; ☎ 626 39 59, fax 627 42 49 ; Nieuwe Keizersgracht 26*) demande 130 fl pour une double, ou 160 fl avec douche et toilettes, petit déjeuner compris et servi dans un patio ensoleillé. Vous pouvez demander une chambre en façade, avec vue sur le canal, mais l'une des deux chambres donnant à l'arrière sur le patio sera tout aussi agréable. L'hôtel ferme de novembre à mi-mars. L'*Hotel Fantasia* (*carte 4 ; ☎ 623 82 59, fax 622 39 13 ; Nieuwe Keizersgracht 16*) loue ses doubles avec douche et toilettes de 135 à 165 fl, petit déjeuner inclus (fermé en janvier).

Dans le quartier du Plantage, près du Jardin botanique et du zoo Artis, l'*Hotel Rembrandt*, (*carte 5 ; ☎ 627 27 14, fax 638 02 93 ; Plantage Middelaan 17*) dispose de doubles minuscules à 110 fl et de chambres plus spacieuses, avec douche ou s.d.b., à 160 fl, petit déjeuner compris. Ce dernier est servi dans une incroyable salle lambrissée, décorée de tentures murales du XVIIe siècle, qui à elle seule justifie le séjour dans cet hôtel. Demandez une chambre donnant à l'arrière car un tram bruyant passe devant.

A l'extérieur du quartier des canaux.
Propre, relativement récent et bien tenu, l'*Hotel Smit* (*carte 6 ; ☎ 676 63 43, fax 662 91 61 ; PC Hooftstraat 24*) possède un ascenseur et constitue un bon choix près de Leidseplein et des musées. Selon la saison, il facture ses doubles, avec s.d.b. et toilettes, de 180 à 220 fl, petit déjeuner inclus.

L'*Hotel Museumzicht* (*carte 6 ; ☎ 671 29 54, fax 671 35 97 ; Jan Luijkenstraat 22*), proche du Rijksmuseum, offre des doubles bien tenues, sans/avec douche, à 125/165 fl, petit déjeuner compris. Une ligne de tram bruyante passe devant. Un peu plus agréable, l'*Hotel Acro* (*carte 6 ; ☎ 662 05 26, fax 675 08 11 ; Jan Luijkenstraat 44*) propose des doubles propres, avec douche et toilettes, à 175 fl, petit déjeuner compris.

Près des musées Van Gogh et Stedelijk, l'*Hotel Acca International* (*carte 6 ; ☎ 662 52 62, fax 679 93 61 ; Van der Veldestraat 3A*) propose des doubles avec douche (ou s.d.b.) et toilettes à 195 fl. Ajoutez 10 fl pour le petit déjeuner. Toutes les chambres se ressemblent et vous n'aurez pas de mauvaises surprises : une adresse sûre, même si ce genre de chambre vaut 20 fl de moins ailleurs.

Jouxtant le Vondelpark, l'*Hotel Parkzicht* (*carte 6 ; ☎ 618 19 54, fax 618 08 97 ; Roemer Visscherstraat 33*), correct, possède des doubles, avec douche et toilettes, de 140 à 160 fl, petit déjeuner compris. L'*Hotel Sipermann* (*carte 6 ; ☎ 616 18 66, fax 618 53 72 ; Roemer Visscherstraat 35*), voisin, offre des prestations similaires.

Dans une rue tranquille proche du Vondelpark, l'*Hotel De Filosoof* (*carte 1 ; ☎ 683 30 13, fax 685 37 50 ; Anna van den Vondelstraat 6*), imposant, a décoré ses chambres suivant différents thèmes philosophiques (chambre Nietzsche, chambre Wittgenstein, chambre de l'Humanisme, etc.). Une double avec s.d.b. ou douche et TV vous reviendra à 195 fl, petit déjeuner compris.

L'*Hotel Arena* (*carte 7 ; ☎ 694 74 44, fax 663 26 49 ; 's-Gravesandestraat 51*), à quelques pas du Tropenmuseum, est un immense complexe de 121 chambres (400 lits) dans le luxuriant Oosterpark. Ancien monastère puis hôpital, il était connu, il n'y a pas si longtemps, sous le nom de Sleep-In. Les dortoirs ont disparu et le lieu est maintenant plus haut de gamme avec des chambres doubles, toutes équipées de douche et toilettes, de 150 à 210 fl en été et de 110 à 160 fl en hiver. Une quadruple revient à 175/250 fl en hiver/été. Des accès sont prévus pour les fauteuils roulants. Le parking coûte 5 fl à chaque sortie, ce qui incite plutôt à circuler en tram ou à vélo. L'établissement abrite un café, un restaurant, un bar qui accueille des musiciens et

organise des soirées dansantes les jeudi, vendredi et samedi.

L'*Hotel Van Bonga* (*carte 1 ; ☎ 662 52 18, fax 679 08 43 ; Holbeinstraat 1*), près de Stadionweg, au sud-ouest du centre-ville, comporte des doubles avec s.d.b. à 145 fl, petit déjeuner compris : une bonne affaire si vous souhaitez loger à proximité du centre d'exposition RAI.

Hôtels – catégorie moyenne supérieure (200 fl à 275 fl)

Les hôtels de cette catégorie, confortables sans être guindés, sont, à l'exception de l'hôtel Ibis, suffisamment petits pour offrir un service personnalisé. Ceux mentionnés ci-dessous se trouvent dans le quartier des canaux.

Parfait pour les hommes d'affaires, l'*Hotel Ibis Amsterdam Centre* (*carte 2 ; ☎ 638 99 99, fax 620 01 56 ; Stationsplein 49*), un bâtiment de 11 étages jouxtant Centraal Station, dispose de doubles avec douche à 274 fl, petit déjeuner compris.

Le *RHO Hotel* (*carte 4 ; ☎ 620 73 71, fax 620 78 26 ; Nes 11-23*), tout près du Dam, propose des doubles avec s.d.b. à 195/230 fl en basse/haute saison, petit déjeuner inclus. Pour une somme équivalente, vous pouvez trouver mieux, mais les chambres sont convenables et l'emplacement est imbattable.

Le *Singel Hotel* (*carte 2, ☎ 626 31 08, fax 620 37 77 ; Singel 15*), près de l'église luthérienne ronde, demande 275 fl pour une double, petit déjeuner inclus. Si vous obtenez une chambre en façade avec vue sur le superbe canal, vous en aurez pour votre argent, sinon vous pouvez trouver moins cher ailleurs.

Le *Canal House Hotel* (*carte 4 ; ☎ 622 51 82, fax 624 13 17 ; Keizersgracht 148*) occupe trois superbes maisons en bordure de canal et semble surgir du passé. Meilleur de cette catégorie, il a préservé, autant que possible, l'authenticité de ses chambres, meublées à l'ancienne et dépourvues de TV (mais dotées de prises pour ordinateur). Ses doubles avec s.d.b. (dont beaucoup correspondent à la catégorie supérieure) valent de 265 à 345 fl, petit déjeuner compris.

L'*Hotel Toren* (*carte 4* ; ☎ *622 60 33, fax 626 97 05 ; Keizersgracht 164*), près de la Westerkerk, dispose de doubles avec douche et toilettes à partir de 235 fl et de chambres luxueuses jusqu'à 425 fl. Certaines sont assez petites : visitez avant de vous décider.

Bien situé, le *Waterfront Hotel* (*carte 4* ; ☎/*fax 421 66 21* ; *Singel 458*), près de Koningsplein, propose des doubles avec douche de 195 à 220 fl, selon qu'elles donnent ou non sur le canal. L'endroit est un peu délabré pour de tels prix, mais les chambres sont correctes.

Non loin de Rembrandtplein, le *Seven Bridges* (*carte 6* ; ☎ *623 13 29* ; *Reguliersgracht 31*) possède neuf doubles avec douche et toilettes de 200 à 350 fl, petit déjeuner "au lit" compris et servi dans de la porcelaine fine. Les chambres, superbes et bien tenues, sont aménagées avec goût. Cet hôtel charmant sur l'un des plus beaux canaux est très connu, et la réservation s'avère indispensable.

Hôtels – catégorie supérieure (Doubles à partir de 275 fl)

Les hôtels de cette catégorie ajustent constamment leurs tarifs afin de s'aligner sur la concurrence. Quelques appels pour se renseigner sur une éventuelle "promotion" vous permettront peut-être d'économiser quelques centaines de florins si vous restez plusieurs nuits. Si la réception pense que vous êtes en voyage d'affaires, la facture risque de s'en ressentir. Toutes les chambres disposent d'une s.d.b. avec baignoire et toilettes.

Dans le quartier des canaux. Très bien situé et impeccable, le *Swissôtel Amsterdam* (*carte 4* ; ☎ *626 00 66, fax 627 09 82* ; *Damrak 96*) possède des doubles petites et sans caractère, mais confortables, de 310 à 550 fl.

Géré par une famille, l'*Hotel Estheréa* (*carte 4* ; ☎ *624 51 46, fax 623 90 01* ; *Singel 305-307*) occupe trois maisons en bordure de canal. Il loue ses doubles entre 260 et 365 fl, selon la saison. Comptez 27,50 fl pour le petit déjeuner. Les chambres, récemment rénovées, jouissent de tout le confort moderne.

L'*Ambassade Hotel* (*carte 4* ; ☎ *626 23 33, fax 624 53 21* ; *Herengracht 341*), un vaste établissement élégant, s'étend sur dix maisons au bord du canal. Toutes les chambres sont différentes et splendidement meublées. Admirez l'horloge ancienne (1750) du salon avec ses bateaux qui tanguent et ses sirènes. Prévoyez 350 fl pour une double, 550 fl pour une suite de deux chambres, 525 fl pour un appartement avec cuisine et 27,50 fl pour le petit déjeuner.

A l'extérieur du quartier des canaux. Au sud-ouest du centre-ville et en face du Hilton, le *Bilderberg Garden Hotel* (*carte 1* ; ☎ *664 21 21, fax 679 93 56* ; *Dijsselhofplantsoen 7*) dispose de doubles avec jacuzzi de 250 à 590 fl. Ajoutez 37,50 fl pour le petit déjeuner. Installé dans un bâtiment peu élevé, cet hôtel, le plus petit cinq-étoiles d'Amsterdam, s'enorgueillit de son manque de formalisme et de son atmosphère familiale.

Aménagé dans un ancien hôpital, le *Golden Tulip Waterfront Hotel* (*carte 1* ; ☎ *634 43 66, fax 636 03 45* ; *Distelkade 21, Amsterdam Noord*) facture ses doubles 310 fl, petit déjeuner compris. Bien que les chambres manquent de caractère, il est très fréquenté, notamment par les Européens en voyages organisés. De nombreuses places de parking sont à la disposition de la clientèle.

Hôtels de luxe

Les hôtels de cette catégorie offrent toutes les prestations que peut attendre un client de la jet-set internationale : centres de remise en forme, salles de conférences, centres d'affaires, etc. Ils disposent généralement d'un parking, ce qui n'est pas négligeable à Amsterdam. Le petit déjeuner, en supplément, coûte de 25 à 45 fl. Ces hôtels proposent souvent des forfaits week-end.

Les plus beaux d'entre eux sont le Krasnapolsky, le Pulitzer, le Grand, l'Europe, l'American, le Schiller et l'Inter-Continental, le roi incontesté.

Dans le quartier des canaux. Le *Victoria Hotel* (*carte 4* ; ☎ *627 11 66, fax 627 42 59* ; *Damrak 1-5*), dans l'imposant bâtiment face à Centraal Station (entrée dans Prins Hendrikkade), possède des doubles modernes avec s.d.b. de 510 à 560 fl (80 fl le lit supplémentaire, 32,50 fl le petit déjeuner) ainsi que de nombreux aménagements, dont une piscine et un centre d'affaires.

Dans un bâtiment aseptisé de six étages, le **Golden Tulip Barbizon Palace** (*carte 4 ; ☎ 556 45 64, fax 624 33 53 ; Prins Hendrikkade 59-72*), en face et à gauche de Centraal Station, comporte un centre de remise en forme "Fit Palace" et des doubles de 520 fl à 650 fl, ou à 420 fl le week-end, petit déjeuner inclus. Appelez à l'avance pour vous renseigner sur les promotions.

Établissement historique et élégant, le **Grand Hotel Krasnapolsky** (*carte 4 ; ☎ 554 91 11, fax 622 86 07 ; Dam 9*), derrière le monument national, s'élève sur la principale place d'Amsterdam. Monument en lui-même, il pratique des prix à l'avenant : les doubles s'échelonnent de 545 à 660 fl. Son principal attrait réside dans le "jardin d'hiver" (1879), avec son toit d'acier et de verre.

Sis dans une rangée de maisons du XVIIe siècle aux façades magnifiquement restaurées, le **Pulitzer Hotel** (*carte 4 ; ☎ 523 52 35, fax 627 67 53 ; Prinsengracht 315-331*), au bord du canal, loue ses doubles (de luxe uniquement) pour 695 fl. Il a conservé et restauré certains intérieurs d'origine.

Le **Grand Westin Demeure** (*carte 4 ; ☎ 555 31 11, fax 555 32 22 ; Oudezijds Voorburgwal 197*) occupe l'ancien bâtiment de l'amirauté qui servit d'hôtel de ville jusqu'à la fin des années 80 et où fut célébré le mariage civil de la reine Béatrix en 1966. Une restauration a rendu sa grandeur à ce bâtiment classé où vous paierez 730 fl pour une double. Les forfaits week-end à 590 fl ou 650 fl comprennent d'un excellent dîner servi dans l'une des huit salles de banquet. L'hôtel offre toutes les prestations d'un cinq-étoiles, dont une piscine couverte.

L'**Hotel de l'Europe** (*carte 4 ; ☎ 531 17 77, fax 531 17 78 ; Nieuwe Doelenstraat 2-8*) facture ses doubles de 630 à 730 fl. Cet impressionnant bâtiment de briques rouges, proche de Muntplein, respire l'élégance victorienne. Son Excelsior Restaurant prépare une cuisine délicieuse.

Près de Leideseplein, l'**American Hotel** (*carte 6 ; ☎ 556 30 00, fax 556 30 01 ; Leidsekade 97*) se situe dans un immeuble Art déco de 1902, classé monument historique. Comptez de 565 à 650 fl pour une double et 35 fl pour le petit déjeuner servi dans l'élégant Café Américain. Des réductions sont accordées pour toute réservation combinée avec un vol sur KLM à destination d'Amsterdam.

Autre monument Art déco, le **Golden Tulip Schiller** (*carte 4 ; ☎ 554 07 00, fax 624 00 98 ; Rembrandtplein 26-36*) a récemment retrouvé sa splendeur de 1912. Les œuvres de l'artiste-hôtelier Frits Schiller décorent les murs. Les doubles meublées avec goût coûtent de 420 à 495 fl.

Merveilleusement situé en surplomb de l'Amstel, l'**Amstel Inter-Continental Hotel** (*carte 7 ; ☎ 622 60 60, fax 622 58 08 ; Professor Tulpplein 1*), totalement rénové en 1992, est sans doute le plus bel hôtel du pays. Une double avec vue sur le fleuve revient à 650 fl le week-end (600 fl de l'autre côté qui présente moins d'intérêt). En semaine, comptez 995 fl (895 fl côté rue). Ajoutez 48,50 fl pour le petit déjeuner. Le prix des chambres monte jusqu'à 5 250 fl pour la suite royale. L'hôtel offre les prestations imaginables, dont un service de limousines, un club de remise en forme et une piscine. Il abrite également La Rive, le premier (et jusqu'à présent le seul) restaurant d'Amsterdam possédant deux étoiles dans le guide Michelin.

A l'extérieur du quartier des canaux.
Le **Golden Tulip Amsterdam Centre** (*carte 6 ; ☎ 685 13 51, fax 685 16 11 ; Stadhouderskade 7, Leidseplein*) dispose de doubles de 395 à 540 fl. Le seul avantage de cet excellent hôtel est son emplacement. Cette remarque vaut pour le **Marriott Hotel** (*carte 6 ; ☎ 607 55 55, fax 607 55 11 ; Stadhouderskade 21*), près de Leidseplein et un peu plus luxueux (doubles de 415 à 595 fl).

Au sud-ouest du centre-ville, le **Hilton Amsterdam** (*carte 1 ; ☎ 710 60 00,* *fax 710 60 80 ; Apollolaan 138-140*) propose des doubles de 445 à 576 fl. Cet Hilton de 10 étages se situe dans un beau quartier et possède une marina où louer d'"authentiques bateaux traditionnels". A la fin des années 60, il devint célèbre lorsque John Lennon et Yoko Ono y séjournèrent pour demander la paix dans le monde, saluant depuis leur lit leurs fans qui hurlaient dans la rue.

L'***Okura Hotel*** (*carte 1 ; ☎ 678 71 11, fax 671 23 44 ; Ferdinand Bolstraat 333*) dresse ses 22 étages à proximité de l'Amstelkanaal et du RAI. Une bonne adresse pour les exposants qui veulent séjourner dans le secteur et ne se préoccupent pas du prix de leur chambre (doubles de 425 à 595 fl).

Communauté homosexuelle

La plupart des hôtels font preuve d'une grande décontraction à l'égard des couples homosexuels (ils enfreindraient la loi s'ils les refusaient), mais certains les accueillent plus volontiers.

Très fréquenté, l'***Aerohotel*** (*carte 4 ; ☎ 622 77 28, fax 638 85 31 ; Kerkstraat 49*), au centre du quartier gay, propose des doubles de 110 à 175 fl. Également apprécié, l'***Hotel Orfeo*** (*carte 6 ; ☎ 623 13 47, réception ☎ 622 81 80 ; Leidsekruisstraat 14*) offre des doubles à 100 fl.

Le ***Stablemaster Hotel*** (*carte 4 ; ☎ 625 01 48, fax 624 87 47 ; Warmoesstraat 23*) a une clientèle gay tendance cuir et facture ses doubles 160 fl.

Seul établissement de la ville réservé aux femmes, la ***Liliane's Home*** (*carte 7 ; ☎ 627 40 06 ; Sarphatistraat 119*) dispose de trois chambres à 185 fl en double. Il s'agit plus d'une maison privée et mieux vaut réserver à l'avance.

L'***Hotel Quentin*** (*carte 6 ; ☎ 626 21 87, fax 622 01 21 ; Leidsekade 89*), fréquenté par des lesbiennes, accueille également les hétéros et les gays. Comptez 97,50 fl pour une double, ou de 125 à 130 fl avec douche.

LOCATIONS LONGUE DURÉE

Les locations non meublées à moins de 1 107 fl par mois sont soumises à une auto-

risation de logement. Elle n'est délivrée qu'aux résidents légaux séjournant dans la région en raison de leurs études ou de leur profession ; le prix et la surface du logement doivent correspondre à leurs besoins et à leurs revenus. En tant qu'étranger, vous paierez généralement plus – environ 1 500 fl par mois pour un petit deux-pièces dans le quartier du Vondelpark.

La taille réduite des appartements n'incite pas à les partager. L'autorisation de logement n'est pas exigée dans Amsterdam Zuidoost (sud-est) mais cela s'explique par le peu d'attrait du quartier.

Les résidents passent généralement par l'intermédiaire d'associations. D'autres tentent leur chance avec les petites annonces des journaux : *De Telegraaf* (le mercredi surtout), *De Volkskrant* ou *Het Parool* (le samedi en particulier, dans la rubrique *Te Huur*), ou le journal de petites annonces *Via Via* (qui sort le mardi et le jeudi). L'Organisation nationale des agents immobiliers propose des logements sur Internet : www.nvm.nl.

Ne pas parler hollandais peut jouer en votre défaveur et mieux vaut demander à un ami néerlandais de vous aider. Décidez-vous rapidement car les appartements partent comme des petits pains. Le propriétaire exigera probablement une caution d'un mois, et le précédent occupant vous demandera peut-être un dessous-de-table pour la reprise des meubles ou les réparations récentes.

Pour obtenir des informations officielles sur les locations, adressez-vous au Centre d'information de l'urbanisme et du logement, dans la Zuiderkerk (☎ 622 29 62), Zuiderkerkhof 72, du lundi au vendredi de 12h à 17h (le jeudi jusqu'à 20h). Le service central de renseignements par téléphone (☎ 665 91 71) fonctionne du lundi au jeudi de 8h30 à 15h, le vendredi jusqu'à 12h. Ils ne pourront guère vous aider si vous n'êtes pas résidant. Essayez auprès des agences suivantes :

All-Inn Apartment Service (☎ 428 23 00, fax 428 23 04), Singel 315 appartements meublés dans toute la ville, à partir de 2 500 fl par mois ou 4 000 fl pour des "appartements luxueux en bord de canal", six mois minimum.

Le Rijkmuseum, "Le" musée des Pays-Bas, est incontournable pour les amateurs d'art.

Les maisons amstellodamoises typiques sont vendues partout.

Frise en relief de l'ancien magasin PC Hooft, montrant les différentes phases de la préparation du tabac.

JULIET COOMBE

A table !

MARTIN MOOS

Le tram est un moyen de transport pratique.

ANTHONY PIDGEON

Centraal Station est le point de convergence de tous les transport publics de la ville.

Goudsmit Estate Agents (☎ 644 19 71, fax 644 23 76), AJ Ernststraat 735 appartements meublés à partir de 2 000 fl par mois, un an minimum.

IDA Housing Services (☎ 624 83 01, fax 623 38 44, ida@ida-housing.demon.nl), Den Texstraat 30 – appartements meublés à partir de 1 800 fl par mois, six mois minimum (parfois moins en été).

Intercity Room Service (☎/fax 675 00 64), Van Ostadestraat 348 – en dernier recours : chambres simples à partir de 350 fl par mois, avec possibilité de périodes plus courtes, et occasionnellement des appartements ; deux semaines de commission (un mois pour les locations d'appartement de plus de six mois). Les agences travaillant dans cette fourchette de prix doivent avoir une autorisation municipale – c'est le cas de celle-ci.

Riverside Apartments (☎ 627 97 97, fax 627 98 58, geuje@worldonline.nl), Weteringschans 187E – spécialisé dans le "logement haut de gamme dans le centre d'Amsterdam", à partir de 1 000 fl la semaine ou 1 500 fl le mois.

OÙ SE LOGER

Où se restaurer

ALIMENTATION

La gastronomie hollandaise traditionnelle ne jouit pas d'une renommée mondiale. Néanmoins, diverses influences internationales l'ont enrichie ces dernières années, et l'on peut fort bien manger à Amsterdam. Les cuisines chinoise, italienne, thaïlandaise ou mexicaine, entre autres, ont également pignon sur rue, et les prix pratiqués restent raisonnables pour des portions habituellement copieuses.

Fumer demeure une pratique courante, et même les restaurants végétariens font preuve de tolérance. Quelques établissements possèdent une zone non-fumeurs.

Où et quand se restaurer

Ne négligez pas les nombreux *eetcafés*, des pubs qui servent des repas – reportez-vous à la rubrique *Cafés* (*pubs*) du chapitre *Où sortir* : la plupart pourraient figurer parmi les restaurants. On y mange souvent très bien, mais tous n'acceptent pas les réservations. Ils sont abordables et animés et vous pourrez vous y attarder devant un verre pour profiter de l'ambiance. Les grands cafés sont parfaits pour déjeuner.

Le principal repas est le dîner, pris entre 18h et 21h30. Les Amstellodamois aiment manger dehors, et les restaurants les plus populaires affichent souvent complet dès 19h. Réservez ou arrivez tôt, ou bien préparez-vous à attendre au bar. Vous pouvez aussi choisir de dîner plus tard, après le début des spectacles (à 20h30 ou 21h30), mais n'oubliez pas que de nombreux restaurants ne servent plus après 22h. Les établissements végétariens ferment plus tôt.

Le déjeuner, plus modeste, se limite à un sandwich ou une salade. Toutefois, certains restaurants servent des repas complets.

Les rues autour de Leidseplein (Lange Leidsedwarsstraat et Korte Leidsedwarsstraat) sont bordées de restaurants, véritable tour de Babel des saveurs. Essentiellement fréquentés par les touristes, ils sont, pour la plupart, corrects, sans plus.

Le personnel des cafés et des restaurants change constamment et certaines adresses mentionnées dans ce chapitre peuvent avoir perdu en qualité.

Cuisines

Les cuisines étrangères s'adaptent généralement aux palais néerlandais. Les végétariens ne sont pas oubliés, et la plupart des restaurants incluent dans leur menu un ou plusieurs plats à leur intention. Vous trouverez dans ce chapitre plusieurs adresses exclusivement végétariennes.

Hollandaise. Le repas hollandais classique consiste en portions généreuses de pommes de terre, de viande et de légumes (la viande est chère : ne vous attendez pas à un énorme steak). Peu de restaurants servent exclusivement de la cuisine hollandaise, mais beaucoup proposent quelques grands classiques, en particulier en hiver, nourrissants et d'un bon rapport qualité/prix :

asperges – variété blanche, très populaire au printemps, servie avec du jambon et du beurre.

erwtensoep – soupe de pois cassés, très épaisse (une cuillère plantée dans la soupe doit retomber très lentement), accompagnée de saucisse fumée et de bacon.

hutspot – similaire au stamppot, mais composé de carottes, d'oignons et de viande braisée.

kroketten – boulettes de viande (parfois de poisson ou de crevettes), entourées de pâte, de chapelure et frites ; parfois servies sous forme de petites croquettes (*bitterballen*), avec de la moutarde.

mosselen – moules cuites dans le vin blanc, avec des poireaux et des oignons émincés, et servies dans la cocotte de cuisson avec une assiette de frites (*frites* ou *patat*) ; plat populaire pendant les mois en R (de septembre à avril).

stamppot – purée de pommes de terre et de légumes (endives ou chou frisé), servie avec une saucisse fumée ou des languettes de porc.

Le poisson ne prédomine pas autant qu'on pourrait le supposer dans ce pays de tradition maritime. Parmi les préférés figurent la limande (*schol*), la sole (*tong*), le cabillaud (*kabeljauw*) et la truite de rivière (*forel*). Les crevettes (*garnalen*) et les grosses langoustines (*scampi*) sont également très appréciées. Le hareng (*haring*), véritable institution nationale, se déguste légèrement salé ou mariné dans le vinaigre. L'anguille (*paling*) se consomme également fumée. Il serait dommage de ne pas goûter ces deux régals (voir plus loin la rubrique *Fast-foods*).

Les tartes aux fruits (pommes, cerises, etc.), le *vla* (crème) ou les crêpes constituent les desserts hollandais les plus courants. De nombreux snack-bars et pubs servent *appeltaart* (tourte aux pommes) et café tout au long de la journée.

Fusion. Une nouvelle tendance alimentaire envahit Amsterdam, appréciée depuis des années par les Australiens, les Californiens et, plus récemment, les Londoniens. Elle consiste à réunir, sur une même assiette, des ingrédients et des techniques de préparation de la région Asie/Pacifique et des produits locaux. Le résultat est une réussite ou… un désastre ! Nous indiquons, dans les pages suivantes, quelques restaurants qui expérimentent cette tendance avec succès.

Indonésienne. La cuisine indonésienne est un héritage de l'époque coloniale. Certains plats, comme le célèbre *rijsttafel* (littéralement "table de riz", riz blanc accompagné de quantité de plats), relèvent davantage de recettes coloniales que de la gastronomie indonésienne traditionnelle, mais n'en restent pas moins délicieux.

Le véritable problème tient au fait que la plupart des établissements sont tenus par des Chinois qui accommodent – ou plutôt affadissent – les plats pour satisfaire les goûts néerlandais. La nourriture peut être excellente mais, si vous recherchez de la cuisine authentiquement indonésienne, évitez les restaurants *Chinees-Indonesisch* (ou alors commandez des plats chinois).

Même dans les "authentiques" restaurants indonésiens, le rijsttafel manque parfois singulièrement de saveur. Quelques bonnes adresses sont mentionnées dans ce chapitre, mais c'est un plat coûteux et vous pouvez le remplacer par un *nasi rames* (littéralement "riz bouilli"), assiette de riz recouvert de plusieurs accompagnements. Le même plat accompagné de nouilles épaisses (une variante sino-indonésienne assez copieuse) s'appelle *bami rames*.

Le *gado gado* (légumes à la vapeur à peine cuits et œuf dur, servis avec une sauce à la cacahuète et du riz) est excellent. Le *saté* ou *sateh*, brochettes de bœuf, de poulet ou de porc marinées et arrosées de sauce à la cacahuète, est malheureusement cuit souvent sur des plaques électriques. Parmi les autres classiques, vous pourrez commander un *nasi goreng* (riz sauté avec des oignons, du porc, des crevettes et des épices, recouvert d'un œuf au plat ou d'une omelette coupée en lamelles) ou un *bami goreng* (identique, mais avec des nouilles).

Si vous souhaitez un plat très épicé, demandez-le *pedis* (prononcez "pi-dis"). Si vous ne vous sentez pas de taille à affronter cette épreuve, mieux vaut demander du *sambal* (piment en pâte), s'il ne se trouve pas déjà sur la table. Généralement, c'est du *sambal oelek*, rouge et fort ; le *sambal badjak*, brun foncé, à base d'oignons, est doux et sucré. Pour apaiser le feu, rien ne vaut une cuillerée de riz ; boire ne fait qu'empirer les choses.

Internationale. De nombreux restaurants mélangent, parfois avec art, des cuisines totalement différentes. Ainsi, on vous servira des fettuccine italiennes avec une ratatouille provençale et de la viande rissolée dans de la sauce de soja, ou bien du bœuf braisé à la néerlandaise accompagné de couscous. Le plus souvent, la carte comporte des plats classiques internationalement connus. Ce sont alors des variations sur le thème viande-pommes de terre-légumes, ou encore des ersatz de curries, des spaghetti bolognais, un bœuf Stroganoff, des *nachos* mexicains ou une cocotte de moules.

Surinamienne. La nourriture de l'ancienne colonie sud-américaine ressemble à la cuisine antillaise – un mélange afro-indien unique en son genre –, avec des influences indonésiennes. Le poulet prédo-

cours de conversion de l'euro 1 fl = 0,45 €

Recettes hollandaises traditionnelles

L'hiver est certainement la saison idéale pour préparer une de ces copieuses recettes familiales hollandaises.

Soupe de pois cassés hollandaise
Cette soupe épaisse est encore meilleure le lendemain de sa préparation. Servez-la avec du pain chaud et croustillant.

Ingrédients
3 verres de pois cassés verts
1 pied de porc
1 oreille de porc ·
1 verre de bacon coupé en dés
1 kg de pommes de terre
2 poireaux
1 céleri-rave
4 saucisses de Francfort
sel et poivre

Préparation
• Lavez les pois, placez-les dans un saladier, couvrez-les d'eau et laissez tremper une nuit.
• Faites bouillir les pois dans 3 litres d'eau pendant 1 heure.

• Ajoutez le pied et l'oreille de porc ainsi que le bacon et laissez cuire pendant 2 heures.
• Ajoutez les pommes de terre coupées en rondelles, les poireaux et le céleri-rave coupés en dés ; maintenez la cuisson à feu doux pendant 55 minutes.
• Ajoutez les saucisses de Francfort coupées en rondelles et laissez cuire 5 minutes.
• Salez et poivrez.

Purée de pommes de terre avec bacon croustillant
Ingrédients
1 verre de bacon coupé en dés
1 kg de pommes de terre farineuses
2 cuillères à soupe de beurre
lait
poivre moulu et sel

Préparation
• Faites frire le bacon jusqu'à ce qu'il soit croustillant ; mettez-le de côté et conservez la matière grasse.
• Épluchez et coupez les pommes de terre en quatre ; mettez-les dans une grande casserole remplie d'eau et portez à ébullition.

mine, tout comme les curries (poulet, agneau ou bœuf), les pommes de terre et le riz, ou les délicieux *roti* (galettes de pain sans levain). Si vous ne supportez pas la nourriture épicée, mieux vaut vous abstenir.

Prix
Les prix indiqués dans ce chapitre représentent un minimum. En ajoutant une boisson, voire un ou deux plats, vous dépenserez largement le double. Les boissons autres que la bière à la pression (*pils*) feront grimper la note de façon vertigineuse, sans parler du vin (de 10 fl pour une bouteille en magasin à 45 fl au restaurant). La "cuvée du patron" ne fait pas exception : un demi-pichet d'un âpre vin rouge vous coûtera au moins 15 fl.

De nombreux établissements proposent un *dagschotel* (plat du jour) et un *dagmenu*,

souvent d'un bon rapport qualité/prix, mais ne vous attendez pas à une découverte gastronomique. D'autres se limitent à deux ou trois plats, renouvelés chaque jour.

Le service est inclus dans l'addition, et le pourboire laissé à la discrétion du client ; la plupart des clients laissent quelques pièces représentant environ 5% de la note. L'habitude est d'annoncer au moment de payer l'addition le montant total que l'on désire régler.

Sachez que nombre de restaurants *n'acceptent pas* les cartes de crédit. Renseignez-vous à l'avance.

BOISSONS
Non alcoolisées
On peut boire l'eau du robinet, mais son léger goût chimique fait que beaucoup d'Amstellodamois préfèrent l'eau minérale. Les boissons lactées incluent le chocolat, le

Recettes hollandaises traditionnelles

- Lorsque l'eau bout, baissez le feu et laissez cuire à feu moyen pendant 20 minutes.
- Égouttez les pommes de terre et écrasez-les en ajoutant le beurre et le lait.
- Replacez la casserole sur le feu et incorporez et le bacon et la matière grasse. Salez et poivrez à votre convenance.

Tourte hollandaise aux pommes

Ingrédients
pâte brisée
1,5 cuillère à soupe de gélatine
1 kg de pommes
1 cuillère à soupe de jus de citron
2 cuillères à soupe de sucre
2 cuillères à café de cannelle
150 g de fruits secs marinés dans 3 cuillères à soupe de rhum
25 g de beurre
1 cuillère à café de sucre en poudre
1 demi-verre de crème fouettée

Préparation
- Utilisez un moule à gâteau rond de 24 cm enduit de matière grasse.
- Préchauffez votre four à 175°C.

- Utilisez les trois quarts de la pâte brisée pour garnir le fond et les côtés du moule ; saupoudrez de gélatine.
- Épluchez et retirez le cœur des pommes ; coupez-les en fines tranches ; versez dessus le jus de citron et ajoutez le sucre et 1 cuillère à café de cannelle.
- Alternez les couches de pommes et de fruits secs dans le moule en saupoudrant chaque couche d'un peu de sucre et de cannelle.
- Terminez par une couche de pommes et enduisez-la de beurre.
- Étalez le restant de pâte en un rectangle et découpez des bandes de 1 cm de large que vous disposez sur les fruits de façon à former une grille. Soudez les bords. Appliquez un peu de lait avec un pinceau et saupoudrez le sucre restant mélangé à la cannelle.
- Faites cuire pendant 45 minutes ou jusqu'à ce que la tourte devienne dorée.
- Laissez refroidir et servez avec la crème fouettée.

OÙ SE RESTAURER

Fristi (un yaourt liquide), le *karnemelk* (babeurre) et le lait, de bonne qualité et relativement bon marché. On trouve aussi un belle variété de jus de fruits et de boissons internationales.

Thé et café. Dans cette ville qui s'est naguère illustrée dans le commerce du thé et du café, on ne peut qu'être déçu par le thé. Il consiste généralement en une tasse d'eau chaude et un sachet, même si le choix des marques se révèle assez varié. Si vous souhaitez du lait, demandez : *"Met melk, graag"* (avec du lait, s'il vous plaît). La plupart des Amstellodamois préfèrent la rondelle de citron.

La boisson chaude la plus prisée est le café, fort et souvent excellent. Si vous commandez un *koffie*, on vous apportera une tasse d'un liquide noir avec un pot de *kof-*

fiemelk, une crème légèrement aigre qui rappelle le lait concentré non sucré. Le *koffie verkeerd* ("faux" café) est servi dans une plus grande tasse ou dans une chope avec quantité de lait. Si vous commandez un *espresso* ou un *cappuccino*, estimez-vous heureux d'obtenir un breuvage ressemblant à la version italienne ; la plupart des cappuccinos sont simplement recouverts d'une mousse aqueuse, dont la fadeur est relevée par une pincée de cannelle.

Alcoolisées

La bière légère, la boisson nationale, est servie fraîche et coiffée de deux doigts de mousse épaisse – qui emprisonne la saveur de la bière, dit-on. En commandant *een bier* ou *een pils*, vous aurez un verre de taille normale ; *een kleintje pils* est un petit verre et *een fluitje* est un petit verre étroit. De

Le café : du Yémen à votre table

On dit que le caféier est originaire d'Éthiopie, mais ce sont les Yéménites qui les premiers commercialisèrent le café. En 1616, un voyageur hollandais visitant Al-Makha, un port du Yémen sur la mer Rouge, remarqua une caravane de mille chameaux transportant des fruits, des épices, des poteries et du café – la toute dernière folie en Europe. Celui-ci provenait des montagnes yéménites. Deux ans plus tard, les Hollandais construisaient à Al-Makha les premières fabriques de café.

Dans les années 1630, des maisons du café s'étaient installées à Amsterdam et ailleurs, et la demande atteignait de tels sommets que le Yémen ne pouvait la satisfaire. Les prix s'envolèrent assurant la prospérité des marchands de café d'Al-Makha, qui se construisirent de somptueuses demeures. Le Yémen conserva des années le monopole mondial des grains de café. Le terme "moka" (*mokka* en hollandais), encore utilisé aujourd'hui, désigne un café brun foncé à l'arôme puissant originaire d'Arabie ou un mélange savoureux de café et de cacao.

Des plants de caféier furent sortis en fraude par les Hollandais. Après avoir été étudiés et cultivés dans le Hortus Botanicus d'Amsterdam, on les implanta à Ceylan (l'actuel Sri Lanka) et à Java au début des années 1700. La perte de son monopole marqua le lent déclin d'Al-Makha.

Le café est encore cultivé dans les montagnes du Yémen, bien que les fermiers retirent un plus grand bénéfice du *qat*, un stimulant léger utilisé quotidiennement par la majorité des Yéménites adultes du nord du pays. Rétablir le commerce du café est une question qui attise les débats. Les étrangers qui travaillent sur des projets d'aide au développement souhaitent voir les caféiers remplacer le qat sur les contreforts des montagnes du Yémen. Les régions de culture de ces deux espèces ne se chevauchent que légèrement, et toutes deux pourraient prospérer dans le pays.

nombreux établissements servent des chopes d'un demi-litre (*een grote pils*), mais la bière à la pression n'a alors pas le même goût et s'affadit rapidement.

Heineken, Amstel, Grolsch, Oranjeboom, Dommelsch, Bavaria et Brouwersbier (bon marché) comptent parmi les marques les plus populaires. La bière contient 5% d'alcool en bouteille et près de 5% à la pression. Les bières belges, plus fortes et plus savoureuses, telles Duvel et Westmalle Triple, sont très appréciées et abordables. La *witbier* est une bière blanche que l'on déguste en été avec une tranche de citron. Foncée, sucrée, la *bokbier* se boit en automne.

Le genièvre (*genever*), un alcool qui vieillit bien, se boit glacé, dans des petits verres remplis à ras bord. La plupart des Néerlandais préfèrent le genièvre jeune (*jonge*), plus doux et qui se boit très facilement ; le genièvre vieux (*oude*) est beaucoup plus parfumé. Un mélange courant, le *kopstoot* (coup de tête), consiste à faire suivre un verre de genièvre d'une bière – rares sont ceux qui peuvent répéter l'opération plus de deux ou trois fois. Le cognac est appelé *vieux* ou *brandewijn*. Parmi les nombreuses liqueurs locales, citons l'*advocaat* (sorte d'eggflip) et un alcool à base de plantes, le *beerenburg*, un schnaps frison.

Le vin est aujourd'hui très prisé. Les supermarchés accueillent dans leurs rayons des vins originaires des quatre coins de l'Europe, mais aussi du Chili, d'Afrique du Sud et d'Australie. En supermarché, la bouteille la plus chère dépasse rarement 12,50 fl.

PETIT DÉJEUNER ET DÉJEUNER

Amsterdam se lève tard. Avant 9h, voire 10h, vous aurez du mal à prendre votre petit déjeuner ailleurs qu'à l'hôtel. Le petit déjeuner traditionnel se compose d'un choix de pains et de toasts servis avec du beurre, de la confiture, du fromage, de la charcuterie et de la viande, accompagnés de thé ou de café. Un œuf à la coque peut s'ajouter à ce festin ou, sur demande, des œufs au bacon. L'*uitsmijter*, des œufs au plat avec de la viande, figure au menu des snack-bars et de quelques pubs (voir plus loin la rubrique *Fast-foods*) ; ce plat vous rassasiera pour la journée.

A condition de ne pas se lever à l'aube, on peut s'offrir un copieux petit déjeuner dans l'un des multiples restaurants bon marché de la ville. A l'heure du déjeuner, ceux-ci proposent également des sandwiches, des soupes et des gâteaux de qualité. Les plus intéressants se concentrent dans les petites rues du quartier des canaux ainsi qu'au Jordaan et Nieuwmarkt. Certains n'ouvrent que pour le petit déjeuner et le déjeuner. D'autres assurent un service continu de 8h à 22h. La plupart d'entre eux ne servent pas d'alcool.

Très lumineux et souvent agrémenté de fleurs fraîches, le *Nielsen* (*carte 4 ; ☎ 330 60 06 ; Berenstraat 19*) propose un petit déjeuner standard (œufs, toasts, fruits, jus de fruits et café) imbattable à 13,75 fl. Au déjeuner, vous pourrez choisir parmi les savoureux sandwiches et salades. Le gigantesque sandwich club à la dinde (12,50 fl) est un régal. Le Nielsen ouvre du mardi au samedi de 8h à 17h et le dimanche à partir de 9h.

En face, *Hein* (*carte 4 ; ☎ 623 10 48 ; Berenstraat 20*) sert d'excellents petits déjeuners. Le propriétaire, Hein, prépare à peu près tout au gré de vos envies dans sa cuisine ouverte, remarquablement équipée (ouvert du mercredi au lundi de 9h à 18h).

Le *Foodism* (*carte 4 ; ☎ 427 51 03 ; Oude Leliestraat 8*), au cœur du Jordaan, est un petit bistrot branché tenu par une équipe de chefs et de serveurs tout autant heureux de travailler que de s'asseoir à votre table pour discuter. Ouvert tous les jours de 11h à 22h, il sert toute la journée des petits déjeuners et des sandwiches garnis et, le soir, des pâtes. Essayez l'assiette Miss Piggy, des fettuccine à l'œuf et au bacon (15,50 fl).

Non loin de là, à l'ouest de la place du Dam et à l'angle de Singel, la *Villa Zeezicht* (*carte 4 ; ☎ 626 74 33 ; Torensteeg 7*) est envahie en semaine par les étudiants des beaux arts. Le week-end, sa terrasse fait le bonheur des flâneurs. Vous y goûterez l'une des meilleures tourtes aux pommes de la ville (5 fl), vrai délice pour accompagner le thé de 17h.

Le *Dimitri's* (*carte 2 ; ☎ 627 93 93 ; Prinsenstraat 3*) ressemble à une mini brasserie parisienne. Sa carte internationale comporte un vaste choix de salades, de pâtes et de hamburgers. Le matin, les personnalités en vogue des médias y picorent un croissant ou engloutissent un petit déjeuner au champagne (café, jus de fruit, toasts, crêpes, saumon fumé et une coupe de champagne ; 22,50 fl). En face, le *Vennington* (*carte 2 ; ☎ 625 93 98 ; Prinsenstraat 2*) accueille une clientèle plus artiste qui dévore des petits pains grillés et boit des jus de fruits frais sur fond de musique branchée. Il ouvre du mercredi au lundi de 8h à 16h et le dimanche à partir de 9h30.

Si vous avez besoin de fumer un joint en avalant votre jus d'orange, allez au *Barney's* (*carte 2 ; ☎ 625 97 61 ; Haarlemmerstraat 102*), un ancien coffee shop qui sert aujourd'hui des petits déjeuners tous les jours, de 7h à 20h. Si le décor – un mélange de science-fiction et de mysticisme New Age – s'apprécie mieux après quelques bouffées, le vaste choix des petits déjeuners (hollandais, américain, irlandais, végétalien et végétarien de 13,50 à 25 fl) vaut à lui seul la visite. Tout proche, le *New Deli* (*carte 2 ; ☎ 626 27 55 ; Haarlemmerstraat 73*) attire une tout autre clientèle. Des couples branchés se retrouvent dans ce café moderne et minimaliste pour feuilleter des magazines et partager des plats d'inspiration asiatique, comme le poulet au curry rouge (15 fl). Ouvert tous les jours de 10h à 22h.

A l'ouest de Spui, le *Goodies* (*carte 4 ; ☎ 625 61 22 ; Huidenstraat 9*), très fréquenté par les étudiants et les employés, ouvre du lundi au samedi de 9h30 à 22h30 et le dimanche à partir de 11h. Il ressemble à une cuisine campagnarde des années 70 et propose de gros sandwiches dans la journée et des pâtes en soirée. Le *Café Reibach* (*carte 2 ; ☎ 626 77 08 ; Brouwersgracht 139*), charmant établissement gay ouvert aux hétéros, offre un petit déjeuner copieux pour 22,50 fl. Vous verrez arriver un plateau chargé de fromages hollandais, de pâté, de saumon fumé et d'œufs, accompagnés de café et d'un jus de fruits frais. On s'arrache la tarte aux poires (5 fl) à la sortie du four.

Installé au dernier étage d'un grand magasin clinquant, le *Metz & Co Café* (*carte 4 ;* ☎ *520 70 36 ; Keizersgracht 455*) jouit d'une vue panoramique sur le centre-ville. Les prix ne sont pas exorbitants pour autant, et un petit déjeuner standard substantiel, un brunch ou un goûter vous reviendra de 19,50 à 22,50 fl. Vous pouvez aussi déguster un plateau de fromages hollandais (12,50 fl) et une bière (4 fl) en admirant la vue.

Au coin, le *Café Morlang* (*carte 4 ;* ☎ *625 26 81 ; Keizersgracht 451*) constitue un havre de paix dans le tourbillon commercial de Leidsestraat. Prenez un magazine, commandez la fantastique salade Caesar (16 fl) et jetez un coup d'œil aux portraits géants des membres du personnel peints sur le mur du fond. A côté, le *Café Walem* (*carte 4 ;* ☎ *625 35 44 ; Keizersgracht 449*), très fréquenté et moderne, ouvre tous les jours de 10h à 1h. Spécialisé dans les sandwiches toastés (de 7,50 à 13,50 fl), il propose également plusieurs menus de petit déjeuner (de 16,50 à 18,50 fl). Si le temps le permet, installez-vous dans le jardin sur cour.

Près du Stopera, le *Puccini* (*carte 4 ;* ☎ *620 84 58 ; Staalstraat 21*), un petit bar à sandwiches aménagé dans un angle, reste ouvert jusqu'à 20h lorsqu'un opéra est à l'affiche. Sinon, il ouvre tous les jours de 10h à 18h. Sandwiches et salades à l'italienne sont préparés dans une cuisine impeccable.

DÎNER

Pour plus de facilité, les restaurants cités ci-après sont classés selon leur emplacement puis selon leur type de cuisine. Amsterdam étant peu étendue, vous trouverez sans difficulté le restaurant de votre choix.

Centre médiéval

Cuisine argentine. Amsterdam compte quelques rôtisseries argentines et vous en trouverez une ou deux dans les rues touristiques. Elles offrent toutes des gros steaks grillés, des côtes de porc et des buffets à salades. Des musiciens sud-américains les animent parfois le week-end. Dans une rue transversale proche du marché aux fleurs flottant, le *Gauchos* (*carte 4 ;* ☎ *626 59 77 ; Geelvincksteeg 6*) propose des côtes de bœuf (trois tailles différentes ; de 26,50 à 47 fl) et autant de côtes de porc que vous pouvez en avaler pour 26,50 fl. Il fait partie d'une chaîne de six établissements répartis dans la ville.

Cuisine chinoise. Pour savourer de "véritables" plats chinois, préparés avec des produits frais, mais abordables, rendez-vous dans l'un des restaurants qui longent le Zeedijk, près de la place de Nieuwmarkt. Inutile de réserver : si l'un affiche complet, le suivant vous accueillera. Le *Hoi Tin* (*carte 4 ;* ☎ *625 64 51 ; Zeedijk 122*) ouvre tous les jours de 12h à 24h. Le décor n'a rien d'éblouissant, mais l'endroit est très fréquenté par les amateurs de cuisine cantonaise à prix honnêtes. Le menu compte plus de 200 plats, aux alentours de 17 fl.

A l'angle d'Oude Doelenstraat (le prolongement de Damstraat), l'*Oriental City* (*carte 4 ;* ☎ *626 83 52 ; Oudezijds Voorburgwal 177-179*), un grand restaurant où se retrouvent beaucoup de Chinois, mitonne une excellente cuisine (plats de 17,50 à 45 fl).

A la *Si-Chuan Kitchen* (*carte 4 ;* ☎ *420 78 33 ; Warmoesstraat 17-19*), près du Centrumhotel, vous vous régalerez de spécialités relevées du Sichuan (plats à 20,50 fl environ).

Cuisine hollandaise. Autrefois, les touristes néerlandais dînaient à *De Roode Leeuw* (*carte 4 ;* ☎ *555 06 66 ; Damrak 93*) avant de prendre le train à Centraal Station. La clientèle s'est diversifiée mais la qualité demeure (plats à moins de 35 fl).

D'Vijff Vlieghen Restaurant (*carte 4 ;* ☎ *624 83 69, Spuistraat 294-302*), un restaurant spacieux qui occupe plusieurs maisons en bordure de canal, accueille des étrangers fortunés, désireux de savourer une bonne cuisine locale dans un cadre authentique. Comptez 48 fl minimum pour un plat et 82,50 fl pour un menu. Réservation indispensable. Dans un décor ancien, le *Dorrius* (*carte 4 ; ☎ 420 22 24 ; Nieuwezijds Voorburgwal 5*) propose un grand choix de plats néerlandais. C'est l'un des meilleurs restaurants de la ville pour ce type de cuisine et il pratique des prix très raisonnables (plats à moins de 40 fl pour la plupart).

Un peu moins onéreux, le **Haesje Claes** (*carte 4 ; ☎ 624 99 98 ; Nieuwezijds Voorburgwal 320*) sert également une cuisine de qualité. Ses lambris de bois sombre rehaussent encore l'atmosphère. Il ouvre tous les jours de 12h à 22h. Mieux vaut réserver.

Si vos finances sont en baisse, allez au **Keuken van 1870** (*carte 4 ; ☎ 624 89 65 ; Spuistraat 4*), près de Centraal Station. Cette ancienne cantine populaire continue à préparer des repas bon marché dans sa cuisine à l'ancienne, ouverte sur une salle spacieuse. Aucun plat ne dépasse 21 fl et, en semaine, le menu vaut 12 fl. L'endroit ouvre en semaine de 12h30 à 20h, le week-end de 16 à 21h.

Au-dessus de la boutique 3-D Hologrammen, le **Pannenkoekenhuis Upstairs** (*carte 4 ; ☎ 626 56 03 ; Grimburgwal 2*), un restaurant microscopique en haut d'une volée de marches raides, sert de copieuses crêpes hollandaises (de 8 à 14 fl). Il ouvre en semaine de 10h à 19h et jusqu'à 17h ou 18h le week-end.

Fusion. Pour un véritable régal de cuisines de différentes origines, essayez le **Tom Yam** (*carte 4 ; ☎ 622 95 33 ; Staalstraat 22*). Autrefois couronné par le guide Michelin, le chef Jos Boomgaardt s'intéresse aujourd'hui aux saveurs thaïlandaises. Le menu à 55 fl ne vous décevra pas. Le restaurant ouvre tous les jours de 18h à 22h.

Cuisine grecque. Le **Grekas** (*carte 4 ; ☎ 620 35 90 ; Singel 311*), un traiteur qui vend de délicieux plats à emporter, possède aussi quelques tables où vous pourrez savourer de généreuses portions d'une excellente cuisine familiale à prix doux.

Cuisine indonésienne. Dans un environnement Art déco, le **Kantjil en de Tijger** (*carte 4 ; ☎ 620 09 94 ; Spuistraat 291*) vous servira un succulent rijsttafel (45 fl les

22 plats), considéré par certains comme le meilleur de la ville.

Au **Sukasari** (*carte 4 ; ☎ 624 00 92 ; Damstraat 26*), près du Dam, la plupart des plats ne dépassent pas 23 fl (le nasi rames "Sukasari" est un mini rijsttafel à 20,75 fl). La qualité a baissé depuis que les touristes l'ont découvert, mais l'adresse reste bonne.

Cuisine internationale. Derrière Centraal Station, au bout d'une jetée sur l'IJ, le **Pier 10** (*carte 2 ; ☎ 624 82 76 ; De Ruijterkade Steiger 10*) offre une vue magnifique sur le port tandis que vous dînez aux chandelles. Les plats français, hollandais et italiens sont assez chers (environ 40 fl) mais très bien préparés. L'excellent café est servi accompagné d'une assiette de douceurs. Réservez une table dans la rotonde à l'extrémité de la jetée pour contempler le coucher du soleil sur le canal de la mer du Nord.

Le **Supper Club** (*carte 4 ; ☎ 638 05 13 ; Jonge Roelensteeg 21*) est un lieu extraordinaire où le décor intérieur change en fonction du menu. Ainsi, vous dînerez à Naples, avec le linge séchant au plafond, ou dans un salon parisien sophistiqué. Le prix des menus varie selon le jour de la semaine : 85 fl les mercredi, jeudi et dimanche ou 95 fl les vendredi et samedi, quand musiciens et DJ animent la soirée.

L'**Eetcafé de Staalmeesters** (*carte 4 ; ☎ 623 42 18 ; Kloveniersburgwal 127*) devrait figurer dans la rubrique *Cafés* du chapitre *Où sortir*, mais la plupart des clients viennent ici pour se restaurer. Dans cet endroit minuscule doté de quelques tables, la cuisine est créative, et les prix sont très raisonnables au vu de la qualité (plats à moins de 30 fl et menu à 39,50 fl).

Cuisine italienne. Au **Caprese** (*carte 4 ; ☎ 620 00 59 ; Spuistraat 261*), très fréquenté par les Italiens, vous vous régalerez d'excellentes spécialités italiennes à prix modérés, qui ne se limitent pas aux pizzas et aux pâtes.

Cuisine nord-américaine. Rendez-vous au **Caffe Esprit** (*carte 4 ; ☎ 622 19 67 ;*

Spui 10) pour un burger ou un bagel (pain rond utilisé pour les sandwiches). Les beaux serveurs (ce sont tous des mannequins) arpentent la terrasse pour servir d'énormes sandwiches clubs à des jeunes filles filiformes. Les salades (de 11,75 à 19,75 fl) constituent un repas en elles-mêmes.

Fruits de mer. Appartenant à une chaîne de fast-foods, *De Visscher* (*carte 4 ; ☎ 623 73 37 ; Kalverstraat 122*) propose de bons fruits de mer à petits prix et ouvre de 10h à 19h30 (jusqu'à 21h30 le jeudi).

Cuisine végétarienne. Le restaurant végétarien du complexe *Oininio* (*carte 2 ; ☎ 553 93 26 ; Prins Hendrikkade 20-21*) prépare une excellente cuisine. Les en-cas et les repas sont moins chers au café du rez-de-chaussée. Interdit aux fumeurs.

Ceinture des canaux ouest

Cuisine hollandaise. Près du Haarlemmerpoort, le *Moeder's Pot Eethuisje* (*carte 2 ; ☎ 623 76 43 ; Vinkenstraat 119*) a connu des jours meilleurs mais ses repas restent consistants et bon marché. Ce petit établissement kitsch ne compte que quelques tables et ouvre du lundi au samedi de 17h à 21h30. Le propriétaire peut sembler bourru, mais cela fait 30 ans qu'il assaisonne sa cuisine de remarques caustiques.

Les Hollandais font de délicieuses crêpes garnies, salées ou sucrées. L'une des meilleures adresses pour les goûter, *The Pancake Bakery* (*carte 2 ; ☎ 625 13 33 ; Prinsengracht 191*), occupe le sous-sol d'un vieil entrepôt restauré. Des dizaines de crêpes figurent au menu (de 8 à 19 fl), de même que des omelettes, des soupes et des desserts. La cuisine ouvre tous les jours de 12h à 21h30.

Cuisine française. Le *Tout Court* (*carte 4 ; ☎ 625 86 37 ; Runstraat 13*), quelque peu prétentieux, propose des plats savoureux à partir de 45 fl et des menus de 57,50 à 120 fl.

Dans le Jordaan, *Jean Jean* (*carte 2 ; ☎ 627 71 53 ; Eerste Anjeliersdwarsstraat 12*) prépare des plats de viande et de poisson à moins de 33 fl, ainsi que des

crêpes, des soupes et des salades. Si l'établissement n'a rien d'extraordinaire, il est correct et abordable.

Le décor minimaliste du *Bordewijk* (*carte 2 ; ☎ 624 38 99 ; Noordermarkt 7*), également installé dans le Jordaan, ne vous empêchera pas d'apprécier le raffinement de la cuisine française et italienne. Les prix sont sensiblement moins élevés que dans la plupart des restaurants français de qualité similaire. Comptez de 60 à 80 fl pour un menu complet. Le Bordewijk n'ouvre que le soir de 18h45 à 23h, du mardi au samedi.

Amsterdam compte de nombreux restaurants français élégants. L'un des plus célèbres, *Christophe* (*carte 4 ; ☎ 625 08 07 ; Leliegracht 46*), possède une étoile au guide Michelin, ce qui lui assure une salle pleine. Dans ce restaurant subtilement tape-à-l'œil, Jean-Christophe régale ses clients d'huîtres chaudes au safran et caviar (45 fl) ou de homard grillé à l'ail doux et aux pommes de terre (60 fl), entre autres délices.

Fusion. Le *!Zest* (*carte 2 ; ☎ 428 24 55 ; Prinsenstraat 10*), fréquenté par les personnalités des médias locaux et les hommes d'affaires, ouvre tous les jours de 18h à 23h30. Des plats tels que des crevettes avec coulis de coriandre et de noix de coco (36,50 fl) sont servis dans une salle superbe à l'élégance discrète. Il est indispensable de réserver.

Petit restaurant aux nappes et serviettes de lin blanc amidonné, le *Summum* (*carte 2 ; ☎ 770 04 07 ; Binnen Dommersstraat 13*) oppose le classicisme de sa salle au dynamisme des préparations italiennes et thaïlandaises. Le prix des plats oscille de 22 à 37 fl.

Le *Lof* (*carte 2 ; ☎ 620 29 97 ; Haarlemmerstraat 62*), dont le succès a contribué au développement de cette forme de cuisine, fait des merveilles avec les fruits de mer en combinant les saveurs du Sud-Est asiatique et de la Méditerranée. Il ouvre du mardi au dimanche de 18h30 à 23h. N'oubliez pas de réserver.

Cuisine indienne. Dans le Jordaan, le *Koh-I-Noor* (*carte 4 ; ☎ 623 31 33 ; Westermarkt 29*) sert des curries, des tandooris et des biryanis aussi délicieux que le décor est affreux (plats à 25 fl environ). Ouvert tous les jours de 17h à 23h.

Cuisine indonésienne. La qualité de la cuisine est variable au *Restaurant Speciaal* (*carte 4 ;* ☎ *624 97 06 ; Nieuwe Leliestraat 142*). Le *Cilubang* (*carte 4 ;* ☎ *626 97 55 ; Runstraat 10*) propose des rijsttafels copieux à 38 fl.

Cuisine internationale. L'intérieur art déco de *De Belhamel* (*carte 2 ;* ☎ *622 10 95 ; Brouwersgracht 60*) mérite à lui seul le détour, bien que sa cuisine d'inspiration française soit excellente et abordable (plats à moins de 37 fl pour la plupart). L'entrée se situe dans la Binnen Wieringerstraat.

Tout près dans le Jordaan, le *Stoop* (*carte 2 ;* ☎ *639 24 80 ; Eerste Anjeliersdwarsstraat 4*) est renommé pour ses plats de brasserie bon marché et excellents. Un gigot d'agneau-purée vous reviendra à 32,50 fl, et un savoureux dessert à 11,50 fl. Il ouvre tous les jours de 18h30 à 23h. Réservation indispensable.

Cuisine italienne. Bouillonnant d'animation, le *Toscanini Caffé* (*carte 2 ;* ☎ *623 28 13 ; Lindengracht 75*), dans le Joordan, est un établissement convivial installé dans une ancienne cour. Il sert des plats à moins de 33 fl et des menus à 57,50 fl (réservation indispensable). Toujours dans le Jordaan, le *Burger's Patio* (*carte 4 ; 623 68 54 ; Tweede Tuindwarsstraat 12*) mitonne des dîners italiens. Le menu à 40 fl (soupe toscane à la tomate, côtelettes d'agneau grillées et tiramisu) offre un bon rapport qualité/prix. Malgré son nom, vous n'y trouverez ni burger ni patio !

Cuisine mexicaine. Le *Rozen & Tortillas* (*carte 4 ;* ☎ *620 65 25, Prinsengracht 126*), dans le Joordan, se remplit rapidement d'étudiants et d'habitants du quartier. On y déguste des quesadillas au poulet (18,50 fl) ou des fajitas au bœuf (28,50 fl pour deux). Commandez une *caipirinha*, un punch glacé au citron vert (7,50 fl). Après deux verres, vous danserez la salsa toute la nuit !

Fruits de mer. Bon restaurant de poisson, l'*Albatros* (*carte 2 ;* ☎ *627 99 32 ; Westerstraat 264*), toujours dans le Jordaan, offre un décor un peu kitsch et une zone non-fumeurs. Comptez 32,50 fl pour un plat et 53 fl minimum pour un menu complet. La cuisine fonctionne de 18h à 23h (fermé le mercredi).

Cuisine espagnole. Si elle ne paie pas de mine, la *Casa Juan* (*carte 2 ;* ☎ *623 78 38 ; Lindengracht 59*) prépare une incroyable cuisine espagnole – la meilleure d'Amsterdam selon certains – très abordable. Il est difficile d'obtenir une table en début de soirée, mais le second service est plus calme.

Au *Duende* (*carte 2 ;* ☎ *420 66 92 ; Lindengracht 62*), vous passerez une soirée agréable. La musique flamenco, les grandes tablées partagées et les tapas à prix raisonnables (de 3,50 à 9,50 fl) assurent sa popularité bien que la nourriture ne vaille pas celle de la Casa Juan. Il ouvre tous les jours de 12h à 1h et jusqu'à 3h le week-end. Le *Paso Doble* (*carte 2 ;* ☎ *421 26 70 ; Westerstraat 86*) encore dans le Jordaan, égale presque la Casa Juan.

Cuisine thaïlandaise. Excellent, bondé et bon marché, le *Pathum Thai* (*carte 2 ;* ☎ *624 49 36 ; Willemsstraat 16*), dans le nord du Jordaan, propose des plats à quelque 24 fl. Le *Rakang Thai* (*carte 4 ;* ☎ *627 50 12, Elandsgracht 29*), dans le sud du Jordaan, est un restaurant branché avec un décor incroyable et une cuisine succulente (plats à 30 fl environ).

Cuisine turque. Dans le Jordaan, l'eetcafé turc *Avare* (*carte 2 ;* ☎ *639 31 67 ; Lindengracht 248*) s'orne de passementeries vieillottes et incroyablement kitsch. La nourriture n'est pas mauvaise.

Le *Turquoise* (*carte 4 ;* ☎ *624 20 26 ; Wolvenstraat 22*), autre eetcafé turc, est un peu moins spectaculaire, mais mitonne de bons plats impeccablement servis, à prix doux.

Cuisine végétarienne. Populaire et familial, *De Vliegende Schotel* (*carte 4 ;* ☎ *625 20 41 ; Nieuwe Leliestraat 162*), dans le

Jordaan, affiche son menu sur un tableau noir. Comptez moins de 15 fl pour un repas. Ouvert tous les jours de 17h30 à 22h15.

De Bolhoed (*carte 2 ; ☎ 626 18 03 ; Prinsengracht 60-62*), l'un des restaurants végétariens les plus populaires d'Amsterdam, utilise des produits bio et prépare de fabuleux gâteaux dans un environnement artistique. Il ouvre tous les jours de 12h à 22h (dîner servi à partir de 17h). Le menu du jour, composé de 3 plats, revient à 35 fl.

Sud du quartier des canaux

Cuisine chinoise. Très élégant, le **Sichuan Food** (*carte 4 ; ☎ 626 93 27 ; Reguliersdwarsstraat 35*) possède une étoile au guide Michelin et attire, dans un cadre formel, une clientèle désireuse de passer une bonne soirée. La nourriture, adaptée aux palais occidentaux, n'emporte pas la bouche et laisse la place aux saveurs ; vous pourrez rajouter du piment à volonté. Le prix des plats se situe entre 30 et 40 fl. Comptez le double pour un festin. Les poissons sont exquis.

Cuisine hollandaise. *De Blauwe Hollander* (*carte 6 ; ☎ 623 30 14 ; Leidsekruisstraat 28*), petit établissement confortable, mitonne une cuisine bourgeoise hollandaise. Il ouvre tous les jours de 17h à 22h. Le prix des plats ne dépasse pas 30 fl, une affaire dans ce quartier ! Cela explique qu'il soit toujours plein.

L'"authentique" décor XVIIe siècle du *Hollands Glorie* (*carte 6 ; ☎ 624 47 64 ; Kerkstraat 220-222*), excellente adresse dans Vijzelstraat, rehausse la qualité de plats bien préparés (à moins de 36 fl pour la plupart).

Cuisine française. Envie d'un succulent repas dans un environnement paisible ? Allez au **Zuidlande** (*carte 6 ; ☎ 620 73 93 ; Utrechtsedwarsstraat 141*) où le chef, un ancien apprenti de Bocuse, mélange savamment les saveurs françaises et méditerranéennes. Comptez moins de 40 fl pour un plat, généreusement servi.

Cuisine indienne. Parmi les quelques restaurants indiens d'Amsterdam, le **Memories**

of India (*carte 4 ; ☎ 623 57 10 ; Reguliersdwarsstraat 88*), l'un des meilleurs, offre de somptueux menus végétariens ou non à 35fl et 39,50 fl. Comptez environ 29 fl pour un plat. Il est un peu plus cher que les autres, mais ses prix sont justifiés.

Cuisine indonésienne. L'*Indonesia* (*carte 4 ; ☎ 623 20 35, Korte Leidsedwarsstraat 18*) est l'un des rares restaurants où le rijsttafel, accompagné d'un satay parfaitement préparé, est absolument délicieux. Les prix démarrent à 39,50 fl pour un petit *rijsttafel nasi kuning* (riz jaune) très copieux. Réservez votre table et attendez-vous à un service (trop) zélé.

Tout près, le **Bojo** (*carte 6 ; ☎ 622 74 34 ; Lange Leidsedwarsstraat 51*) ouvre tous les jours de 17h à 2h (jusqu'à 4h le week-end). Véritable institution pour les noctambules, il est incroyablement bon marché pour ce quartier, bien que de qualité inégale.

Le **Tempo Doeloe** (*carte 6 ; ☎ 625 67 18, Utrechtsestraat 75*) jouit d'une excellente réputation et les prix s'en ressentent bien que la qualité varie en fonction du cuisinier aux commandes. A moins de demander un plat peu relevé, on vous servira une nourriture suffisamment épicée pour révéler les saveurs sans les tuer – un art que seuls les meilleurs cuisiniers indonésiens maîtrisent. La carte des vins, assez surprenante, comporte des vins du Nouveau Monde astucieusement sélectionnés et une collection étonnante de bouteilles rares. Il est indispensable de réserver.

Voisin, le **Tujuh Maret** (*carte 6 ; ☎ 427 98 65 ; Utrechtsestraat 73*), moins élégant, peut rivaliser en qualité et se montre plus généreux dans les portions. Les chaises en osier sont bancales, et il faut traverser les cuisines pour se rendre aux toilettes (il n'y a rien à cacher). Comptez environ 25 fl pour un plat, joyeusement épicé. Si vous commandez plus relevé que "médium", vous devez savoir à quoi vous attendre !

En bas de la rue, le **Coffee & Jazz** (*carte 6 ; ☎ 624 58 51 ; Utrechtsestraat 113*) est un petit bistrot branché ouvert du mardi au vendredi de 9h à 20h et le samedi de 10h à 16h. Installez-vous confortablement sur une banquette, commandez un curry de poulet (19 fl), un grand jus de mangue (10 fl) et détendez-vous au son du jazz.

Cuisine internationale. Le *Dwars* (*carte 6 ; ☎ 620 66 90 ; Derde Weteringdwarsstraat 17*) apporte la preuve des qualités culinaires des Hollandais. Huit tables sont servies par un chef travaillant dans une petite cuisine ouverte. Vous aurez le choix entre un menu hollandais/international à 47,50 fl et la *Carte Blanche* ou "surprise du chef" à 50 fl. Tout est frais (la carte précise que seules la vodka et les glaces sont conservées dans le congélateur) et délicieux tant que le propriétaire est aux fourneaux (venez plutôt le samedi). Fermé le dimanche.

Dans une ambiance joyeuse, le *Szmulewicz* (*prononcez "smoulerwitch" ; carte 4 ; ☎ 620 28 22 ; Bakkersstraat 12*), près de Rembrandtplein, propose un plat du jour copieux à 19,50 fl et d'autres plats aux alentours de 25 fl. La nourriture, qui évoque le Mexique, les États-Unis et l'Europe, présente un excellent rapport qualité/prix. En été, des musiciens jouent sur la terrasse.

Non loin de là, le *Sluizer* (*carte 4 ; ☎ 622 63 76 ; Utrechtsestraat 43-45*), véritable institution d'Amsterdam, se compose de deux restaurants, l'un de poisson au n°45 et l'autre de viande au n°43. Les cartes de chacun sont proposées dans les deux établissements. Les côtes de porc (29,50 fl) constituent l'une des spécialités du Sluizer, et les autres plats coûtent environ 35 fl. N'oubliez pas de réserver car l'endroit est animé et toujours comble ; si le temps s'y prête, demandez une table dans le jardin, à l'arrière du restaurant.

Le *Pygma-lion* (*carte 4 ; ☎ 420 70 22 ; Nieuwe Spiegelstraat 5A*), un bistrot sud-africain d'un rose criard, présente une carte qui semble tout droit sortie d'une réserve animalière ! Ainsi, curry d'antilope (38,50 fl), crocodile à la sauce (39,50 fl) ou sandwich de zèbre rôti (10,75 fl) atterriront dans votre assiette, si le cœur vous en dit. Vous pouvez aussi vous contenter d'un café et de pâtisseries.

Cuisine italienne. Très abordable, le *Piccolino* (*carte 6 ; ☎ 623 14 95 ; Lange Leidsedwarsstraat 63*), l'un des restaurants italiens les plus fréquentés de Leidseplein, ouvre tous les jours de 12 à 24h. Il est indispensable de réserver. Goûtez une pizza calzone (16 fl). Le *Panini* (*carte 6 ; ☎ 626 49 39 ; Vijzelgracht 3-5*) prépare de délicieuses focaccias au déjeuner et des plats tout aussi savoureux le soir, comme les fettuccine maison à la ricotta et à la sauce tomate. Peu de plats dépassent 25 fl.

À l'angle de Keizersgracht, le *Pastini* (*carte 4 ; ☎ 622 17 01 ; Leidsegracht 29*), un petit restaurant romantique, surplombe deux canaux. Les antipasti (19,50 fl pour 5 plats) sont copieux, et les pâtes cuites à point (de 17,50 à 22,50 fl). Le *Pasta e Basta* (*carte 4 ; ☎ 422 22 26 ; Nieuwe Spiegelstraat 8*) offre une vraie nuit de divertissement. Des chanteurs d'opéra poussent la sérénade pendant que vous vous régalez d'antipasti et de pâtes. Le décor rococo ajoute au plaisir, tout comme la modération des prix (60 fl le menu complet). Il ouvre tous les jours de 18h à 24h. Réservation indispensable, des semaines à l'avance !

Le *Zet Isie* (*carte 4 ; ☎ 623 42 59 ; Reguliersdwarsstraat 23*), trattoria rustique revue par un décorateur, s'orne de murs blanchis à la chaux et de tables de bois garnies de saladiers de produits frais. Le menu propose une interprétation moderne des plats méditerranéens, comme le carpaccio, les pâtes et le tiramisu. Il ouvre du mardi au dimanche de 18h à 23h.

Cuisine japonaise. Phénomène récent à Amsterdam, les bars à sushis poussent comme des champignons. A Nieuwe Spiegelstraat, le *Bento* (*carte 6 ; ☎ 622 42 48 ; Kerkstraat 148*), adepte des produits bio, possède une salle feutrée, agrémentée de lucarnes en papier de riz et de bambous. Offrez-vous la "boîte bento royale", composée de sushis, de sashimis, de poisson grillé, de légumes, d'une soupe miso et de riz (65 fl). Il ouvre du mardi au samedi de 18h à 22h30.

Le *Yoichi* (*carte 6 ; ☎ 622 68 29 ; Weteringschans 128*) propose un choix de menus de 65 à 90 fl à savourer dans la salle du 1er étage, meublée de tatamis. Il ouvre de 18h à 22h30 (fermé le mercredi).

Cuisine mexicaine. La *Rose's Cantina* (*carte 4 ;* ☎ *625 97 97 ; Reguliersdwarsstraat 38*), l'un des premiers restaurants mexicains de la ville, bruisse d'activité comme aux premiers jours. Les portions sont généreuses (environ 28 fl), et les pichets d'un litre de margarita valent 56,50 fl. On peut réserver ou attendre qu'une table se libère. Le service est assuré de 17h30 à 23h tous les jours (le bar reste ouvert jusqu'à 1h ou 2h).

Cuisine nord-américaine. Amsterdam possède son *Planet Hollywood* (*carte 4 ;* ☎ *427 78 27 ; Reguliersbreestraat 35*), installé dans un ancien cinéma et doté de son propre écran. Vous dépenserez une fortune pour un hamburger, un plat mexicain ou de mauvaises pâtes.

Gary's Muffins (*carte 4 ;* ☎ *420 24 06, Reguliersdwarsstraat 53*) ouvre tous les jours de 12h à 3h et jusqu'à 4h le week-end. Délicieux bagels frais, brownies juste sortis du four et muffins sucrés calmeront une fringale nocturne. Gary's Muffins compte plusieurs succursales : Marnixstraat 121, Prinsengracht 454, Jodenbreestraat 15 et au sous-sol de l'American Book Center (Kalverstraat 185).

Fruits de mer. Les plats de poisson du *Sluizer* font l'unanimité (voir plus haut le paragraphe *Cuisine internationale*).

Renommé pour son superbe jardin et ses poissons remarquablement préparés, *Le Pêcheur* (*carte 4 ;* ☎ *624 31 21 ; Reguliersdwarsstraat 32*) offre un assortiment de fruits de mer à 39,50 fl. Au dessert, laissez-vous tenter par la tarte Tatin, accompagnée d'une glace au caramel. Ouvert du lundi au vendredi de 12h à 24h et le samedi à partir de 17h. Mieux vaut réserver.

Cuisine espagnole. Régal des yeux et des papilles, la *Pata Negra* (*carte 6 ;* ☎ *422 62 50 ; Utrechtsestraat 142*) ouvre tous les jours de 18h à 24h. Des carreaux de céra-

mique peints agrémentent l'extérieur et l'intérieur. Le week-end, des groupes bruyants et joyeux se partagent des pichets de sangria et des assiettes de tapas.

Cuisine thaïlandaise. Moderne et blanc, le *Take Thai* (*carte 6 ;* ☎ *622 05 77 ; Utrechtsestraat 87*) prépare des plats savoureux. Choisissez un curry épicé à votre goût ("doux, relevé ou destructeur"), un canard rôti à la sauce au piment (34,50 fl) ou un poisson cuit à la vapeur dans la citronnelle (32,50 fl).

Le *Dynasty* (*carte 4 ;* ☎ *626 84 00, Reguliersdwarsstraat 30*), un restaurant luxueux orné de fresques colorées et d'éventails en papier de riz, se consacre à la gastronomie du Sud-Est asiatique. Spécialisé dans les fruits de mer et la cuisine thaïlandaise, il sert des soupes particulièrement savoureuses, comme celle au poulet et à la noix de coco (16 fl).

Cuisine végétarienne. Près du Rijksmuseum, le *Deshima Proeflokaal* (*carte 6 ;* ☎ *625 75 13 ; Weteringschans 65*) appartient à l'Institut macrobiotique Kushi. En semaine, le déjeuner est servi de 12h à 14h. Le magasin du rez-de-chaussée ouvre de 10h à 18h en semaine et jusqu'à 17h le samedi.

Un peu plus loin à l'est, *De Vrolijke Abrikoos* (*carte 6 ;* ☎ *624 46 72, Weteringschans 76*) n'utilise que des produits bio et, outre des plats végétariens, propose de la viande et du poisson. Comptez moins de 33 fl. L'établissement ouvre de 17h30 à 21h30.

Le menu international du *Golden Temple* (*carte 6 ;* ☎ *626 85 60 ; Utrechtsestraat 126*) comporte des thali indiens, des spécialités du Moyen-Orient et du Mexique (22,50 fl). Goûtez l'irrésistible tarte à la crème de banane. Ouvert tous les jours de 17h à 21h30.

Quartier de Nieuwmarkt

Fusion. Des plats franco-italiens saupoudrés d'un zeste d'Asie vous attendent au *Zosa* (*carte 4 ;* ☎ *330 62 41 ; Kloveniersburgwal 20*), un restaurant ensoleillé et ultramoderne. Les rouleaux de printemps vietnamiens

(12,50 fl) et les figues flambées, farcies aux amandes et aux pommes, (12,50 fl) nous ont laissé un souvenir impérissable.

Cuisine internationale. Si vous adorez la fondue au fromage, réservez une table au *Café Bern* (carte 4 ; ☎ 622 00 34 ; *Nieuwmarkt 9*). Non loin, le *Hemelse Modder* (carte 4 ; ☎ 624 32 03 ; *Oude Waal 9*), un restaurant moderne admirablement décoré et très fréquenté, pratique des prix raisonnables. La mousse au chocolat ("boue divine" d'où le nom du lieu) enchantera votre palais et augmentera vos calories. Les plats valent moins de 30 fl pour la plupart, et le menu complet revient à 47,50 fl.

Îles orientales

Cuisine hollandaise. Au sud du Scheepvaartmuseum, le *Koffiehuis van den Volksbond* (carte 5 ; ☎ 622 12 09 ; *Kadijksplein 4*) était à l'origine une soupe populaire pour les dockers. La clientèle a beaucoup rajeuni et il présente un excellent rapport qualité/prix avec des plats simples aux environs de 21 fl.

Cuisine internationale. Très animée, la *Gare de l'Est* (carte 1 ; ☎ 463 06 20 ; *Cruquiusweg 9*) offre chaque jour un menu différent de 5 plats à 48 fl. Quatre chefs alternent pour préparer le repas, selon leur inspiration et les produits de saison. Ainsi, les saveurs méditerranéennes, asiatiques, nord-africaines ou hollandaises prédominent ou se mélangent, toujours avec succès. Renseignez-vous sur le menu lorsque vous réservez. Ce beau bâtiment, au décor intérieur éclectique, est un ancien café qui desservait la zone industrielle environnante, dont le dépôt ferroviaire (d'où son nom).

Vieux sud

Cuisine française. Branché et glamour, *Le Garage* (carte 6 ; ☎ 679 71 76 ; *Ruysdaelstraat 54*) mitonne une excellente cuisine du terroir, un peu chère mais fort appréciée. Les murs couverts de miroirs permettent d'observer discrètement les célébrités locales et internationales. Ouvert en semaine de 12h à 14h et de 18h à 23h. Réservation indispensable.

De Pijp

Peu de touristes fréquentent les restaurants de ce quartier bohème, et vous rencontrerez essentiellement les habitants du quartier.

Cuisine assyrienne. Près du Sarphatipark, l'*Eufraat* (carte 6 ; ☎ 672 05 79 ; *Eerste van der Helststraat 72*), outre la cuisine du Moyen-Orient, se spécialise dans la gastronomie assyrienne. Le service est chaleureux et la nourriture, excellente, offre un bon rapport qualité/prix. Comptez 23 fl pour un plat et moins de 35 fl pour un menu.

Cuisine franco-internationale. Le *District V* (carte 6 ; ☎ 770 08 840 ; *Van der Helstplein 17*) propose un menu à 47,50 fl avec un choix limité. L'atmosphère, vivante et méridionale, s'accorde parfaitement avec le contenu des assiettes. Le restaurant est souvent bondé et mieux vaut réserver. Les objets qui vous entourent – assiettes, tables et lampes – ont été réalisés par des artistes locaux et sont en vente. "District cinq" était le nom de code donné par la police pour désigner le quartier du Pijp.

Cuisine internationale. Au sud du musée Heineken, *De Ondeugd* (carte 6 ; ☎ 672 06 51 ; *Ferdinand Bolstraat 13-15*) mitonne de véritables délices mais pratique des prix un peu élevés pour le quartier (plats à 38 fl environ). Réservation indispensable.

Cuisine surinamienne. Les restaurants surinamiens, généralement exigus, vendent essentiellement des plats à emporter. Quelques tables permettent néanmoins de déguster sur place. Ils ferment tôt et certains n'ouvrent que pour le déjeuner. Explorez les ruelles proches du marché Albert-Cuyp ou essayez l'*Albert Cuyp 67* (carte 6 ; ☎ 671 13 96 ; *Albert Cuypstraat 67*) ou l'*Albina* (carte 6 ; ☎ 675 51 35 ; *Albert Cuypstraat 69*), voisin.

Cuisine végétarienne. Le *Harvest* (carte 6 ; ☎ 676 99 95 ; *Govert Flinckstraat 251*), exclusivement végétarien, se ravitaille au marché Albert-Cuyp. Vous pourrez choisir un dagschotel à moins de

OÙ SE RESTAURER

22 fl et vous installer sur la terrasse à l'arrière ou dans la zone non-fumeurs. Il ouvre du lundi au samedi de 17h30 à 23h30 (la cuisine ferme à 21h30).

Si vous rêvez d'un dîner gastronomique et macrobiotique, composé selon vos désirs et servi dans un environnement convivial, appelez Sandra Herceg (☎ 673 65 69 ; *Rustenburgerstraat 399*). Elle prépare chez elle, du mercredi au samedi, des dîners bio de diverses inspirations, du Japon à la Méditerranée. Téléphonez avant 12h pour un repas le soir même.

Ailleurs

Cuisine française. Idéale pour un repas d'affaires, *La Rive* (*carte 7 ; ☎ 622 60 60 ; Professor Tulpplein 1*), installée dans l'Amstel Inter-Continental Hotel, possède deux étoiles au guide Michelin (menu de 6 plats à 150 fl).

Cuisine surinamienne. Au *Riaz* (*carte 1 ; ☎ 683 64 53 ; Bilderdijkstraat 193*), un restaurant de quartier sans prétention ni fioritures, vous vous régalerez de succulentes spécialités surinamiennes, indiennes et indonésiennes (menu à moins de 25 fl). Les végétariens trouveront également de quoi se rassasier. Le lieu est halal : on ne sert ni porc ni alcool. Arrivez tôt car il ferme à 21h (fermé le samedi).

Autres. Le *Soeterijn Café-Restaurant* (*carte 7 ; ☎ 568 83 92, Linnaeusstraat 2*) fait partie du Tropenmuseum. On y dîne avant d'aller au spectacle au théâtre voisin. Les spécialités de la semaine reflètent le pays d'origine des acteurs. Il ouvre du lundi au samedi de 17h à 20h30 et du mardi au vendredi pour le déjeuner. Mieux vaut réserver.

RESTAURANTS HOMOSEXUELS

Les restaurants suivants sont très fréquentés par la communauté homosexuelle.

Décor outrancier, musique funky (avec DJ) et service attentionné caractérisent le *Getto* (*carte 4 ; ☎ 421 51 51 ; Warmoesstraat 51*). Les copieux repas anglo-américains offrent un bon rapport qualité/prix (18,50 fl environ), mais le contenu des assiettes reste secondaire pour la clientèle.

La soirée du mardi, "Getto'Girls", est réservée aux femmes à partir de 19h.

La Strada (*carte 4 ; ☎ 625 02 76 ; Nieuwezijds Voorburgwal 93-95*) accueille tout aussi bien les lesbiennes, les gays et les hétéros. L'atmosphère est agréable, la cuisine correcte, et le service chaleureux. Comptez à partir de 28,50 fl pour un menu et moins de 33 fl pour un plat à la carte. Autre restaurant gay, le *Spanjer en van Twist* (*carte 4 ; ☎ 639 01 09 ; Leliegracht 60*) propose des sandwiches à l'heure du déjeuner et un dîner pour environ 22 fl. Son cadre romantique, en bordure de canal, en fait un lieu très fréquenté en été.

CAFÉTÉRIAS SELF-SERVICE

Dans les étages du grand magasin *Hema* (*carte 4 ; ☎ 623 41 76 ; Nieuwendijk 174*), à quelques pas au sud de Centraal Station, une cafétéria correcte et bon marché ouvre du lundi au vendredi de 11h à 17h15, le jeudi jusqu'à 20h15, le samedi jusqu'à 16h45 et le dimanche de 12h à 16h15. On peut se contenter d'un café ou d'une glace.

Les autres grands magasins, comme le *Vroom & Dreesmann* et le *Bijenkorf*, abritent des cafétérias agréables. Reportez-vous à la rubrique suivante *Faire son marché* pour les supermarchés.

L'Atrium (*carte 4 ; ☎ 525 39 99*), le restaurant universitaire du campus de la Binnengasthuis, se situe près de l'extrémité sud d'Oudezijds Achterburgwal. Un magazine étudiant lui a accordé 4,5 sur 10 pour sa cuisine, mais où peut-on manger pour moins de 10 fl ? Il ouvre tous les jours de 12h à 14h et de 17h à 19h.

FAST-FOODS

Boutiques de sandwiches (*broodjeszaken*) ou snack-bars permettent de calmer une faim soudaine. Ces derniers servent souvent une nourriture grasse (frites…), tandis que les premières offrent plutôt des petits pains que des sandwiches ordinaires. Si vous souhaitez manger sain, demandez un *bruin broodje gezond* (pain complet) aux crudités.

Les *vlaamse frites* (frites flamandes ; 3 fl) sont faites avec des pommes de terre non pelées. On les assaisonne de mayonnaise,

CHARLOTTE HINDLE

AMERENS HEDWICH

JULIET COOMBE

AMERENS HEDWICH

RICHARD NEBESKY

ANTHONY PIDGEON

Les traditionnels sabots multicolores : il y en a pour tous les goûts !

Poupées souvenirs.

Homme-orchestre sur le Princegracht.

DE EIKE   BOOM

Ancien entrepôt en bordure de canal.

HEAVEN'S DELIGH

Laissez-vous tenter pas une petite douceur.

de ketchup ou de *pindasaus* (sauce à la cacahuète). L'une des meilleures adresses, le *Vlaams Friteshuis* (*carte 4 ; Voetboogstraat 31*), près de la place de Spui, ouvre du lundi au samedi de 11h à 18h et le dimanche de 12h à 17h30.

Servi dans de nombreux cafés et snackbars, l'*uitsmijter* (œufs au plat avec du fromage, du jambon ou du bœuf et une garniture) constitue un petit déjeuner roboratif ou un déjeuner bon marché (moins de 10 fl).

Vous pouvez aussi essayer les fruits de mer dans l'une des échoppes disséminées dans Amsterdam. Le hareng cru, légèrement salé, coupé en grosses bouchées et servi avec de l'oignon haché et des cornichons, semble peu appétissant à première vue, mais vous changerez d'avis après l'avoir goûté (environ 4 fl). Il en va de même pour l'anguille fumée, tout aussi nourrissante que le hareng, surtout en sandwich dans un petit pain. Vous pouvez, bien sûr, préférer les crevettes ou le *gerookte makreel* (maquereau fumé).

Les snack-bars cachère ou libanais servent essentiellement du *shoarma*, une pitta farcie d'agneau émincé, de salade et de sauces diverses. Selon les pays, on l'appelle *gyros* ou *döner kebab*. Le *felafel* (pâté épicé frit aux pois chiches) constitue une bonne alternative.

Les *poffertjes* sont des crêpes miniatures empilées sur une assiette et saupoudrées de beurre et de sucre : un vrai délice ! Cet en-cas (qui n'est pas considéré comme un dessert) est servi dans des échoppes ou des cafés supposés utiliser des recettes secrètes. Essayez celles du *Carrousel* (*carte 6*) à Weteringcircuit.

FAIRE SON MARCHÉ

Première chaîne néerlandaise de supermarchés, *Albert Heijn* (AH) est particulièrement bien implantée dans le centre d'Amsterdam avec des succursales à Nieuwezijds Voorburgwal 226, derrière le Palais royal (repas à manger sur place ou à emporter), Koningsplein 6, près de Leidsestraat, Vijzelstraat 117, Haarlemmerdijk 1, Museumplein (en sous-sol), Nieuwmarkt 18, Jodenbreestraat 21, Wesrerstraat 79-87 et Van Woustraat 148-150, pour ne citer que ceux-là. Cela a entraîné la fermeture des magasins de proximité, et l'absence de concurrence explique la possible négligence du service. Néanmoins, ils sont bien approvisionnés et ouvrent de longues heures, week-ends compris.

Parmi les autres magasins d'alimentation, citons *Hema* (*carte 4 ;* ☎ *623 41 76 ; Nieuwendijk 174*), un grand magasin qui comporte un beau rayon alimentation, et *Dirk van den Broek* (*carte 6 ;* ☎ *673 93 93 ; Eerste van der Helststraat 25*), situé derrière le musée Heineken (autre entrée dans Marie Heinekenplein 25), dont les prix sont inférieurs à ceux d'AH. *Aldi Supermarket* (*carte 6 ; Nieuwe Weteringstraat 28*), près de Vijzelgracht, est moins cher que les précédents mais bien plus démoralisant.

Au moment de payer, si le caissier vous demande : "*Wilt u zegels ?*" (voulez-vous des timbres ?), répondez : "*Nee*" (non), car ils ne vous serviront à rien. Les bouteilles de bière, les caisses et les bouteilles en plastique des boissons non alcoolisées sont consignées. La consigne à bouteilles se trouve habituellement près des tourniquets des supermarchés.

Apportez un sac à provisions : protection de l'environnement oblige, les supermarchés font payer leurs sacs en plastique de 0,25 à 0,50 fl.

Où sortir

Personne ne qualifiera Amsterdam de ville ennuyeuse. Sa vie nocturne trépidante en fait une des cités européennes les plus vivantes. Outre ses pubs extraordinaires, elle comblera les plus blasés par la diversité de ses distractions : concerts, pièces de théâtre, films, etc.

CAFÉS (PUBS)

Lorsque les Amstellodamois parlent d'un café, il s'agit d'un pub, ou *kroeg*. La ville en compte plus d'un millier. Les propriétaires préfèrent le terme "*café*", mais on peut y boire toutes sortes de breuvages (voir la rubrique *Où boire un verre* du chapitre *Où se restaurer*).

De nombreux cafés disposent de *terras* (terrasses), parfois couvertes et chauffées en hiver, idéales pour se détendre quelques heures en observant l'animation alentour. Une fois votre commande passée, on vous laissera tranquille, mais vous devrez peut-être renouveler votre consommation. Si toutes les tables sont occupées, n'hésitez pas à demander à en partager une.

Selon une agréable tradition, de nombreux cafés (en particulier les grands cafés) possèdent une table de lecture où l'on peut consulter des quotidiens et des magazines, parmi lesquels un ou deux titres en anglais.

Le prix d'une bière standard varie de 2,75 fl environ dans les faubourgs extérieurs à 4,50 fl dans les secteurs fréquentés de Leidseplein et Rembrandtplein. Si vous occupez une table ou un siège au bar, on inscrit les boissons sur la note et vous paiez en partant. Lorsque l'activité bat son plein ou que vous êtes en terrasse, vous devrez sans doute régler vos consommations sur-le-champ.

Types de cafés

Auparavant les cafés ne servaient que quelques en-cas mais, aujourd'hui, beaucoup proposent un vrai menu. Ceux qui soignent leur cuisine (ou aimeraient que les clients le croient) s'appellent *eetcafé* et l'on

peut s'y régaler. Nombre de cafés figurant dans les catégories ci-dessous servent des plats.

Les véritables **cafés bruns** (*bruin café*), les cafés les plus célèbres, sont des établissements anciens brunis par la fumée (les bars récents ont simplement passé une couche de peinture marron). Du sable couvre le sol en bois, et il règne une atmosphère propice aux longues conversations. Les tables sont parfois garnies de petits tapis pour absorber la bière renversée.

Les **grands cafés**, spacieux et confortables, font fureur. Le moindre pub doté de solides tables et de sièges accueillants s'approprie cette appellation. Ouvrant habituellement à 10h, certains sont effectivement vastes, parfaits pour un brunch tranquille sur fond de musique de chambre.

Les **cafés des théâtres** attirent les comédiens et autres clients amateurs de boisson. Survivance du XVIIe siècle, époque à laquelle la ville comptait de nombreuses petites distilleries, quelques **bars de dégustation** (*proeflokalen*), autrefois rattachés à ces distilleries, vous permettront de goûter des dizaines de *genevers* et autres liqueurs.

Certains cafés sont à cheval sur ces différentes catégories, tandis que d'autres ne correspondent à aucune, comme le phénomène relativement nouveau des pubs irlandais.

Les horaires d'ouverture varient selon qu'il s'agit d'un café "de jour" (7h-1h, jusqu'à 3h le week-end), "du soir" (20h-3h, 4h le week-end) ou "de nuit" (22h-4h, 5h le week-end). Les cafés fixent librement leurs horaires à l'intérieur de cette fourchette. Rares sont ceux qui ouvrent avant 9h.

Les cafés bruns

Centre médiéval. C'est le quartier de la ville où les cafés bruns sont le plus nombreux, mais beaucoup, ouverts récemment, cherchent à attirer le touriste. Le *Lokaal' t Loosje* (*carte 4* ; ☎ *627 26 35* ; *Nieuwmarkt 32-34*), l'un des plus vieux et le plus beau du quartier de Nieuwmarkt, s'orne de vitraux et de murs couverts de céramique. Les étudiants se mêlent, dans la journée, aux chalands du marché.

Près de la place de Spui, quelques cafés bruns méritent le déplacement. Le *Pilsener Club* (*carte 4 ; ☎ 623 17 77 ; Begijnesteeg 4*), plus connu sous le nom d'Engelse Reet, est petit, étroit et délabré. Rien d'autre à faire ici que boire un verre et bavarder, ce qui est le propre des "vrais" cafés bruns. Depuis son ouverture en 1893, il n'a guère changé. Les bières viennent directement du fût niché sous le comptoir, et les connaisseurs affirment sentir la différence. Dans la plupart des autres bars, les fûts se trouvent dans une cave ou une pièce attenante et sont reliés au bar par de longs tuyaux. *De Schutter* (*carte 4 ; ☎ 622 46 08 ; Voetboogstraat 13-15*), eetcafé pour étudiants, ouvre tous les jours à 11h, mais la cuisine ne fonctionne que de 17h45 à 22h ; les *dagschotels* (plats du jour) bon marché commencent à 15 fl et les plats ne dépassent pas 17,50 fl. Plusieurs bars animés bordent cette rue.

Sur la place de Spui, arrêtez-vous au *Hoppe* (*carte 4 ; ☎ 420 44 20 ; Spui 18*), l'un des plus réputés de la ville. Il attire les buveurs derrière son épais rideau depuis plus de 300 ans. On y pénètre par la droite du pub du même nom. La foule qui déborde jusque sur le trottoir en été contribue à faire du Hoppe l'un des plus importants débitants de bière de la ville. En face, au *Café De Zwart* (*☎ 624 65 11*), les clients en costume-cravate cohabitent pacifiquement avec les journalistes et écrivains de gauche.

Dans le quartier des canaux. Les quartiers attenants du Jordaan et du Prinsengracht regorgent de merveilleux cafés. Le *Het Papeneiland* (*carte 2 ; ☎ 624 19 89 ; Prinsengracht 2*), à l'angle du Brouwersgracht, est un bijou du XVIIe siècle, avec ses carreaux bleu de Delft et son poêle central. Son nom, l'île des Papistes, remonte à la Réforme, lorsqu'une église catholique clandestine se dressait de l'autre côté du canal, reliée, paraît-il, à la rive opposée par un passage secret. Les touristes s'y pressent. Non loin de là, *De II Prinsen* (*carte 2 ; ☎ 624 97 22 ; Prinsenstraat 27*),

à l'angle de Prinsengracht, offre un cadre agréable, avec ses larges fenêtres, son sol en mosaïque et sa terrasse sur le Prinsengracht.

De 2 Zwaantjes (*carte 4 ; ☎ 625 27 29 ; Prinsengracht 114*) est un authentique café du Jordaan, où les habitants du quartier se retrouvent pour une partie de cartes. Les vendredi, samedi et dimanche, les soirées résonnent de ballades néerlandaises. Dans cette salle minuscule et enfumée, une centaine de clients se pressent pour chanter à tue-tête des rengaines tragiques ou des standards du rock : une expérience inoubliable ! Remarquez l'imposante marquise qui surplombe le bar, éclairée par l'arrière pour accentuer l'effet.

A côté, *De Prins* (*carte 4 ; ☎ 624 93 82 ; Prinsengracht 124*), agréable et sans prétention, sert de bons sandwiches et une savoureuse fondue au bleu (22,50 fl). Le charmant *Café' t Smalle* (*carte 4 ; ☎ 623 96 17 ; Egelantiersgracht 12*), au coin suivant, possède une jolie terrasse accueillante, bondée du matin au soir en été. Fondée en 1786, cette ancienne distillerie de genièvre et maison de dégustation a été restaurée dans les années 70, avec d'anciennes pompes à bière de porcelaine et des fenêtres à petits carreaux.

Dans le Jordaan, le *Café Nol* (*carte 2 ; ☎ 624 53 80 ; Westerstraat 109*) est l'exemple même du café du Jordaan, où les habitants d'origine (qui ont précédé les étudiants, les artistes et la classe moyenne) chantent encore d'anciennes ballades lorsqu'ils sont un peu ivres. L'intérieur, d'un kitsch incroyable, mérite le coup d'œil. En face, le *Café' t Monumentje* (*carte 2 ; ☎ 624 35 41 ; Westerstraat 120*) , un peu négligé, est toujours plein à craquer de piliers de bar, de joueurs de backgammon et de gens du coin. C'est un bon endroit où siroter une bière accompagnée d'un en-cas après les achats au Westermarkt.

Pour commencer la soirée, mêlez-vous à la jeune clientèle du *De Tuin* (*carte 4 ; ☎ 624 45 59 ; Tweede Tuindwarsstraat 13*), qui apprécie son large choix de bières belges et la musique funky. *De Reiger* (*carte 4 ; ☎ 624 74 26 ; Nieuwe Leliestraat 34*) fut l'un des premiers cafés bruns doté d'un service de restauration. La première salle est étroite, mais il possède une salle à manger bruyante et plus spacieuse à l'arrière.

Légèrement plus au sud, le ***Van Puffelen*** (*carte 4 ; ☎ 624 62 70 ; Prinsengracht 377*) est un café-restaurant fréquenté par les étudiants et les intellectuels. La partie restaurant, avec ses prix inscrits sur des tableaux noirs, est plus calme que le pub (à l'inverse de la plupart des autres établissements). En semaine il ouvre à 15h, le week-end à 12h ; la cuisine fonctionne à partir de 18h.

Le ***Café Het Molenpad*** (*carte 4 ; ☎ 625 96 80 ; Prinsengracht 653*), près de la principale bibliothèque publique, attire artistes, étudiants et touristes. Des œuvres d'art (changées tous les mois) ornent les murs, et la cuisine dépasse la moyenne, notamment le bœuf teriyaki et la salade de crudités (16,50 fl).

De Doffer (*carte 4 ; ☎ 622 66 86 ; Runstraat 12-14*), également fréquenté par les étudiants, sert une nourriture abordable. Avec ses anciennes affiches Heineken, ses grandes tables en bois et ses fleurs fraîches, la salle de restaurant est particulièrement animée le soir. Un bar attenant ouvre entre 13h et 4h le vendredi et le samedi.

De Pieper (*carte 4 ; ☎ 626 47 75 ; Prinsengracht 424*), petit et sans prétention, existe depuis 1664 ; certains le considèrent comme le roi des cafés bruns.

A Leidseplein, le vénérable ***Reynders*** (*carte 4 ; ☎ 623 44 19 ; Leidseplein 6*) a récemment ajouté un menu irlandais et de la Guinness à la pression sur sa carte. Il n'en conserve pas moins son charme désuet et s'agrémente d'une terrasse plaisante (chauffée en hiver) d'où observer la rue. L'***Eylders*** (*carte 4 ; ☎ 624 27 04 ; Korte Leidsedwarsstraat 47*), à quelques pas du Reynders, est un café d'artistes où l'on peut voir des expositions et des personnages intéressants. Pendant la Seconde Guerre mondiale, c'est là que se retrouvaient les artistes qui refusaient de se plier à la ligne culturelle imposée par les nazis, et cet esprit de résistance demeure.

Au sud du quartier des canaux, ***De Fles*** (*carte 6 ; ☎ 624 96 44 ; Vijzelstraat 137*), superbe mais quelque peu oublié, servait déjà des repas bien avant que cette mode gagne les pubs. On y mange bien pour moins de 30 fl, mais la ventilation de la cuisine laisse à désirer (entrée au bas des marches dans Prinsengracht).

Non loin de là, l'***Oosterling*** (*carte 6 ; ☎ 623 41 40 ; Utrechtsestraat 140*) ouvrit au début du XVIIIe siècle comme débit de thé et de café de la Compagnie des Indes orientales. L'activité est à son comble en fin de journée, lorsque les employés de la Nederlandsche Bank traversent la rue pour prendre un verre. C'est l'un des rares cafés autorisés à vendre des bouteilles.

A l'extérieur du quartier des canaux.

Eetcafé typique du Pijp, le ***Koffiehuis Dusart*** (*carte 1 ; ☎ 671 28 18 ; Dusartstraat 53*), au décor kitsch, est fréquenté par les chauffeurs de taxis et les habitants du quartier. Il propose un longue carte, avec des plats autour de 21 fl. Essayez les côtes de porc, sa spécialité.

Les grands cafés

Des ombres planent sur l'avenir du centre ***Oininio*** (*carte 2 ; ☎ 553 93 26 ; Prins Hendrikkade 20-21*), un lieu paisible au sein d'un quartier commercial et touristique, en face de Centraal Station. Le complexe comprend un salon de thé japonais en plein air et un grand café de style tropical où l'on sert une délicieuse cuisine végétarienne.

Vers l'ouest, le ***Café de Vergulde Gaper*** (*carte 2 ; ☎ 624 89 75 ; Prinsenstraat 30*), une ancienne pharmacie ornée de flacons d'officine et de vieilles affiches, possède une terrasse agréable, très fréquentée en fin d'après-midi par le monde des médias. Plus à l'ouest, le ***Dulac*** (*carte 2 ; ☎ 624 42 65 ; Haarlemmerstraat 118*), installé dans une ancienne banque, mêle toutes sortes de styles (turc, Art nouveau, école d'Amsterdam) et mérite le détour. Il ouvre de 16h à 1h (jusqu'à 3h le week-end).

Fréquenté par de jeunes yuppies de 20 ou 30 ans, le ***Café de Jaren*** (*carte 4 ; ☎ 625 57 71 ; Nieuwe Doelenstraat 20*) est un vaste café bien éclairé dont le balcon et les terrasses surplombent l'Amstel. Le service peut être lent, mais c'est un endroit agréable où prendre un brunch le dimanche (goûtez la tarte à la crème de banane, 5,75 fl). Sur la grande table de lecture, quelques publications étrangères sont à la disposition des clients.

Proche, le *Café-Restaurant Dantzig* (*carte 4* ; ☎ *620 90 39 ; Zwanenburgwal 15*), dans la Stopera, offre une superbe terrasse ensoleillée au bord de l'Amstel, très animée en été et idéale pour se reposer après les achats au marché de Waterlooplein.

La perle des grands cafés reste le *Mediacafé De Kroon* (*carte 4* ; ☎ *625 20 11 ; Rembrandtplein 17-1*), qui attire une clientèle de tous âges. Traversez l'entrée, dans un renfoncement, et prenez l'escalier ou l'ascenseur jusqu'au 1er étage. Il y règne une plaisante atmosphère pseudo-coloniale, avec un penchant pour les sciences naturelles (ancien microscope sur le comptoir, vitrines de papillons, etc.). La superbe terrasse couverte surplombe Rembrandtplein. La salle de restaurant (plats autour de 38 fl) n'est pas à dédaigner. Le reste du bâtiment est occupé par des studios de radio et de TV.

Sur la place de Spui, arrêtez-vous au *Luxembourg* (*carte 4* ; ☎ *620 62 64 ; Spui 22-24*), un grand café brun qui attire une clientèle hétéroclite. De la terrasse, vous observerez l'animation de la place. Le menu offre de savoureux petits déjeuners, de délicieux sandwiches et autres surprises à l'heure du déjeuner, comme le plateau "Royale" (29,50 fl) composé de viandes en salaison, de fromage de Hollande et de croquettes frites. Consultez la table de lecture ou achetez un journal chez le marchand de journaux de l'Athenaeum et détendez-vous sous le soleil matinal.

Un peu plus loin, le *Café Dante* (*carte 4* ; ☎ *638 88 39 ; Spuistraat 320*), un vaste établissement Art déco, comporte une galerie d'art au 1er étage. Calme pendant la journée, il se transforme en bar bruyant lorsque les employés de bureau viennent y décompresser entre 17h et 21h.

Plus au nord, la grande terrasse du *Café ter Kuile* (*carte 4* ; ☎ *639 10 55 ; Torensteeg 4*) est envahie en permanence par une clientèle diverse, des étudiants aux hommes d'affaires, qui déjeune d'un gâteau et d'un

café ou de plats plus extravagants, comme un homard à la béchamel (17,50 fl).

Le plus ancien et de loin le plus stylé des grands cafés, le *Café Americain* (*carte 6* ; ☎ *556 32 32 ; Leidsekade 97*) se situe sous l'American Hotel près de Leidseplein (entrée côté Leidseplein). Ce monument Art déco, ouvert en 1902, a été largement rénové en 1993. Il attire un flot de célébrités, comme en témoignent les photos de stars internationales décorant les murs du bar Nightwatch. Malgré ses prix élevés, il mérite une visite. Contentez-vous d'un café, d'une bière ou d'un en-cas ou, si vos moyens vous le permettent, savourez un délicieux repas (menus de 75 à 100 fl). La table de lecture offre un grand choix de publications, et le café abrite une salle non-fumeurs.

Pubs irlandais et anglais

Les bars irlandais ont actuellement le vent en poupe et de nombreux pubs entreprennent d'importants travaux de rénovation pour rouvrir avec un décor gaélique et de la Guinness à la pression. Plusieurs chaînes de pubs irlandais, stéréotypés, s'installent vers Damstraat et Leidseplein, et attirent les employés de bureau.

Le *Mulligans* (*carte 4* ; ☎ *622 13 30 ; Amstel 100*), près de Rembrandtplein, est sans doute le plus "authentique", du moins pour ses choix musicaux. Presque tous les soirs, à 21h, musique et danses irlandaises live, Guinness à la pression et ambiance sympathique sont au programme (sans supplément). Sur Marie Heinekenplein, au sud du musée Heineken, l'*O'Donnell's* (*carte 6* ; ☎ *676 77 86 ; Ferdinand Bolstraat 5*) est un vaste pub doté de quelques stalles, habituellement bondées. Dans le quartier rouge, essayez le *Durty Nelly's* (*carte 4* ; ☎ *638 01 25 ; Warmoesstraat 117*), fréquenté par les clients des petits hôtels alentour. Du vendredi au lundi, il sert un petit déjeuner irlandais à partir de 9 h. Il loue également des lits en dortoir.

Parmi les autres pubs irlandais réputés, citons *The Blarney Stone* (*carte 2* ; ☎ *623 38 30 ; Nieuwendijk 29*), apprécié pour son intérieur rustique ; *The Dubliner* (*carte 6* ;

☎ *679 97 43 ; Dusartstraat 51*), l'un des plus anciens bars irlandais de la ville ; et le ***Molly Malone's*** (*carte 4 ; ☎ 624 11 50 ; Oudezijds Kolk 9*), toujours plein à craquer d'expatriés irlandais.

A proximité, le ***Last Waterhole*** (*carte 4 ; ☎ 624 48 14 ; Oudezijds Armsteeg 12*) est fréquenté par des jeunes, principalement anglophones. Il offre trois tables de billard, un écran vidéo géant, des jam sessions le week-end à 21h, des groupes de rock ou de blues le vendredi et le samedi à 22h. La happy hour dure de 20h à 22h. Un lit en dortoir vous reviendra de 25 à 35 fl.

Les amoureux de l'Angleterre viendront respirer l'air de l'*Old Bell* (*carte 4 ; ☎ 624 76 82 ; Rembrandtplein 46*), au coin d'Utrechtsestraat. Ce confortable pub anglais n'a guère changé depuis ses débuts, dans les années 60, et, outre les touristes, attire les hommes d'affaires et les employés des banques voisines. Il devient moins agréable le week-end, lorsque la turbulente jeunesse hollandaise prend le relais.

Bars de dégustation

Tout près de la place du Dam, le ***Proeflokaal Wijnand Fockinck*** (*carte 4 ; ☎ 639 26 95 ; Pijlsteeg 31*), que l'on atteint par une arcade derrière le Grand Hotel Krasnapolsky, est un petit bar de dégustation, sans tables ni chaises, où l'on peut goûter divers genevers et liqueurs. Certains sont chers et tous sont forts ! Derrière le bar, dans un joli jardin, un repas et des snacks préparés avec soin sont servis tous les jours de 10h à 16h.

A proximité, derrière la Nieuwe Kerk, *De Drie Fleschjes* (*carte 4 ; ☎ 624 84 43 ; Gravenstraat 18*) date de 1650 et renferme de vieux fûts loués par des groupes dont les membres peuvent se servir eux-mêmes. Remarquez le buffet vitré qui contient une collection de *kalkoentjes*, des petites bouteilles peintes à l'effigie des maires d'Amsterdam. L'établissement ouvre du lundi au samedi de 12h à 20h30, le dimanche de 15h à 19h.

Cafés des théâtres

Dans le Theater Bellevue, *De Smoeshaan* (*carte 4 ; ☎ 625 03 68 ; Leidsekade 90*) pos-

sède un bon restaurant à l'étage. Spectateurs et artistes l'animent. Le ***Felix Meritis Café*** (*carte 4 ; ☎ 626 23 21 ; Keizersgracht 324*) occupe une salle magnifique, dominée par un extraordinaire lustre en fonte. Les autorités culturelles de la ville et des artistes venus de toute l'Europe s'y retrouvent pour boire un verre et discuter. Il ouvre du lundi au vendredi de 9h à 19h.

Dans le théâtre Frascati, le ***Blincker*** (*carte 4 ; ☎ 627 19 38 ; Sint Barberenstraat 7-9*), dans une ruelle proche de Nes, mérite également le détour. Son beau design moderne mêle l'acier et le marbre. Il est agrémenté de plantes vertes et d'une mezzanine à l'étage. Il propose un vaste choix de vins et des plats tout à fait corrects.

De Brakke Grond (*carte 4 ; ☎ 626 00 44 ; Nes 43*) fait partie du Centre culturel flamand et propose des bières et des spécialités flamandes à prix honnêtes.

Cafés de femmes

Le ***Saarein II*** (*carte 4 ; ☎ 623 49 01 ; Elandsstraat 119*), au sud du Jordaan, était au centre du mouvement féministe à la fin des années 70. Le lieu date du début du XVIIe siècle, et l'intérieur, d'une beauté stupéfiante, n'a pas été modifié, hormis les peintures. Jadis tenu par un collectif de femmes, ce café est devenu "généraliste homosexuel", même s'il constitue toujours un lieu de rencontre essentiel pour les lesbiennes. Un petit menu restreint propose des tapas et le plat de la semaine.

Dans le nord du Jordaan, le ***Vandenberg*** (*carte 2 ; ☎ 622 27 16 ; Lindengracht 95*), un eetcafé confortable et fréquenté essentiellement par des lesbiennes, sert des repas à 25 fl environ ; on peut se contenter de boire un verre.

Le ***Vivelavie*** (*carte 4 ; ☎ 624 01 14 ; Amstelstraat 7*), près de Rembrandtplein, est l'un des cafés pour femmes les plus populaires. Dans cet endroit animé, la musique joue à plein volume, et de larges fenêtres dévoilent l'intérieur et l'extérieur. En été, la terrasse constitue un véritable spectacle (surtout le week-end). Il ouvre de 15h à 1h le jeudi et le dimanche, et jusqu'à 3h le vendredi et le samedi.

Le *Sarah's Grannies* (*carte 6 ; ☎ 624 01 45 ; Kerkstraat 176*), un endroit douillet, sert des en-cas, des salades et des plats de qualité à prix raisonnables. Les œuvres de différents artistes ornent les murs et la musique classique berce les convives.

Autres cafés

Ancien comptoir de dégustation aujourd'hui transformé en un beau bar à bière, l'*In de Wildeman* (*carte 4 ; ☎ 638 23 48 ; Kolksteeg 3*), entre Nieuwendijk et Nieuwezijds Voorburgwal, propose plus de 200 bières en bouteille et dispose d'une salle non-fumeurs.

L'*Himalaya* (*carte 4 ; ☎ 626 08 99 ; Warmoesstraat 56*), un salon de thé New Age, offre un menu végétarien et végétalien. Il ouvre le lundi de 13h à 18h et du mardi au samedi de 10h à 18h (jusqu'à 20h30 le jeudi).

Au nord de la place de Spui, le *Gollem* (*carte 4 ; ☎ 626 66 45 ; Raamsteeg 4*), pionnier des bars à bière d'Amsterdam, vous donne le choix entre 200 bières à la pression ou en bouteille. L'ambiance ne faiblit pas dans ce petit bar orné d'un bric-à-brac se rapportant à la bière (dessous de verre, bouteilles, vieilles affiches).

Non loin de là, dans Nieuwezijds Voorburgwal, se trouvent trois des bars les plus branchés de la ville. Le *Bar Bep* (*carte 4 ; ☎ 626 56 49 ; Nieuwezijds Voorburgwal 260*) ressemble à un cabaret d'Europe de l'Est des années 50, avec ses banquettes de skai vert olive et ses murs rouges. On peut s'y restaurer pendant la journée, mais il ne commence à s'animer qu'après 18h, avec l'arrivée de cinéastes, de photographes et d'artistes. A côté, le *Diep* (*carte 4 ; ☎ 420 20 20 ; Nieuwezijds Voorburgwal 256*), un bar similaire, présente des œuvres artistiques et une décoration changées régulièrement. Cela va des lustres en bullpack aux enseignes électroniques, en passant par un requin-marteau en fibre de verre, long de 2 m. La clientèle est aussi originale que le cadre. Un peu plus loin, le *Seymour Likely* (*carte 4 ; ☎ 627 14 27 ; Nieuwezijds Voorburgwal 250*), un bar/night-club récent, attire une foule hyper-branchée sur fond de hip-hop et de reggae.

Le *Maximiliaan* (*carte 4 ; ☎ 626 62 80 ; Kloveniersburgwal 6-8*), près de la place de Nieuwmarkt, est un pub-brasserie plein de recoins, avec des alambics de cuivre. Ouvert en 1992 à la place de l'ancienne brasserie d'un monastère, c'est l'une des deux brasseries de la ville (avec la Bierbrouwerij't IJ ; voir la rubrique *A l'est du Plantage* dans le chapitre *A voir et à faire*). Il possède un restaurant et un coin dégustation, et propose des visites et des stages sur le thème de la bière. Vous pourrez goûter plusieurs bières maison à la pression (certaines saisonnières).

Le café le plus imposant du quartier de Nieuwmarkt est sans aucun doute *de Waag* (*carte 4 ; ☎ 422 77 72 ; Nieuwmarkt 4*), au milieu de la place. L'ancien Poids du XVe siècle est aujourd'hui un café où le charme désuet (plus de 300 bougies dans des candélabres en fonte) s'allie à la nouvelle technologie (accès libre à Internet avec une consommation). Il ouvre tous les jours de 10h à 1h et sert de délicieux sandwiches et salades.

Le *Café-Restaurant Kapitein Zeppo's* (*carte 4 ; ☎ 624 20 57 ; Gebed Zonder End 5*), près de Grimburgwal, accueille une clientèle variée, dont de jeunes étudiants, qui en fait l'un des points de rencontre les plus animés de la ville. Des groupes s'y produisent régulièrement et, le premier dimanche du mois, il se transforme en "café chantant" : les clients peuvent se lever et chanter, accompagnés par un orchestre. L'ambiance, plus que la nourriture (correcte), attire les foules.

A Rembrandtplein, le *Café Schiller* (*carte 4 ; ☎ 624 98 46 ; Rembrandtplein 26*) mérite une visite pour son élégant intérieur Art déco, orné de portraits d'acteurs et d'artistes de cabaret néerlandais des années 20 et 30. Ce petit café, dont la clientèle se compose de journalistes, d'artistes et d'étudiants, sert une bonne cuisine (des dagschotels à partir de 20 fl). Il ouvre de 16h à 1h du dimanche au jeudi, jusqu'à 2h le vendredi et le samedi. Ne le confondez pas avec la terrasse sous l'hôtel éponyme.

Au sud, le *Kort* (*carte 6 ; ☎ 626 11 99 ; Amstelveld 12*), le long du mur sud de l'Amstelkerk, offre une merveilleuse et paisible terrasse donnant sur le Prinsengracht, où vous pourrez passer quelques heures en été. Un menu international est servi dans deux salles élégantes, ornées d'œuvres artistiques et de fleurs fraîches.

Au sud-est du quartier des canaux, empruntez le souterrain piétonnier sous Mauritskade pour arriver au **Café De IJsbreker** (*carte 7 ;* ☎ *665 30 14 ; Weesperzijde 23*), au bord de l'Amstel et derrière l'Amstel Inter-Continental Hotel. Cet agréable café, qui fait partie du centre IJsbreker de musique contemporaine, installe une grande terrasse au bord de l'eau en été, où vous pourrez côtoyer les plus grands noms de la musique expérimentale du pays (en 2002, le centre doit se déplacer dans le quartier des docks orientaux). Le service peut être d'une lenteur ahurissante !

Le **Café Thijssen** (*carte 2 ;* ☎ *623 89 94 ; Brouwersgracht 107*), dans le Jordaan, possède un charmant intérieur d'inspiration art déco et des vitres teintées. Il s'anime le week-end, lorsque des groupes d'amis se retrouvent pour un brunch tardif qui s'étire jusqu'à l'heure du dîner.

Plus à l'ouest, dans le complexe de la Westergasfabriek au-delà de Haarlem, le **Café West Pacific** (*carte 2 ;* ☎ *488 77 78 ; Haarlemmerweg 8-10*), un grand café doté d'un restaurant et de beaucoup de caractère, accueille la jeunesse branchée. Il ouvre de 11h30 à 1h (jusqu'à 3h le week-end) et se transforme en discothèque après 23h (speed garage, big beat et hip-hop).

Installé dans une ancienne usine de retraitement des eaux, le **Café-Restaurant Amsterdam** (*carte 1 ;* ☎ *682 26 66 ; Watertorenplein 6*), plus loin à l'ouest, est l'un des restaurants les plus branchés de la ville. Dans un vaste espace de style entrepôt, vous pourrez commander les plats classiques des brasseries françaises (steak béarnaise à 30 fl, crêpes à 7 fl). La chère est bonne, mais le cadre mérite le détour. Remarquez la hauteur des plafonds de bois, les crochets et les chaînes et les 22 énormes projecteurs récupérés sur les anciens stades de l'Ajax et de l'Olympic. Il ouvre tous les jours de 11h à 1h.

COFFEE SHOPS

De nombreux d'établissements appelés *koffieshop* (par opposition à *koffiehuis* : bar expresso ou sandwicherie) vendent du cannabis, et l'on peut y boire un café. Quelques *hashcafés* servent aussi de l'alcool et ne se différencient guère des pubs.

Vous n'aurez aucun mal à trouver un coffee shop : il en existe partout, presque à chaque coin de rue. Les feuilles de cannabis, omniprésentes, ont été décrochées afin d'apaiser l'inquiétude de la classe politique (reportez-vous à la rubrique *Drogue* dans le chapitre *Renseignements pratiques*), mais il y a fort à parier qu'un établissement affichant des feuilles de palmier, et éventuellement les couleurs rasta (rouge, or et vert), ait quelque chose à voir avec le cannabis. Jetez un coup d'œil à la clientèle et demandez au bar la liste des produits, généralement vendus en petits sachets de 25 fl.

Autre concession accordée aux politiques, les gâteaux et cookies "planants" se vendent maintenant avec discrétion, notamment parce que des touristes ont eu des problèmes. Si vous n'êtes pas habitué à leurs effets ni aux délais de leur action, l'expérience risque de se compliquer. Demandez au vendeur la quantité à prendre et suivez son avis, même si vous ne ressentez rien au bout d'une heure. De nombreux coffee shops vendent des champignons hallucinogènes, ce qui est légal puisqu'il s'agit de produits naturels non traités ; néanmoins, cela peut changer si le séchage des champignons vient à être considéré comme un traitement.

Autrefois, les dérivés du cannabis étaient importés mais aujourd'hui les Pays-Bas ont leur propre produit haut de gamme, le fameux *nederwiet* (prononcez né-der-ouit), mis au point par des horticulteurs et cultivé en serre où il donne jusqu'à cinq récoltes par an. La police elle-même reconnaît qu'il s'agit d'un produit de qualité supérieure, en particulier le puissant "superskunk", qui contient jusqu'à 13% de THC (contre 5% pour l'herbe nigériane et 7% pour la colombienne). Selon un sondage réalisé par le gouvernement auprès des propriétaires de coffee shops, le nederwiet a conquis plus de la moitié du marché, et le hasch est en baisse, même parmi les touristes.

Ci-dessous, vous trouverez les coffee shops les plus connus et certains parmi les plus originaux. La qualité et les prix sont corrects, et vous ne risquez pas d'être volé, comme vous pourriez l'être dans la rue. La plupart d'entre eux ouvrent de 10h à 1h du dimanche au jeudi, jusqu'à 3h le vendredi et le samedi.

Barney's (*carte 2* ; ☎ *625 97 61* ; *Haarlemmerstraat 102*) – ce coffee shop sert de copieux petits déjeuners la journée, de 7h à 20h ; la décoration intérieure mélange le New Age et *Le Seigneur des anneaux*.

Global Chillage (*carte 4* ; ☎ *639 11 54* ; *Kerkstraat 51*) – une petite boutique près de Leidsestraat, des rythmes tranquilles (jazzy et africains), des peintures murales qui favorisent l'évasion et des fumeurs heureux qui se détendent sur des canapés confortables.

Greenhouse. (*carte 4* ; ☎ *627 17 39* ; *Oudezijds Voorburgwal 191*) – plusieurs fois récompensé au festival annuel High Times, ce coffee shop d'inspiration indonésienne est l'un des plus réputés ; les fumeurs apprécient les détails de sa décoration, comme les fonds marins qui ornent les toilettes, et l'excellente qualité de l'herbe et du haschich.

Grey Area (*carte 4* ; ☎ *420 43 01* ; *Oude Leliestraat 2*) – tenu par deux Américains tranquilles, ce minuscule établissement voisin de Foodism a introduit les graines parfumées de la "Double Bubble Gum".

Homegrown Fantasy (*carte 4* ; ☎ *627 56 83* ; *Nieuwezijds Voorburgwal 87A*) – produits hollandais de qualité, personnel agréable et bonne musique font de cet endroit un rendez-vous apprécié. Faites un tour aux toilettes, pour le plaisir des yeux !

Kadinsky (*carte 4* ; ☎ *624 70 23* ; *Rosmarijnsteeg 9*) – caché près de la place Spui, ce séduisant coffee shop bien décoré offre un bon choix de haschich et d'herbe ; la sélection musicale est toujours excellente.

La Tertulia (*carte 4* ; *Prinsengracht 312*) – dans le Jordaan, tenu par une mère et sa fille, c'est l'un des favoris des routards ; on peut se détendre près du bassin aux poissons, jouer à des jeux de société et apprécier les fresques inspirées de van Gogh. La cuisine bio est également très bonne.

Pi Kunst & Koffie (*carte 4* ; ☎ *622 59 60* ; *Tweede Laurierdwarsstraat 64*) – le long du canal, ce coffee shop orne ses murs d'œuvres d'artistes et possède un site Internet. Les joueurs invétérés trouveront des ordinateurs au sous-sol.

Rokerij (*carte 4* ; *Singel 8*) – les ambiances africaine et sud-américaine prédominent dans ce splendide coffee shop, proche de Centraal Station ; les peintures et les collages muraux font décoller le fumeur de "White Widow"(17,50 fl le gramme).

The Bulldog (*carte 4* ; ☎ *627 19 08* ; *Leidseplein 13-17*) – la plus célèbre chaîne de coffee shops possède cinq succursales dans Amsterdam ; celle-ci, la plus grande, possède un site Internet, deux bars, des tables de billard et un café où l'on peut se restaurer.

MUSIQUE
Pour une description du paysage musical local, reportez-vous à la rubrique *Musique* du chapitre *Présentation de la ville*. Dans la plupart des établissements mentionnés ci-dessous, il suffit de pousser la porte et d'acheter son billet. Mieux vaut cependant réserver pour les grands concerts ou les récitals courus. Pour vous informer sur les spectacles, consultez l'*Uitkrant* (voir la rubrique *Journaux et magazines* du chapitre *Renseignements pratiques*) ou l'agenda hebdomadaire du *PS* dans le supplément du samedi du *Het Parool*. L'Uitburo d'Amsterdam publie également un bimensuel gratuit qui recense les concerts de pop et de jazz ; vous le trouverez dans les magasins de disques, les cafés et les salles de concert. Pour plus de détails et les réservations, contactez les salles ou l'Uitburo (carte 6 ; Leidseplein 26), ouvert tous les jours de 10h à 18h (le jeudi jusqu'à 21h) ou appelez l'Uitlijn au ☎ 0900 01 91 (0,75 fl la minute), tous les jours de 9h à 21h.

Classique et contemporaine
Les concerts gratuits à l'heure du déjeuner constituent l'un des agréments d'Amsterdam. Généralement consacrés à la musique de chambre, ils se déroulent entre 12h30 et 13h30 (sauf de juin à août, quand tout le monde est en vacances). Le Muziektheater organise des concerts gratuits de musique du XXe siècle le mardi dans la Boekmanzaal. Le mercredi, le Concertgebouw présente de la musique de chambre ou des concerts classiques (souvent en avant-première), et parfois du jazz (gare à l'affluence !). Le vendredi, le Bethaniënkloos-

OÙ SORTIR

ter programme tous les genres, de la musique médiévale aux œuvres contemporaines, tandis que l'IJsbreker se spécialise dans la musique contemporaine.

Bethaniënklooster (*carte 4 ; ☎ 625 00 78 ; Barndesteeg 6B*) – ancien petit monastère, près de la place de Nieuwmarkt ; le guichet ouvre une demi-heure avant le spectacle.

Beurs van Berlage (*carte 4 ; ☎ 627 04 66 ; Damrak 243*) – deux petites salles de concerts installées dans l'ancienne Bourse ; guichet ouvert du mardi au vendredi de 14h à 17h et une heure et quart avant chaque concert.

Concertgebouw (*carte 6 ; ☎ 671 83 45 ; Concertgebouwplein 4-6*) – salle de concerts mondialement célèbre, à l'acoustique quasiment parfaite ; guichet ouvert tous les jours de 10h à 19h (au téléphone jusqu'à 17h) ; après 19h, on ne peut acheter des billets que pour le jour-même.

Églises – consultez l'Amsterdam Uitburo pour prendre connaissance des manifestations (il n'y a pas que des récitals d'orgue) à l'Oude Kerk, la Nieuwe Kerk, l'Engelse Kerk (église presbytérienne anglo-écossaise du Begijnhof), l'église luthérienne ronde, la Waalse Kerk (église wallonne, Oudezijds Achterburgwal 157), l'Amstelkerk, etc.

Koninklijk Theater Carré (*carte 7 ; ☎ 622 52 25 ; Amstel 115-125*) – opéra, opérette, danse, comédies musicales, spectacles de cabaret ; guichet ouvert tous les jours de 10h à 19h (à partir de 13h le dimanche).

Muziekcentrum De IJsbreker (*carte 7 ; ☎ 693 90 93 ; Weesperzijde 23*) – centre de musique contemporaine ; guichet ouvert tous les jours de 9h30 à 17h30 et à partir de 19h45 les soirs de concert ; déménagera en 2002 vers un nouveau complexe dans le quartier des docks orientaux (près du terminal des passagers), en même temps que le club de jazz Bimhuis.

Muziektheater (*carte 4 ; ☎ 625 54 55 ; Waterlooplein 22*) – grands spectacles de danse et d'opéra au Stopera ; guichet ouvert du lundi au samedi de 10h à 18h, les dimanche et jours fériés à partir de 11h30.

Stadsschouwburg (*carte 4 ; ☎ 624 23 11 ; Leidseplein 26*) – opéra et opérette ; guichet ouvert du lundi au samedi à partir de 10h jusqu'à l'heure du spectacle.

Rock

Vous obtiendrez informations et billets auprès de l'Amsterdam Uitburo ou sur place. Lorsqu'il s'agit de grands concerts pop, on peut aussi appeler le Ticketlijn au ☎ 0900-300 12 50.

Arena Stadium (*renseignements au 311 13 33 ; dans le Bijlmer*) – stade dernier cri (52 000 places) où se produisent les spectacles à grands jeux de scène et écran géant ; il accueille les stars mondiales qui déplacent les foules (Michael Jackson, Tina Turner, Pavarotti, Céline Dion, etc.).

Jaap Eden Hal (*carte 1 ; ☎ 694 98 94 ; Radioweg 64*) – deux ou trois fois par an, cette patinoire sert pour des concerts rock ; prenez le tram n°9 à Centraal Station.

De Koe (*carte 4 ; ☎ 625 44 82 ; Marnixstraat 381*) – "la" référence de la scène pop, avec des concerts réguliers le dimanche à partir de 16h (entrée libre).

Korsakoff (*carte 4 ; ☎ 625 78 54 ; Lijnbaansgracht 161*) – toujours un peu délabré ; les concerts de hard rock et de musique alternative attirent une clientèle jeune et il est parfois difficile d'entrer ; ouvert tous les jours de 22h à 4h.

Melkweg (*Voie lactée ; carte 4 ; ☎ 624 17 77 ; Lijnbaansgracht 234*) – adhésion mensuelle à 5 fl ; le tarif des concerts varie selon le programme ; cinéma, galerie d'art, café, activités multimédias et concerts pratiquement tous les soirs (souvent des musiques du monde, des Aborigènes aux Esquimaux) ; l'endroit reste un des hauts lieux de la "défonce", ce qui ne semble pas poser problème au commissariat de l'autre côté de la rue.

Paradiso (*carte 4 ; ☎ 626 45 21 ; Weteringschans 6*) – installé dans une ancienne église ; adhésion mensuelle à 5 fl ; le tarif des concerts varie selon le programme ; les grands noms du rock s'y produisent depuis les années 60, des Rolling Stones à Prince et Public Enemy ; ouvert de 20h à 22h les soirs de concert et à 23h30 pour les soirées discothèque.

Westergasfabriek (*carte 2 ; Haarlemmerweg 8-10*) – une ancienne usine à gaz qui accueille deux ou trois concerts rock chaque année dans l'ancien réservoir circulaire, le Festival de percussion et autres manifestations artistiques, raves, etc. ; contactez l'Amsterdam Uitburo ou le Café West Pacific (voir plus haut la rubrique *Cafés*).

Jazz, blues et musique latino

Le jazz est populaire et il se passe toujours quelque chose dans les cafés de la ville ; le blues rencontre moins de succès. Le plus grand festival de jazz du monde, le Festival de jazz de la mer du Nord, se déroule à La

Haye en juillet (voir la rubrique *Jours fériés et manifestations culturelles* dans le chapitre *Renseignements pratiques*). Pendant tout le mois, les grands jazzmen profitent de l'occasion et se produisent dans les clubs d'Amsterdam.

Bamboo Bar (*carte 4* ; ☎ 624 39 93 ; *Lange Leidsedwarsstraat 64*) – concerts de jazz, de blues, de rock et parfois de salsa ; ouvert du dimanche au jeudi de 21h à 3h, jusqu'à 4h le vendredi et le samedi ; musique à partir de 22h.

Bimhuis (*carte 4* ; ☎ 623 33 73 ; *Oude Schans 73-77*) – principal club de jazz d'Amsterdam depuis plus de 25 ans (les grands musiciens néerlandais et internationaux se produisent ici) ; excellente acoustique et bar épatant ; ouvert à 20h du jeudi au samedi, les concerts commencent une heure plus tard ; fermé le dimanche et en juillet et août ; doit déménager en 2002 vers un nouveau complexe dans le quartier des docks orientaux (près du terminal des passagers), en même temps que le centre de musique contemporaine IJsbreker.

Bourbon Street Jazz & Blues Club (*carte 6* ; ☎ 623 34 40 ; *Leidsekruisstraat 6-8*) – blues, funk, rock and roll ; ouvert en semaine de 22h à 4h et jusqu'à 5h le week-end.

Canecão (*carte 4* ; ☎ 626 15 00 ; *Lange Leidsedwarsstraat 70*) – concerts de samba, de salsa et de musique brésilienne ; ouvert de 22h à 4h du dimanche au jeudi et jusqu'à 5h le vendredi et le samedi.

Casablanca (*carte 4* ; ☎ 625 56 85 ; *Zeedijk 26*) – café-jazz à l'histoire glorieuse depuis son ouverture en 1946 ; les jours de gloire sont loin et, hormis les jam sessions du dimanche et les grands orchestres de jazz des lundi et mercredi soir, ce n'est plus qu'un bar à karaoké, rigolo mais nostalgique ; ouvert tous les jours à partir de 16h.

Heeren van Aemstel (*carte 4* ; ☎ 620 21 73 ; *Thorbeckeplein 5*) – clientèle d'employés de bureau et d'étudiants plutôt aisés ; eetcafé au décor de style grand café (il s'agit de l'ancien night-club Le Moulin Rouge) ; ouvert tous les jours à partir de 15h ; les concerts (pop et jazz) commencent vers 22h.

Jazz Café Alto (*carte 6* ; ☎ 626 32 49 ; *Korte Leidsedwarsstraat 115*) – détendez-vous dans ce petit café brun au son du jazz et du blues ; concerts de 22h à 3h du dimanche au jeudi et jusqu'à 4h le vendredi et le samedi ; le mercredi soir, ne manquez pas le saxophoniste ténor Hans Dulfer.

Maloe Melo (*carte 4* ; ☎ 420 45 92 ; *Lijnbaansgracht 163*) – le blues est chez lui dans ce petit pub enfumé ; tous les soirs, des musiciens néerlandais et internationaux jouent du roots et du blues ; le pub ouvre à 21h, la salle à 22h30, et les concerts commencent à 23h.

Meander (*carte 4* ; ☎ 625 84 30 ; *Voetboogstraat 5*) – les soirées salsa sont très courues le dimanche dans ce club installé sur plusieurs niveaux. Les autres soirs, les DJ s'adonnent au funk, au garage et aux rythmes soul et jazzy ; ouvert du lundi au jeudi de 20h30 à 3h, jusqu'à 4h le vendredi et le samedi.

World music

Amsterdam est l'un des centres européens pour les musiques du monde. Reportez-vous à la rubrique *Musique* du chapitre *Présentation de la ville* pour les sources d'information ou contactez l'Amsterdam Uitburo pour les spectacles programmés.

Akhnaton (*carte 4* ; ☎ 624 33 96 ; *Nieuwezijds Kolk 25-27*) – se définit lui-même comme un "centre de culture mondiale" ; les styles musicaux vont du hip-hop au jazz, en passant par la salsa, le Moyen-Orient et l'Afrique : appelez pour plus de détails ; entrée à 10 fl, 15 fl les soirs de concert (gratuite après 3 h) ; ouvert le vendredi et le samedi de 23h à 5h, concert tous les vendredi.

Melkweg (*Voie lactée* ; *carte 4* ; ☎ 624 17 77 ; *Lijnbaansgracht 234*) – "le" rendez-vous des musiques du monde ; adhésion mensuelle à 5 fl, prix des concerts selon le programme.

Tropeninstituut Theater (*carte 7* ; ☎ 568 85 00 ; *Linnaeusstraat 2*) – dans le Tropenmuseum ; essentiellement musiques sud-américaine, indienne et africaine, avec des entrées de 12 à 30 fl ; permanence téléphonique du lundi au samedi de 12h à 16h ; un restaurant attenant sert des spécialités s'accordant aux concerts.

NIGHT-CLUBS

Peu d'établissements ouvrent avant 22h, et certains ne commencent à bouger que bien après 24h. Beaucoup de discothèques sont *alleen voor leden* (réservées aux adhérents) mais on peut devenir membre à l'entrée, pour peu que l'on ait le look adéquat et que l'endroit ne soit pas bondé. La tenue est généralement décontractée et, à une ou deux exceptions près, vous vous sentirez

OÙ SORTIR

mal à l'aise si vous vous mettez sur votre trente et un.

Les night-clubs mentionnés ci-dessous ferment à 4h ou 5h. Les noctambules rejoignent ensuite des soirées dans différents endroits de la ville, qui peuvent se prolonger jusqu'à 12h – guettez les informations (imprimées ou orales) dans les night-clubs ou renseignez-vous lors de la fermeture.

Arena (*carte 7 ;* ☎ *694 74 44 ; 's-Gravesandestraat 51*) – soirées club qui attirent les foules dans l'Hotel Arena ; deux étages de musique (du rock à la house en passant par la techno) ; du jeudi au samedi de 22h à 5h (entrée de 12,50 à 15 fl)

Dansen bij Jansen.(*carte 4 ;* ☎ *620 17 79 ; Handboogstraat 11*) – night-club estudiantin très populaire depuis 25 ans ; la sélection musicale du DJ, très "mode" (voire prudente), fait que l'endroit est souvent trop bondé pour que l'on puisse danser ; happy hour de 23h à 24h ; les confréries d'étudiants animent le bar voisin, *d'Oude Herberg*.

Escape (*carte 4 ;* ☎ *622 11 11 ; Rembrandtplein 11*) – le plus grand night-club d'Amsterdam avec une capacité d'accueil de 2 000 personnes ; les soirées "Chemistry", house/techno, du samedi sont très courues (en particulier quand des DJ internationaux, comme Derrick May, sont aux commandes) ; attendez-vous à une clientèle bien habillée, des spectacles laser et un service d'ordre musclé ; ouvert du jeudi au samedi de 22h à 4h ; entrée de 25 à 45 fl.

iT (*carte 4 ;* ☎ *625 01 11 ; Amstelstraat 24*) – à l'origine night-club gay, cette immense discothèque, installée dans un ancien cinéma, attire aujourd'hui une jeunesse branchée et haute en couleur, des danseurs professionnels et des drag-queens ; fermée quelques temps pour suspicion de trafic de drogue, elle n'a toujours pas retrouvé sa splendeur passée ; ouverte du jeudi au dimanche à partir de 23h (réservée aux gays le samedi) ; entrée de 12,50 à 17,50 fl.

Mazzo (*carte 4 ;* ☎ *626 75 00 ; Rozengracht 114*) – night-club relativement petit, dédié à la house d'avant-garde, la trance et le drum'n bass, où l'on vient davantage pour danser que pour se montrer ; ouvert du mercredi au dimanche de 23h à 4h ; entrée de 12,50 à 20 fl.

Melkweg (*Voie lactée ; carte 4 ;* ☎ *624 17 77 ; Lijnbaansgracht 234*) – soirées club le jeudi et le samedi et soirées exceptionnelles régulièrement programmées dans ce centre multimédia ; entrée à 10 fl, plus adhésion.

Odeon (*carte 4 ;* ☎ *624 97 11 ; Singel 460*) – "trois étages de danse" sur de la house et du hip-hop et une cave dédiée au jazz ; étudiants, touristes et jeunes employés se mêlent dans ce lieu détendu ; ouvert tous les soirs à partir de 23h.

Paradiso (*carte 6 ;* ☎ *626 45 21 ; Weteringschans 6*) – cette salle de concerts très fréquentée, près de Leidseplein, devient un night-club du vendredi au dimanche ; une foule jeune et sympathique, habillée sport ou élégamment, danse sur du future funk, du big beat, du hip-hop et de la house ; ouvert à partir de 23h30 jusque tard dans la nuit.

Seymour Likely (*carte 4 ;* ☎ *627 14 27 ; Nieuwezijds Voorburgwal 250*) – club-bar pour branchés ; la musique (down-tempo house, reggae et hip-hop) le rend très agréable pour se détendre à la sortie d'une discothèque ; ouvert à partir de 24h.

Sinners in Heaven (*carte 4 ;* ☎ *620 13 75 ; Wagenstraat 3-7*) – si vous rêvez de côtoyer des vedettes néerlandaises ou des trentenaires élégants dans un décor château/donjon ; n'espérez pas un prix doux pour les consommations ; ouvert le jeudi de 23h à 4h, le vendredi et le samedi jusqu'à 5h ; entrée de 15 à 25 fl.

Soul Kitchen (*carte 4 ;* ☎ *620 23 33 ; Amstelstraat 32*) – voisin du iT ; musique soul rétro et funk pour une clientèle de jeunes "rassis" (admission à partir de 25 ans) ; ambiance sympathique et beau décor d'inspiration africaine ; ouvert du jeudi au dimanche à partir de 23h ; entrée à 5 fl le jeudi, 12,50 fl le vendredi et le samedi.

Trance Buddha (*carte 4 ;* ☎ *422 82 33 ; Oudezjids Voorburgwal 216*) – pour retrouver l'ambiance de Goa sans prendre l'avion ; plus grand night-club trance d'Amsterdam ; l'augmentation du prix de l'entrée fait qu'il n'est plus "accessible à tous" ; ouvert tous les soirs de 23h à 4h, jusqu'à 5h le vendredi et le samedi.

Café West Pacific (*carte 2 ;* ☎ *488 77 78 ; Haarlemmerweg 8-10*) – ce café-restaurant branché se transforme en night-club après le dîner ; la musique va du hip-hop à la house en passant par les classiques du funk.

Hotel Winston (*carte 4 ;* ☎ *623 13 80 ; Warmoesstraat 123*) – le week-end, ce café devient un night-club très fréquenté ; les soirées à thème varient, et la bonne équipe de DJs locaux évite les poncifs commerciaux des clubs alentour.

CINÉMA

Amsterdam ne compte que 14 cinémas, mais certains possèdent plusieurs salles et on

Le Roxy brûle

"Burn baby burn, disco inferno", disait la chanson. Les 4 000 personnes qui contemplaient, horrifiées, l'incendie du Roxy, un ancien cinéma de Kalverstraat devenu le plus célèbre night-club d'Amsterdam, avaient certainement ce refrain à l'esprit.

Par un bel après-midi ensoleillé de juillet 1999, une fête, agrémentée de feux d'artifice, se tenait au Roxy après les obsèques de Peter Giele, son designer et co-fondateur. Son cercueil, entouré de torches, avait vogué sur l'Amstel jusqu'à sa dernière demeure. Giele, personnage haut en couleur fasciné le feu, avait été l'un des premiers à tirer des feux d'artifice *à l'intérieur* d'un night-club (apparemment en toute légalité). Ce jour-là, des étincelles pénétrèrent dans le système de ventilation et, en quelques minutes, le night-club s'enflamma ; il n'en resta que les murs et la façade.

Les habitués des discothèques et les professionnels du milieu savaient que le destin de Peter Giele et celui du Roxy étaient inextricablement liés, mais personne n'avait prévu que la disparition de l'un entraînerait la destruction immédiate de l'autre.

---

trouve toujours un bon choix de films, dont un pourcentage important de films d'art et d'essai. La *Film ladder* (programme de tous les cinémas) est affichée dans les salles et dans de nombreux pubs ; vous la trouverez également dans les quotidiens du jeudi, jour où les programmes changent. *AL* signifie *alle leeftijden*, tous publics, et la mention 12 ou 16 indique l'âge minimal autorisé.

Les films sont presque toujours en version originale et sous-titrés en néerlandais, à l'exception des matinées pour enfants.

En semaine, les cinémas de Leidseplein consacrés aux films de Hollywood pratiquent des réductions pour la première séance en matinée ; mieux vaut s'en assurer auparavant. Vous trouverez, ci-dessous, quelques salles intéressantes :

Bellevue/Calypso (*carte 4* ; ☎ *623 48 76* ; *Marnixstraat 400-402*) – deux salles confortables pour voir des productions hollywoodiennes.

Cinecenter (*carte 4* ; ☎ *623 66 15* ; *Lijnbaansgracht 236*) – films intéressants ; pas de films à grand spectacle.

Desmet (*carte 5* ; ☎ *627 34 34* ; *Plantage Middenlaan 4A*) – cinéma d'art et d'essai ; films européens et gay d'avant-garde.

Kriterion (*carte 7* ; ☎ *623 17 09* ; *Roetersstraat 170*) – installé dans un bâtiment Art déco-école d'Amsterdam ; programme des films cultes et d'occasionnelles avant-premières en petit comité ; son café animé mérite à lui seul la visite ; fréquenté par les étudiants de l'université voisine.

The Movies (*carte 2* ; ☎ *638 60 16* ; *Haarlemmerdijk 161*) – films intéressants, souvent intellectuels, sans entracte ; bel intérieur Art déco ; possède également un restaurant.

Nederlands Filmmuseum (*carte 6* ; ☎ *589 14 00* ; *Vondelpark 3*) – projections quotidiennes (entrée de 10 à 17,50 fl) et concerts de jazz dans le café, le dimanche après-midi en été ; grande terrasse surplombant le parc (un bon lieu de rendez-vous).

Tuschinskitheater (*carte 4* ; ☎ *626 26 33* ; *Reguliersbreestraat 26*) – mérite une visite pour son somptueux intérieur Art déco, dont la façade n'est qu'un pâle reflet.

De Uitkijk (*carte 4* ; ☎ *623 74 60* ; *Prinsengracht 452*) – le plus ancien cinéma de la ville ; très confortable, il occupe une vieille maison en bordure de canal.

THÉÂTRE

Amsterdam possède une cinquantaine de théâtres, et la liste qui suit n'en propose qu'une sélection. Les spectacles sont parfois en anglais, surtout l'été ; dans certains cas, la langue a peu d'importance. Consultez l'*Uitkrant*, le magazine *PS* dans le *Het Parool* du samedi ou contactez l'Amsterdam Uitburo (carte 6 ; Leidseplein 26) ouvert tous les jours de 10h à 18h (le jeudi jusqu'à 21h). Vous pouvez aussi appeler l'Uitlijn au ☎ 0900-01 91 (0,75 fl la minute), tous les jours de 9h à 21h.

Amsterdamse Bos Theatre (*carte 1* ; ☎ *626 36 47*) – grand amphithéâtre de plein air dans le parc ; pièces de Tchekhov et de Shakespeare en été.

De Balie (*carte 6* ; ☎ *623 29 04* ; *Kleine Gartmanplantsoen 10*) – productions internationales

cours de conversion de l'euro 1 fl = 0,45 €

traitant de problèmes politiques et multiculturels destinées à un public intellectuel ; débats politiques, festival de courts-métrages, accès à Internet et joli bar (voir la rubrique *Centres culturels* dans le chapitre *Renseignements pratiques*).

Theater Bellevue (*carte 4 ;* ☎ *624 72 48 ; Leidsekade 90*) – théâtre expérimental, cabaret et danse, principalement en néerlandais.

Boom Chicago (*carte 4 ;* ☎ *423 01 01 ; Leidseplein 12*) – dans l'ancien cinéma Leidseplein, comédies en anglais toute l'année ; le café du foyer, le *Nonsense*, sert des plats frais cuisinés, à prix raisonnables, tous les jours de 11h à 21h.

Brakke Grond (*Centre culturel flamand ; carte 4 ;* ☎ *626 68 66 ; Nes 45*) – théâtre flamand et café plaisant pour prendre un verre avant ou après les représentations.

Felix Meritis (*carte 4 ;* ☎ *623 13 11 ; Keizersgracht 324*) – ancien centre culturel municipal ; propose aujourd'hui une scène expérimentale, avec du théâtre, de la musique et de la danse ; nombreuses coproductions entre des artistes d'Europe de l'Est et de l'Ouest.

Frascati (*carte 4 ;* ☎ *626 68 66 la journée,* ☎ *623 57 23 le soir, Nes 63*) – théâtre expérimental où de jeunes metteurs en scène, chorégraphes et producteurs néerlandais font étalage de leurs prouesses ; danse et musique multiculturelles ainsi qu'une soirée mensuelle de hip-hop, de rap et de breakdance.

De Kleine Komedie (*carte 4 ;* ☎ *624 05 34 ; Amstel 56*) – théâtre de 500 places consacré aux concerts, à la danse et au cabaret, parfois en anglais.

Koninklijk Theater Carré (*carte 7 ;* ☎ *622 52 25 ; Amstel 115-125*) – le plus grand théâtre de la ville (1 700 places) ; grands spectacles internationaux, comédies musicales, cabaret, cirque, etc. ; visite des coulisses le mercredi et le samedi à 15h.

Melkweg (*carte 4 ;* ☎ *624 17 77 ; Lijnbaansgracht 234A*) – centre culturel de renommée mondiale ; accueille toutes formes de spectacles : concerts, films, pièces de théâtre, ballets et productions multimédias.

Soeterijntheater (*carte 7 ;* ☎ *568 85 00 ; Linnaeusstraat 2*) – théâtre du Tropenmuseum : pièces de théâtre, ballets, films, etc. relatifs à la culture non occidentale.

Stadsschouwburg (*carte 4 ;* ☎ *624 23 11 ; Leidseplein 26*) – le plus beau théâtre de la ville, construit en 1894 et rénové au milieu des années 90 ; accueille des productions à grand spectacle, des opérettes, des représentations estivales en anglais sans oublier celles de l'impassible Toneelgroep Amsterdam.

Universiteitstheater (*carte 4 ;* ☎ *623 01 27 ; Nieuwe Doelenstraat 16*) – abrite l'Institut d'art dramatique et propose quelques pièces en anglais.

Vondelpark Theatre (☎ *673 14 99 ; Vondelpark*) – grand amphithéâtre (1 800 places) de plein air au centre du Vondelpark ; nombreuses manifestations artistiques en juin, juillet et août.

Westergasfabriek (*carte 2 ; Haarlemmerweg 8-10*) – cette ancienne usine à gaz accueille un large éventail de représentations théâtrales et musicales, des soirées et des festivals ; pour plus de détails, appelez l'Amsterdam Uitburo.

COMMUNAUTÉ HOMOSEXUELLE

La scène homosexuelle amstellodamoise est la plus importante d'Europe, avec près de 100 bars, cafés, night-clubs, boutiques et hôtels destinés aux gay et lesbiennes. Outre les établissements commerciaux mentionnés ci-dessous, un circuit alternatif se révèle très actif ; il comprend le *COC* (*carte 4*), qui propose une soirée mixte le vendredi et réserve celle du samedi aux femmes, et le *De Trut* (*carte 1 ; Bilderdijkstraat 165E*), qui organise des soirées mixtes le dimanche (il faut faire la queue bien avant 23h, l'heure d'ouverture, et se préparer à affronter un service d'ordre très strict). Malheureusement, la célébrité rend ces adresses moins alternatives. Des soirées gay (appelées Sissy-Club, Planet Pussy ou Lip Lickers) ont lieu toutes les semaines dans de plus grands night-clubs. Elles ne se maintiennent pas longtemps et changent de nom ou de thème après quelques mois. Pour les derniers lieux branchés, demandez autour de vous ou contactez le Gay & Lesbian Switchboard (☎ 623 65 65).

La scène lesbienne est beaucoup plus calme. Hormis les cafés de femmes cités plus haut dans ce chapitre, les night-clubs suivants méritent peut-être le détour :

You II (*carte 4 ;* ☎ *421 09 00 ; Amstel 178*) – réserve sa soirée du jeudi aux femmes (ambiance "vulgaro-chic").

Getto (*carte 4*) – voir plus loin le paragraphe *Warmoesstraat* ; soirées chaudes "Getto Girls" le mardi à partir de 19h.

Desmet (*carte 5*) – voir plus haut la rubrique *Cinéma* ; programme souvent un film gay le samedi soir ou le dimanche après-midi.

Renseignez-vous dans les lieux gay ou appelez le Gay & Lesbian Switchboard pour plus d'informations sur les films à l'affiche.

Les centres de culture gay cités ci-dessous, toujours animés, constituent un bon point de départ pour explorer la ville :

Reguliersdwarsstraat (carte 4)

Cette rue, appelée aussi simplement Straat, abrite quelques-uns des établissements gay les plus connus. Elle attire une population de superbes garçons branchés qui fréquentent les bars et les cafés pour draguer et discuter. Vous y passerez facilement une soirée entière en été et prévoyez un budget conséquent (pas de bière en dessous de 4 fl).

April (☎ 625 95 72 ; *Reguliersdwasstraat 37*) – célèbre pour sa happy hour (de 18h à 19h du lundi au samedi, jusqu'à 20h le dimanche) et la beauté de ses clients.

Downtown (☎ 622 99 58 ; *Reguliersdwarsstraat 31*) – restauration pendant la journée ; serveurs sympathiques ; café et pâtisseries délicieux et la meilleure presse gay de la ville.

Exit (☎ 625 87 38 ; *Reguliersdwarsstraat 42*) – night-club à plusieurs étages qui passe de la house underground, avec plusieurs bars et pistes de danse et un salon obscur très animé.

Havana (☎ 620 67 88 ; *Reguliersdwarsstraat 17*) – camp-bar Art déco doté de serveurs craquants (certains sont des drag-queens), sur fond de musique club assourdissante.

Other Side (☎ 421 10 14 ; *Reguliersdwarsstraat 6*) – disco, funk et soul bercent ce coffee shop gay qui vend du haschich, de l'herbe et des boissons énergétiques.

Soho (☎ 626 15 73 ; *Reguliersdwarsstraat 36*) – actuellement "le" bar du Straat ; dans un décor de vieille bibliothèque anglaise, des jeunes gens sympathiques viennent pour boire et flirter.

Amstel & Rembrandtplein (carte 4)

Véritable territoire gay, ce quartier offre un choix de bars intéressants : les *camp-bars* où l'on chante sur des rocks néerlandais, les *cloney* (fréquentés par les moustachus) et d'autres, plus raffinés et tranquilles, où des hommes d'affaires viennent prendre un verre à la sortie du bureau.

iT (☎ 625 01 11 ; *Amstelstraat 24*) – l'un des night-clubs les plus extravagants de la ville ; soirées gay hebdomadaires.

Monopole (☎ 624 64 51 ; *Amstel 60*) – un café brun au décor kitsch, où une foule gay se dépense sur les vieux classiques du disco.

Montmartre (☎ 620 76 22 ; *Halve Maansteeg 17*) – vaut le déplacement : serveurs et clients chantent à tue-tête des ballades néerlandaises et des chansons pop (style Abba) ; une sorte d'Eurovision gay !

De Steeg (☎ 620 01 71 ; *Halve Maansteg 10*) – fréquenté en semaine par de jeunes salariés qui viennent se détendre après le travail ; le week-end, c'est un lieu de rendez-vous animé pour boire un verre avant d'aller danser.

Vivelavie (☎ 624 01 14 ; *Amstelstraat 7*) – l'ambiance de ce célèbre café de lesbiennes bat son plein le week-end.

Warmoesstraat (carte 4)

Adeptes du cuir, du latex, du piercing, du sado-maso, des salons obscurs ou du porno hard-core, vous assouvirez vos passions dans certains clubs du quartier rouge.

Argos (☎ 622 65 95 ; *Warmoesstraat 95*) – des garçons tendance cuir de tous âges viennent pour les salons obscurs, les cabines et les gadgets ; ouvert du dimanche au jeudi de 22h à 3h, jusqu'à 4h les vendredi et samedi.

Cockring (☎ 623 96 04 ; *Warmoesstraat 96*) – night-club techno, hard house et trance ; strip-tease et salon obscur à l'ambiance très chaude pour jeunes gens sexy et cuir ; ouvert du dimanche au jeudi de 23h à 4h, jusqu'à 5h le vendredi et le samedi.

Cuckoo's Nest (☎ 627 17 52 ; *Nieuwezijds Kolk 6*) – club et bar très animés et la plus grande "playroom" d'Europe ; ouvert tous les jours de 13h à 1h.

Getto (☎ 421 51 51 ; *Warmoesstraat 51*) – bar-restaurant, plus apprécié pour ses rigolotes animations nocturnes (tarot divinatoire, DJ, bingo) que pour sa cuisine.

Queen's Head (☎ 420 24 75 ; *Zeedijk 20*) – café pittoresque tenu par une extravagante drag-queen, Dusty, qui animait les soirées du bingo du Getto et connaît aujourd'hui la gloire grâce à son rôle dans un feuilleton sur le Zeedijk. Qu'il allie drag au latex, piercings et tatouages ajoute encore à son charme.

Autres quartiers

Les établissements gay se regroupent principalement dans les trois quartiers ci-

OÙ SORTIR

sus ; quelques-uns consacrés aux lesbiennes sont installés ailleurs.

Saarein II (*carte 4 ;* ☎ *623 49 01 ; Elandsstraat 119*) – bar-restaurant rénové, doté d'une excellente table de lecture et d'un billard.

Sarah's Grannies (*carte 6 ;* ☎ *624 01 45 ; Kerkstraat 176*) – sympathisant de la cause lesbienne, ce café sert des en-cas, des salades et des plats chauds.

De Spijker (*carte 4 ;* ☎ *620 59 19 ; Kerkstraat 42*) – les garçons tendance cuir et leurs clones se sentent chez eux dans ce bar sympathique ; tables de billard, vidéos et salon obscur très animé.

Vandenberg (*carte 2 ;* ☎ *622 27 16 ; Lindengracht 95*) – eetcafé très prisé des lesbiennes plus âgées.

MANIFESTATIONS SPORTIVES

Pour toute information sur les activités et les événements sportifs, reportez-vous à la rubrique *Activités* du chapitre *A voir et à faire*. Outre le football, le hockey sur gazon ou le korfball, typiquement néerlandais, méritent le déplacement. Vous pourrez vous renseigner sur les compétitions sportives en appelant le service des sports d'Amsterdam au ☎ 552 24 90.

Football

L'Ajax, vainqueur de la Coupe d'Europe des clubs champions en 1995 pour la quatrième fois, est le grand club local et national. Le PSV (association sportive Philips) d'Eindhoven et le Feijenoord de Rotterdam font également partie des clubs de haut niveau. Lorsque deux d'entre eux s'affrontent, c'est l'événement. Les Néerlandais pratiquent un football à la fois décontracté et technique, caractérisé par des dribbles et des tirs foudroyants. Les hooligans locaux sont tout aussi têtes brûlées que leurs homologues britanniques, mais vous devriez être à l'abri si vous achetez une place assise.

L'Ajax joue au nouveau stade Arena (☎ 311 13 33 ; métro Bijlmer, bureaux :

Haaksbergweg 59), d'une capacité de 52 000 spectateurs. Le stade abrite un musée de l'Ajax, avec coupes et autres objets fétiches. Il s'agit d'une installation énorme et onéreuse, high-tech, avec gazon amovible et toit ouvrant, construite au-dessus d'une autoroute. La pelouse ayant refusé de pousser par manque de vent, on a résolu le problème en installant d'énormes ventilateurs tout autour du terrain. Les matches de football ont généralement lieu le samedi soir et le dimanche après-midi pendant la saison, qui s'étend de début septembre à début juin (avec une pause hivernale peu avant Noël jusqu'à fin janvier).

Hockey

Les équipes néerlandaises de hockey sur gazon disputent les championnats du monde. A la différence du football, le hockey reste dans une large mesure un sport élitiste, auquel s'adonnent les représentants des deux sexes dans des clubs chics. La saison correspond plus ou moins à celle du football. Pour tout renseignement, contactez le Hockey Club Hurley (☎ 619 02 33), Nieuwe Kalfjeslaan 21, dans l'Amsterdamse Bos, qui combine entraînement et matches le lundi et le mardi soir à partir de 21h (mercredi après-midi et samedi matin pour les enfants).

Korfball

Ce sport déclenche généralement les moqueries des étrangers, qui ne comprennent pas ses attraits. Très pratiqué ici, il s'agit d'un mélange de netball, de volley et de basket. Des équipes mixtes se lancent un ballon en essayant de le faire entrer dans le panier de l'équipe adverse, situé à 3,5 m de hauteur ; les joueurs ne peuvent marquer que les joueurs adverses de même sexe. Pour toute information, contactez le Conseil des sports d'Amsterdam (☎ 552 24 90) ou le SVK Groen-Wit (☎ 646 15 15), Kinderdijkstraat 29.

Achats

A quelques exceptions près – drogue, pornographie, bulbes de fleurs, gouda vieux, genièvre rare –, vous ne trouverez rien à Amsterdam qui ne puisse s'acheter ailleurs, et les bonnes affaires sont rares. En revanche, marchés et boutiques insolites abondent.

Les bibliophiles, les amateurs de peinture ou de mobilier ancien, de diamants, de vêtements excentriques ou de douceurs ne seront certainement pas déçus.

Une foule impressionnante se presse, le week-end, dans les grands magasins et les boutiques de Nieuwendijk et Kalverstraat, les rues commerçantes les plus populaires. Leidsestraat est plus chic, même si les produits vendus sont tout aussi courants. Des boutiques de luxe bordent PC Hooftstraat, et les antiquaires se regroupent dans Nieuwe Spiegelstraat et Spiegelgracht. Le quartier du Jordaan est émaillé de galeries et de boutiques étranges, tout comme les rues qui sillonnent la zone des canaux, surtout dans le secteur ouest.

Les souvenirs sont partout les mêmes, kitsch pour la plupart, mais vous pourrez vous laisser tenter par un vase bleu de Delft ou quelques bulbes de tulipes. Le grand magasin Metz & Co propose des articles originaux mais coûteux.

Ne manquez pas le marché Albert-Cuyp, avec ses étalages de produits alimentaires ou autres en provenance des quatre coins du globe. Le marché aux fleurs, au bord du Singel, est unique en son genre ; les photographes amateurs regretteront la foule et l'ombre qui y règnent en permanence. Le marché aux puces de Waterlooplein offre un bric-à-brac caractéristique.

La plupart des magasins ouvrent sept jours sur sept selon les horaires suivants : le lundi de 13h à 18h, les mardi, mercredi, vendredi et samedi de 10h à 18h, le jeudi de 10h à 21h et le dimanche de 12h à 18h.

Si vous habitez hors de l'Union européenne et que vous prévoyez de faire des achats d'importance (de diamants, par exemple), consultez le paragraphe *Taxes et* *remboursements* de la rubrique *Questions d'argent*, au chapitre *Renseignements pratiques*, à propos du remboursement de la TVA.

GALERIES D'ART ET ANTIQUAIRES

Amsterdam compte de nombreuses galeries d'art, de la minuscule boutique aux gigantesques complexes commerciaux, qui s'apparentent à des musées. La grande majorité des meilleurs antiquaires est installée dans Nieuwe Spiegelstraat et alentour. Les adresses suivantes méritent le coup d'œil :

Art Works (carte 4 ; ☎ 624 19 80), Herengracht 229-231 – petite galerie qui expose des peintures et des sculptures hollandaises, espagnoles, belges et suisses.

Arti et Amicitiae (carte 4 ; ☎ 626 08 39), Rokin 112 – groupe d'artistes contemporains reconnus ; ouvert du mardi au dimanche de 12h à 18h.

Aschenbach Gallery (☎ 685 35 80), Bilderdijkstraat 165C – vaste galerie spécialisée dans diverses tendances du figuratif contemporain et dans la photographie.

Astamangala (carte 6 ; ☎ 623 44 02), Kerkstraat 168 – art ancien et objets ethnographiques en provenance de l'Himalaya ; ouvert du mardi au samedi de 12h à 18h.

Boekie Woekie (carte 4 ; ☎ 639 05 07), Berenstraat 16 – livres reliés main, cartes postales, monographies et objets d'art réalisés par des artistes hollandais et internationaux.

Decorativa (carte 4 ; ☎ 420 50 66), Nieuwe Spiegelstraat 7 – énorme choix d'antiquités européennes, d'objets de collection et de curieux cadeaux anciens.

Eduard Kramer (carte 6 ; ☎ 623 08 32), Nieuwe Spiegelstraat 64 – spécialisé dans les anciennes céramiques hollandaises (sol et mur) et plein à craquer d'objets ménagers d'origine.

EH Ariëns Kappers (carte 6 ; ☎ 623 53 56), Nieuwe Spiegelstraat 32 – estampes, gravures, eaux-fortes, lithographies et cartes du XVIIᵉ au XIXᵉ siècle, ainsi que blocs d'impression japonais en bois ; ouvert du mardi au dimanche de 11h à 17h.

Foundation for Indian Artists (carte 6 ; ☎ 623 15 47), Fokke Simonszstraat 10 – art contemporain, principalement figuratif, d'artistes indiens et asiatiques ; ouverte du mercredi au samedi de 13h à 18h et le premier dimanche du mois de 14h à 17h ; fermée en août.

Gallery Nine (carte 4 ; ☎ 627 10 97), Keizersgracht 570 – expositions mensuelles de peintures et sculptures abstraites réalisées par des artistes belges et hollandais reconnus ou débutants ; ouverte du mercredi au dimanche de 13h à 17h.

Guido de Spa (carte 6 ☎ 622 15 28), Tweede Weteringdwarsstraat 34 – céramiques, peintures, gravures et dessins ; ouvert du mercredi au samedi (et le premier dimanche du mois) de 14h à 17h.

Jaski (carte 6 ; ☎ 620 39 39), Nieuwe Spiegelstraat 27-29 – peintures, gravures, céramiques et sculptures des plus célèbres membres du Cobra.

Josine Bokhoven (carte 4 ☎ 623 65 98), Prinsengracht 154, en face de la maison d'Anne Frank – art contemporain, notamment de jeunes artistes ; ouvert du mardi au samedi (et le premier dimanche du mois) de 13h à 18h30.

Kunsthaar (carte 4 ☎ 625 99 12), Berenstraat 21 – art hollandais contemporain ; expositions collectives ; ouvert du mardi au vendredi de 10h à 18h et le samedi de 9h à 16h.

Lieve Hemel (carte 6 ; ☎ 623 00 60), Nieuwe Spiegelstraat 3 – peintures et sculptures réalistes contemporaines d'artistes hollandais.

Montevideo (carte 4 ; ☎ 623 71 01), Keizersgracht 264 – institut consacré à l'électronique, à la vidéo, etc.

Nanky de Vreeze (carte 6 ; ☎ 627 38 08), Lange Leidsedwarsstraat 198-200 – grande galerie d'art contemporain ; ouverte du mercredi au samedi (et le premier dimanche du mois) de 12h à 18h.

Open Space (carte 2 ; ☎ 420 09 58), Korte Prinsengracht 14 – ouvert du mercredi au samedi de 15h à 19h.

Parade (carte 6 ; ☎ 427 46 46), Prinsengracht 799 – expositions bimensuelles des grands noms américains et allemands du pop'art, du postmoderne et de la photographie ; ouvert du lundi au samedi de 11h à 18h.

Paul Andriesse (carte 4 ; ☎ 623 62 37), Prinsengracht 116 – art contemporain ; ouvert du mardi au vendredi de 11 à 18h, le samedi à partir de 14h et le premier dimanche du mois.

Prestige Art Gallery (carte 4 ; ☎ 624 01 04), Reguliersbreestraat 46, près de Rembrandtplein – spécialisée dans les peintures à l'huile et les bronzes du XVIIᵉ au XXᵉ siècle ; ouverte du lundi au samedi de 10h à 17h.

Reflex Modern Art Gallery (carte 6 ; ☎ 627 28 32), Weteringschans 79A, en face du

Rijksmuseum – importante galerie d'art contemporain, visant surtout une clientèle touristique.

SAK (Stichting Amsterdamse Kunstenaars, Fondation des artistes d'Amsterdam ; carte 4 ; ☎ 420 31 54), Keizersgracht 22, dans l'église De Zaaijer – gigantesque galerie d'art moderne exposant des artistes locaux ; ouverte toute la semaine de 10h30 à 18h30.

Steltman (carte 4 ; ☎ 622 86 83), Spuistraat 330, près de la place de Spui – grande galerie aux étonnantes peintures surréalistes et romantiques, art moderne figuratif et design ; ouverte du mardi au samedi de 11h à 18h.

XY (carte 4 ; ☎ 625 02 82), Tweede Laurierdwarsstraat 42 – peinture figurative et contemporaine ; ouvert du mardi au vendredi de 12h à 17h, jusqu'à 16h le samedi.

LIVRES

Bien qu'Amsterdam soit un grand centre d'édition, les livres y sont chers. Cependant, les bibliophiles flâneront avec délectation dans les innombrables librairies, de neuf ou d'ancien, ainsi que devant les étalages des marchés spécialisés. Autre atout : le personnel, très qualifié, fait souvent preuve d'un enthousiasme communicatif. La liste ci-dessous est loin d'être exhaustive. N'hésitez pas à pénétrer dans les minuscules boutiques obscures, où règne parfois un capharnaüm indescriptible, pour dénicher de bonnes affaires.

Langues étrangères

N. Smit, Gasthuismolensteeg 13 – littérature française, théâtre, histoire.

E.A.G. Fukkink, Placiusstrat 26, 1013 MD Amsterdam Centrum (la boutique se trouve sur Haarlemmerplein) – littérature française, voyage.

Antiquariaat Colombine (☎ 662 13 94), Ceintuurbaan 37 – littérature française, allemande, anglaise, histoire, livres illustrés ; catalogue ; recherche d'ouvrages.

American Book Center (carte 4 ; ☎ 625 55 37), Kalverstraat 185 – 10% de réduction sur présentation d'une carte d'étudiant ; soldes intéressants ; bon choix de guides de voyages, meilleur marché que ses concurrents.

Communauté homosexuelle

Intermale (carte 4 ; ☎ 625 00 09), Spuistraat 251 – beaux livres, magazines et vidéos gay.

Vrolijk (carte 4 ; ☎ 623 51 42), Paleisstraat 135 – la plupart des principaux magazines homosexuels du monde entier.

Vrouwen in Druk (carte 4 ; ☎ 624 50 03), Westermarkt 5 – littérature féminine (le nom du magasin signifie "femmes sous presse") ; livres neufs et d'occasion.

Xantippe Unlimited (carte 4 ; ☎ 623 58 54), Prinsengracht 290 – grand choix de littérature féminine, du roman classique à l'essai contemporain ; littérature gay également.

Santé, environnement et philosophie

Au Bout du Monde (carte 4 ; ☎ 625 13 97), Singel 313 – philosophie occidentale et orientale, médecine alternative, ésotérisme.

Oininio (carte 2 ; ☎ 553 93 44), Prins Hendrikkade 21 – New Age.

Voyages

A la Carte (carte 6 ; ☎ 625 06 79), Utrechtsestraat 110 – littérature de voyage, cartes et globes.

Amber (carte 4 ; ☎ 685 11 55), Da Costastraat 77 – derrière une agence de voyages, cette véritable caverne d'Ali Baba offre un grand choix de guides de voyage en hollandais, français, anglais et allemand.

Evenaar Literaire Reisboekhandel (carte 4 ; ☎ 624 62 89), Singel 348 – littérature de voyage.

Jacob van Wijngaarden (carte 6 ; ☎ 612 19 01), Overtoom 97 – librairie géographique avec une vaste sélection de guides de voyage et de cartes.

Pied à Terre (carte 4 ; ☎ 627 44 55), Singel 393 – spécialisé dans les cartes et les guides de randonnées à pied et en vélo.

Divers

Antiquariaat Kok (carte 4 ; ☎ 623 11 91), Oude Hoogstraat 14-18 – beau choix de livres anciens (littérature, beaux livres, éditions anciennes, etc.).

Architectura & Natura (carte 4 ; ☎ 623 61 86), Leliegracht 22 – architecture, paysagisme et beaux livres au rez-de-chaussée ; art et architecture antiques à l'étage.

Athenaeum (carte 4 ; ☎ 622 62 48), Spui 14-16 – vaste assortiment de livres insolites ; le département journaux offre un grand choix de journaux et magazines du monde entier.

The Book Exchange (carte 4 ; ☎ 626 62 66), Kloveniersburgwal 58 – le paradis du livre d'occasion.

Broekmans & Van Poppel (carte 6 ; ☎ 679 65 75), Van Baerlestraat 92-94 – la meilleure adresse pour les partitions de musique (classique et populaire).

The Frisian Embassy (carte 4 ; ☎ 422 27 41), Leliegracht 18 – ce n'est pas une ambassade, mais une minuscule librairie et un centre d'information sur la Frise.

Lambiek (carte 4 ; ☎ 626 75 43), Kerkstraat 78 – pour les collectionneurs de bandes dessinées ; fait aussi office de musée.

Scheltema Holkema Vermeulen (carte 4 ; ☎ 523 14 11), Koningsplein 20 – la plus vaste librairie de la ville s'est récemment agrandie ; véritable grand magasin avec de nombreux titres étrangers, un restaurant et des sections New-Age et multimédia très complètes.

De Slegte (carte 4 ; ☎ 622 59 33), Kalverstraat 48 – spécialisé dans les livres d'occasion et les éditions soldées ; ouvrages très bon marché au rez-de-chaussée et quelques trésors à l'étage.

Stadsboekwinkel (carte 7 ; ☎ 551 17 33), Voormalige Stadstimmertuin 4-6, près du Théâtre Carré – librairie tenue par un imprimeur amstellodamois ; livres et autres publications sur Amsterdam, dont certains en anglais.

CAMPING ET PLEIN AIR

Les activités de plein air sont très prisées des Néerlandais, qui achètent de préférence du matériel de qualité. Les prix sont souvent élevés.

Bever Zwerfsport (carte 6 ; ☎ 689 46 39), Stadhouderskade 4, près de Leidseplein – grand choix de matériel de camping et autres activités de plein air.

Carl Denig (carte 6 ; ☎ 626 24 36), Weteringschans 115, près du Rijksmuseum – sans doute le meilleur magasin d'Amsterdam, qui pratique des prix en conséquence ; beau choix de sacs à dos, de tentes et d'accessoires de randonnée/camping.

Demmenie (carte 4 ; ☎ 624 36 52), Marnixstraat 2 – équipement professionnel pour les sportifs sérieux (alpinisme, tentes, chaussures, vêtements, etc.).

Perry Sport (carte 6 ; ☎ 618 91 11), Overtoom 2 – meilleur marché que le Bever Zwerfsport, voisin, mais la qualité s'en ressent ; matériel de camping au rez-de-chaussée.

ENFANTS

Magasins de mode, de jouets et librairies spécialisées, les enfants ne sont pas oubliés !

Les jouets en bois, les maisons de poupées et les marionnettes font l'unanimité. Quelle petite fille résistera à la réplique en bois d'une maison de canal ? Les boutiques de vêtements proposent pour la plupart des versions miniature de la mode adulte, à des prix voisins. Dans ce domaine, certains marchés pratiquent des prix remarquablement bas.

Bam-bam (carte 4 ; ☎ 624 52 15), Magna Plaza, Nieuwezijds Voorburgwal 182 – mobilier artisanal et vêtements de luxe pour enfant-rois.

Bell Tree (carte 6 ; ☎ 625 88 30), Spiegelgracht 10, non loin du Rijksmuseum – jouets pour enfants de tous âges et bon choix de jouets électroniques pour les 8-14 ans.

Exota Kids (carte 4 ; ☎ 420 68 84), Nieuwe Leliestraat 32 – c'est ici que les parents aisés habillent leurs enfants avec l'élégance qui s'impose. Le label d'Exota, Petit Louie, est l'uniforme des bambins branchés.

De Kinderboekwinkel (carte 4 ; ☎ 622 77 41), Nieuwzijds Voorburgwal 344 – livres en néerlandais pour la plupart, mais grand choix de livres d'images (en particulier ceux de Dick Bruna) pour les tout-petits.

Kitsch Kitchen Kids (carte 4 ; ☎ 622 82 61), Rozengracht 183 – jouets, déguisements, mobiliers et cadeaux colorés et un peu fous en provenance du Mexique.

Knuffels (carte 4 ; ☎ 427 38 62), Nieuwe Hoogstraat 11 – lieu enchanteur qui ravit adultes et enfants ; déborde de jouets duveteux aux couleurs vives, d'ours en peluche, de marionnettes, de superbes mobiles, de puzzles, etc.

Mechanisch Speelgoed (carte 2 ; ☎ 638 16 80), Westerstraat 67 – drôle de boutique pleine de jouets d'autrefois : mécaniques, dômes neigeux, lampes à incandescence, masques et marionnettes.

Pinokkio (carte 4 ; ☎ 622 89 14), Magna Plaza, Nieuwezijds Voorburgwal 182 – jouets éducatifs et en bois, chevaux à bascule, mobiles et, bien sûr, plein de Pinocchio.

Prenatal (carte 4 ; ☎ 626 63 92), Kalverstraat 40 – chaîne de magasins destinés aux femmes enceintes, aux bébés et aux enfants (prix assez élevés) : vêtements, jouets, landaus, couffins, etc.

De Speelmuis (carte 4 ; ☎ 638 53 42), Elandsgracht 58 – une impressionnante collection de maisons de poupées, de jouets miniatures, de marionnettes et de puzzles.

Storm (carte 4 ; ☎ 624 10 74), Magna Plaza, Nieuwezijds Voorburgwal 182 – vêtements de créateurs (européens et américains) pour adolescents et préadolescents aisés.

VÊTEMENTS

Les créateurs amstellodamois font rarement preuve d'extravagance. La mode reste stricte, bien qu'élégante, et les prix sont très raisonnables. Kalverstraat abonde en magasins franchisés bon marché. Pour trouver une tenue plus excentrique, souvent d'occasion, explorez les petites boutiques du Jordaan ou les marchés. Vous pouvez aussi visiter les adresses suivantes :

Analik (carte 4 ; ☎ 422 05 61), Hartenstraat 36 – ce jeune styliste en vogue crée une mode féminine et moderne pour jeunes filles élégantes.

Awareness Winkel (carte 4 ; ☎ 638 10 59), Weteringschans 143, près du Rijksmuseum – vêtements respectant l'environnement, du chapeau aux chaussettes en coton bio.

Cora Kemperman (carte 4 ; ☎ 625 12 84), Leidsestraat 72 – souplesse pour coordonnés fluides, robes en soie brute, en coton et en laine.

Exota (carte 4 ; ☎ 620 91 02), Hartenstraat 10 – mode branchée pour toute la famille ; marques connues (Lee, Kookai et French Connection) ou plus alternatives.

Fun fashion (carte 4 ; ☎ 420 50 96), Nieuwendijk 200 – tenues street, surf et skate pour les garçons (Carhartt, Stussy, Oakley et Birkenstock).

Hennes & Mauritz (carte 4 ; ☎ 624 06 24), Kalverstraat 125 – l'une des meilleures chaînes pour adultes, enfants et adolescents ; prix très bas pour une qualité parfois discutable.

Housewives on Fire (carte 4 ; ☎ 422 10 67), Spuistraat 130 – vêtements club, bijoux et salon de coiffure.

Lady Day (carte 4 ; ☎ 623 58 20), Hartenstraat 9 – vêtements anciens du monde entier en parfait état ; les vestes en cuir et les cabans sont assez chers.

Laundry Industry (carte 4 ; ☎ 420 25 54), Spui 1 – vêtements bien coupés et élégants pour citadins branchés.

Mango (carte 4 ; ☎ 427 27 60), centre commercial Kalvertoren, Singel 457 – dernières tendances, du vêtement décontracté à la tenue élégante, à prix raisonnables.

Van Ravenstein (carte 4 ; ☎ 639 00 67), Keizersgracht 359 – modèles de grands couturiers belges (Dries Van Noten, Ann Demeulemeester et Dirk Bikkembergs) pour une clientèle très aisée.

Reflections (carte 6 ; ☎ 664 00 40), PC Hooftstraat 66-68 – marques de haute couture (Issey

Miyake, Dolce e Gabbana, Comme des Garçons, etc.) pour budgets extensibles.

Shoebaloo (carte 4 ; ☎ 626 79 93), Koningsplein 7 – belles chaussures d'importation (Patrick Cox, Miu Miu, Prada Sport, etc.) et la marque maison, plus abordable.

Zipper (carte 4 ; ☎ 627 03 53), Nieuwe Hoogstraat 8 – vêtements d'occasion pour clientèle branchée ; bon choix de jeans et de tenues sur mesure.

GRANDS MAGASINS

A l'exception de Metz & Co et de certains départements du Bijenkorf, les grands magasins proposent des produits courants.

Bijenkorf (carte 4 ; ☎ 621 80 80), Dam 1 – le grand magasin le plus élégant, avec un snack-bar ou un petit restaurant à chaque étage et un décor soigné ; vêtements, livres, jouets et accessoires pour la maison bien choisis.

Hema (carte 4 ; ☎ 638 99 63), Nieuwendijk 174, entre autres adresses – récemment rénové, il attire aussi bien les amateurs de design que de bonnes affaires ; prix bas, bonne qualité et vaste choix, dont de bon vins et une excellente épicerie fine.

Kalvertoren (carte 4), Singel 457 – ouvert depuis 1997, ce centre commercial moderne et très couru abrite des succursales de Hema et de Vroom & Dreesmann et des boutiques de mode, comme Replay, Quicksilver, Levis, Timberland et Guess.

Magna Plaza (carte 4 ; ☎ 626 91 99), Nieuwezijds Voorburgwal 182 – dans ce grand bâtiment du XIXe siècle, ancienne poste centrale de la ville, vous trouverez plus de 40 magasins haut de gamme (mode, bijoux, cadeaux) et une bonne brasserie au dernier étage.

Maison de Bonneterie (carte 4 ; ☎ 531 34 00), Rokin 140 – ligne classique et modèles exclusifs pour toute la famille, avec l'accent sur la mode masculine (Ralph Lauren, Tommy Hilfiger, Armani, etc.) ; remarquez les lustres étonnants et la splendide coupole de verre.

Metz & Co (carte 4 ; ☎ 520 70 36), Keizersgracht 455, Leidsestraat – ameublement et accessoires pour la maison luxueux, cadeaux et vêtements haut de gamme ; restaurant au dernier étage avec une vue superbe (voir le chapitre *Où se restaurer*).

Vroom & Dreesmann (carte 4 ; ☎ 622 01 71), Kalverstraat 201 – importante chaîne nationale avec un vaste choix de produits, un cran au-dessus de Hema ; particulièrement appréciée pour ses vêtements et ses produits de beauté ;

la cafétéria, La Place, vaut à elle seule le détour : salades copieuses et fraîches, sandwiches, plats chauds et pâtisseries à prix raisonnables.

DIAMANTS

Depuis l'introduction de l'industrie de la taille par les juifs sefarades dans les années 1580, Amsterdam est devenue l'un des principaux centres mondial du diamant. C'est notamment dans la cité amstellodamoise, en 1908, que fut taillé le *Cullinan*, le plus gros diamant jamais mis au jour (3 106 carats), en plus de cent pierres. Le *Koh-i-Noor* fut également taillé ici ; la reine Victoria fit l'acquisition de ce diamant ovale de 108,8 carats, qui fait aujourd'hui partie des joyaux de la couronne britannique.

La Seconde Guerre mondiale entraîna un net ralentissement de cette activité mais Amsterdam compte encore une dizaine d'ateliers. Cinq d'entre eux proposent des visites guidées, et celle de Gassan Diamonds est certainement la plus intéressante. Elles sont gratuites (dans l'espoir que le visiteur se transformera en acheteur) et ont lieu tous les jours entre 9h et 17h. Mieux vaut téléphoner pour plus de précisions.

Les diamants ne sont pas moins chers à Amsterdam qu'ailleurs, mais les prix restent compétitifs. Vous découvrirez le travail des tailleurs et, si vous achetez une pierre à l'atelier, on racontera son histoire, de la provenance à la coupe. La Bourse du diamant (Diamantbeurs Amsterdam ; ☎ 696 22 51) est installée à Bijlmer, Hogehilweg 14, 1101 CD Amsterdam.

Amsterdam Diamond Center (carte 4 ; ☎ 624 57 87), Rokin 1.

Coster Diamonds (carte 6 ; ☎ 676 22 22), Paulus Potterstraat 2-6.

Gassan Diamonds (carte 5 ; ☎ 622 53 33), Nieuwe Uilenburgerstraat 173-175

Stoeltie Diamonds (carte 4 ; ☎ 623 76 01), Wagenstraat 13-17.

Van Moppes & Zoon (carte 6 ; ☎ 626 12 42), Albert Cuypstraat 2-6.

ALIMENTATION ET BOISSONS

La gastronomie hollandaise ne vous laissera pas de souvenirs impérissables, mais vous ne résisterez pas à la tentation dans les magasins suivants :

Australian Homemade (carte 4), Leidsestraat 59 – hormis les motifs aborigènes qui les ornent ces chocolats artisanaux, n'ont rien d'australien mais sont absolument délicieux ; goûtez aussi les glaces maison.

Bakkerij Paul Année (carte 4 ; ☎ 623 53 22), Runstraat 25 – boulangerie bio aux pains succulents.

De Belly (carte 4 ; ☎ 330 94 83), Nieuwe Leliestraat 174 – ce supermarché bio dans le Jordaan possède une excellente boulangerie et un rayon gourmet de qualité.

De Bierkoning (carte 4 ; ☎ 625 23 36), Paleisstraat 125 – des centaines de bières différentes, des verres et autres articles se rapportant à la bière.

Le Cellier (carte 4 ; ☎ 638 65 73), Spuistraat 116 – genièvre, liqueurs, un grand choix de vins du Nouveau Monde et plus de 75 variétés de bières.

Eichholtz (carte 4 ; ☎ 622 03 05), Leidsestraat 48 – tout ce dont rêvent les Anglais et les Américains qui ont le mal du pays : cakes Betty Crocker, cookies Oreo, sauces Lea & Perrins, soupes en boîte Baxters, etc.

Geels & Co (carte 4 ; ☎ 624 06 83), Warmoesstraat 67 – boutique de thé et de café ; ouverte aux heures habituelles ; si vous venez le mardi, le vendredi ou le samedi entre 14h et 16h (16h30 le samedi), visitez le petit musée à l'étage.

De Kaaskamer (carte 4 ; ☎ 623 34 83), Runstraat 7 – des centaines de fromages de Hollande et de toute l'Europe et de l'épicerie fine (pâtés, viandes salées, baguettes) ; à l'heure du déjeuner, on s'y presse pour les sandwiches maison.

Meeuwig & Zn (carte 2 ; ☎ 626 52 86), Haarlemmerstraat 70 – plus de 50 sortes d'huile d'olive du monde entier, des vinaigres fins, de la moutarde, des chutneys et des olives fraîches.

Puccini Bomboni (carte 4 ; ☎ 427 83 41), Singel 184 – grosses bouchées fourrées au chocolat maison (goûtez la bouchée épicée au poivre).

Simon Lévelt (carte 4 ; ☎ 624 08 23), Prinsengracht 180, en face de la maison d'Anne Frank ; et Ferdinand Bolstraat 154 (carte 6 ; ☎ 400 40 60) – boutique traditionnelle de thé et de café.

De Waterwinkel (carte 6 ; ☎ 675 59 32), Roelof Hartstraat 10 – plus de 100 variétés d'eaux minérales en bouteille de tous les coins du monde.

Wijnkoperij Otterman (carte 4 ; ☎ 625 50 88), Keizersgracht 300 – vins français de caractère et vins biologiques.

MARCHÉS

Une visite d'Amsterdam serait incomplète sans l'exploration d'un ou plusieurs marchés. Pour plus d'informations à ce sujet, reportez-vous aux rubriques correspondantes du chapitre *A voir et à faire*. Nous citons ci-dessous les plus connus (prenez garde aux pickpockets).

Albert Cuypmarkt, Albert Cuypstraat (carte 6) – marché de produits alimentaires, vêtements, quincaillerie, etc. ; souvent très bon marché ; communautés ethniques très diverses ; tous les jours sauf le dimanche.

Marché aux antiquités, Noordermarkt, dans le Jordaan – antiquités, tissus, bric-à-brac d'occasion, etc. ; lundi matin.

Marché aux antiquités, Nieuwmarkt – beaucoup d'articles authentiques ; tous les dimanche d'avril à octobre.

Marché aux antiquités, Elandsgracht 109 (carte 4), dans le Jordaan – installé dans le complexe De Looier ; tous les jours, excepté le vendredi.

Marchés d'art, Thorbeckeplein et Spui – œuvres de qualité, tableaux modernes pour l'essentiel ; tous les dimanche entre mars et octobre de 10h30 à 18h.

Bloemenmarkt, en bordure du Singel, près de Muntplein (carte 4) – marché aux fleurs flottant ; tous les jours sauf le dimanche.

Boerenmarkt (marché fermier), Noordermarkt, dans le Jordaan, et Nieuwmarkt – produits écologiques, plantes, etc. ; uniquement le samedi.

Marché aux livres, Oudemanhuispoort (ancienne arcade entre Oudezijds Achterburgwal et Kloveniersburgwal) – fréquenté par les étudiants des universités environnantes ; on y trouve de tout, de l'édition originale du *Capital* à l'analyse sémantique des sagas islandaises ; en semaine.

Marché aux livres, Spui – plutôt cher, mais choix intéressant ; uniquement le vendredi.

Mosveldmarkt, Mosveld, Amsterdam Noord (carte 1 ; bus n°34 ou 35 de Centraal Station, premier arrêt après le tunnel de l'IJ) – marché typique ; alimentation et vêtements ; mercredi, vendredi et samedi.

Marché aux plantes, Amstelveld – toutes sortes de plantes, de pots et de vases ; tous les lundi en été.

Marché aux timbres et aux monnaies, en face du Nova Hotel, Nieuwezijds Voorburgwal 276 – mercredi et samedi de 10h à 16h.

Marché aux puces de Waterlooplein, Waterlooplein – curiosités, vêtements d'occasion, musique, matériel électronique passablement détraqué, accessoires érotiques, informatique, etc. ; tous les jours sauf le dimanche.

MUSIQUE

Bien que les CD soient chers en Hollande, les collectionneurs feront sans doute des découvertes grâce aux nombreux magasins dotés d'un stock intéressant, voire surprenant. Par ailleurs, quantité de boutiques et de marchés vendent des CD d'occasion à petits prix.

Blue Note (carte 4 ; ☎ 428 10 29), Gravenstraat 12 – jazz (hollandais, européen et américain), enregistrements japonais, quelques CD d'acid jazz et de dance.

Broekmans & Van Poppel (carte 6 ; ☎ 675 16 53), Van Baerlestraat 92-94 – musique classique.

Concerto (carte 6 ; ☎ 623 52 28), Utrechtsestraat 52-60 – gigantesque magasin sur plusieurs bâtiments ; offre la plus vaste sélection de CD et de vinyles (neufs et occasions), du classique, jazz et musiques du monde au techno, souvent bon marché ; on peut écouter avant d'acheter.

FAME Music (carte 4 ; ☎ 638 25 25), Kalverstraat 2-4, place du Dam – énorme choix de titres, avec l'accent sur le rock, le jazz, la musique classique, les CD ROM et les vidéos ; vente de billets pour les grands concerts rock, pop et dance.

Get Records (carte 6 ; ☎ 622 34 41) Utrechtsestraat 105 – un choix éclectique de rock, de folk et de blues.

Kuijpers (carte 6 ; ☎ 679 46 34), Ferdinand Bolstraat 6 – musique de chambre et baroque.

Musiques du Monde (carte 4 ; ☎ 624 13 54), Singel 281 – choix fabuleux de CD de musiques du monde (quelques-uns d'occasion), un peu plus chers qu'ailleurs ; spécialisé dans les musiques d'Inde et du Moyen-Orient ; publie une revue trimestrielle, *Wereldmuziek* (en hollandais ; abonnement gratuit en Hollande, 27 fl. pour l'étranger).

Rush Hour Records (carte 4 ; ☎ 427 45 05), Spuistraat 98 – vinyles exclusivement, imports de dance (speed garage, hip-hop, house, big beat, brésilien) ; les meilleurs DJ d'Amsterdam fouillent dans les bacs à la recherche des dernières nouveautés.

Soul Food (carte 4 ; ☎ 428 61 30), Nieuwe Nieuwstraat 27C – imports de rap, R&B, house, garage et big beat ; 6 platines à disposition pour inciter les DJ à prouver leur talent.

Tropenmuseum (carte 7 ; ☎ 568 82 00), Linnaeusstraat 2 – ce musée propose l'un des plus beaux choix de CD de musique ethnique.

Virgin Megastore (carte 4 ; ☎ 622 89 29), Magna Plaza, Nieuwezijds Voorburgwal 182, au sous-sol – le top-40, de la dance et un bon choix de magazines et d'articles (T-shirts, vidéos, etc.).

DROGUES DOUCES

Les boutiques de drogues ont commencé à essaimer dans la ville il y a cinq ans et complètent aujourd'hui les coffee-shops. Elles vendent des hallucinogènes légaux et bio, comme les champignons, les joints d'herbe, les graines (opium, marijuana, psychotropes) les modificateurs de l'humeur et les aphrodisiaques. La vente de champignons hallucinogènes reste légale, car le ministre néerlandais de la Santé les a déclarés inoffensifs s'ils sont consommés de façon responsable (en tenant compte des avertissements), mais il est a priori illégal de leur faire passer des frontières.

Les magasins cités ci-dessous vendent aussi bien des drogues légales que des livres, des bijoux, des vidéos planantes ou des pipes à eau. Avant de conclure votre achat, demandez au vendeur quelle dose prendre et quels en sont les effets.

Botanic Herbalist (☎ 470 88 89), Cornelius Trooststraat 37 – hautement recommandé par la profession pour ses plantes puissamment psychotropes (en particulier la rare salvia) et son grand choix de haschich.

Chills & Thrills (carte 2 ; ☎ 638 00 15), Nieuwendijk 17 – toujours pleine de touristes qui tentent de s'entendre par-dessus le martèlement de la dance, la boutique de drogue la plus commerciale d'Amsterdam vend de l'herbe, des champignons, des cactus psychotropes, des boissons énergisantes, les dernières pipes à eau et d'effrayantes sculptures d'extraterrestres grandeur nature (350 fl) ; un mini-inhalateur permet de consommer de l'herbe sans la fumer ! Ouvert tous les jours de 11h à 21h.

Conscious Dreams (carte 4 ; ☎ 626 69 07), Kerkstraat 117 – premier magasin de cette sorte, il vend toujours des champignons hallucinogènes et autres produits stimulants ; des brochures et

cours de conversion de l'euro 1 fl = 0,45 €

un personnel enthousiaste répondent à toutes vos questions ; bon choix de livres sur le psychédélisme et l'ésotérisme et dépliants de nightclubs (prochaines soirées trance/ambient).

Kokopelli (carte 4 ; ☎ 421 70 00), Warmoesstraat 12 – second magasin de Conscious Dreams ; beau lieu tranquille en plein quartier rouge ; outre la vente de champignons et autres drogues douces, il offre une galerie d'art, un accès Internet et un paisible salon donnant sur le Damrak.

The Magic Mushroom Gallery (carte 4 ; ☎ 427 57 65), Spuistraat 249 – champignons frais ou séchés (les mexicains, aux effets heureux et relaxants, sont conseillés aux débutants), kits pour les cultiver, aphrodisiaques à base de plantes et art psychédélique sur les murs et dans les toilettes ; ouverte du dimanche au jeudi de 11h à 22h, le vendredi et le samedi à partir de 10h.

SOUVENIRS TRADITIONNELS

Si vous devez rapporter un souvenir classique, choisissez une paire de sabots, des bulbes de tulipes ou un vase de Delft.

Bloemenmarkt (carte 4), dans Singel près de Muntplein – marché aux fleurs flottant ; les vendeurs vous indiqueront si vous pouvez rapporter des bulbes chez vous : certains pays n'en autorisent qu'une quantité limitée, d'autres les interdisent.

Galleria d'Arte Rinascimento (carte 4 ; ☎ 622 75 09), Prinsengracht 170 – faïences royales de Delft, toutes sortes de vases, de plateaux, de broches et de décorations de Noël ; intéressante sélection de plaques et de carrelages muraux du XIXe siècle.

Heinen (carte 4 ; ☎ 627 82 99), Prinsengracht 440 – quatre étages de faïence de Delft ; toutes les grandes fabriques sont représentées, et tous les budgets pris en compte (de la cuillère à 9 fl au vase ancien à 5 000 fl).

De Klompenboer (carte 4 ; ☎ 623 06 32), St Anthoniesbreestraat 51 – Bruno, le propriétaire excentrique de cette jolie boutique de sabots, vend des modèles décorés à la main par sa mère (ceux ornés de motifs de vache sont vraiment originaux) ; découvrez l'histoire du sabot dans le petit musée qui abrite des modèles miniature de chaussures en bois et une paire vieille de 700 ans ; ouvert tous les jours de 10h à 18h.

BOUTIQUES SPÉCIALISÉES

Envie de vous faire plaisir ? Essayez les boutiques suivantes :

Art Unlimited (carte 4 ; ☎ 624 84 19), Keizersgracht 510 – des milliers de cartes postales inhabituelles ou inattendues (très bien classées) et de magnifiques affiches d'art.

Aurora Kontakt (carte 4 ; ☎ 623 59 89) Vijzelstraat 27, près de Muntplein – gigantesque assortiment d'accessoires électroniques à prix compétitifs.

Beaufort (carte 4 ; ☎ 625 91 31), Grimburgwal 11 – bijouterie artisanale contemporaine ; colliers et bagues particulièrement réussis.

Computercollectief (carte 6 ; ☎ 638 90 03), Amstel 312 – l'une des meilleures adresses pour les logiciels, les livres et les magazines d'informatique.

Condomerie Het Gulden Vlies (carte 4 ; ☎ 627 41 74), Warmoesstraat 141 – très bien situé pour ce commerce ; des centaines de préservatifs différents.

Foto Professional (carte 4 ; ☎ 624 60 24), Nieuwendijk 113 – matériel photographique et réparations ; incomparable choix de matériel d'occasion : vous trouverez certainement ce que vous cherchez.

The Frozen Fountain (carte 4 ; ☎ 622 93 75) Prinsengracht 629, près de la bibliothèque publique principale – ameublement et design d'intérieur d'avant-garde ; de 20 fl pour un petit cadeau à 6 000 fl le meuble sur mesure.

Hajenius (carte 4 ; ☎ 623 74 94), Rokin 92 – réputé pour ses tabacs et articles de fumeurs, dont les traditionnels cigares de feuilles (fabrication maison) et les pipes en terre ; splendide intérieur Art déco.

The Headshop (carte 4 ; ☎ 624 90 61), Kloveniersburgwal 39, au coin de Nieuwe Hoogstraat – toutes sortes d'accessoires pour la drogue ; livres sur le chamanisme, le psychédélisme et le spiritualisme.

3-D Hologrammen (carte 4 ; ☎ 624 72 25), Grimburgwal 2 – galerie et boutique avec une belle collection de reproductions holographiques, de bijoux, d'autocollants, etc.

Kitsch Kitchen (carte 4 ; ☎ 428 49 69), Bloemdwarsstraat 21 – tout pour transformer votre maison en temple kitsch et coloré ; les médiocres nappes mexicaines et les lustres indiens en plastique rose partent comme des petits pains.

Maranón Hangmatten (carte 4 ; ☎ 420 71 21), Singel 488, dans le marché aux fleurs – grand choix de hamacs.

Miffy Shop (☎ 671 97 07), Beethovenstraat 71 – à la gloire de Miffy, le plus célèbre personnage de l'illustrateur hollandais Dick Bruna : livres, jouets et autres articles pour enfants.

De Ode (☎ 419 08 82), Levantkade 51, sur l'île de KNSM – si vous désirez un cercueil qui sort de l'ordinaire, cette boutique (*dode* en néerlandais veut dire mort) se spécialise dans les cercueils et les funérailles extraordinaires ; vous pourrez choisir une bibliothèque qui se transforme en cercueil, un cercueil à roulettes avec barre de remorquage pour conduire le défunt à vélo jusqu'à sa dernière demeure, ou encore une fusée géante, qui propulsera dans le ciel les cendres de votre aïeul (à faire sur la plage, après obtention de l'autorisation adéquate).

Reina (carte 4 ; ☎ 428 23 90), Herenstraat 32 A – éblouissant avec ses lanternes marocaines, ses lampes égyptiennes et des objets en provenance d'Inde et de Tunisie.

Santa Jet (carte 2 ; ☎ 427 20 70), Prinsenstraat 7 – châsses mexicaines et icônes religieuses, articles pour fêter le jour des Morts, bougies et potions aphrodisiaques ; le décor aux couleurs vives mérite le détour.

De Witte Tanden Winkel (carte 4 ; ☎ 623 34 43), Runstraat 5 – belle gamme de brosses à dents et autres produits dentaires.

TIERS-MONDE ET NEW AGE

Nature, New Age, tiers-monde, vous n'aurez que l'embarras du choix pour satisfaire vos envies dans ces domaines.

Abal Wereldwinkel (carte 6 ; ☎ 664 10 83), Ceintuurbaan 238 – boutique tenue par des bénévoles qui vendent de l'artisanat, des livres, des jeux et des produits alimentaires en provenance du tiers monde, dans le cadre d'un commerce équitable (les profits vont aux producteurs).

African Heritage (carte 4 ; ☎ 625 22 45), Zeedijk 59 – curiosités et vêtements africains.

Fair Trade Shop (carte 4 ; ☎ 627 27 65), Heiligeweg 45 – même démarche qu'Abal Wereldwinkel : vêtements, cadeaux, CD, ainsi que quelques céramiques, sculptures et masques intéressants.

Himalaya (carte 4 ; ☎ 626 08 99), Warmoesstraat 56 – paisible oasis New Age au centre du quartier rouge : cristaux, CD d'ambiance et livres sur les techniques de guérison ; faites un tour dans le charmant salon de thé.

Jacob Hooy & Co (carte 4 ; ☎ 624 30 41), Kloveniersburgwal 10 – cette charmante officine vend des herbes médicinales, des remèdes homéopathiques et des cosmétiques naturels depuis 1743.

Oininio (carte 2 ; ☎ 553 93 34), Prins Hendrikkade 20-21 – vaste choix de produits écologiques et de cadeaux New Age, tels que des huiles d'aromathérapie, des boules tibétaines apaisantes et des didgeridoos ; tarot divinatoire, astrologie, numérologie et lecture des lignes de la main. Au 1er étage, le salon de thé japonais est l'endroit rêvé où se relaxer après tous ces achats.

Excursions

Étant donné la taille du pays, vous pourrez, d'Amsterdam, visiter de nombreuses régions lors d'excursions d'une ou deux journées. Il faut moins de 2 heures 30 de train pour rejoindre la plupart des grandes villes, même les plus lointaines telles Maastricht (dans le sud-est de la province du Limbourg) ou Groningue (dans le nord-est de la province de Groningue). Beaucoup de sites se concentrent à l'ouest du pays, dans les provinces de Hollande-Méridionale et de Hollande-Septentrionale (au sud de laquelle se situe Amsterdam), et se trouvent à moins d'une heure de voiture ou de train.

Comment circuler dans le pays

Reportez-vous aux chapitres *Comment s'y rendre* et *Comment circuler* pour des informations générales sur le choix des moyens de transport. Le réseau autoroutier est très dense, mais vous aurez tout intérêt, dans la majorité des cas, à emprunter le train. Des forfaits combinent billets de train et accès à divers sites et manifestations (voir plus loin la rubrique *Rail Idee*).

Les trains néerlandais, notamment les nouveaux trains à deux étages, sont pratiques, rapides et confortables. Les lignes principales fonctionnent jusque vers 24h (le trafic s'arrête souvent bien plus tôt sur les lignes secondaires). Des trains de nuit circulent toutes les heures sur la ligne Utrecht-Amsterdam-Schiphol-Leyde-La Haye-Delft-Rotterdam, sans supplément de prix ; les billets s'achètent au guichet ou dans les billetteries automatiques. Si vous montez dans le train sans billet, signalez-le immédiatement au contrôleur, faute de quoi vous payerez près du double du tarif normal.

Le *Stoptrein* est le train le plus lent. Viennent ensuite le *Sneltrein* (train express, S), l'*Intercity* (IC), l'*Intercity Plus* (IC+) et l'*EuroCity* (EC). Des trains *EuroCity* relient Amsterdam à Cologne neuf fois par jour en semaine et huit fois par jour le week-end, ne s'arrêtant qu'aux gares d'Utrecht et d'Arnhem. Très rapides, ces trains font gagner 10 minutes sur le trajet Amsterdam-Arnhem, moyennant un supplément de 3 fl au guichet (7 fl dans le train). Au départ d'Amsterdam, le train à grande vitesse *Thalys* ne fait halte qu'à Schiphol (et à Rotterdam, au départ de La Haye) ; il requiert un billet spécial, disponible aux guichets internationaux de Centraal Station.

Les horaires de train sont disponibles dans les gares et chez les marchands de journaux (10,50 fl) ; ne l'achetez que si vous prévoyez de nombreux trajets vers des gares peu fréquentées, desservies par des omnibus locaux. Il comprend un petit guide de l'usager (en français, anglais, allemand, turc et arabe ; pages 14 à 23). Vous pouvez aussi consulter le site Internet www.ns.nl, puis cliquer sur "Reisplanners" (planning des déplacements) en haut à gauche et choisir votre langue. Des trains partent fréquemment de Centraal Station vers la plupart des régions, et votre attente devrait être de courte durée.

Toutes les grandes gares possèdent des consignes (automatiques ou non) et 100 d'entre elles disposent d'un service de location de bicyclettes (tarif préférentiel sur présentation du billet de train – voir la rubrique *Location de bicyclettes* du chapitre *Comment circuler*). Vous pouvez transporter votre propre vélo dans le train moyennant 10 à 25 fl, à condition qu'il comporte un fourgon à bagages (c'est souvent le cas), excepté en semaine de 6h30 à 9h et de 16h30 à 18h (ces restrictions ne s'appliquent pas en juillet et août). Les vélos pliants ne sont soumis ni à restriction ni à supplément si l'on peut les considérer comme bagage à main.

Pour toute information sur les trains et les billets, appelez le numéro national des transports publics : ☎ 0900-92 92 (0,75 fl la minute), de 6h à 24h en semaine, à partir de 7h le week-end et les jours fériés.

Billets. Avec un titre de transport valide, vous pouvez descendre à tous les arrêts qui

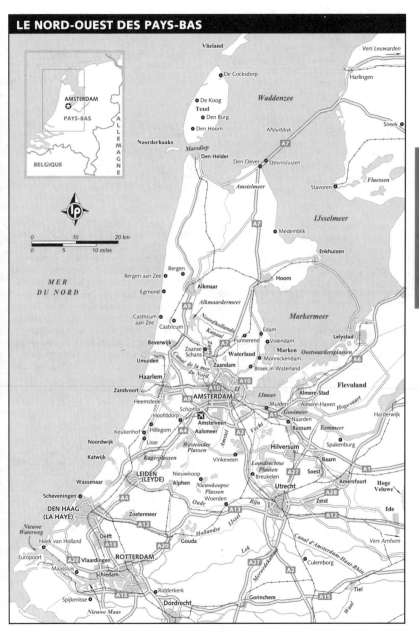

LE NORD-OUEST DES PAYS-BAS

EXCURSIONS

cours de conversion de l'euro 1 fl = 0,45 €

Billeteries automatiques

Pour limiter les dépenses en personnel et l'attente aux rares guichets qui subsistent, les gares installent des billetteries automatiques. Ces appareils compliqués, dotés d'instructions uniquement en néerlandais, déroutent nombre de touristes. Tout d'abord, vérifiez bien votre destination sur la liste alphabétique et entrez le code correspondant dans la machine ; choisissez ensuite la classe (1re ou 2e), puis *zonder/met korting* (sans/avec réduction) et enfin *vandaag geldig/zonder datum* (valide ce jour/sans date – si vous optez pour cette dernière mention, vous pouvez voyager à une autre date, mais vous devrez, le jour du départ, valider votre billet dans les composteurs jaunes près du quai). A la fin de l'opération, la machine indique la somme à payer – en pièces uniquement – et rend la monnaie éventuelle.

ponctuent un itinéraire direct. Ainsi, un seul billet Amsterdam-Rotterdam vous permet de visiter Haarlem, Leyde, La Haye et Delft, mais vous ne pouvez pas revenir en arrière. Les billets ne sont valables que le jour de leur achat. Un aller-retour coûte de 10% à 15% de moins que deux allers simples, mais vous oblige à revenir le jour même. Seule exception, l'aller-retour weekend (*weekend retour*), qui coûte le même prix qu'un aller retour normal, reste valable du vendredi 19h au lundi 4h.

Les enfants de moins de 4 ans voyagent gratuitement s'ils n'occupent pas de place assise. Entre 4 et 11 ans, ils ont droit au tarif *Railrunner*, soit 2,50 fl, s'ils sont accompagnés par un adulte (trois enfants maximum ; sinon 40% de réduction sur le tarif normal) ou à une réduction de 40% s'ils voyagent seuls.

La *Dagkaart* (forfait journalier) permet de circuler sans limitation sur l'ensemble du réseau ferroviaire. Elle coûte 81,75/122,75 fl en 2e/1re classe, soit l'équivalent d'un aller-retour pour une gare distante de

plus de 233 km. Pour 12 fl de plus, vous obtiendrez une *Stad/Streek-Dagkaart* (forfait journalier ville/région) qui donne également accès aux tramways, bus et métros.

La *Meerman's Kaart* (carte de groupe) permet à un groupe de six personnes maximum de voyager en train à volonté. Elle est valable aux mêmes périodes que la *Voordeel-Urenkaart* (voir ci-dessous). Pour deux personnes, elle coûte 112/174 fl en 2e/1re classe.

La *Voordeel-Urenkaart* (carte avantages horaires, 99 fl) peut se révéler rentable si vous voyagez beaucoup : valable un an, elle accorde une réduction de 40% sur tous les parcours effectués en semaine après 9h, ainsi que les week-ends, les jours fériés et la totalité des mois de juillet et d'août. Cette réduction s'applique aux personnes (trois maximum) qui accompagnent le porteur. Avec cette carte, les allers retours effectués à partir de 18 h (sauf le vendredi) peuvent coûter jusqu'à 65% moins cher. Une version similaire pour les seniors à partir de 60 ans donne en outre la possibilité de voyager gratuitement une semaine par an. Cette carte est disponible aux guichets des gares (apportez une photo d'identité et une pièce d'identité pour les plus de 60 ans).

Le *Zomertoer* (forfait estival) autorise, en juillet et août, trois jours de voyage illimité sur une période de dix jours. Il coûte 99 fl (2e classe uniquement) et 129 fl pour deux personnes voyageant ensemble. Validez votre billet dans les composteurs jaunes proches des escaliers qui mènent aux quais. Ajoutez 19 fl (27 fl pour deux) pour obtenir un *Zomertoer Plus*, également valable dans les tramways, les bus et les métros durant la même période.

Le *Waddenbiljet* (billet Wadden) est un billet couplé train-ferry-bus qui permet de se rendre dans l'une des îles de la Waddenzee (Texel, Vlieland, Terschelling, Ameland ou Schiermonnikoog), au nord du pays. Le billet vaut le même prix que deux allers simples en train. Les détenteurs d'une *Voordeel-Urenkaart* bénéficient de 40% de réduction. Compte tenu des réductions pratiquées sur les ferries, les retraités ont intérêt à acheter chaque billet séparément.

Rail Idee. Le NS propose de nombreuses excursions d'une journée Rail Idee dans l'ensemble du pays (voire en Belgique – Anvers, Bruxelles, Gand ou Bruges – avec un retour possible le lendemain). Ces forfaits comprennent un aller-retour en seconde classe, des droits d'entrée à certains sites, des dépliants, la location d'un vélo et les repas. Leur prix est parfois inférieur à celui d'un simple aller retour. Tout le monde peut participer à ces excursions, bien que la brochure illustrée *Er-op-Uit !* (6,75 fl) qui les présente ne soit publiée qu'en néerlandais ; elle est disponible aux guichets du NS, où vous pouvez également réserver votre place.

Le NS Reisburo (bureau de tourisme ; ☎ 0900-92 92, ou ☎ 0900-92 96 pour l'international), situé dans Centraal Station, vous aidera peut-être à choisir une excursion Rail Idee. Un autre NS Reisburo (☎ 427 05 41) vous accueille Rokin 44.

Train taxi. En Hollande, plus de 100 gares proposent un excellent service de train taxi (*treintaxi*) pour vous conduire depuis/vers la gare dans un périmètre défini. La course se monte à 7,50 fl si vous achetez le ticket à la gare (guichet ou distributeur) ; pensez à celui du retour, sinon vous paierez 9,50 fl au chauffeur. Ce service fonctionne tous les jours de 7h jusqu'à l'heure du dernier train (à partir de 8h le dimanche et les jours fériés).

Il s'agit de taxis spéciaux et d'un service partagé : le chauffeur détermine le trajet, qui peut durer un peu plus longtemps que la normale. Un guichetier de gare ou un chauffeur pourra vous remettre la liste des gares disposant de ce service et des numéros de téléphone correspondants. Certaines grandes gares (Amsterdam CS, la Haye CS ou HS, Rotterdam CS) n'offrent malheureusement pas ce service. En revanche, Delft, Leyde Centraal et Utrecht CS proposent des train taxis qui fonctionnent 24h/24.

AU NORD D'AMSTERDAM

La presqu'île au nord d'Amsterdam, l'ancienne Frise-Occidentale, est désormais rattachée à la province de Hollande-Septentrionale, dont la capitale est Haarlem. Pour l'essentiel, il s'agit de polders conquis sur l'eau au cours des quatre derniers siècles.

Waterland

Au nord d'Amsterdam s'étend le Waterland, région de cultures verdoyantes, avec ses digues, ses rigoles et ses spécimens uniques de faune et de flore. C'est une importante aire de reproduction pour les oiseaux. La région a été divisée en deux par la construction, dans les années 1820, du Noordhollands Kanaal. A l'ouest, près de Landsmeer, se trouve la réserve naturelle et le parc de loisirs Het Twiske (reportez-vous à la rubrique *Activités* du chapitre *A voir et à faire*).

L'est du Waterland ne manque pas d'attrait, et vous tomberez sous le charme de ces communes rurales où le temps semble suspendu. C'est l'endroit idéal pour se promener à vélo par un beau jour d'été (emportez votre pique-nique). D'Amsterdam Noord, suivez la digue qui va de Schellingwoude à Monnickendam *via* Uitdam. Revenez un peu sur vos pas et prenez un raccourci jusqu'à Broek in Waterland, où vous admirerez les anciennes maisons en bois. Continuez ensuite vers l'ouest, jusqu'au Noordhollands Kanaal et aux réserves d'oiseaux qui jouxtent Watergang. A votre retour à Amsterdam, vous éprouverez un véritable choc culturel.

Villes de l'IJsselmeer

Plusieurs villes qui bordent l'IJsselmeer peuvent s'enorgueillir de leur passé maritime et méritent qu'on s'y attarde.

La ville portuaire de **Hoorn**, fort animée, a donné son nom au cap Horn, à l'extrémité sud de l'Amérique latine. Capitale de Frise-Occidentale, c'était une ville commerçante prospère (l'un des six membres fondateurs de la Compagnie des Indes orientales). Nombre de ses bâtiments, datant du XVIIe siècle, se dressent intacts. Quant au petit port, où sont amarrés une multitude de vieux bateaux de pêche en bois et de chalands, il est pittoresque à souhait. Le bureau de l'ANWB/VVV (☎ 0229-21 83 43) se situe Veemarkt 4.

EXCURSIONS

Au nord-est de Hoorn, **Enkhuizen**, autre membre fondateur de la Compagnie des Indes orientales, était un important port baleinier et de pêche. Vous y contemplerez d'intéressantes constructions architecturales. Toutefois, c'est le splendide **Zuiderzee Museum** (☎ 0228-35 11 11), Wierdijk 12-22, qui constitue la principale attraction, et tout particulièrement sa partie en plein air, où vous pourrez admirer, en été, le village reconstitué. La collection maritime exposée dans les anciens bâtiments de la Compagnie des Indes orientales mérite aussi un coup d'œil. Le VVV (☎ 0228-31 31 64) est situé Tussen Twee Havens 1.

Au nord-ouest d'Enkhuizen se dresse **Medemblik**, dont l'histoire remonte au haut Moyen-Age et qui figure parmi les plus anciennes villes bordant l'IJsselmeer. Sa cathédrale gothique et son château médiéval méritent incontestablement le détour. Le VVV (☎ 0227-54 28 52) est installé Dam 2.

Plus près d'Amsterdam se trouve la jolie ville d'**Edam**, ancien port baleinier désormais célèbre pour ses fromages. Le marché aux fromages se tient le mercredi matin en juillet et août. Les vitraux de la Grote Kerk (XVIIe siècle) sont admirables. Le VVV (☎ 0299-31 51 25) se trouve au centre de la ville, Damplein 1.

Au sud-est d'Edam, **Volendam** est un ancien port de pêche qui s'est reconverti en cité touristique après que la construction de l'Afsluitdijk eut sonné le glas de l'industrie du poisson. Son aspect pittoresque est cependant gâté par le nombre de touristes qui s'y pressent. Vous serez un peu plus tranquille si vous vous aventurez dans les jolies rues blotties derrière le port. Le VVV (☎ 0299-36 37 47) se trouve Zeestraat 37.

Monnickendam attire également les touristes, et à juste titre : ses demeures du XVIIe siècle, soigneusement restaurées, et ses petites maisons de pêcheurs, au charme désuet, forment un décor de carte postale ; en outre, le cadre est moins kitsch qu'à Volendam. La tour de l'ancien hôtel de ville s'agrémente d'un superbe carillon, qui fait apparaître des chevaliers métalliques. Le VVV (☎ 0299-65 19 98) est situé Zarken 2.

Marken était une communauté de pêcheurs isolée avant d'être reliée au continent par une digue dans les années 50. Les touristes investissent le village en été pour photographier les habitants en costume traditionnel. Le site, impressionnant, permet de se représenter la dureté d'une vie constamment menacée par les tempêtes de la Zuiderzee. Adressez-vous au VVV de Monnickendam ou de Volendam pour de plus amples informations.

Comment s'y rendre. Une manière sympathique de visiter certaines de ces villes de l'IJsselmeer est de suivre le *Historische Driehoek* (triangle historique), circuit en train/bateau/train proposé d'avril à octobre dans le cadre de Rail Idee : le forfait (53,50 fl par personne) comprend le billet de train pour Enkhuizen, la navette en bateau jusqu'à Medemblik, le voyage en train à vapeur jusqu'à Hoorn et le retour en train vers Amsterdam. Il vous faudra partir de bon matin si vous souhaitez visiter le Zuiderzee Museum à Enkhuizen avant de prendre le bateau.

Des bus Connexxion partent environ toutes les demi-heures de l'Open Havenfront, en face de Centraal Station, en direction de Marken (bus n°111), de Volendam et d'Edam (bus n°110 et 112) et de Hoorn (bus n°114). Vous pourrez faire une excursion magnifique et peu onéreuse d'une journée en prenant, le matin, un bus pour Marken. Promenez-vous autour de l'île en toute liberté pendant quelques heures, en flânant sur les agréables sentiers qui longent le rivage, puis retournez au village et prenez le bateau (d'avril à septembre uniquement) vers Volendam. Edam n'est qu'à cinq minutes avec le bus n°110. De Volendam ou d'Edam, prenez un bus pour rentrer à Amsterdam, en vous arrêtant éventuellement à Monnickendam. Si vous utilisez une strippenkaart, il vous suffira de six bandes à l'aller et sept au retour au départ de Volendam. Lorsque le ferry n'assure pas la traversée, vous pouvez rejoindre Monnickendam depuis Marken en empruntant le bus n°111 ; là, un autre bus vous emmènera à Volendam. Financièrement, cette excursion d'un jour est l'une des plus avantageuses que vous puissiez faire en Europe.

L'Afsluitdijk

Au nord-est d'Amsterdam, la Zuiderzee a été rebaptisé IJsselmeer (lac d'IJssel) lorsqu'elle a été séparée de la mer du Nord, en 1932, par l'Afsluitdijk (digue de fermeture), longue de 30 km. Cette monumentale construction relie les provinces de Hollande-Septentrionale et de Friesland (Frise). Si vous empruntez l'autoroute A7 le longde la digue, vous passerez devant les écluses **Stevinsluizen** ; elles doivent leur nom à l'ingénieur du XVIIe siècle, Henri Stevin, qui, le premier, a formulé l'idée d'assécher la Zuiderzee.

Vous pouvez traverser la digue avec le bus Interliner n°350 (toutes les heures ; 30/51 fl l'aller/aller-retour) entre Alkmaar et Leuwaarden. Vous pouvez acheter votre billet dans le bus (les tickets multiples ne sont pas valables). En revanche, vous ne pourrez franchir la digue en train.

Une seconde digue, qui part d'Enkhuizen, divise cette mer intérieure en deux : la partie sud est officiellement désignée sous le nom de Markermeer. A l'origine, il était prévu de drainer les eaux et de mettre en valeur les terres, à l'instar de Flevoland, dans le sud-est de l'IJsselmeer. Toutefois, ces projets ont été ajournés pour des raisons écologiques. Par beau temps, vous verrez des centaines de bateaux de plaisance, de cargos et de chalutiers traditionnels ; reportez-vous au passage consacré à la navigation dans la rubrique *Activités* du chapitre *A voir et à faire*, pour des informations sur la location de bateau.

Les îles de la Waddenzee

Cinq îles émergent de la peu profonde Waddenzee, formant un arc qui s'étend de Texel à Schiermonnikoog. C'est là que les oiseaux migrateurs viennent se reproduire et que les Méridionaux surmenés se réfugient pour se ressourcer au contact de la nature. Des ferries relient le continent aux îles, sur lesquelles des auberges de jeunesse accueillent les visiteurs, surtout en été (à l'exception de Vlieland). Les vélos, que l'on peut louer sur place, constituent le moyen idéal pour les explorer. Texel fait partie de la Hollande-Septentrionale et ses habitants parlent néerlandais ; les autres îles sont frisonnes.

Texel. C'est l'île la plus vaste et la plus peuplée. En été, ses 24 km de plage semblent pris d'assaut, mais la situation est pire encore au mois de juin, lorsqu'elle accueille la plus grande course de catamarans au monde. Le principal village, **Den Burg**, abrite le VVV (☎ 0222-31 47 41), Emmalaan 66. Pour toutes informations d'ordre écologique sur l'île et la Waddenzee, adressez-vous à **EcoMare** (☎ 0222-31 77 41), Ruijslaan 92, De Koog, un institut qui soigne également les phoques victimes des pollutions occasionnelles de la Waddenzee.

En partant tôt d'Amsterdam, vous pourrez visiter Texel en une journée. Toutefois, mieux vaut lui consacrer deux jours. Une bonne façon d'aborder l'île est de prendre, dès votre arrivée, le bus n°29 jusqu'à De Cocksdorp, au nord. Empruntez ensuite le bus n°27 en direction de De Koog, sur la côte ouest. Longez la plage vers le sud pendant quelques kilomètres, puis revenez vers l'intérieur des terres où des chemins de randonnée traversent une lande et une forêt magnifiques. Suivez les panneaux indiquant Den Burg pour rejoindre un arrêt de bus. Prévoyez deux ou trois heures pour cette randonnée.

Vous trouverez un camping isolé, le ***Loodsmansduin*** (☎ *0222-31 92 03 ; Rommelpot 19*), près de Den Hoorn. Le camping ***De Krim*** (☎ *0222-39 01 11 ; Roogeslootweg 6*), à Cocksdorp, ouvre toute l'année.

Deux auberges de jeunesse NJHC ponctuent les deux extrémités de Den Burg : l'agréable ***Panorama*** (☎ *0222-31 54 41 ; Schansweg 7*) – prenez le bus n°29 ; et ***De Eyercoogh*** (même ☎ ; *Pontweg 106*), à 10 minutes à pied du village ou accessible par le bus n°28 depuis le ferry.

L'*Hotel De Merel* (☎ *0222-31 31 32 ; Warmoesstraat 22*) propose des chambres à 65 fl par personne. Le *'t Koogerend* (☎ *0222-31 33 01 ; Kogerstraat 94*) demande 81/112 fl pour une simple/double.

D'Amsterdam, le train vous mène à Den Helder (22,50 fl, 1 heure 30) où vous attend un bus (départ toutes les heures), qui vous déposera devant le ferry. Le trajet en ferry dure 20 minutes et coûte 10/5 fl l'aller-retour par adulte/enfant et 50/6,50 fl pour une voiture/bicyclette.

Vlieland et Terschelling. Ces îles sont reliées par ferry à la ville frisonne de Harlingen. Vlieland, l'une des deux îles interdites aux voitures, est un lieu de vacances familiales. **Oost-Vlieland** en est l'unique village, son petit cousin de l'est ayant été englouti par les flots au XVIIIe siècle. Le VVV (☎ 0562-45 11 11) est situé Havenweg 10.

Haut lieu de détente, Terschelling (30 km de long), offre de splendides paysages et constitue un paradis pour les cyclistes. Dans le village principal, **West-Terschelling**, le VVV (☎ 0562-44 30 00) est installé en face de l'embarcadère du ferry, Willem Barentszkade 19.

Sur Vlieland, vous pourrez vous installer au terrain de camping *De Stortemelk* (☎ *0562-45 12 25 ; Kampweg 1*). L'hôtel le moins cher, *De Herbergh van Flieland* (☎ *0562-45 14 00 ; Dorpsstraat 105*) propose des doubles à 110 fl.

Sur Terschelling, le camping *Dellewal* (☎ *0562-44 26 02*) avoisine l'*auberge de jeunesse NJHC* (☎ *0562-44 23 38 ; Burgemeester van Heusdenweg 39*). Sur la même route, au n°42, le *Dellewal Hotel* (☎ *0562-44 23 05*) facture 55 fl par personne. Dans le centre-ville, l'*Hotel NAP* (☎ *0562-44 32 10 ; Torenstraat 50*) offre de belles simples/doubles pour 120/150 fl. *De Grië* (☎ *0562-44 84 99, Oosterend 43*) mitonne la meilleure cuisine de Terschelling (et des îles de la Waddenzee) ; un repas vous reviendra à quelque 80 fl, mais c'est un régal !

Toutes les demi-heures, des trains assurent la liaison Leeuwarden-Harlingen (25 minutes, 8,25 fl). Des bateaux font la navette entre Harlingen et Vlieland, trois fois par jour en été (deux en hiver), en 1 heure 45. Comptez 34,85/17,45 fl l'aller-retour par adulte/enfant et 17,45 fl par bicy-

clette. Pour rejoindre Terschelling, prévoyez autant de temps et d'argent ; vous pouvez embarquer une voiture, mais au prix fort. Un ferry plus rapide dessert Terschelling trois fois par jour et Vlieland deux fois par jour : il vous en coûtera 8 fl de plus dans chaque sens, pour un trajet de 45 minutes.

Ameland. Ameland ne se singularise guère que par ses villages pittoresques et les hordes de touristes qui y déferlent en été. L'île compte quatre villages, dont le principal, **Nes**, abrite le VVV (☎ 0519-54 65 46), Rixt van Doniastraat 2.

A Nes, vous trouverez le *Camping Duinoord* (☎ *0519-54 20 70 ; Jan van Eijckweg 4*). L'*auberge de jeunesse NJHC* (☎ *0519-55 61 65 ; Oranjeweg 58*) est proche du phare de Hollum – prenez le bus n°130 à Nes. L'*Hotel de Jong* (☎ *0519-54 20 16*), en face du VVV de Nes, propose des simples/doubles à partir de 60/125 fl. Dans le paisible village de Ballum, l'*Hotel Nobel* (☎ *0519-55 41 57 ; Kosterweg 16*) offre des chambres à 75/145 fl.

De Leeuwarden, prenez le bus n°60 jusqu'au port de Holwerd ; au départ de Groningue, empruntez le bus n°34. Six bateaux assurent la traversée en semaine, quatre pendant les week-ends. L'aller-retour coûte 19,65/10,35 fl par adulte/enfant, 10,35 fl par bicyclette et un minimum de 133 fl par voiture (ces prix baissent légèrement en hiver). Le voyage en ferry dure 45 minutes.

Schiermonnikoog. C'est la plus petite des îles, et la circulation automobile y est proscrite. Elle compte un seul village, à quelque 3 km de l'embarcadère du ferry, où l'on trouve le VVV (☎ 0519-53 12 33), Reeweg 5.

Vous pourrez planter votre tente au camping *Seedune* (☎ *0519-53 13 98 ; Seeduneweg 1*), ou loger à l'*Hotel Zonneweelde* (☎ *0519-53 11 33 ; Langestreek 94*), qui offre des simples/doubles à 75/140 fl.

En semaine, quatre ferries (deux pendant le week-end) partent du village de Lauwersoog, situé entre Leeuwarden et Groningue. Vous y accéderez par le bus n°50 au départ de Leeuwarden ou le bus n°63 depuis Gro-

Architecture moderne à La Haye.

Jeux de miroirs sur les eaux des canaux à Delft.

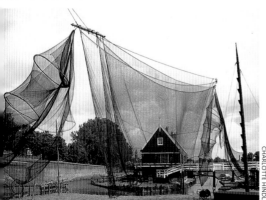

Moulin à vent traditionnel.

Extérieur du Zuiderzee Museum, Enkhuizen.

Port de Hoorn.

Un des édifices du Binnenhof, siège du gouvernement à La Haye.

Ransdorp, Waterland.

Digue du port à Marken.

Commissariat, La Haye.

Art abstrait en plein air à Scheveningen.

ningue. La traversée dure 45 minutes et l'aller retour s'élève à 20,30/11 fl par adulte/enfant et 9,35 fl par bicyclette (un peu moins en hiver).

AU NORD-OUEST ET A L'OUEST D'AMSTERDAM
Alkmaar

Cette ravissante cité, dotée d'un vieux centre pittoresque, est célèbre pour le **marché aux fromages** qui se tient, l'été, sur la grand-place (Waagplein), le vendredi à 10h. Il vous faudra arriver tôt si vous tenez à jeter plus qu'un simple coup d'œil sur ces fameux fromages ronds, que des porteurs arborant des chapeaux de paille colorés (la couleur correspond à la guilde dont ils sont membres) transportent sur des traîneaux. Au nombre des autres curiosités de la ville figure le **Waag** (Poids public), qui renferme un musée consacré au fromage, ainsi qu'un **musée de la Bière** fort instructif, situé de l'autre côté de la place. Non loin d'Alkmaar se trouvent les stations balnéaires de **Bergen**, d'**Egmond** et de **Castricum**, dont l'accès est un peu difficile, mais qui sont nettement plus agréables que la tentaculaire Zandvoort (voir plus loin la rubrique consacrée à cette station). Le VVV (☎ 072-511 42 84), installé dans l'enceinte du Waag, Waagplein 3, donne des informations sur les régions avoisinantes.

Deux trains partent toutes les heures de Centraal Station ; comptez 30 minutes jusqu'à Alkmaar, puis 10 minutes à pied pour rejoindre Waagplein.

Zaanse Schans

Au nord de Zaandam, ville bruissante d'activité au nord-ouest d'Amsterdam, se dresse le village de Zaanse Schans, où plusieurs **moulins à vent** en activité bordent la Zaan. De petits **musées**, dont l'entrée est libre, ont été aménagés dans d'anciennes demeures du "village touristique". D'autres attractions sont également gratuites, comme la fromagerie et la fabrique de sabots. Un bateau propose des croisières touristiques sur la Zaan, plusieurs fois par jour d'avril à septembre (45 minutes, 9 fl, demi-tarif pour les enfants).

Zaanse Schans est l'endroit rêvé pour un pique-nique. N'oubliez pas d'emporter le vôtre et munissez-vous d'un appareil photo ! Prenez également le temps de visiter le vieux bourg de **Zaandijk**, sur la rive opposée de la Zaan. Bien moins touristique, il donne un aperçu plus authentique de la "vieille Hollande".

A **Zaandam**, vous pourrez découvrir la petite cabane en bois, Krimp 23, où le tsar Pierre le Grand résida incognito pendant cinq mois en 1697, travaillant comme apprenti charpentier sur les quais voisins et s'initiant à la construction navale, mais aussi à l'art de boire et de jurer en néerlandais (entrée : 2,50/1,50 fl par adulte/enfant). Le VVV (☎ 075-616 22 21 ou ☎ 635 17 47) se trouve Gedempte Gracht 76.

Le trajet en train jusqu'à Zaanse Schans dure 30 minutes environ et compte trois zones (4 coupons). A Centraal Station, prenez le *Stoptrein* en direction d'Alkmaar et descendez à Koog Zaandijk ; il vous reste 8 minutes de marche jusqu'au musée en plein air de Zaanse Schans, très bien indiqué.

Pour continuer jusqu'à Zaandam, traversez le grand pont à gauche de Zaanse Schans, suivez la première rue sur la droite jusqu'à Zaandijk, puis prenez le bus n°89 en direction du sud. Demandez au chauffeur de vous laisser au grand canal dans le centre-ville ; la zone piétonnière commerçante de Zaandam se situe en face de l'arrêt de bus. Par beau temps, c'est une excellente façon de passer un après-midi.

Ijmuiden

Les gigantesques **écluses de la mer du Nord** constituent l'une des principales curiosités de cette ville, située à l'embouchure du canal de la mer du Nord. La plus impressionnante mesure 400 m de long et 45 m de large. Cependant, peu de gens savent qu'IJmuiden, où de grands chalutiers industriels viennent jeter l'ancre après plusieurs semaines passées au large, occupe le rang de premier port de pêche d'Europe occidentale. Une rangée de restaurants de poisson borde le port. A marée basse, l'immense **plage** est l'endroit rêvé pour manœuvrer un cerf-volant. Les aciéries au

EXCURSIONS

nord des écluses présentent moins d'attrait. Le VVV (☎ 0255-51 56 11) se trouve au n° 105 de Plein 1945 (le nom de la place).

L'hydrofoil (☎ 639 22 47), le moyen de transport le plus facile et le plus plaisant, part de la jetée 7, derrière Centraal Station, toutes les heures et toutes les demi-heures en période d'affluence (14/8,25 fl l'aller-retour par adulte/enfant). Il emprunte le canal de la mer du Nord et, après 25 minutes, vous dépose à Velsen, à 3 km d'IJmuiden, d'où le bus Connexxion n°70 rejoint la ville. Emporter un vélo (7 fl l'aller retour) s'avère utile, car les distances sont assez grandes. Longez la digue vers les écluses et traversez les "petites" et les "moyennes" pour arriver à la grande, la plus éloignée. En route, vous passerez devant un centre d'information fort intéressant (ouvert uniquement l'après-midi).

Vous pouvez aussi prendre le train jusqu'à Haarlem, puis le bus Connexxion n°70, 75 ou 86 (25 minutes, six bus par heure du lundi au samedi, quatre le dimanche). Enfin, le bus Connexxion n°82 part de la gare Sloterdijk d'Amsterdam deux fois par heure en semaine, une fois le week-end (25 minutes de trajet). Si vous suivez la route qui longe le canal de la mer du Nord, vous verrez d'immenses navires en route pour l'océan naviguant bien au-dessus du niveau de la route ; un spectacle surréaliste !

Haarlem

La capitale de la province de Hollande-Septentrionale est une ville petite mais très vivante, dotée d'un joli centre semblable à celui d'Amsterdam. Elle compte quelques beaux musées, que vous pourrez aisément visiter en une journée, si vous faites l'impasse sur les jardins du Keukenhof (voir plus loin la rubrique *Au sud d'Amsterdam*).

Le VVV (☎ 0900-616 16 00), Stationsplein 1, se trouve à droite en sortant de la saisissante **gare ferroviaire** (1908), d'inspiration Art nouveau. Dix minutes de marche le long de Kruisweg, vers le sud, vous conduiront à l'agréable place centrale, Grote Markt.

Le **Frans Hals Museum** (☎ 023-511 57 75), Groot Heiligland 62, à 10 minutes au sud de Grote Markt, abrite des portraits du maître, ainsi que les œuvres d'autres grands

artistes : un passage obligé si vous vous intéressez à la peinture hollandaise. Le musée ouvre du lundi au samedi de 11h à 17h, le dimanche à partir de 13h (entrée : 7,50/3,50 fl par adulte/enfant). Le **Teylers Museum** (☎ 023-531 90 10), Spaarne 16, à l'est de Grote Markt, qui date de 1778, est le plus ancien du pays. Il renferme une curieuse collection qui compte, entre autres, des dessins de Michel-Ange et de Raphaël. Il ouvre du mardi au samedi de 10h à 17h et le dimanche à partir de 12h (entrée : 7,50/3,50 fl par adulte/enfant).

L'église gothique de **Saint-Bavon**, également appelée Grote Kerk, se dresse, majestueuse, sur Grote Markt. Elle abrite le magnifique orgue construit par Müller, l'un des plus beaux au monde, sur lequel joua Mozart enfant. Vous l'entendrez résonner le mardi à 8h15 (de mai à octobre) et le jeudi à 15h (en juillet et août). L'église ouvre habituellement du lundi au samedi de 10h à 16h (entrée : 2,50/1,50 fl par adulte/enfant).

Des trains *Intercity* partent toutes les 15 minutes depuis/vers Centraal Station (15 minutes, 6,25 fl) et Leyde (30 minutes, 9 fl).

Zandvoort

La station balnéaire de Zandvoort se trouve à 10 minutes en train de Haarlem. En été, il semble que la moitié des Amstellodamois s'y donnent rendez-vous, et seule la facilité d'accès pourrait vous inciter à les rejoindre : des trains partent de Centraal Station toutes les demi-heures (environ 15 fl l'aller retour). Ne tentez surtout pas de vous y rendre en voiture par un beau week-end d'été. Dans les dunes, le célèbre circuit de Formule 1 accueille toujours de nombreuses courses, mais il a cessé de faire partie des circuits de championnat du monde dans les années 70, après que des résidents se soient plaints des nuisances sonores.

La visite de Zandvoort avec escale et déjeuner à Haarlem constitue une agréable excursion d'une journée.

AU SUD D'AMSTERDAM

Le Randstad (littéralement "ville-couronne") est l'agglomération urbaine circulaire composée d'Amsterdam, de La Haye, de Rotterdam, d'Utrecht, ainsi que des villes de moindre importance telles que Haarlem, Leyde et Delft ; c'est la région la plus densément peuplée du pays. Son centre, véritable poumon vert, décline terres cultivées et lacs au sud d'Amsterdam. De mars à mai, les champs de tulipes chamarrés font resplendir la région.

L'Amstel et la Vecht

Le circuit qui longe l'Amstel est, à juste titre, très prisé des cyclistes. En direction du sud, la route qui borde la rive ouest quitte rapidement la ville et remonte le cours de la rivière en traversant landes et polders. La cité d'**Ouderkerk aan de Amstel**, édifiée quelques siècles avant Amsterdam, compte plusieurs cafés agréables le long de la rive. Poursuivez le circuit en empruntant l'une ou l'autre des berges, jusqu'à la commune de **Nes aan de Amstel**, puis obliquez vers l'est et longez l'Oude Waver. Vous rejoindrez Ouderkerk en suivant l'Oude Waver puis la Bullewijk. Ces cours d'eau, utilisés pour le drainage de la tourbe, encerclent un polder asséché dénommé **De Ronde Hoep**, où s'ébattent des oiseaux, indifférents à la vue des gratte-ciel d'Amsterdam se dessinant au loin. A l'occasion de cette excursion, laissez-vous pénétrer par la sérénité de ces paysages néerlandais, dont l'uniformité n'est rompue que par le clocher d'une église ou par quelque moulin se détachant sur l'horizon ; vous comprendrez où les peintres hollandais ont puisé l'inspiration de leurs ciels spectaculaires.

Au sud-est d'Amsterdam, les méandres de la Vecht constituent un autre paradis des cyclistes, ainsi qu'un circuit touristique fort apprécié pour se rendre à Utrecht. Avant la construction du canal reliant Amsterdam au Rhin, c'était une voie navigable très fréquentée. A présent, elle se contente de suivre paisiblement son cours. Ici, le paysage est plus changeant, émaillé de petites villes, de bois et de manoirs datant des XVIIe et XVIIIe siècles. Pour la petite histoire, sachez que le quartier de Brooklyn à New York doit son nom à la ville de **Breukelen**.

Une fois par semaine en été, un hydrofoil (☎ 639 22 47) propose une croisière d'une journée sur la Vecht. Il part à 10h de la jetée 7, derrière Centraal Station, et revient à 17h30 (42,50/21,25 fl par adulte/enfant).

Nieuwkoopse Plassen

Au sud d'Amsterdam et à l'ouest de la Vecht, les lacs de Nieuwkoop sont d'anciennes tourbières dans une vieille région de polders en plein cœur du Randstad. Propices aux activités nautiques (planche à voile, barque à rames, voile ou canoë-kayak), ces lacs constituent également une réserve naturelle peuplée de la plus grande colonie au monde de hérons pourprés. Dans la ville de **Nieuwkoop**, Tijsterman (☎ 0172-57 17 86), Dorpsstraat 118, loue des bateaux ; à côté, le restaurant du même nom dispose d'une terrasse accueillante, où vous pourrez déguster d'appétissants *dagschotels* (plats du jour) à partir de 25 fl.

A Centraal Station, prenez le bus n°170 qui longe l'Amstel jusqu'à Uithoorn, puis le bus n°147 (50 minutes). Si vous êtes en voiture, rejoignez l'A2 en direction d'Utrecht, bifurquez à la hauteur de Vinkeveen et suivez les panneaux indiquant Mijdrecht, De Hoef et Nieuwveen jusqu'à Nieuwkoop.

Aalsmeer

Cette ville située au sud-ouest d'Amsterdam est le siège de la plus grande **criée aux fleurs** au monde. Les enchères ont lieu en semaine, dans un gigantesque édifice commercial (600 000 m²). Pour ne rien manquer de ce spectacle ahurissant, arrivez entre 7h30 et 9h, car la criée commence tôt. Il s'agit d'enchères au rabais : une énorme horloge indique un prix d'abord élevé, qui décroît jusqu'à ce qu'un acheteur se manifeste. Vous pourrez observer la scène moyennant 7,50 fl (gratuit pour les moins de 12 ans). Prenez le bus n°171 ou 172 à Centraal Station.

Le Keukenhof et les champs de fleurs

Le Keukenhof est le plus grand parc floral du monde. Situé entre les villes de Hillegom et de **Lisse**, au sud de Haarlem, il attire chaque année une foule de 800 000 visiteurs en l'espace de huit semaines. Les grâces de

cours de conversion de l'euro 1 fl = 0,45 €

la nature se conjuguent à une précision artificielle minutieuse dans ce jardin où des millions de tulipes et de jonquilles s'épanouissent, année après année, à l'endroit et au moment souhaités. Le parc est ouvert de fin mars à mai (entrée : 17,50/8,50 fl par adulte/enfant). Vérifiez la date exacte (elle varie selon les années) au VVV d'Amsterdam ou auprès du Keukenhof (☎ 0252-46 55 55). A la gare de Haarlem, prenez le bus n°50 jusqu'à Lisse, puis le n°54.

De Hillegom à Katwijk (à l'ouest de Leyde), la région entière déploie ses champs de plantes à bulbe (tulipes, jonquilles et jacinthes), qui tapissent au printemps la campagne d'une mosaïque de couleurs vives, dans des tons de rouge, jaune ou violet. Le milieu du mois d'avril constitue généralement l'une des meilleures périodes pour découvrir ce somptueux paysage ; sillonnez alors les chemins à vélo et imprégnez-vous des senteurs ! Le train qui relie Haarlem et Leyde traverse un grand nombre de ces champs.

Tout ce que vous voulez savoir sur les bulbes se trouve au **Museum de Zwarte Tulp** (musée de la Tulipe noire ; ☎ 0252-41 79 00), Grachtweg 2A à Lisse ; vous y apprendrez aussi pourquoi les tulipes noires n'existent pas. Le VVV de Lisse (☎ 0252-41 42 62) se situe Grachtweg 53A.

Leyde

La joyeuse ville de Leyde doit sa réputation de centre intellectuel à ses 20 000 étudiants, qui forment un sixième de sa population. Son université, la plus ancienne du pays, lui fut offerte par Guillaume le Taciturne en remerciement du long siège qu'elle soutint en 1574 contre les Espagnols ; les assaillants finirent par battre en retraite le 3 octobre (date du célèbre festival de Leyde), non sans avoir fait mourir de faim un tiers de la population.

La plupart des sites se regroupent dans le dédale des canaux centraux, à une dizaine de minutes à pied au sud-est de la gare ferroviaire. Le VVV (☎ 0900-222 23 33), Stationsplein 210, fait face à la gare.

Le **Rijksmuseum van Oudheden** (musée national des Antiquités, ☎ 071-516 31 63),

Rapenburg 28, possède une très riche collection qui fait de lui le plus intéressant des onze musées de la ville. L'admirable hall d'entrée abrite le temple de Taffeh ; il fut offert par l'Égypte en reconnaissance de l'aide que lui fournirent les Pays-Bas pour sauver des monuments antiques voués à la submersion par la construction du haut barrage d'Assouan. Le musée ouvre du mardi au samedi de 10h à 17h, le dimanche à partir de 12h (entrée : 7/6 fl par adulte/enfant).

Près de la gare, le **Rijksmuseum voor Volkenkunde** (musée national d'Ethnologie ; ☎ 071-516 88 00), Steenstraat 1, mérite également une visite. Il se consacre presque exclusivement aux anciennes colonies hollandaises et possède une collection d'art indonésien plus importante que le Tropenmuseum d'Amsterdam.

L'**Hortus Botanicus** (☎ 071-527 72 49), Rapenburg 73, le plus vieux jardin botanique d'Europe (fin du XVIe siècle), ouvre tous les jours de 9h (10h le dimanche) à 17h, mais ferme le samedi en hiver (entrée : 5/2,50 fl par adulte/enfant).

Le **Lakenhal** (halle aux draps, ☎ 071-516 53 60), Oude Singel 28-32, un bâtiment du XVIIe siècle, renferme diverses toiles de maître, ainsi que des salles d'époque et des expositions temporaires. Il ouvre en semaine de 10h à 17h et le weekend à partir de 12h (entrée : 5/2,50 fl par adulte/enfant).

Le moulin **De Valk** (le Faucon, ☎ 071-516 53 53), Tweede Binnenvestgracht 1, abrite un musée qui balaie toutes les croyances sur l'origine néerlandaise des moulins à vent. Il ouvre du mardi au samedi de 10h à 17h et le dimanche à partir de 13h (entrée : 5/3 fl par adulte/enfant).

Des trains partent toutes les 15 minutes depuis/vers Amsterdam (35 minutes, 13 fl).

La Haye (Den Haag)

La capitale des Pays-Bas est Amsterdam, mais La Haye abrite le siège du gouvernement et la résidence de la famille royale. Officiellement dénommée 's-Gravenhage (le domaine du comte), parce qu'un comte y bâtit son château au XIIIe siècle, elle est appelée Den Haag par les Néerlandais.

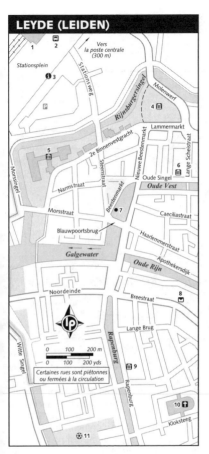

LEYDE (LEIDEN)

1 Centraal Station
2 Gare routière
3 Office du tourisme VVV
4 De Valk
5 Rijksmuseum voor Volkenkunde
6 Lakenhal Museum
7 Promenades en bateau
8 Poste
9 Rijksmuseum van Oudheden
10 Pieterskerk
11 Hortus Botanicus

EXCURSIONS

formé en jungle de béton depuis 25 ans, est devenu une vitrine architecturale, et la rage de construire ne semble pas calmée. Les sites dignes d'intérêt sont nombreux mais dispersés. Vous pourrez, entre autres, visiter de prestigieuses galeries d'art, assister au grand festival de jazz de la mi-juillet ou encore explorer la ville miniature de Madurodam.

Orientation et renseignements. Les trains desservent la gare HS (Hollands Spoor), au sud du centre, à 20 minutes à pied, ou la CS (Centraal Station), à l'est et à 5 minutes du centre, que vous atteindrez en remontant Herengracht. Le principal bureau du VVV (☎ 0900-340 35 05), Koningin Julianaplein 30, fait face à la CS ; l'autre (même ☎), Gevers Deynootweg 1134, se trouve dans la banlieue de Scheveningen, en bord de mer. Tous deux ferment le dimanche, sauf en juillet et août où ils ouvrent de 11h à 15h.

A voir et à faire. La **Mauritshuis** (☎ 070-302 34 56), Korte Vijverberg 8, est un grand musée, en dépit de sa petite taille. Dans un ravissant hôtel particulier du XVIIᵉ siècle, il abrite la superbe collection royale de toiles hollandaises et flamandes, qui comprend plusieurs illustres tableaux de Vermeer et même une touche d'art contemporain avec la *Reine Beatrix* d'Andy Warhol. Le musée ouvre de 10h à 17h du mardi au samedi et à partir de 11h le dimanche (entrée : 12,50/6,50 fl par adulte/enfant).

A titre anecdotique, signalons qu'il s'agit de la troisième agglomération du pays et de la capitale de la Hollande-Méridionale ; pourtant, en dépit de son importance, La Haye n'a jamais obtenu le statut de ville et demeure, officiellement, un village. En effet, les autres cités refusaient que leur centre politique les éclipse.

La Haye a fière allure avec ses demeures imposantes et les luxueuses ambassades qui bordent les boulevards verdoyants au nord et au nord-ouest du centre-ville ; le sud, en revanche, abrite des quartiers beaucoup plus pauvres. Le centre, largement trans-

cours de conversion de l'euro 1 fl = 0,45 €

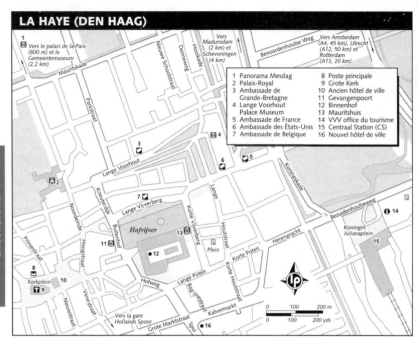

LA HAYE (DEN HAAG)

Vers le palais de la Paix
(800 m) et le
Gemeentemuseum
(2,2 km)

Vers
Madurodam
(2 km) et
Scheveningen
(4 km)

Vers Amsterdam
(A4, 45 km), Utrecht
(A12, 50 km) et
Rotterdam
(A13, 20 km)

1 Panorama Mesdag	8 Poste principale
2 Palais-Royal	9 Grote Kerk
3 Ambassade de	10 Ancien hôtel de ville
Grande-Bretagne	11 Gevangenpoort
4 Lange Voorhout	12 Binnenhof
Palace Museum	13 Mauritshuis
5 Ambassade de France	14 VVV office du tourisme
6 Ambassade des États-Unis	15 Centraal Station (CS)
7 Ambassade de Belgique	16 Nouvel hôtel de ville

Les bâtiments parlementaires qui entourent la **Binnenhof** (cour intérieure) ont longtemps représenté le cœur de la politique néerlandaise ; désormais, le Parlement se réunit dans un nouveau local, à deux pas de là. Les visites guidées, à l'occasion desquelles vous pourrez admirer la **Ridderzaal** (salle des Chevaliers ; XIIIᵉ siècle), partent de Binnenhof 8A tous les jours, sauf le dimanche, de 10h à 16h (entrée : 6/5 fl par adulte/enfant).

A l'extérieur de la Binnenhof, la **Gevangenpoort** (porte de la prison, ☎ 070-346 08 61), Buitenhof 33, propose des visites toutes les heures, retraçant la manière dont la justice était rendue par le passé. Elle ouvre du mardi au vendredi de 11h à 17h (dernière visite à 16h) et le weekend à partir de 12h (entrée : 6/4 fl par adulte/enfant). Non loin de là se dresse, sur Groenmarkt, l'**ancien hôtel de ville**, un magnifique bâtiment Renaissance hollandaise de 1565. Malheureusement, vous ne pourrez en admirer que la façade. A l'angle de Grote Marktstraat et de Spui, vous découvrirez le **nouvel hôtel de ville**, une merveille architecturale très controversée, tout comme les deux bâtiments officiels qui culminent dans le ciel du centre-ville, surnommés les seins et le pénis.

Les admirateurs de l'école De Stijl, et de Piet Mondrian, ne manqueront pas de se rendre au **Gemeentemuseum** (Musée municipal, ☎ 070-338 11 11), Stadhouderslaan 41, conçu par Berlage. Récemment rénové à grands frais, il abrite de nombreuses œuvres de néoplasticiens et autres artistes, de la fin du XIXᵉ siècle à nos jours, ainsi que de vastes collections d'arts appliqués, de costumes et d'instruments de musique. Clou de la collection, le *Victory Boogie Woogie* inachevé de Mondrian, ode vibrante aux États-Unis, vous saisira par sa puissance. Le musée ouvre du mardi au dimanche de 11h à 17h (entrée : 10/5 fl par adulte/enfant). Prenez le tram n°7 ou 10 ou le bus n°4 ou 14. A côté, le **Museon** (☎ 070-338 13 38) présente une exposition sur les peuples du monde destinée aux écoliers. Le théâtre Imax **Omniversum** (☎ 070-354 54 54), voisin, projette d'impressionnants documentaires sur la Terre (commentés en néerlandais).

Autre musée d'art qui mérite le détour, le **Panorama Mesdag** (☎ 070-364 45 44), Zeestraat 65, de même que le **Mesdag Museum** (☎ 070-362 14 34), Laan van Meerdervoort 7F, présente des œuvres des artistes de l'école de La Haye qui ont influencé Mondrian dans sa jeunesse. Le Panorama abrite le *Panorama Mesdag* (1881), un gigantesque tableau panoramique représentant Scheveningen vu d'une dune. Le Panorama ouvre du lundi au samedi de 10h à 17h, le dimanche à partir de 12h. Le Mesdag Museum ouvre du mardi au dimanche de 12h à 17h.

Le **Peace Palace** (☎ 070-302 41 37), Carnegieplein 2, accueille la Cour internationale de justice, qu'une visite guidée vous fera découvrir en semaine de 10h à 16h (5/3 fl par adulte/enfant). Renseignez-vous sur place ou au VVV. Sur réservation, vous pouvez assister à une audience publique (les consignes de sécurité relatives à certains procès sont très strictes). De la CS, prenez le tram n°7 ou le bus n°4.

Madurodam (☎ 070-355 39 00), George Maduroplein 1, se situe vers Scheveningen. Cette ville miniature, où est représenté tout ce qui est typique des Pays-Bas, réjouira petits et grands. Elle ouvre tous les jours de 9h à 22h (jusqu'à 17h d'octobre à mars et jusqu'à 20h de mars à juin). L'entrée s'élève à 19,50/16 fl par adulte/enfant. De la CS, prenez le tramway n°1 ou 9, ou le bus n°22.

Scheveningen est un important port de pêche doublé d'une station balnéaire urbanisée à outrance. La plage s'étend sur plusieurs kilomètres. Vous trouverez un parc d'attractions sur la jetée et un casino dans l'illustre hôtel Kurhaus. La foule s'y presse les week-ends d'été.

Le samedi (surtout le matin) est consacré aux courses, à La Haye comme dans tout le pays ; c'est donc un bon moment pour visiter la ville. Le **marché** couvert, au sud de Grote Marktstraat, devient très animé. Le **Passage**, galerie marchande recouverte d'une verrière, qui s'étend entre Spuistraat, Buitenhof et Hofweg, est un lieu huppé.

Comment s'y rendre. Les trains qui desservent Amsterdam (45 minutes, 16,75 fl), Delft (5 minutes, 4 fl), Leyde (10 minutes, 5,75 fl) et Rotterdam (15 minutes, 7,25 fl) arrivent à la gare HS. La ligne qui passe par l'aéroport de Schiphol (40 minutes, 13 fl) *via* Leyde en direction d'Amsterdam s'arrête à la CS. Certains trains à destination de Schipol bifurquent près d'Amsterdam Zuid WTC et ne rejoignent pas Centraal Station. Vérifiez avant de monter et, le cas échéant, changez à Leyde (vous n'attendrez pas plus de 15 minutes). Les trains en provenance d'Utrecht (16,75 fl, 45 minutes) s'arrêtent tous à la CS.

Delft

Ne manquez pas la cité historique de Delft, ne serait-ce que pour ses édifices du XVIIᵉ siècle et ses poteries bleu et blanc, les célèbres faïences de Delft, inspirées, voici trois siècles, des porcelaines chinoises. Delft abrite la plus grande université technique du pays, ce qui explique la proportion élevée de jeunes gens.

La gare ferroviaire et la gare routière voisine se trouvent au sud du Markt central, à 10 minutes à pied. Le VVV (☎ 015-212 61 00) est situé Markt 83-85.

A voir et à faire. La plupart des touristes viennent pour acheter des faïences. Vous pourrez observer les artistes à l'œuvre dans trois ateliers. Le plus proche du centre, l'**Atelier de Candelaer** (☎ 015-213 18 48), Kerkstraat 14, est également le plus modeste. Les deux autres se trouvent à deux extrémités de la ville. Le plus petit, **De Delftse Pauw** (☎ 015-212 49 20), Delftweg 133, emploie 35 peintres, qui travaillent essentiellement à domicile. Pour vous y rendre, prenez le tramway n°1 jusqu'à Pasgeld, remontez Broekmolenweg et tournez à gauche dès que vous atteignez le canal. Des visites guidées ont

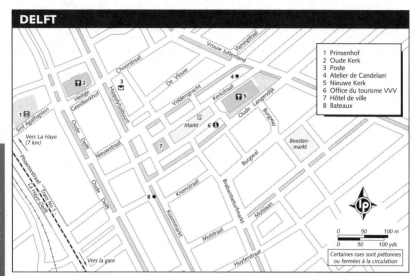

DELFT

1 Prinsenhof
2 Oude Kerk
3 Poste
4 Atelier de Candelaer
5 Nieuwe Kerk
6 Office du tourisme VVV
7 Hôtel de ville
8 Bateaux

Certaines rues sont piétonnes
ou fermées à la circulation

lieu tous les jours, mais vous ne verrez pas les peintres le week-end. Au sud, **De Porceleyne Fles** (☎ 015-256 92 14), Rotterdamseweg 196, est le seul atelier d'époque, établi depuis les années 1650, mais il est prétentieux et onéreux. Le bus n°63, qui part de la gare ferroviaire, s'arrête à côté. Si vous préférez marcher, prévoyez 25 minutes depuis le centre-ville.

La **Nieuwe Kerk** (XIVe siècle) renferme le caveau des princes de la maison d'Orange et le mausolée de Guillaume le Taciturne. Elle se visite tous les jours sauf le dimanche (2,50/1 fl par adulte/enfant). Son aînée de cent quarante ans, l'église gothique **Oude Kerk**, Heilige Geestkerkhof, est flanquée d'une tour penchée (avec une inclinaison au sommet de 2 m par rapport à la verticale). Le billet couplé, donnant accès aux deux églises, vaut 4/1,50 fl par adulte/enfant.

En face d'Oude Kerke se dresse le **Prinsenhof**, St Agathaplein 1. C'est là que vécut Guillaume le Taciturne, entouré de sa cour, avant d'être assassiné en 1584. Le trou causé par la balle s'est élargi à force d'être touché par les visiteurs ; il est désormais recouvert de Plexiglas. Le bâtiment abrite

des expositions d'art ancien et contemporain, que vous pourrez contempler du mardi au samedi de 10h à 17h et le dimanche à partir de 13h (entrée : 5/2,75 fl par adulte/enfant).

Comment s'y rendre. Dix minutes de train séparent Delft de Rotterdam, et le trajet entre Delft et La Haye est encore plus rapide. Toutefois, il est également possible, et fort agréable, d'effectuer ce dernier parcours en prenant le tramway n°1, qui part tous les quarts d'heure de la gare ferroviaire de Delft (30 minutes de trajet).

Rotterdam

Cette ville, la deuxième du pays, a été gravement endommagée par le bombardement meurtrier du 14 mai 1940, dans lequel elle a laissé une partie de son âme. Dans son centre, reconstruit, s'élèvent désormais des gratte-ciel aux parois réfléchissantes et autres bâtiments remarquablement modernes. Rotterdam tire fierté de son architecture expérimentale, ainsi que de son port, le plus vaste au monde par le tonnage. Après les désastreuses inondations de 1953 a été lancé le plan Delta, qui s'est traduit par la construction, dans la province de Zélande au sud-ouest de la ville, d'imposants ponts, digues et barrages mobiles. Ces réalisations illustrent avec éclat la capacité des Néerlandais à maîtriser l'eau.

Ne cherchez pas un centre-ville, ce serait peine perdue. Les attractions sont disséminées sur une large zone, que vous pourrez parcourir à pied (si vous êtes bon marcheur), en métro ou en tramway. Cette zone est délimitée par le vieux port de Delfshaven, la Meuse (Maas en néerlandais) et le district de Blaak. Vous trouverez le VVV (☎ 0900-403 40 65) Coolsingel 67.

A voir et à faire. Le principal musée de Rotterdam, le **Boijmans-van Beuningen** (☎ 010-441 94 00), Museumpark 18-20, abrite une vaste collection d'œuvres s'échelonnant du XIVᵉ siècle à nos jours (maîtres hollandais, flamands et italiens, Kandinsky, surréalistes, etc.). Il ouvre de 10h à 17h du mardi au samedi, à partir de 11h le dimanche (entrée : 7,50/4 fl par adulte/enfant).

Haut de 185 mètres, l'**Euromast** (☎ 010-436 48 11), Parkhaven 20, se profile à l'horizon. Il offre une vue spectaculaire sur la ville et du port (14,50/9 fl par adulte/enfant). Prenez le tramway n°6 ou 9, ou le métro jusqu'à la station Dijkzigt. Le **Kijk-Kubus**, une série de "maisons cubiques" inspirée d'Escher, présente une nouvelle approche de la vie moderne. La maison témoin se visite tous les jours de 11h à 17h (du vendredi au dimanche entre novembre et février). L'entrée s'élève à 3,50/2,50 fl par adulte/enfant. Descendez à la station de métro Blaak.

C'est à **Delfshaven**, vieux port de Rotterdam aujourd'hui désaffecté, que les Pères pèlerins embarquèrent à bord du *Speedwell* pour gagner le Nouveau Monde. Ils rejoignirent le *Mayflower* à Southampton, où ils furent contraints de retourner à plusieurs reprises pour procéder à des réparations ; en définitive, ils abandonnèrent leur navire, jugé peu sûr, et se massèrent sur le *Mayflower*. Avant de quitter Delfshaven, ils firent leurs dévotions à l'Oude Kerk, Aelbrechtskolk 20 (métro : Delfshaven).

Spido (☎ 010-275 99 88), Leuvehoofd 1, propose tous les jours des visites du port en bateau (1 heure 15, 15,50/9 fl par adulte/enfant), ainsi que des croisières d'une journée jusqu'au cœur du port moderne, Europoort (à partir de 40 fl), ou dans la partie nord des travaux du plan Delta (45 fl), en passant par les moulins de Kinderdijk et l'ancienne cité fortifiée de Willemstad.

Comment s'y rendre. Des trains partent toutes les 15 minutes depuis/vers Amsterdam (1 heure, 22,50 fl), Delft (10 minutes, 5,25 fl), La Haye (15 minutes, 7,25 fl) et Utrecht (40 minutes, 14,75 fl). Des liaisons ferroviaires desservent toutes les demi-heures Middelburg, capitale de la Zélande (1 heure 30, 32 fl), et Hoek van Holland (30 minutes, 8,25 fl).

Utrecht

Utrecht, cité chargée d'histoire, fut, dès les débuts du Moyen Age, le centre ecclésiastique des Pays-Bas. Aujourd'hui, son cadre ancien renferme un centre de plus en plus moderne, que domine la tour du Dom (cathédrale), la plus élevée du pays. Les canaux, les quais et les caves hérités du XIVᵉ siècle, autrefois fourmillants de monde, abritent désormais des magasins, restaurants et cafés cossus. Utrecht peut se prévaloir de la plus grande université du pays ; sa population estudiantine insuffle un nouvel esprit à une communauté autrefois très pieuse.

Le quartier le plus attachant est délimité par l'Oudegracht, le Nieuwegracht et les rues bordant le Dom. Le caractère historique de la ville ne se dévoilera pas immédiatement si vous arrivez par train : en effet, la gare est située derrière Hoog Cathrijne, hideux complexe qui abrite le plus grand centre commercial des Pays-Bas. Le VVV (☎ 0900-414 14 14), Vredenburg 90, se trouve à 5 minutes à l'est de la gare.

A voir et à faire. Si vous ne vous découragez pas avant d'atteindre la 465ᵉ marche, vous pourrez admirer un splendide panorama du haut de la **tour du Dom**. D'avril à octobre, elle ouvre de 10h à 17h en semaine et à partir de 12h le week-end ; le reste de l'année, elle n'ouvre que pendant les week-ends de 12h à 17h (entrée : 5,50/3,50 fl par adulte/enfant).

Utrecht compte 14 musées, souvent insolites comme le musée du Linge. Le **musée de l'Épicerie**, Hoogt 6, mérite qu'on lui consacre une dizaine de minutes. Son unique salle surplombe un magasin de douceurs regorgeant de *drop*, cette réglisse salée ou sucrée dont les Néerlandais raffolent. Le musée ouvre du mardi au samedi de 12h30 à 16h30 (entrée libre).

Le **Nationaal Museum Van Speelklok tot Pierement** (musée national de l'Horloge musicale à l'orgue de Barbarie ; ☎ 030-231 27 89), Buurkerhof 10, abrite une collection bigarrée d'instruments musicaux, dont les plus anciens remontent au XVIIIᵉ siècle, qui vous sera présentée par un guide enthousiaste (visites toutes les heures). Le musée ouvre du mardi au samedi de 10h à 17h, à partir de 12h le dimanche (entrée : 9/6,50/5 fl par adulte/étudiant/enfant). Le musée **Het Catharijneconvent** (☎ 030-231 72 96), Nieuwegracht 63, occupe un couvent du XVᵉ siècle et renferme la plus vaste collection d'art néerlandais médiéval du pays. Il ouvre de 10h à 17h du mardi au vendredi et à partir de 11h le week-end (entrée : 7/5 fl par adulte/ étudiant ; gratuite pour les enfants).

Comment s'y rendre. Utrecht est au cœur du réseau ferroviaire national et de nombreux trains la relient à Amsterdam (30 minutes, 11 fl), Arnhem (40 minutes, 16,75 fl), Den Bosch (30 minutes, 13 fl), Maastricht (2 heures, 40,75 fl), Rotterdam (40 minutes, 14,75 fl) et La Haye (45 minutes, 16,75 fl).

A L'EST D'AMSTERDAM
Muiden
Cette cité historique s'élève à l'embouchure de la Vecht et abrite un vaste port de plaisance. Vous pourrez louer des bateaux à voile pour naviguer sur l'IJsselmeer (reportez-vous à la rubrique *Activités sportives* du chapitre *A voir et à faire*) ou vous inscrire à une excursion pour visiter les ruines du fort qui se dressait autrefois sur l'île de Pampus. Pour plus de détails, adressez-vous au VVV (☎ 0294-26 13 89), Kazernestraat 10.

Le **Muiderslot** (château de Muiden ; ☎ 0294-26 13 25), Herengracht 1, constitue la principale curiosité de la ville. C'est dans ce château du XIIIᵉ siècle que le très populaire comte de Hollande fut assassiné par des vassaux jaloux en 1296. C'est là aussi qu'au XVIIᵉ siècle l'homme de lettres P.C. Hooft recevait certains des plus prestigieux artistes et savants de l'époque, notamment Vondel, Huygens, Grotius, Bredero, et très certainement Descartes – formant ce qu'on a appelé le *Muiderkring* (cercle de Muiden). Les salles datant de cette période ne peuvent être visitées que sous la conduite d'un guide ; téléphonez pour savoir si vous pouvez suivre une visite (conseillée) en français.

Le trajet en bicyclette d'Amsterdam à Muiden est fort plaisant, à condition que le temps soit ensoleillé et que le vent ne se lève pas. Vous pouvez également prendre le bus connexxion n°136, qui part toutes les demi-heures de la station de métro Weesperplein et passe par l'Hotel Arena et Amstelstation. Pour une agréable promenade, poursuivez jusqu'à Muiderberg (près du pont qui mène au Flevoland) et reprenez le chemin qui mène au Muiderslot, en longeant la digue pendant quelques kilomètres.

Naarden
Les fortifications et les douves en forme d'étoile à douze branches qui encerclent cette petite ville ont été construites à la fin du XVIIᵉ siècle, cent ans après le massacre de ses habitants par les Espagnols. Les remparts et les bastions, parfaitement conservés, qui abritèrent des militaires jusque dans les années 20, sont exposés au **Vestingmuseum** (musée de la Forteresse ; ☎ 035-694 54 59), Westwalstraat 6. Le VVV (☎ 035-694 28 36) se situe Adriaan Dortsmanplein 1B.

La ville, devenue quelque peu touristique, recèle de pittoresques maisons. Vous y découvrirez également la majestueuse **Grote Kerk**, dont les voûtes s'ornent de magnifiques peintures, où est interprétée, à Pâques, la Passion selon saint Matthieu. Notez encore que le réformateur tchèque de la pédagogie Jan Amos Komensky (Comenius) est enterré à Naarden et qu'un musée, le **Comenius Museum** (☎ 035-694 30 45), Kloosterstraat 33, lui est consacré.

Toutes les demi-heures, des trains partent de Centraal Station pour la gare de Naarden-Bussum (ils sont plus nombreux si vous changez à Weesp). Le bus n°136 (voir plus haut *Muiden*) vous déposera également à Naarden.

Hoge Veluwe et Arnhem

Le Hoge Veluwe (Haut Veluwe), situé à environ une heure de route à l'est d'Amsterdam, est le plus grand parc national des Pays-Bas. Il abrite en outre le prestigieux Kröller-Müller Museum, qui renferme une vaste collection d'œuvres de van Gogh et de sculptures.

Au sud, la ville d'Arnhem fut le théâtre d'une sanglante bataille en 1944 entre les Allemands et les troupes alliées aéroportées, au cours de l'opération "Market Garden", qui se solda par la défaite des Alliés. Aujourd'hui, Arnhem est une ville paisible, lieu de départ idéal pour visiter le parc si vous empruntez les transports en commun.

Pour vous rendre au VVV d'Arnhem (☎ 0900-202 40 75), Stationsplein 45, tournez à gauche en sortant de la gare ; le bureau est fermé le dimanche. Les bus partent de la gare (à droite en sortant).

A voir et à faire. Arnhem est une ville agréable, qui mérite un coup d'œil. De la gare, empruntez Utrechtsestraat, traversez Willemsplein et coupez par Korenstraat ; vous déboucherez en 5 minutes sur le centre piétonnier qui longe le Korenmarkt, bien dissimulé.

L'**Airborne Museum Hartenstein** (☎ 026-333 77 10), Utrechtseweg 232, se situe dans la banlieue ouest d'Oosterbeek. Aménagé dans le pavillon où les Alliés avaient installé leur quartier général provisoire, il retrace l'échec de leur opération. Il ouvre en semaine de 11h à 17h, à partir de 12h le dimanche. Le bus n°1 vous y conduira.

Moins rébarbatif qu'on ne serait tenté de le croire, l'**Open Air Museum** (☎ 026-357 61 11), Schelmseweg 89, expose des bâtiments ruraux – fermes, ateliers, moulins à vent… Il ouvre du 1er avril au 1er novembre. Empruntez le bus n°3 pour vous y rendre.

Le parc de **Hoge Veluwe**, qui s'étend sur quelque 5 500 ha, offre un spectacle insolite où se mêlent forêts et bois, étendues sablonneuses et landes tapissées de bruyères. Dans nulle autre partie des Pays-Bas continentaux vous ne ressentirez un tel isolement. Le parc est le territoire des cerfs rouges, des sangliers et des mouflons. Il est recommandé de le visiter entre mi-août et mi-septembre, lorsqu'il se recouvre d'un flamboyant manteau de bruyères, ou durant la période de rut du cerf rouge, de septembre à octobre. Le mieux est de le parcourir à pied ou en vélo – 400 bicyclettes sont proposées gracieusement au centre d'accueil.

Le parc dispose de trois entrées. Si vous dépendez des transports en commun, prenez le bus spécial n°12, du VVV d'Arnhem jusqu'au centre d'accueil (☎ 0318-59 16 27). Ce bus assure au moins trois trajets par jour entre début avril et le 31 octobre. Vous pouvez également emprunter le bus n°107, qui part toutes les heures de la gare routière d'Arnhem. Descendez à Otterlo, d'où vous pourrez soit suivre les indications jusqu'à l'entrée, distante de 1 km, puis parcourir 4 km jusqu'au centre d'accueil, soit attendre le bus n°110 (qui passe toutes les heures) en direction d'Hoenderloo, qui vous déposera au centre d'accueil. Le parc ouvre tous les jours de 8h ou 9h au coucher du soleil (7/3,50 fl par adulte/enfant, plus 8,50 fl par voiture). La Museumcard n'est pas acceptée.

Le **Kröller-Müller Museum** (☎ 0318-59 10 41), Houtkampweg 6, Otterlo, se situe à proximité du centre d'accueil du parc. Ses 278 van Gogh ne donnent qu'un avant-goût des splendeurs qu'il recèle ; vous admirerez ainsi des œuvres de Picasso et de Mondrian et, dans le jardin à l'arrière, des sculptures de Dubuffet, Rodin, Moore, Hepworth et Giacometti, entre autres. L'entrée au parc comprend la visite du musée. Celui-ci ouvre du mardi au dimanche de 10h à 17h.

Comment s'y rendre. Des trains desservent Amsterdam (25,25 fl, 65 minutes) et Rotterdam (29,50 fl, 75 minutes) *via* Utrecht (16,75 fl, 40 minutes).

Les forfaits Rail Idee pour visiter le Hoge Veluwe ne présentent guère d'intérêt.

Langue

La différence entre le néerlandais (*neder-lands*), parlé aux Pays-Bas, et le flamand (*vlaams*), pratiqué dans le nord de la Belgique, est semblable à celle qui distingue l'anglais britannique de l'anglais américain.

Le néerlandais comporte trois genres : le masculin, le féminin (*de* pour "le" et "la") et le neutre (*het*). Quel que soit le genre, "un" ou "une" se dit *een* ("én").

Le vouvoiement existe : *u* (prononcé "u"). "Tu" se dit *je* ("yeu"). En règle générale, on utilise le *u* pour s'adresser aux personnes plus âgées que soi.

PRONONCIATION
Voyelles

a	court, comme dans "p**a**tte"
a, aa	long, comme dans "p**â**te"
au, ou	tous deux prononcés comme dans "ja**u**ne"
e	e court
e, ee	long, comme dans "bl**é**"
ei	comme dans "or**ei**lle"
eu	comme dans "**œu**f"
i	court, comme dans "v**i**te"
i, ie	i long,
ij	comme dans "or**ei**lle"
o	court, comme dans "v**o**te"
o, oo	long, comme dans "p**au**se"
oe	comme dans "p**ou**x"
u	court, comme dans "p**eu**r"
u, uu	u long
ui	comme dans " faut**eui**l"
ÿ	ij, mais moins courant

Consonnes

ch, g	son guttural "kh", semblable à un "r" prononcé au fond de la gorge et très dur (semblable à la jota espagnole)
j	comme le "y" de "yacht" ; parfois "dj" comme dans "jeans" ou "j" comme dans "jeux"
r	roulé avec le bout de langue
s	comme le "s" de "simple" ; se prononce parfois comme un "z"
v	comme le "f"
w	début de mot, son sec semblable au "v" ; en fin de mot, comme le "w" de "week-end"

SALUTATIONS ET FORMULES DE POLITESSE

Bonjour	*Dag/Hallo*
Au revoir	*Dag*
A bientôt	*Tot ziens*
Oui/non	*Ja/Nee*
S'il vous plaît/ s'il te plaît	*Alstublieft/alsjeblieft*
Merci	
	Dank U/je (*wel*)/*Bedankt*
Excusez-moi	*Pardon*
Comment allez-vous (vas-tu) ?	
	Hoe gaat het (met U/jou) ?
Bien, merci	*Goed, bedankt*
Comment vous appelez-vous/t'appelles-tu ?	
	Hoe heet U/je ?
Je m'appelle…	*Ik heet...*
De quel pays venez-vous/viens-tu ?	
	Waar komt U/kom je vandaan ?
Je viens de…	*Ik kom uit...*

DIFFICULTÉS DE COMPRÉHENSION

Je ne comprends pas.	
	Ik begrijp het niet.
Parlez-vous/parles-tu anglais ?	
	Spreekt U/Spreek je Engels ?
Pouvez-vous/peux-tu l'écrire s'il vous/te plaît ?	
	Schrijf het alstublieft/alsjeblieft op ?

COMMENT CIRCULER

A quelle heure le… part/arrive-t-il ?	
	Hoe laat vertrekt/arriveert de… ?
bus	*bus*
train	*trein*
tram	*tram*
Où se trouve… ?	*Waar is... ?*
l'arrêt de bus	*de bushalte*
la station de métro	*het metrostation*
la gare ferroviaire	*het (trein) station*

De quoi se composent les mots

En néerlandais comme en allemand, on trouve des mots composés parfois très longs, ce qui trouble les étrangers qui cherchent à déchiffrer (sans parler de retenir) les noms des rues : *Eerste Goudsbloemdwarsstraat*, par exemple, signifie "première rue transversale du souci". Mieux vaut décomposer ces mots interminables. Les termes suivants apparaissent fréquemment dans les noms de rues et sur les enseignes :

baan – sentier, chemin	*kade* – quai	*poort* – porte de ville
binnen – intérieur, interne	*kapel* – chapelle	*sloot* – douve
bloem – fleur	*kerk* – église	*sluis* – écluse
brug – pont	*klein* – petit, mineur	*steeg* – allée
buiten – extérieur, externe	*laan* – avenue	*straat* – rue
dijk – fossé	*markt* – marché	*toren* – tour
dwars – transversal	*molen* – moulin (à vent)	*veld* – champ
eiland – île	*nieuw* – nouveau	*(burg)wal* – digue (fortifiée)
gracht – canal	*noord* – nord	*weg* – route
groot – grand, large	*oost* – est	*west* – ouest
haven – port	*oud* – vieux, ancien	*wijk* – district
huis – maison	*plein* – place	*zuid* – sud

l'arrêt de tramway *de tramhalte*
Je voudrais un billet aller/aller-retour
  Ik wil graag een enkele reis/een retour
Je voudrais louer une voiture/bicyclette
  Ik wil graag een auto/fiets huren

ORIENTATION

Quelle est cette rue/route ?
  Welke straat/weg is dit ?
Comment puis-je me rendre à… ?
  Hoe kom ik bij… ?

(Allez) tout droit	*(Ga) rechtdoor*
(Tournez) à gauche	*(Ga naar) links*
(Tournez) à droite	*(Ga naar) rechts*
aux feux tricolores	*bij het stoplicht*
au prochain carrefour	*bij de volgende hoek*

EN VILLE

Où se trouve… ?   *Waar is… ?*

la banque	*de bank*
l'ambassade	*de ambassade*
le bureau de change	*het wisselkantoor*
le bureau de poste	*het postkantoor*
les toilettes publiques	*het openbaar toilet*
le centre téléphonique	*het telefoonkantoor*
l'office du tourisme	*de VVV*

A quelle heure ouvre/ferme-t-il ?
  Hoe laat opent/sluit het ?

HÉBERGEMENT

Avez-vous une chambre ?
  Heeft U een kamer ?
Combien cela coûte-t-il pour la nuit/
par personne ?
  Hoeveel is het per nacht/per persoon ?
Le petit déjeuner est-il inclus ?
  Is ontbijt inbegrepen ?
Puis-je voir la chambre ?
  Mag ik de kamer zien ?

auberge de jeunesse	*jeugdherberg*
hôtel	*hotel*
pension	*pension*

RESTAURATION

petit déjeuner	*ontbijt*
déjeuner	*lunch/middageten*
dîner	*diner/avondeten*
restaurant	*restaurant*
Je suis végétarien.	*Ik ben vegetarisch.*

ACHATS

Combien cela coûte-t-il ?
  Hoeveel is het ?

En cas d'urgence

Appelez la police !	*Haal de politie !*
Appelez une ambulance !	*Haal een ziekenauto !*
Au secours !	*Help !*
Je me suis perdu.	*Ik ben de weg kwijt.*

Puis-je voir ?
Kan ik het zien ?
C'est trop cher pour moi.
Het is mij te duur.
librairie
boekwinkel
pharmacien/pharmacie
drogist/apotheek
boutique de vêtements
kledingzaak
laverie
wasserette
marché
markt
supermarché
supermarkt
marchand de journaux
krantenwinkel
papeterie
kantoorboekhandel

SANTÉ

Je dois voir un médecin.
Ik heb een dokter nodig.
Où se trouve l'hôpital ?
Waar is het ziekenhuis ?
Je suis diabétique/épileptique/asthmatique
Ik ben suikerziek/epileptisch/astmatisch

antiseptique	*ontsmettingsmiddel*
aspirine	*aspirine*
préservatifs	*condooms*
constipation	*verstopping*
diarrhée	*diarree*
nausée	*misselijkheid*
crème solaire	*zonnebrandolie*
tampons	*tampons*

HEURE, DATE ET CHIFFRES

Quelle heure est-il ?	*Hoe laat is het ?*
Quand ?	*Wanneer ?*
aujourd'hui	*vandaag*
ce soir	*vanavond*
demain	*morgen*
hier	*gisteren*
lundi	*maandag*
mardi	*dinsdag*
mercredi	*woensdag*
jeudi	*donderdag*
vendredi	*vrijdag*
samedi	*zaterdag*
dimanche	*zondag*

1	*één*
2	*twee*
3	*drie*
4	*vier*
5	*vijf*
6	*zes*
7	*zeven*
8	*acht*
9	*negen*
10	*tien*
100	*honderd*
1 000	*duizend*
10 000	*tienduizend*
un million	*een miljoen*
1er	*eerste*
2^e	*tweede*
3^e	*derde*
4^e	*vierde*
5^e	*vijfde*

Glossaire

Consultez le chapitre *Langue* pour les termes courants composants les noms des rues et des sites.

bruin café – café brun ; débit de boissons traditionnel

café – pub, bar ; également appelé *kroeg*
coffee shop – lieu où acheter et consommer des produits dérivés de la marijuana (à la différence d'une *koffiehuis* ou d'un salon de thé)
CS – Centraal Station

dagschotel – plat du jour
drop – réglisse sucrée ou salée

eetcafé – sorte de brasserie

gasthuis – hôpital ou hospice
gemeente – municipalité
genever – genièvre (gin hollandais)
GG&GD – dispensaire municipal
GVB – Gemeentevervoerbedrijf ; compagnie des transports municipaux
GWK – Grenswisselkantoren ; bureaux de change officiels

hof – cour
hofje – maison de retraite

koffiehuis – bar (à distinguer des *coffee shops*)

koffieshop – voir *coffee shop*
koninklijk – royal
krakers – squatters

meer – lac

NAP – Normaal Amsterdams Peil ; niveau zéro (de la mer) pour mesurer l'altitude
NS – Nederlandse Spoorwegen ; Compagnie nationale des chemins de fer

polder – terre récupérée sur la mer ou sur un lac par construction de digues et pompage

Randstad – "ville-couronne" ; l'agglomération urbaine circulaire formée autour d'un "cœur" vert par Amsterdam, La Haye, Rotterdam, Utrecht et des villes plus petites comme Haarlem, Leyde et Delft
Rijk – l'État

spoor – quai de gare
strippenkaart – carte à coupons utilisée dans les transports publics

Vlaams – flamand
VVV – Vereniging voor Vreemdelingenverkeer ; office du tourisme

winkel – magasin

zee – mer

223

Remerciements

Merci à tous les voyageurs qui ont pris le temps et la peine de nous écrire pour nous faire part de leurs expériences à Amsterdam.

A. et B. Lucas, Andris Blums, Anita Nemeth, Anuradha Nathan, Ariane et Alain Navez, Arthur Stanley, Audrey Leeson, Bo Li, Brie Jongewaard, Camilo Munoz, Carlos Checa Barambio, Cynthia Fenton, David Benjamin, David Cohen, Elise van Vliet, Elizabeth Hanna, Erna Mastenbroek, Ferry Grijpink, G G Howard, George W Long, Guus Bosman, H Tweedie, Herby Hulsebos, Ian Cragg, Ivan Dell'Era, Jan Bohuslav, Javier Cerdio, Jeff Skinner, Jenny Tap, Jitso Keizer, John Caswell, John Griffith, John Morcombe, Josh Polette, Joy Glazener, Joyce Chia, JT Borst-Fuerst, Kate Jackson, Kevin Murray, Kirsty Keter, Lucy James, Lynn Nicholas, Marjolein Hegge, Martha J Hardman, Martin Laderman, Marvin Badal, Mick Santoro, Micki Honkanen, Mirjam Skwortsow, Morag Bardey, NP Padalino, Naomi Tasker, Nicholas Reinhard, Nicola Yates-Bell, Noelle Zeilemaker, Orlaith Mannion, Owen Fairclough, Patrick Groenewegen, Patrizia Maier, Paul McGirr, Paul Willems, Peter Slater, Rachel Fitzpatrick, Rebecca O'Reilly, Reinout van Roekel, René Roudier, Richard Body, Richard Koris, Robert Henke, Rudi Serle, Samuel Sola, Sandip Srivastava, Sandra Morneau, Sheila Ditchburn, Simon Li, Sky Lew, Stéphane Robert, Stephen Murphy, Steve Ewens, Steve Los, Susan Hughes.

224

Guides Lonely Planet en français

Les guides de voyage Lonely Planet en français sont distribués partout dans le monde, notamment en France, en Belgique, au Luxembourg, en Suisse et au Canada. Vous pouvez les commander dans toute librairie. Pour toute information complémentaire, contactez : Lonely Planet Publications – 1, rue du Dahomey, 75011 Paris – France.

Afrique du Sud • Amsterdam • Andalousie • Athènes et les îles grecques • Australie • Barcelone • Brésil • Cambodge • Chine • Corse • Cuba • Égypte • Guadeloupe et Dominique • Guatemala et Belize • Inde • Indonésie • Laos • Lisbonne • Londres • Louisiane • Madagascar • Malaisie et Singapour • Maroc • Marseille • Martinique, Dominique et Sainte-Lucie • Mexique, le Sud • Myanmar (Birmanie) • Namibie • Népal • New York • Ouest américain • Pologne • Prague • Québec • Réunion et Maurice • Rome • Sénégal • Sri Lanka • Tahiti et la Polynésie française • Thaïlande • Turquie • Vietnam • Yémen • Zimbabwe et Botswana

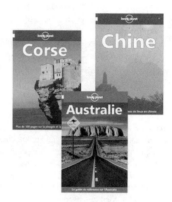

Restoguide Paris 2000 : les restaurants parisiens vus par Lonely Planet

Après avoir arpenté les routes du monde, nous avons décidé d'appliquer notre savoir-faire à Paris, pour partager avec vous nos meilleures adresses. Le résultat : 380 restaurants et bars où l'on a vraiment envie de retourner, d'abord pour une cuisine de qualité mais aussi pour l'ambiance, le décor ou le petit plus qui font de chaque endroit une adresse à retenir.

• 20 plans des arrondissements de Paris
• un index original par critères
• des adresses de café pour se donner rendez-vous à la sortie du métro
• du restaurant raffiné au petit bistrot à l'ancienne, sans oublier les meilleures adresses de cuisines du monde
• de nombreuses photos noir et blanc et des encadrés thématiques
En vente en librairie
69,00 FF - $C18.95 - UK£ 8.99 - A$ 14.95

Et aussi un beau livre : Sur la trace des rickshaws

Guides Lonely Planet en anglais

Les guides de voyage Lonely Planet en anglais couvrent le monde entier. Six collections sont disponibles.

Vous pouvez les commander dans toute librairie en france comme à l'étranger. Contactez le bureau Lonely Planet le plus proche.

travel guide : couverture complète d'un ou de plusieurs pays, avec des informations culturelles et pratiques

shoestring : pour tous ceux qui ont plus de temps que d'argent

walking guides : un descriptif complet des plus belles randonnées d'une région ou d'un pays

guides pisces : un descriptif complet des plus belles plongées d'une région

phrasebooks : guides de conversation, des langues les plus usuelles aux moins connues, avec un lexique bilingue

travel atlas : des cartes routières présentées dans un format pratique

---

EUROPE Amsterdam • Andalucia • Austria • Baltic States phrasebook • Barcelona • Berlin • Britain • Central Europe on a shoestring • Central Europe phrasebook • Corsica • Crete • Croatia • Czech & Slovak Republics • Denmark • Dublin • Eastern Europe on a shoestring • Eastern Europe phrasebook • Estonia, Latvia & Lithuania • Europe • Finland • France • French phrasebook • Germany • German phrasebook • Greece • Greek phrasebook • Hungary • Iceland, Greenland & the Faroe Islands • Ireland • Italy • Italian phrasebook • Lisbon • London • London condensed • Madagascar & Comoros • Maldives • Mauritius, Réunion & Seychelles • Mediterranean Europe on a shoestring • Mediterranean Europe phrasebook • Paris • Paris condensed • Poland • Portugal • Prague • Romania & Moldova • Russia, Ukraine & Belarus • Russian phrasebook • Scandinavian & Baltic Europe • Scandinavian Europe phrasebook • Slovenia • Spain • Spanish phrasebook • St Petersburg • Switzerland • Trekking in Spain • Ukranian phrasebook • Vienna • Walking in Britain • Walking in France • Walking in Italy • Walking in Ireland • Walking in Switzerland • Western Europe • Western Europe phrasebook • World Food France • World Food Italy •
Out to eat : London

AMÉRIQUE DU NORD Alaska • Backpacking in Alaska • Baja California • California & Nevada • Canada • Deep South • Florida • Hawaii • Los Angeles • Miami • New England • New England USA • New Orléans • New York City • New York, New Jersey & Pennsylvania • Oahu • Pacific Northwest USA • Rocky Mountains States • San Francisco • Seattle • Southwest USA • USA • USA phrasebook • Vancouver • Washington, DC & The Capital Region
Out to eat : San Francisco

AMÉRIQUE CENTRALE ET CARAÏBES Bahamas and Turks & Caicos • Bermuda • Central America on a shoestring • Costa Rica • Cuba • Eastern Caribbean • Guatemala, Belize & Yucatan : La Ruta Maya • Jamaica • Mexico • Mexico City • Panama • Puerto Rico • Read This First Central & South America • World Food Mexico

AMÉRIQUE DU SUD Argentina, Uruguay & Paraguay • Bolivia • Brazil • Brazilian phrasebook • Buenos Aires • Chile & Easter Island • Colombia • Ecuador & the Galapagos Islands • Healthy Travel Central & South America • Latin American (Spanish) phrasebook • Peru • Quechua phrasebook • Rio de Janeiro • Rio de Janeiro city map • South America on a shoestring • Trekking in the Patagonian Andes • Venezuela

LONELY PLANET

AFRIQUE Africa on a shoestring • Arabic (Egyptian) phrasebook • Arabic (Moroccan) phrasebook • Cairo • Cape Town • Cape Town city map • East Africa • Egypt • Ethiopian (Amharic) phrasebook • The Gambia & Senegal • Healthy Travel Africa • Kenya • Malawi, Mozambique & Zambia • Morocco • South Africa, Lesotho & Swaziland • Southern Africa • Southern Africa Travel Atlas • Swahili phrasebook • Tanzania, Zanzibar & Pemba • Trekking in East Africa • Tunisia • West Africa • Zimbabwe, Botswana & Namibia • World Food Morocco

ASIE DU NORD-EST Beijing • Cantonese phrasebook • China • Hong Kong • Hong Kong city map • Hong Kong, Macau & Guangzhou • Japan • Japanese phrasebook • Korea • Korean phrasebook • Kyoto • Mandarin phrasebook • Mongolia • Mongolian phrasebook • Seoul • South-West China • Taiwan • Tibet • Tibetan phrasebook • Tokyo

ASIE CENTRALE ET MOYEN-ORIENT Bahrain, Kuwait & Qatar• Central Asia • Central Asia phrasebook • Dubai • Georgia, Armenia & Azerbaijan • Hebrew Phrasebook • Iran • Israel & Palestinian Territories • Istanbul • Istanbul to Cairo on a shoestring • Jerusalem • Jerusalem city map • Jordan • Lebanon • Middle East on a shoestring • Oman & the United Arab Emirates • Syria • Turkey • Turkish phrasebook • Yemen

SOUS-CONTINENT INDIEN Bangladesh • Bengali phrasebook • Bhutan •Delhi • Goa • Hindi/Urdu phrasebook • India • Indian Himalaya • Karakoram Highway • Kerala • Mumbai (Bombay) • Nepal • Nepali phrasebook • Pakistan • Rajastan • South India • Sri Lanka • Sri Lanka phrasebook • Trekking in the Indian Himalaya • Trekking in the Karakoram & Hindukush • Trekking in the Nepal Himalaya

ASIE DU SUD-EST Bali & Lombok • Bangkok • Bangkok city map • Burmese phrasebook • Cambodia • Hanoi • Healthy Travel Asia & India • Hill Tribes phrasebook • Ho Chi Minh City (Saigon) • Indonesia • Indonesia's Eastern Islands • Indonesian phrasebook • Jakarta • Java • Lao phrasebook • Laos • Malay phrasebook • Malaysia, Singapore & Brunei • Myanmar (Burma) • Philippines • Pilipino phrasebook • Singapore • South-East Asia on a shoestring • South-East Asia phrasebook • Thai phrasebook • Thailand • Thailand's Islands & Beaches • Thailand, Vietnam, Laos, Cambodia Travel Atlas • Vietnam • Vietnamese phrasebook • World Food Thailand • World Food Vietnam

AUSTRALIE ET PACIFIQUE Aucland • Australia • Australian phrasebook • Australia travel atlas • Bushwalking in Australia • Bushwalking in Papua New Guinea • Fiji • Fijian phrasebook • Healthy Travel Australia, NZ and the Pacific • Islands of Australia's Great Barrier Reef • Melbourne • Melbourne city map • Micronesia • New Caledonia • New South Wales • New Zealand • Northern Territory • Outback Australia • Papua New Guinea • Pidgin phrasebook • Queensland • Rarotonga & the Cook Islands • Samoa • Solomon Islands • South Australia • South Pacific • South Pacific Languages phrasebook • Sydney • Sydney city map • Sydney Condensed • Tahiti & French Polynesia • Tasmania • Tonga • Tramping in New Zealand • Vanuatu • Victoria • Western Australia
Out to eat : Sydney • Melbourne

ÉGALEMENT DISPONIBLE Antartica • The Arctic • Chasing Rickshaws • Sacred India • Travel with Children •

Le journal de Lonely Planet

Parce que vous nous envoyez quotidiennement des centaines de lettres pour nous faire part de vos impressions, nous publions chaque trimestre le Journal de Lonely Planet afin de vous les faire partager.

Un journal parsemé de conseils en tout genre avec un concentré d'informations de dernière minutes (passage de frontière, visas, santé, sécurité...), des sujets d'actualité et des discussions sur tous les problèmes politiques ou écologiques sur lesquels il faut s'informer avant de partir.

Le Journal de Lonely Planet est gratuit. Pour vous abonner, écrivez-nous :

Lonely Planet France – 1, rue du Dahomey – 75011 Paris – France

Lonely planet en ligne

www.lonelyplanet.com et maintenant www.lonelyplanet.fr

Avec près de 2 millions de visiteurs mensuels, le site de Lonely Planet est l'un des sites de voyage les plus populaires au monde.

La recette de son succès est simple : une équipe de 15 personnes travaille à plein temps à l'enrichir quotidiennement. Près de 200 destinations sont passées au crible (avec carte interactive et galerie photos) afin de vous permettre de mieux préparer votre voyage. Vous trouverez également des fiches de mises à jour écrites par nos auteurs afin de compléter les informations publiées dans nos guides. Le site de Lonely Planet vous offre l'accès à un des plus grands forums, réunissant des centaines de milliers de voyageurs : idéal pour partager vos expériences, chercher des renseignements spécifiques ou rencontrer des compagnons de voyage. Les liens que nous suggérons vous permettent de découvrir le meilleur du net.

Pour faciliter la tâche de nos lecteurs francophones, nous venons d'ouvrir un site en français : www.lonelyplanet.fr. Venez le découvrir et contribuer à sa qualité en participant notamment à son forum.

Élu meilleur site voyage par l'Express Magazine en décembre 98 (@@@@@).

"Sans doute le plus simple pour préparer un voyage, trouver des idées, s'alanguir sur des destinations de rêve." **Libération**

Index

Texte

Les références des cartes sont
indiquées en **gras**.

Encadrés

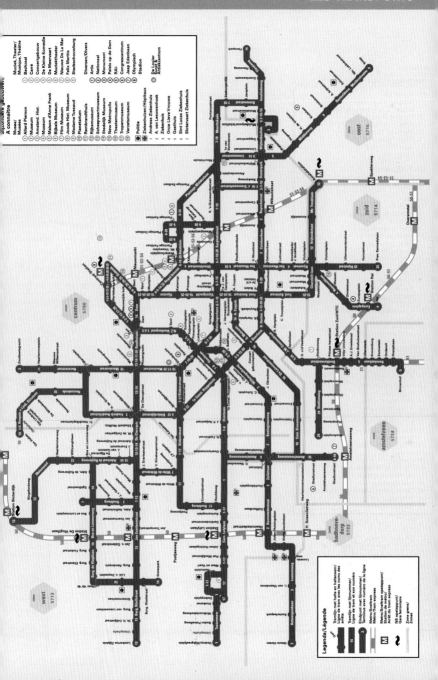

CARTE 1 – LE GRAND AMSTERDAM

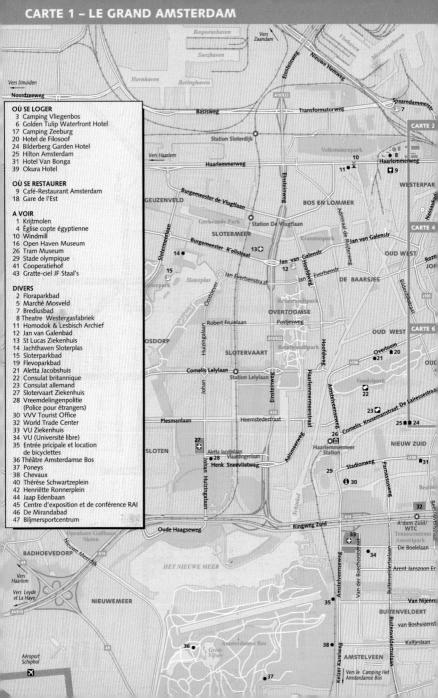

WATERLAND

BUIKSLOOT

1 ●

Klaprozenweg

Vers Boven-IJ
Ziekenhuis

N10

2

Distelweg

Nieuwe Leeuwarderweg

Waddenweg

Purmerweg

NIEUWENDAM

4

6 ● 5

3

Van der Pekstraat

NOORD

U-Tunnel

SCHELLINGWOUDE

HET IJ

CARTE 3

Meeuwenlaan

Udoornlaan

Zuiderzeeweg

Liergouw

Ringweg Noord A10

Zuiderzeeweg

A10

Durgerdammerdijk

Zeeburger
Tunnel

Vers Durgerdam,
Uitdam et
Monnickendam

De Ruijterkade

Centraal
Station

HET IJ

16

KNSM
Eiland

Piet Heinkade

CARTE 5

Ertskaven

Sporenburg

Spoorwegbassin

AMSTERDAM-RIJNKANAAL

BUITEN
IJ

NORDAAN

Îles
occidentales

U-Tunnel

IJhaven

CENTRUM

Rokin

Prins Hendrikkade

Oostelijke

Kattenburg
Wittenburg

HAVENS OOST

Oostenburg

Borneo

Entrepothaven

17

Zuiderzeeweg

A10

Zeeburg

IJMEER

Vlizelstraat

Kattenburgergr.

Nieuwe Vaart

PLANTAGE

Zoo
d'Artis

18 ▼

Zeeburgerdijk

Zuiderzeeweg

19

IJburg

IJMEER

Oost

Boven
Diep

AMSTERDAM-RIJNKANAAL

Muiderpoort

CARTE 7

Muiderpoort

Linnaeusstr.

Insulindeweg

Flevopark

Nieuwe
Diep

OOST
Oosterpark

Hobbemakade

Ferdinand
Bolstraat

Vrizelstraat

Sarphatipark

Ceintuurbaan

A100

Van Woustraat

Amsteldijk

DE PIJP

39

40 41

42

Amstelkanaal

WATERGRAAFSMEER

Hugo de Vrieslaan

A100

Churchillaan

43

Vrijheidslaan

Amstelstation

44

Middenweg

Diemen

Vers Hilversum

Scheldestraat

Rooseveltlaan

Rijnstraat

Spaklerweg

Coolsweg

45

Europaplein

President Kennedylaan

46

A10

A113

Hartveldseweg

Mulderstraatweg

RAI

Europaboulevard

Cimetière
Zorgvlied

OVER AMSTEL

Nieuwe Utrechtsweg

Ringweg Zuid

Amstelpark

DIEMEN

Randweg

DUIVENDRECHT

Van der Madeweg

Diemen Zuid

Provincialeweg

J Muyskenweg

Van der Madeweg

Spaklerweg

Holterbergweg

Daalwijkdreef

BIJLMERMEER

Elsrijkdreef

A2/E35

Vers Utrecht et
l'Ouderkerk aan de Amstel

Duivendrecht

Vers le Stade
Arena

Dolingadreef

Gooiseweg

47 ●

Vers le camping Gaasper

0   500   1 000 m
0   500   1000 yards

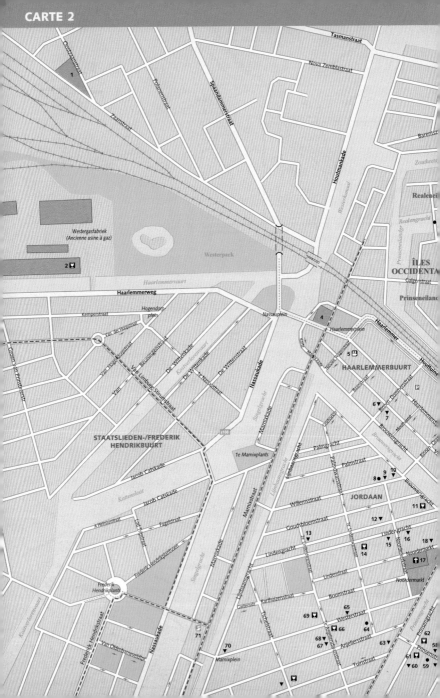

CARTE 2

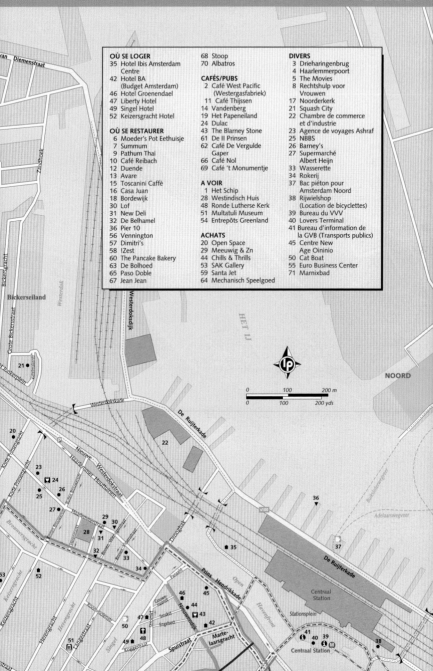

OÙ SE LOGER
35 Hotel Ibis Amsterdam Centre
42 Hotel BA (Budget Amsterdam)
46 Hotel Groenendael
47 Liberty Hotel
49 Singel Hotel
52 Keizersgracht Hotel

OÙ SE RESTAURER
6 Moeder's Pot Eethuisje
7 Summum
9 Pathum Thai
10 Café Reibach
12 Duende
13 Avare
16 Toscanini Caffè
16 Casa Juan
18 Bordewijk
30 Lof
31 New Deli
32 De Belhamel
36 Pier 10
56 Vennington
57 Dimitri's
58 !Zest
60 The Pancake Bakery
63 De Bolhoed
65 Paso Doble
67 Jean Jean

68 Stoop
70 Albatros

CAFÉS/PUBS
2 Café West Pacific (Westergasfabriek)
11 Café Thijssen
14 Vandenberg
19 Het Papeneiland
24 Dulac
43 The Blarney Stone
61 De II Prinsen
62 Café De Vergulde Gaper
66 Café Nol
69 Café 't Monumentje

A VOIR
1 Het Schip
28 Westindisch Huis
48 Ronde Lutherse Kerk
51 Multatuli Museum
54 Entrepôts Greenland

ACHATS
20 Open Space
29 Meeuwig & Zn
44 Chills & Thrills
53 SAK Gallery
59 Santa Jet
64 Mechanisch Speelgoed

DIVERS
3 Drieharingenbrug
4 Haarlemmerpoort
5 The Movies
8 Rechtshulp voor Vrouwen
17 Noorderkerk
21 Squash City
22 Chambre de commerce et d'industrie
23 Agence de voyages Ashraf
25 NBBS
26 Barney's
27 Supermarché Albert Heijn
33 Wasserette
34 Rokerij
37 Bac piéton pour Amsterdam Noord
38 Rijwielshop (Location de bicyclettes)
39 Bureau du VVV
40 Lovers Terminal
41 Bureau d'information de la GVB (Transports publics)
45 Centre New Age Oininio
50 Cat Boat
55 Euro Business Center
71 Marnixbad

NOORD

0   100   200 m
0   100   200 yds

LEANNE LOGAN

GIANT
MOZART TULP
10 VOOR 20,=
20 VOOR 37,50
LEAVES 2,=
6 VOOR 10,=

TULPEN 2,=
6 VOOR 10,=

ANTHONY PIDGEON

LEANNE LOGAN

JULIET COOMBE

LEANNE LOGAN

Amsterdam fait la part belle aux fleurs : fausses tulipes ou vraies fleurs au choix !

JORDAAN

JORDAAN

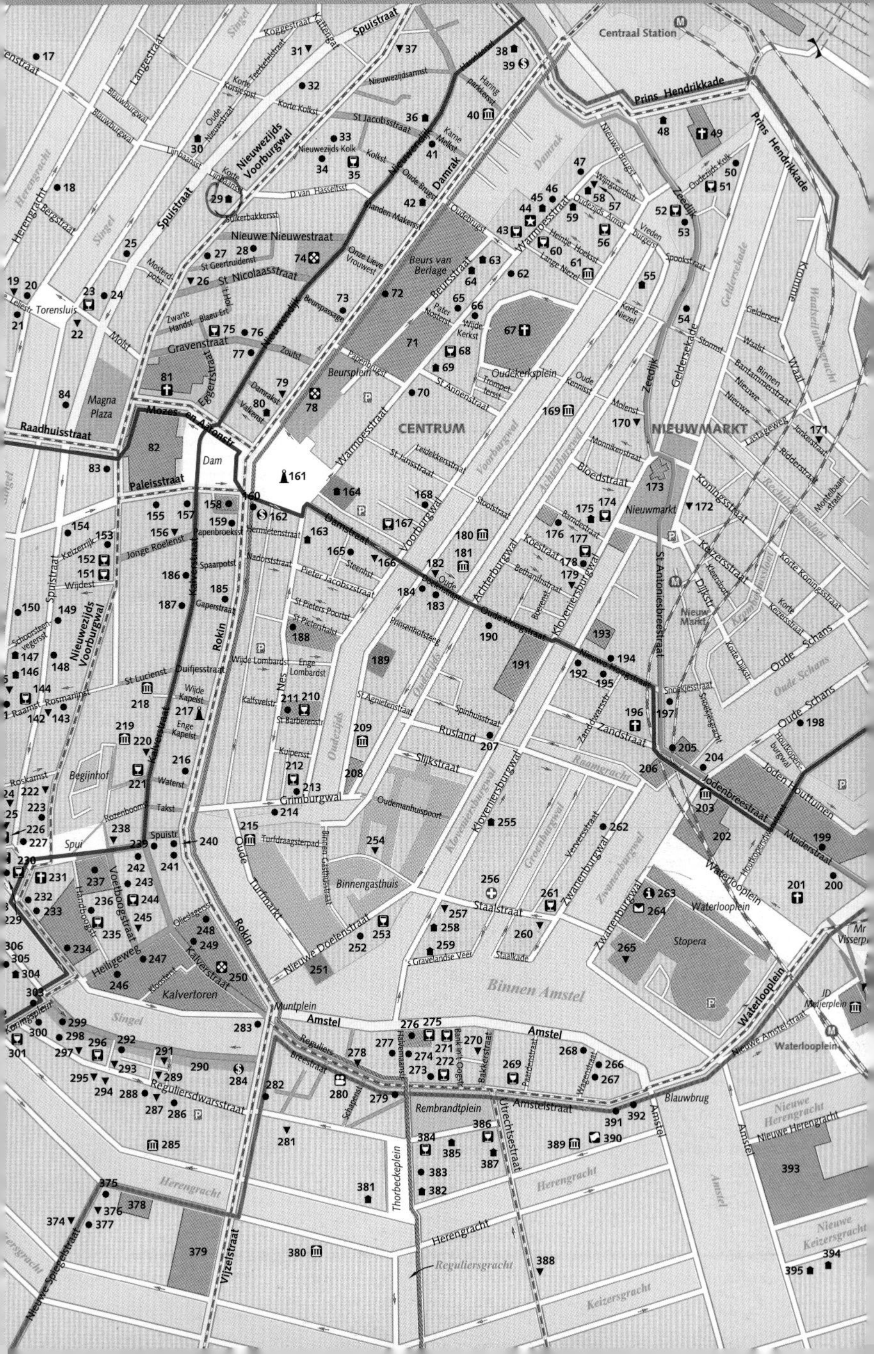

Centraal Station

Prins Hendrikkade

Prins Hendrikkade

CENTRUM

NIEUWMARKT

Magna Plaza

Raadhuisstraat

Paleisstraat

Dam

Begijnhof

Spui

Rusland

Binnengasthuis

Staalstraat

Stopera

Waterlooplein

Amstel

Amstel

Blauwbrug

Rembrandtplein

Muntplein

Kalvertoren

Binnen Amstel

Thorbeckeplein

Herengracht

Herengracht

Reguliersgracht

Keizersgracht

Nieuwe Keizersgracht

Beurs van Berlage

Nieuwmarkt

OÙ SE LOGER

12 Hotel Toren
13 Canal House Hotel
29 Bob's Youth Hostel
30 Hotel Brian
36 Flying Pig Downtown Hostel
38 Victoria Hotel
42 Hotel Continental
45 Hotel Kabul
48 Golden Tulip Barbizon Palace
55 Hotel Crown
58 Centrumhotel
59 Stablemaster Hotel
63 Frisco Inn
64 Hotel Beursstraat
69 Hotel Winston
80 Swissôtel Amsterdam
97 Christian Youth Hostel Eben Haëzer
102 Christian Youth Hostel Eben Haëzer
109 Pulitzer Hotel
112 Hotel Nadia
113 Hotel Clemens
114 Hotel Pax
115 Hotel De Westertoren
118 Hotel Belga
146 Hotel Hoksbergen
147 Hotel Estheréa
163 RHO Hotel
164 Grand Hotel Krasnapolsky
175 Christian Youth Hostel "The Shelter"
189 The Grand Westin Demeure
251 Hotel De l'Europe
255 Stadsdoelen Youth Hostel
258 Hotel Nes
259 Hotel Eureka
304 Waterfront Hotel
306 Hotel Agora
308 Ambassade Hotel
327 International Budget Hotel
344 Hotel Titus
345 Hotel Impala
346 Hotel Kooyk
347 Hotel King
365 Aerohotel
381 The Veteran
382 Hotel De Admiraal
385 Golden Tulip Schiller Hotel
387 City Hotel
394 Hotel Adolesce
395 Hotel Fantasia

OÙ SE RESTAURER

1 Burger's Patio
7 Rozen & Tortillas
10 Spanjer en van Twist
11 Christophe
19 Foodism
22 Villa Zeezicht
26 La Strada
31 Keuken van 1870
37 Dorrius
57 Si-Chuan Kitchen
79 De Roode Leeuw
94 Restaurant Speciaal
95 De Vliegende Schotel
110 Koh-I-Noor
131 Rakang Thai
134 Nielsen
136 Hein
139 Turqoise
142 Caprese
145 Grekas
156 Supper Club
166 Sukasari
170 Hoi Tin
171 Hemelse Modder
172 Café Bern
179 Zosa
182 Oriental City
220 De Visscher
222 Haesje Claes
224 d'Vijff Vlieghen Restaurant
225 Kantjil en de Tijger
238 Caffe Esprit
245 Vlaams Friteshuis
254 Atrium
257 Eetcafé De Staalmeesters
260 Tom Yam
265 Puccini
270 Szmulewicz
278 Planet Hollywood
281 Memories of India
287 Rose's Cantina
289 Gary's Muffins
291 Gauchos
293 Sichuan Food
294 Le Pêcheur
295 Dynasty
297 Zet Isie
310 Goodies
314 Cilubang
316 Tout Court
323 Riaz
332 Pastini
333 Café Morlang
334 Café Walem
353 Indonesia
374 Pasta e Basta
376 Pygma-lion
388 Sluizer

CAFÉS/PUBS

2 De Tuin
3 Café 't Smalle
4 De Reiger
6 De Prins
9 De 2 Zwaantjes
35 In de Wildeman
43 Himalaya
51 Molly Malone's
56 Last Waterhole
68 Durty Nelly's
75 De Drie Fleschjes
125 Van Puffelen
129 Saarein II
144 Gollem
151 Bar Bep
152 Diep
167 Proeflokaal Wijnand Fockinck
174 Lokaal 't Loosje
177 Maximiliaan
210 Blincker
212 Café-Restaurant Kapitein Zeppo's
221 Pilsener Club (Engelse Reet)
226 Café Dante ; Steltman Gallery
228 Hoppe
230 Luxembourg
235 d'Oude Herbergh
244 De Schutter
253 Café De Jaren
261 Café-Restaurant Dantzig
269 Vivelavie
271 Mulligans
272 Mediacafé De Kroon
275 Monopole
296 Downtown
301 Other Side
315 Café De Doffer
328 De Pieper
331 Café Het Molenpad
355 Eylders
356 Reynders
384 Café Schiller
386 Old Bell

OÙ SORTIR

20 Grey Area
23 Café ter Kuile
27 Homegrown Fantasy
33 Cuckoo's Nest
34 Akhnaton
52 Queens Head
53 Casablanca
60 Getto
65 Cockring
66 Argos
101 Mazzo
106 Pi Kunst & Koffie
108 COC Amsterdam
127 Korsakoff
128 Maloe Melo
135 Felix Meritis Building
143 Kadinsky
153 Seymour Likely
168 Trance Buddha
176 Bethaniënklooster
184 Greenhouse
198 Bimhuis
211 Frascati Theatre
236 Dansen bij Jansen
243 Meander
252 Universiteitstheater
266 Sinners in Heaven
268 You II
273 Escape
274 Montmartre
276 De Kleine Komedie
277 De Steeg
280 Tuschinskitheater
286 Exit
288 Soho
292 April
298 Havana
305 Odeon
318 La Tertulia
322 De Trut
325 De Koe
341 Canecão
342 Bamboo Bar
348 Theater Bellevue
349 Bellevue/Calypso Cinema
350 Melkweg
351 Stadsschouwburg
352 Boom Chicago
354 Cinecenter
357 The Bulldog
359 De Uitkijk
361 De Spijker
367 Global Chillage
383 Heeren van Aemstel

391 iT
392 Soul Kitchen

A VOIR
16 Maison des Têtes
40 Seksmuseum Amsterdam
(de Venustempel)
49 St Nicolaaskerk
50 Schreierstoren (tour des pleureuses)
61 Museum Amstelkring
62 Geels & Co
67 Oude Kerk
71 Effectenbeurs
81 Nieuwe Kerk
82 Palais royal
85 Maison Bartolotti
86 White House et Theatermuseum
87 Homomonument
88 Maison de René Descartes
89 Siège de Greenpeace
90 Maison d'Anne Frank
91 Westerkerk
123 Groote Keyser
158 Musée Madame Tussaud
161 Nationaal Monument
169 Musée de l'érotisme
173 Waag et Cafe
180 Musée du tatouage
181 Musée du hachisch et
de la marijuana
191 Oostindisch Huis
193 Trippenhuis
196 Zuiderkerk
201 Mozes en Aäronkerk
203 Museum Het Rembrandthuis
205 Pintohuis
206 Lotissement Pentagon
208 Huis aan de Drie Grachten
(Maison des Trois Canaux)
209 Universiteitsmuseum De
Agnietenkapel
215 Allard Pierson Museum
217 Colonne du Miracle
218 Amsterdams Historisch Museum
219 Galerie de la Garde civile
231 Église luthérienne
234 Bibliothèque universitaire
237 Maagdenhuis
247 Porte Rasphuis
262 Ancienne usine de machines à coudre
283 Munttoren
285 Kattenkabinet
290 Bloemenmarkt (marché aux fleurs)
307 Krÿtberg
309 Bijbels Museum
335 Metz
336 Grand magasin PC Hooft
340 Paleis van Justitie
370 Laiterie
371 Keizersgrachtkerk
378 Goethe Institut
379 Banque ABN-AMRO
380 Geelvinck Hinlopen Huis
389 Museum Willet-Holthuysen
393 Amstelhof

ACHATS
5 Exota Kids
8 Paul Andriesse Gallery
14 Architectura & Natura Bookshop

15 Frisian Embassy
17 Reina
21 Puccini Bomboni
24 Le Cellier
25 Rush Hour Records
28 Soul Food
41 Foto Professional
47 Kokopelli
54 African Heritage
70 Condomerie Het Gulden Vlies
74 Hema Department Store
76 Blue Note
77 Fun Fashion
78 Bijenkorf Department Store
84 Housewives on Fire
92 Josine Bokhoven
96 De Belly
98 Galleria d'Arte Rinascimento
99 Simon Lévelt
100 Kitsch Kitchen
103 Kitsch Kitchen Kids
107 XY Gallery
111 Vrouwen in Druk
117 Art Works
119 Lady Day
120 Exota
122 Analik
124 Montevideo
126 The English Bookshop
130 De Speelmuis
132 Xantippe Unlimited
133 Kunsthaar
137 Boekie Woekie
138 Wijnkoperij Otterman
140 Evenaar Literaire Reisboekhandel
141 Au Bout du Monde
148 Intermale
149 The Magic Mushroom Gallery
150 Musiques du Monde
154 De Bierkoning
155 Vrolijk
157 FAME Music
160 Amsterdam Diamond Center
178 Jacob Hooy & Co
186 Prenatal
187 De Slegte
190 Antiquariaat Kok
192 The Headshop
194 Knuffels
195 Zipper
197 De Klompenboer
207 The Book Exchange
213 Beaufort
214 3-D Hologrammen ;
Pannenkoekenhuis à l'étage
216 Hajenius
223 De Kinderboekuinkel
227 Librairie-papeterie Athenaeum
229 Pied à Terre
239 Hennes & Maritz
240 Laundry Industry
241 Arti et Amicitiae
242 Waterstone's
246 Fair Trade Shop
248 Maison de Bonneterie
249 American Book Center
250 Vroom & Dreesmann Department
Store
267 Stoeltie Diamonds

279 Prestige Art Gallery
282 Aurora Kontakt
299 Maranón Hangmatten
300 Shoebaloo
302 Scheltema Holkema Vermeulen
311 Van Ravenstein
312 De Witte Tanden Winkel
313 De Kaaskamer
317 Bakkerij Paul Année
319 Antiques Market de Looier
324 Demmenie
330 The Frozen Fountain
337 Eichholtz
338 Cora Kemperman
339 Heinen
362 Australian Homemade
363 Art Unlimited
369 Lambiek
372 Gallery Nine
373 Conscious Dreams
375 Lieve Hemel
377 Decorativa

DIVERS
18 Deco
32 Bureau voor Rechtshulp
39 Thomas Cook
44 Commissariat de
Warmoesstraat
46 Laverie Happy Inn
72 Holland Rent-a-Bike
73 American Express
83 Supermarché Albert Heijn
93 Bike City
104 Moped Rental Service
105 MacBike
116 Poste principale ; NBBS
121 Gilde Amsterdam
159 Eurolines
162 Thomas Cook
165 Damstraat Rent-a-Bike
183 Wasserette Van den Broek
185 Budget Air
188 Centre culturel flamand
(De Brakke Grond)
199 Supermarché Albert Heijn
200 MacBike
202 Holland Experience
204 Maison éclusière
232 Kilroy Travel
233 The Mini Office
256 Clinique (GG & GD)
263 Centre d'information municipal
264 Poste
284 VSB Bank
303 Supermarché Albert Heijn
320 Commissariat central
321 Amber Reisbureau
326 Thermos Day Sauna
329 Centrale Bibliotheek
(bibliothèque publique principale)
343 Commissariat
358 Bureau du VVV
360 Mandate
364 The Clean Brothers
366 Thermos Night Sauna
368 Consulat norvégien
390 Consulat italien

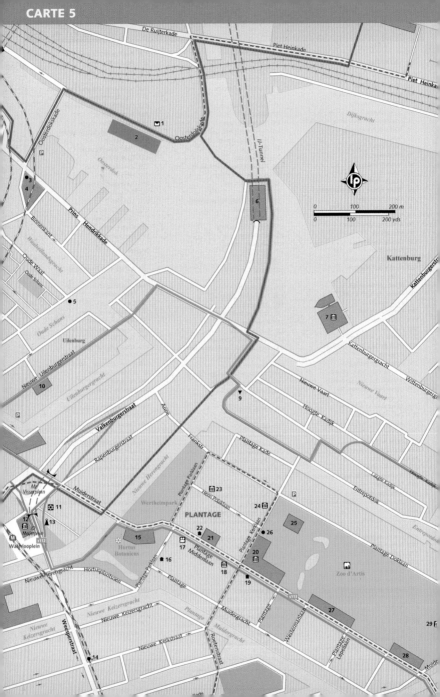

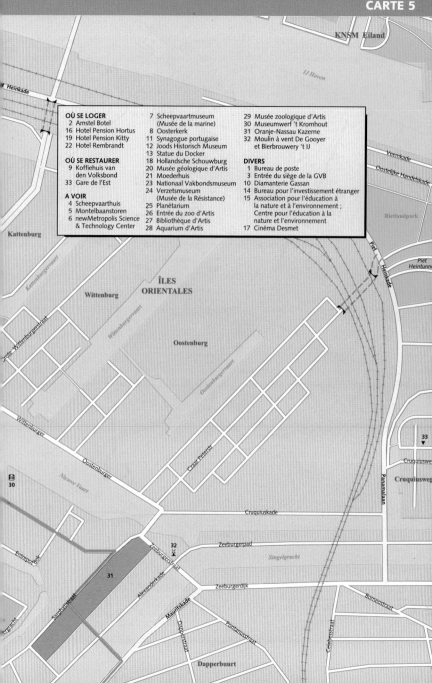

CARTE 5

OÙ SE LOGER
- 2 Amstel Botel
- 16 Hotel Pension Hortus
- 19 Hotel Pension Kitty
- 22 Hotel Rembrandt

OÙ SE RESTAURER
- 9 Koffiehuis van den Volksbond
- 33 Gare de l'Est

A VOIR
- 4 Scheepvaarthuis
- 5 Montelbaanstoren
- 6 newMetropolis Science & Technology Center

- 7 Scheepvaartmuseum (Musée de la marine)
- 8 Oosterkerk
- 11 Synagogue portugaise
- 12 Joods Historisch Museum
- 13 Statue du Docker
- 18 Hollandsche Schouwburg
- 20 Musée géologique d'Artis
- 21 Moederhuis
- 23 Nationaal Vakbondsmuseum
- 24 Verzetsmuseum (Musée de la Résistance)
- 25 Planétarium
- 26 Entrée du zoo d'Artis
- 27 Bibliothèque d'Artis
- 28 Aquarium d'Artis

- 29 Musée zoologique d'Artis
- 30 Museumwerf 't Kromhout
- 31 Oranje-Nassau Kazerne
- 32 Moulin à vent De Gooyer et Bierbrouwerij 't IJ

DIVERS
- 1 Bureau de poste
- 3 Entrée du siège de la GVB
- 10 Diamanterie Gassan
- 14 Bureau pour l'investissement étranger
- 15 Association pour l'éducation à la nature et à l'environnement ; Centre pour l'éducation à la nature et l'environnement
- 17 Cinéma Desmet

ÎLES ORIENTALES

KNSM Eiland
Heinkade
Veemkade
Oostelijke Handelskade
Rietlandpark
Piet Heintunnel
Kattenburg
Wittenburg
Oostenburg
Cruquiusweg
Panamalaan
Oostenburgervaart
Wittenburgervaart
Kattenburgervaart
Nieuw Vaart
Cruquiuskade
Cruquiusweg
Zeeburgerpad
Singelgracht
Zeeburgerdijk
Dapperbuurt

33
30
32
31

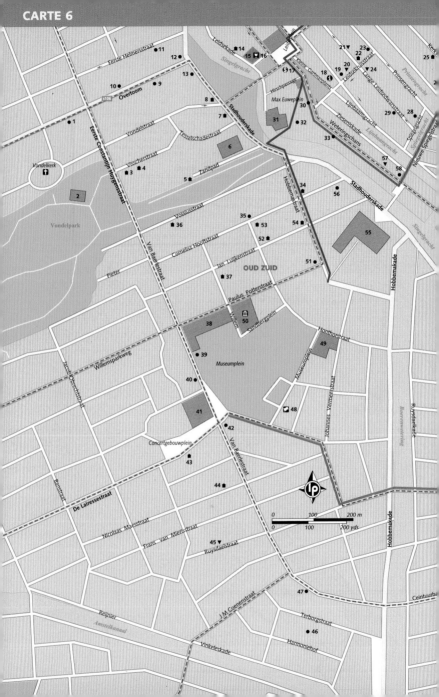

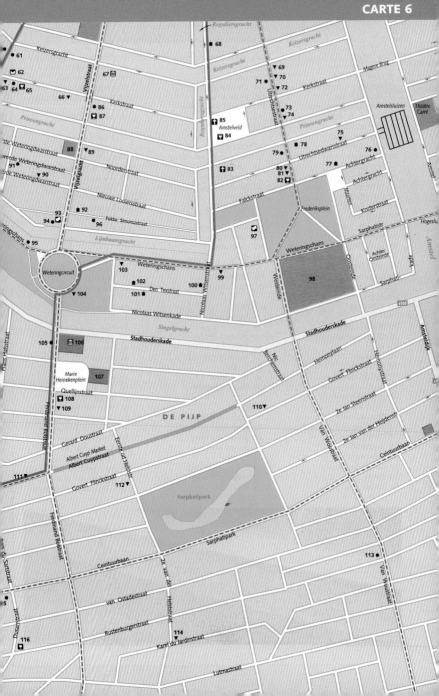

Reguliersgracht

Keizersgracht

Keizersgracht

Keizersgracht

● 61

■ 62

▼ 63 ● 64 ▼ 65

66 ▼

Vijzelstraat

67 🏛

68

69 ▼

70 ▼

71 ● 72 ▼

Magere Brug

Prinsengracht

● 86

■ 87

Kerkstraat

Utrechtsestraat

Kerkstraat

73 ▼

74 ▼

75 ▼

Prinsengracht

Amstelsluizen

Théâtre Carré

85 🔼

84 ▣

Amstelveld

78 ▼

79 ●

76 ●

Amstel

ste Weteringdwarsstraat

88

▼ 89

Utrechtsedwarsstraat

weede Weteringdwarsstraat

91 ▼

90 ▼

erde Weteringdwarsstraat

Noorderstraat

83 🔼

80 ▼

81 ▼

82 ▣

77 ■

Achtergracht

Achtergracht

Kosterstraat

Marie

Nieuwe Looiersstraat

Falckstraat

Frederiksplein

Sarphatistr

Hogeslu

Amstel

93 ●

94 ● ▣

92 ■

96 ●

Fokke Simonsstraat

wateringschans

● 95

Lijnbaansgracht

97 ▣

Weteringschans

Sarphatistr

98

Achter
Oostende

Wetering circuit

103 ▼

Weteringschans

102 ■

Den Texstraat

101 ■

100 ▼

Nicolaas Witsenstraat

99 ▼

Westeinde

Oostende

▼ 104

Nicolaas Witsenkade

Singelgracht

Stadhouderskade

L100

105 ●

🏛 106

Stadhouderskade

Stadhouderskade

Amsteldijk

Marie
Heinekenplein

107

Nic
Berchemstraat

Hemonylaan

Govert Flinckstraat

Hemonystraat

Quellijnstraat

▣ 108

▼ 109

DE PIJP

110 ▼

2e Jan Steenstraat

2e Jan van der Heijdenstr

Gerard Doustraat

Albert Cuyp Market

Albert Cuypstraat

Van Woustraat

Ceintuurbaan

111 ▼

Govert Flinckstraat

112 ▼

Eerste van der Helst

Sarphatipark

Ferdinand Bolstraat

Sarphatipark

113 ●

Van Woustraat

Ceintuurbaan

2e van der

Helststraat

van Ostadestraat

5

Rustenburgerstraat

114

Karel du Jardinstraat

116 ▣

Lutmastraat

CARTE 6

OÙ SE LOGER
3 Hotel Sipermann
4 Hotel Parkzicht
5 Vondelpark Youth Hostel
7 Marriott Hotel
8 Golden Tulip Amsterdam Centre
14 The Hotel Quentin
15 American Hotel
22 Hotel Orfeo
25 Hotel Hans Brinker
34 Hotel Smit
36 Flying Pig Palace Hostel
37 Hotel Acca International
43 Hotel Bema
44 Hotel Peters
52 Hotel Acro
53 Hotel PC Hooft
54 Hotel Museumzicht
68 Seven Bridges
77 Hotel de Munck
78 Hotel Prinsenhof
92 Euphemia Budget Hotel
100 Hotel Nicolaas Witsen
101 Hotel Asterisk
102 Hotel Kap

OÙ SE RESTAURER
20 De Blauwe Hollander
21 Bojo
24 Piccolino
45 Le Garage
57 Deshima Proeflokaal
63 Bento
66 Hollands Glorie
69 Tujuh Maret
70 Tempo Doeloe
72 Take Thai
74 Coffee & Jazz
75 Zuidlande
80 Pata Negra
81 Golden Temple
89 Panini
90 Dwars

99 Yoichi
103 De Vrolijke Abrikoos
104 Carrousel
109 De Ondeugd
110 Harvest
111 Albert Cuyp ; Albina
112 Eufraat
114 District V

OÙ SORTIR
2 Nederlands Filmmuseum
16 Café Americain
19 Jazz Café Alto
23 Bourbon Street Jazz & Blues Club
30 De Balie
33 Paradiso
41 Concertgebouw
65 Sarah's Grannies
82 Oosterling
84 Kort
87 De Fles
108 O'Donnell's
116 The Dubliner

A VOIR
6 Byzantium Complex
38 Stedelijk Museum
50 Musée Van Gogh
55 Rijksmuseum
67 Museum Van Loon
83 De Duif
85 Amstelkerk
106 Musée Heineken

ACHATS
1 Jacob van Wijngaarden
12 Perry Sport
13 Bever Zwerfsport
26 Eduard Kramer
27 Parade
28 Bell Tree Toy Shop
29 Nanky de Vreeze
35 Reflections

40 Broekmans & Van Poppel
42 Van Moppes & Zoon
47 De Waterwinkel
51 Diamanterie Coster
58 Reflex Modern Art Gallery
59 Carl Denig
60 EH Ariëns Kappers
61 Jaski
64 Astamangala
71 Concerto
73 Get Records
76 Computercollectief
79 à la Carte
91 Guido de Spa
95 Awareness Winkel
96 Foundation for Indian Artists
105 Kuijpers
115 Abal Wereldwinkel

DIVERS
9 Supermarché Albert Heijn
10 Kinko's
11 HIV Vereniging
17 Thomas Cook
18 Amsterdam Uitburo
31 Casino
32 Max Euwe Centrum
39 Supermarché Albert Heijn
46 Harmoniehof
42 Agence KLM
48 Consulat américain
49 Agence ANWB
56 SAD-Schorerstichting
62 Bureau de poste
86 Supermarché Albert Heijn
88 Consulat français et Maison de Descartes
93 Consulat japonais
94 Supermarché Aldi
97 Consulat espagnol
98 Nederlandsche Bank
107 Dirk van den Broek
113 Supermarché Albert Heijn

ELLIOT DANIEL

Images pieuses, accessoires érotiques ou drogue : on trouve de tout à Amsterdam !

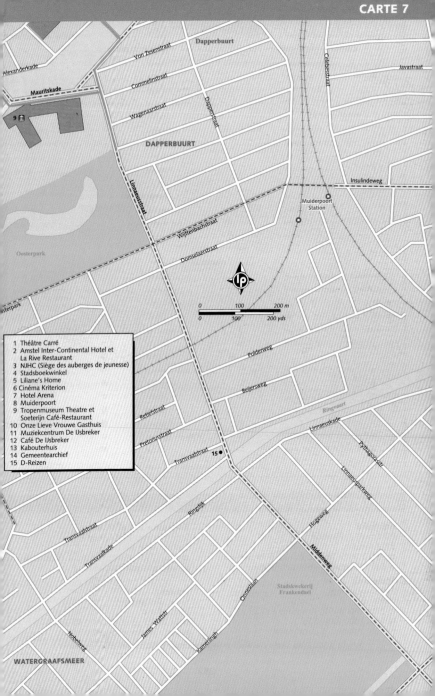

Dapperbuurt

Von Zesenstraat

Alexanderkade

Mauritskade

Commelinstraat

Wagenaarstraat

Dapperstraat

DAPPERBUURT

Javastraat

Celebesstraat

Insulindeweg

Muiderpoort
Station

Linnaeusstraat

Wijttenbachstraat

Domselaerstraat

Oosterpark

0   100   200 m
0   100   200 yds

1 Théâtre Carré
2 Amstel Inter-Continental Hotel et
   La Rive Restaurant
3 NJHC (Siège des auberges de jeunesse)
4 Stadsboekwinkel
5 Liliane's Home
6 Cinéma Kriterion
7 Hotel Arena
8 Muiderpoort
9 Tropenmuseum Theatre et
   Soeterijn Café-Restaurant
10 Onze Lieve Vrouwe Gasthuis
11 Muziekcentrum De IJsbreker
12 Café De IJsbreker
13 Kabouterhuis
14 Gemeentearchief
15 D-Reizen

Polderweg

Beijersweg

Ringvaart

Retiefstraat

Pretoriusstraat

Linnaeuskade

Pythagorasstr.

Transvaalstraat

15

Linnaeusparkweg

Hogeweg

Ringdijk

Middenweg

Transvaalstraat

Transvaalkade

Omnesilan

Stadskweckerij
Frankendael

James Wattstr.

Nobelweg

Kamerlingh

WATERGRAAFSMEER

LÉGENDE DES CARTES

LIMITES ET FRONTIÈRES

Internationales
Nationales
Non certifiées

HYDROGRAPHIE

Bande côtière
Rivière ou ruisseau
Lac
Lac intermittent
Lac salé
Canal
Source, rapides
Chutes
Marais

ROUTES ET TRANSPORTS

Voie rapide
Autoroute
Route nationale
Route principale
Route non bitumée
Voie express
Voie rapide
Route (ville)
Rue, allée

Zone piétonne
Tunnel
Voie de chemin de fer
Métro
Tramway
Téléphérique
Sentier pédestre
Circuit pédestre
Route de ferry

TOPOGRAPHIE

Bâtiments
Parc et jardin
Cimetière

Marché
Plage ou désert
Zone construite

SYMBOLES

CAPITALE — Capitale nationale
CAPITALE — Capitale régionale
VILLE — Grande ville
Ville — Ville
Village — Village
Site touristique

Où se loger
Camping
Caravaning
Hutte ou chalet

Où se restaurer
Café et bar

Aéroport
Fortifications
Site archéologique
Plage
Château fort
Grotte
Église
Falaise ou escarpement
Site de plongée
Ambassade
Hôpital
Mosquée
Montagne ou colline
Musée

Boutiques
Rue à sens unique
Parking, Cycle
Col
Commissariat
Poste
Centre commercial
Piscine
Synagogue
Téléphone
Toilettes
Office du tourisme
Transport
Zoo

Note : tous les symboles ne sont pas utilisés dans cet ouvrage

BUREAUX LONELY PLANET

Australie
PO Box 617, Hawthorn,
3122 Victoria
☎ (03) 9 9819 1877 ; Fax (03) 9 9819 6459
e-mail : talk2us@lonelyplanet.com.au

États-Unis
150 Linden Street,
Oakland CA   94607
☎ (510) 893 8555 ; Fax (510) 893 85 72
N° Vert : 800 275-8555
e-mail : info@lonelyplanet.com

Royaume-Uni et Irlande
Spring House, 10 A Spring Place,
London NW5 3BH
☎ (020) 7428 4800 ; Fax (020) 7428 4828
e-mail : go@lonelyplanet.co.uk

France
1, rue du Dahomey,
75011 Paris
☎ 01 55 25 33 00 ; Fax 01 55 25 33 01
e-mail : bip@lonelyplanet.fr

World Wide Web : http://www.lonelyplanet.com et http://www.lonelyplanet.fr